Kartographie

II

Thematische Karten, Atlanten, kartenverwandte Darstellungen, Kartentechnik, Automation, Kartenauswertung, Kartengeschichte

von

Günter Hake

zweite, neubearbeitete Auflage

Mit 112 Abbildungen und 10 Anlagen

1976

Walter de Gruyter · Berlin · New York

SAMMLUNG GÖSCHEN 2166

Dr.-Ing. *Günter Hake*

o. Professor für Topographie und Kartographie an der Technischen Universität Hannover

Die Gesamtdarstellung umfaßt folgende Bände:

Band I: Einführung, geodätische Grundlagen und topographische Vermessungen, Kartennetzentwürfe, Merkmale und Mittel kartographischer Gestaltung, topographische Karten

Band II: Thematische Karten, Atlanten, kartenverwandte Darstellungen, Kartentechnik, Automation in der Kartographie, Kartenauswertung, Überblick zur Geschichte der Kartographie

CIP-Kurztitelaufnahme der Deutschen Bibliothek

Hake, Günter

Kartographie. – Berlin, New York: de Gruyter

2. Thematische Karten, Atlanten, kartenverwandte Darstellungen, Kartentechnik, Automation, Kartenauswertung, Kartengeschichte. – 2., neubearb. Aufl.

(Sammlung Göschen; Bd. 2166)
ISBN 3-11-006739-0

Vorbemerkung

Verfasser der 1. bis 3. Auflage (1962—1968) des Bandes „Kartographie" war Prof. Dr. *Viktor Heißler*. Nach seinem Tode 1966 bearbeitete Prof. Dr. *Günter Hake* die 4. Auflage als „Kartographie I" neu und schuf durch stoffliche Erweiterung einen zusätzlichen Band „Kartographie II" (1970). Nachdem 1975 die 5. Auflage des Bandes I in völlig neuer Bearbeitung erschien, liegt nach entsprechender Bearbeitung nunmehr auch die 2. Auflage des Bandes II vor.

Die Göschen-Bände „Kartographie I und II" sind nach der stofflichen Entwicklung, nach Form und Schwierigkeitsgrad so angelegt, daß sie sich möglichst vielseitig verwenden lassen. In erster Linie dienen sie als einführende und begleitende Fachliteratur für Hochschulstudenten der Fachrichtungen Vermessungswesen, Kartographie und Geographie, aber auch der übrigen geowissenschaftlichen Bereiche und der raumbezogenen Planung. Daneben eignen sie sich zum Selbststudium und zur beruflichen Fortbildung für alle diejenigen, die mit der kartographischen Wiedergabe räumlicher Bezüge zu tun haben. Schließlich vermitteln und erleichtern sie den Einstieg in das weiterführende und vertiefende Fachstudium.

Die Anlagen zu diesem Band wurden freundlicherweise von folgenden Stellen zur Verfügung gestellt:

Anlage 1:	Geographisch-Kartographisches Institut Meyer, Mannheim
Anlagen 2, 3, 5:	Georg Westermann, Braunschweig
Anlage 4:	Institut für Landeskunde, Bonn — Bad Godesberg
Anlage 6:	Deutsches Hydrographisches Institut, Hamburg
Anlagen 7, 9:	Institut für Angewandte Geodäsie, Frankfurt am Main

Anlage 8: Stadtvermessungsamt Hannover
Anlage 10: Baubehörde Hamburg — Vermessungsamt

(Die Anlagen 1 und 4 wurden vom Lehrstuhl für Topographie und Kartographie der Technischen Universität Hannover gedruckt.)
Verfasser und Verlag danken diesen Stellen für ihre großzügige Unterstützung, durch die sie den vorliegenden Göschen-Band „Kartographie II" in wertvollster Weise bereichert haben.

Inhalt

1. Thematische Karten

5. Automation in der Kartographie

1. Thematische Karten

1.1 Begriffe und Aufgaben

Entsprechend der in Bd. I, 1.6 vorgenommenen Zweiteilung aller Karten in topographische und thematische Karten gilt als *thematische Karte* jede „Karte, in der Erscheinungen und Sachverhalte zur Erkenntnis ihrer selbst dargestellt sind. Der Kartengrund dient zur allgemeinen Orientierung und/ oder zur Einbettung des Themas“ [59, 61].

Streng genommen ist auch die Topographie ein „Thema“ wie jedes andere. Daß dennoch die topographischen Karten eine gesonderte Stellung einnehmen, ergibt sich einerseits aus der historischen Entwicklung, andererseits aus der Tatsache, daß topographische Karten in mehr oder weniger eingeschränkter und veränderter Form den Kartengrund für jede thematische Karte liefern.

Hinzu kommt, daß anschauliche Vorstellungen der *Erscheinungen* einer Landschaft sich aus Bildern häufig besser gewinnen lassen als aus Karten. Topographische Karten sind daher, solange es nicht um geometrische Daten geht, in gewissem Umfang durch Bilder ersetzbar. Dagegen ist die Darstellung abstrakter, raumbezogener *Sachverhalte* am wirksamsten mit Hilfe der thematischen Karte. Darin liegt ihr besonderes Gewicht.

Eine scharfe Trennung zwischen den beiden Kartengruppen ist in der Praxis nicht immer möglich. Insbesondere sind viele Wanderkarten (Bd. I, 5.7.3), Verkehrskarten (1.7.2.6) und Flurkarten des Liegenschaftskatasters (1.7.2.2) als Übergangsformen anzusehen. Andererseits genügt schon eine einzige thematische Darstellung in einer vollständigen topographischen Karte, um aus ihr eine thematische Karte zu machen.

Die thematische Kartographie ist als *Methodenlehre* noch ziemlich neu im Lehrgebäude der Kartographie. Dagegen liegen die ersten *praktischen* Anwendungen geschichtlich schon weit zurück (z. B. im Besitznachweis, Bergbau, Verkehrswesen und militärischen Bereich). Die große Entfaltung der Themakarten setzte vor allem im 19. Jahrhundert mit Darstellungen aus den Erdwissenschaften ein, und heute gibt es kaum eine raumbezogene Disziplin, die sich nicht der thematischen Karte als Darstellungsmittel bedient.

Auch der Begriff „thematische Karte" ist neueren Datums. Während früher Bezeichnungen wie „angewandte Karte", „Sonderkarte", „Spezialkarte" oder „wissenschaftliche Karte" üblich waren, hat er sich heute schon weitgehend durchgesetzt. Im einzelnen ist die Terminologie aber noch nicht ganz einheitlich; das wird verständlich, wenn man bedenkt, aus welchen unterschiedlichen Fachrichtungen sich die thematischen Karten jeweils entwickelt haben. Daher sind gegenwärtig die Bemühungen um möglichst einheitliche Begriffsbestimmungen, wie sie z. B. von *E. Meynen* [129] ausgehen, und um eine fundierte Methodenlehre besonders intensiv (siehe [59, 61] und die neueren Hand- und Lehrbücher).

Von ihrem sachlichen Aufbau her besteht jede thematische Karte aus dem eigentlichen thematischen Karteninhalt (1.3) und dem topographischen Kartengrund (1.4). Während topographische Karten ein noch ziemlich einheitliches Gepräge besitzen, sind thematische Karten entsprechend den verschiedenen thematischen Aussagen durch eine sehr große Vielfalt von Gestaltungsmöglichkeiten gekennzeichnet. Neuerdings — und in Zukunft immer mehr — werden Gestaltung und Herstellung thematischer Karten auch durch die Techniken der elektronischen Datenverarbeitung beeinflußt. Automatisch hergestellte Wetterkarten (Abb. 24) und Flächendichtekarten (Abb. 41) sind Beispiele dafür.

Der große individuelle Gestaltungsspielraum bei vielen thematischen Karten wirft die Frage nach einer Normung der graphischen Strukturen auf. Für Flurkarten und manche Karten der raumbezogenen Planung bestehen bereits Normierungen in Gestalt von DIN-Blättern, die teilweise sogar rechtsverbindlich vorgeschrieben sind. Die Darstellungen in Wetterkarten und geologischen Karten beruhen weitgehend auf international vereinbarten Zeichenschlüsseln. Zwar ist eine universelle Standardisierung nicht praktikabel, doch werden heute auf vielen Gebieten themenspezifische Vereinheitlichungen (z. B. bei

Wirtschaftskarten [394]) ernsthaft diskutiert. *E. Arnberger* [201] bejaht grundsätzlich solche Bemühungen, hält sie aber solange für verfrüht, solange nicht auf wissenschaftlichem Wege die jeweils optimale Struktur in Bezug auf die visuelle Zeichenauffassung gefunden ist.

Die Aufgaben der thematischen Karte stimmen unter Berücksichtigung der im Einzelfalle thematisch bedingten Einschränkungen mit den in Bd. I, 5.1 zusammengestellten Aufgaben der topographischen Karte überein. Sie dienen daher ebenfalls der Bildung und Information, der Orientierung (bis zur Navigation bei Verkehrskarten), der Verwaltung und Planung (als Datensammlung und Entscheidungshilfe für Maßnahmen verschiedener Art), der wissenschaftlichen Interpretation in vielen Wissenszweigen sowie als Quelle für den Entwurf neuer Themakarten. Dabei läßt die weiter vorn gegebene Definition, daß die Objekte „zur Erkenntnis ihrer selbst dargestellt sind", erkennen, welche besonderen Vorzüge thematische Karten gegenüber anderen Informationsträgern wie Texten, Tabellen und Bildern aufweisen und daß sie allein mitunter bestimmte Zusammenhänge überhaupt erst verständlich machen. So ist die thematische Karte nicht nur ein Darstellungsmittel, das Objekte in ihrer räumlichen, rein geometrischen Bezogenheit wiedergibt, sondern auch Erkenntnisse über die dahinter stehenden Strukturen, Kausalitäten und Funktionen vermittelt. Wird dabei die Karte bewußt und unter Variation ihrer Entwurfsgestaltung als Instrument wissenschaftlicher Forschung eingesetzt, so nimmt sie damit zugleich den Rang eines echten Forschungsmittels ein (vgl. Kap. 6).

Zu den thematischen Karten kann man auch die Gruppe der *aktuellen Karten* rechnen, die in Presse und Fernsehen rasche Informationen über Naturereignisse sowie über das politische, militärische, wirtschaftliche und kulturelle Geschehen in Teilen der Welt liefern. Die stark generalisierten Darstellungen haben Übersichtscharakter und wirken mitunter schematisch oder gar skizzenhaft; ihre Gestaltung richtet sich im übrigen stark nach den technischen Wiedergabemöglichkeiten der Medien.

1.2 Gruppierung thematischer Karten

Im Gegensatz zu den topographischen Karten lassen sich die thematischen Karten nur bei bestimmten Themen (z. B. Geologie, Seeverkehr) nach allen Maßstabsbereichen gliedern, während andere Themen überhaupt nur in einem bestimmten Maßstabsbereich dargestellt werden (z. B. Grundbesitz im großen, Landesplanung im mittleren und Klima im kleinen Maßstab). Während damit der Kartenmaßstab als Gruppierungsmerkmal nur bedingt in Frage kommt, ergeben sich bei den Themakarten andere wichtige Gliederungsmöglichkeiten: Die Themengebiete selbst sowie die Merkmale der Objekte, der Wiedergabe und der Entstehung.

1. Gruppierung nach Themengebieten
Eine solche Gliederung ist einfach und übersichtlich. Sie wird in 1.7 mit zahlreichen Beispielen behandelt.

2. Gruppierung nach Merkmalen der Objekte.
Entsprechend den in Bd. I, 4.1.3 beschriebenen Objektmerkmalen kann man wie folgt unterscheiden:

—*Qualitative Karten* geben nur die Objektqualität zu erkennen und beantworten damit die Frage „Was ist wo?“. Beispiele dafür sind geologische und politische Karten sowie Standort- und Fundkarten.

—*Quantitative Karten* bringen daneben auch Größen, Mengen, Werte usw. des Objekts zum Ausdruck und beantworten damit die Frage „Wieviel ist wo?“. Die Angaben können absolut (z. B. Einwohnerzahlen) oder relativ (z. B. Bevölkerungsdichte) sein.

Ferner ist (siehe Bd. I, 4.1.4) folgende Unterscheidung möglich:

—*Statische Karten* sind das Ergebnis der Bestandsaufnahme zu einem bestimmten Zeitpunkt; man spricht vielfach auch von *Bestands-* oder *Zustandskarten*. Zu dieser Gruppe gehören die meisten Themakarten.

—*Dynamische Karten* geben die räumlichen Veränderungen von Objekten wieder. Dabei kann es sich entweder um Gesamtveränderungen der Objekte handeln (z. B. Transporte, Vogelflüge) oder um raumzeitliche Entwicklungen der Objektabgrenzungen (z. B. Stadtentwicklung). Im zweiten Fall spricht man auch von *genetischen Karten*; meist beschränken sich allerdings solche Darstellungen auf wenige typische Zeitpunkte und sind dann nicht viel mehr als eine Zusammenschau statischer Karten mit verschiedenen Zeitbezügen.

3. Gruppierung nach Umfang und Art der Wiedergabe

Hierbei ergeben sich folgende Kartenarten:

—*Analytische Karten* stellen ein einziges Thema in seiner sachlichen Aufgliederung dar. Das ist bei den meisten Themakarten der Fall, z. B. bei vielen Einzelthemen aus dem Naturbereich sowie bei Planungsunterlagen in Form von Bestandsaufnahmen.

—*Komplexe Karten* (komplexanalytische Karten) behandeln dagegen mehrere Themen, die meist in sachlichem Zusammenhang stehen, jedoch einzeln erkennbar dargestellt sind. Sie sind daher eigentlich nur Zusammenfassungen mehrerer analytischer Darstellungen (z. B. Heimatkarten mit historischen, siedlungs-, verkehrs- und wirtschaftsgeographischen Angaben).

—*Synthetische Karten* ergeben sich als Darstellungen eines Gesamtbildes über das Zusammenwirken mehrerer Themen durch Überarbeitung analytischer Karten (z. B. Karten der Landwirtschaftstypen, in denen betriebliche, bodenkundliche und klimatische Merkmale enthalten sind). Die Frage, ob mit kartographischen Mitteln überhaupt synthetische Aussagen möglich sind, oder ob es sich hierbei nicht auch um komplexe Karten handelt, erörtern *E. Otremba* [362] und *W.-D. Zach* [168].

4. Gruppierung nach der Entstehung

Während sich die *topographischen* Karten nach ihrer Entstehung relativ leicht in Grund- und Folgekarten einteilen lassen, ist eine entsprechende Zweiteilung bei den *thematischen* Karten schwieriger.

Zu den *Grundkarten* kann man ohne Vorbehalt alle Karten rechnen, die unmittelbare Beobachtungen und Messungen wiedergeben und daher weitgehend objektiv sind. Das ist der Fall bei vielen qualitativen Karten großen Maßstabs (z. B. Fundorte, Bodenarten) und bei zahlreichen quantitativen Karten mit absoluten Angaben (z. B. Daten von Wetterstationen). *E. Meynen* [353] bezeichnet solche Karten als *primäre Quellenkarten,* während *W. Pillewizer* [386, 387] von thematischen Aufnahmekarten, Typenkarten und Grundkarten des Verkehrs spricht.

Nicht problemlos sind dagegen die Fälle, in denen z. B. quantitative Karten Kontinua darstellen, deren Isolinien im Anhalt an relativ wenige Meßwerte entstanden sind (z. B. bestimmte Wetterkarten). Im Vergleich zur Interpolation von Höhenlinien ist hier nämlich der subjektive Einfluß des Bearbeiters ungleich höher, so daß sich die Frage erhebt, ob solche Fälle noch zu den Grundkarten zählen.

Der Begriff „Grundkarte" wird im Bereich der Themakarten nicht immer einheitlich benutzt; man versteht darunter auch häufig den topographischen Kartengrund zur thematischen Darstellung (1.4).

Die zweite Kartengruppe läßt sich am besten durch den Begriff der *abgeleiteten Karten* (nach *E. Meynen* [353] auch *abgeleitete Quellenkarten,* nach *W. Pillewizer* [386, 387] *chorographisch-thematische Karten*) kennzeichnen. Sie umfaßt aber nicht nur die Karten, die durch Generalisieren von Grundkarten entstehen (z. B. kleinmaßstäbige geologische Karten), sondern auch die Karten, bei denen die ursprünglichen Daten vor der kartographischen Bearbeitung noch besonders zu überarbeiten (z. B. durch Gruppenbildung) oder zu sekundären Daten (z. B. Bevölkerungsdichte) aufzubereiten sind. Der subjektive Einfluß, der hier vor allem in quantitativen Karten mit relativen Angaben durch die Bildung von Wertgruppen und Bezugsflächen (1.3.7.3) auftritt, kann erheblich sein.

1.3 Thematischer Karteninhalt

1.3.1 Allgemeines zur Gestaltung

1.3.1.1 *Objektgruppen und Gestaltungsmittel*

Um die Vielfalt thematischer Darstellungen ordnen zu können, läßt sich der bereits in Bd. I, 4 aufgezeigte Weg einschlagen: Man bildet nach den Objektmerkmalen bestimmte Objektgruppen und stellt fest, mit welchen kartographischen Gestaltungsmitteln und ihren Variationen sich diese Objektgruppen wiedergeben lassen.

Zur Bildung von *Objektgruppen* geht man von den in Bd. I, 4.1 beschriebenen Merkmalspaaren diskret und kontinuierlich, qualitativ und quantitativ sowie statisch und dynamisch aus. Dabei ist es wegen der unterschiedlichen Erscheinungsbilder zweckmäßig, die Diskreta noch in solche flächenhafter, linearer und lokaler Art zu gliedern. Die nachstehende Tabelle gibt eine Übersicht und weist zugleich auf die Abschnitte hin, in denen die einzelnen Objektgruppen behandelt werden.

<table>
<tr><th colspan="2" rowspan="2">Raumbezug / sonstige Objektmerkmale</th><th colspan="3">Diskreta</th><th rowspan="2">Kontinua</th></tr>
<tr><th>flächenhaft</th><th>linear</th><th>lokal</th></tr>
<tr><td rowspan="2">statisch</td><td>qualitativ</td><td>1.3.2</td><td rowspan="2">1.3.3</td><td>1.3.4.1</td><td rowspan="2">1.3.5</td></tr>
<tr><td>quantitativ</td><td>1.3.7</td><td>1.3.4.2</td></tr>
<tr><td rowspan="2">dynamisch</td><td>qualitativ</td><td colspan="3" rowspan="2">1.3.6.1</td><td rowspan="2">1.3.6.2</td></tr>
<tr><td>quantitativ</td></tr>
</table>

Als *Gestaltungsmittel* kommen nach Bd. I, 4.2.1.1 die graphischen Elemente

Punkte, Linien und Flächen

sowie die zusammengesetzten Zeichen

Signaturen, Diagramme, Halbtöne und Schriften

in Betracht. Sie lassen sich ganz oder teilweise der *graphischen Variation* nach

Größe, Form, Füllung, Tonwert, Orientierung, Farbe

unterziehen.

Art und Umfang der kartographischen Aussage, die mit diesen Gestaltungsmitteln möglich ist, werden in Bd. I, 4.3 näher behandelt. Die nachfolgenden Abschnitte sollen darüber hinaus zeigen, welche Darstellungsweisen im einzelnen bei der Wiedergabe thematischer Sachverhalte auftreten und welche graphischen Gefüge (Bd. I, 4.2.1) sich dabei durch das Zusammenspiel der Gestaltungsmittel ergeben. Dabei spielt das Gestaltungsmittel „Halbtöne" praktisch keine Rolle.

Im Gegensatz zu den topographischen Karten spielt beim eigentlichen thematischen Karteninhalt die Schrift keine Sonderrolle, da Eigennamen nur selten auftreten und weitere Erläuterungen kaum erforderlich sind. Die Schrift ist daher ein Gestaltungsmittel wie jedes andere. Ausnahmen ergeben sich dann, wenn z. B. bestimmte Vorkommen mit Eigennamen belegt sind (z. B. Meeresströmungen) oder wenn sprachkundliche Themen dargestellt werden (z. B. Verbreitung von Mundarten in Bezug auf bestimmte Wörter und Endungen).
Die hier angewandte Betrachtungsweise, nämlich für jede Objektgruppe die in Betracht kommenden Gestaltungsmittel zu untersuchen, ist nicht die einzige Möglichkeit, die Gestaltung thematischer Karten methodisch zu ordnen. Auf andere Möglichkeiten soll daher in 1.3.9 kurz verwiesen werden.

1.3.1.2 *Fälle der Generalisierung*

Die elementaren Vorgänge und Methoden der Generalisierung (Bd. I, 4.4.2) gelten auch für thematische Karten, jedoch mit besonderer Beachtung einer mehr freien, sich am Thema orientierenden Generalisierung. Während bei den topographischen Karten alle Objekte in einer gegenseitig gut ausgewogenen Weise zu generalisieren sind, kommt es hier gerade auf die Betonung des jeweiligen Themas an. Dabei kann man unterscheiden:

1. Der Entwurf einer *abgeleiteten analytischen Karte* läßt sich als der einfachere Fall kartographischer Generalisierung

betrachten. Da sich am Thema nichts ändert und die Vorlage gewöhnlich einen größeren Maßstab aufweist, ist der Generalisierungsprozeß vorwiegend *maßstabsbedingt*. Beispiele dafür sind geologische Karten und Klimakarten, wenn sie aus entsprechenden Karten größerer Maßstäbe abgeleitet werden.

2. Der Entwurf einer *synthetischen*, oft auch schon einer *komplexen Karte* ist dagegen häufig wesentlich schwieriger. Hier wird das Thema umgestaltet, werden Typisierungen, Zusammenfassungen usw. vorgenommen, und diese Generalisierung ist daher vorwiegend *themabedingt*. Als Ausgangskarten dienen mehrere analytische Karten; eine Maßstabsänderung ist dabei möglich, aber nicht notwendig.

3. Karten, die nicht aus anderen Karten, sondern aus Texten, Tabellen usw. abgeleitet werden, entstehen durch eine Objektgeneralisierung, die im Einzelfalle sehr problemreich sein kann, z. B. wenn Wertgruppen und Bezugsflächen zu bilden sind (1.3.7.3).

4. Für den Entwurf der *topographischen Kartengrundlage* ist eine besondere kartographische Generalisierung erforderlich. Sie wird in 1.4 näher behandelt.

Einige Themen kommen für eine Generalisierung nur bedingt oder gar nicht in Betracht, weil ihre Darstellung stark maßstabsgebunden oder mit rechtlichen Wirkungen verknüpft ist. Beispiele dafür sind Karten städtischer Versorgungsleitungen und Bebauungspläne.

1.3.2 Flächenhafte Diskreta

Hierunter fallen alle Objekte, die — bezogen auf den jeweiligen Kartenmaßstab — flächenhaft ausgedehnt sind. Dabei ist das für die Wiedergabe wichtigste Merkmal die Qualität (Art, Eigenschaft) der Objekte (z. B. Bodenart, politische oder konfessionelle Zugehörigkeit). Die Objekte sind ferner statisch oder gelten zumindest im Hinblick auf die Art der Darstellung als statisch.

Eine Übersicht zu den flächenhaften Diskreta mit Beispielen gibt Abb. 1. Die dabei vorgenommene Zweiteilung der Objekte entspricht dem in Bd. I, 4.1.1 behandelten Objektbegriff. Die anderen Unterscheidungen werden nachfolgend erläutert.

Abgegrenzt wird	Objekt ist der Gegenstand selbst	Objekt ist der Sachverhalt
das Objekt (absolutes Vorkommen)	Gewässer Bodenart	Verwaltungsbereich Rechtsgebiet
die Verbreitungsfläche des Objekts (relatives Vorkommen)	Tierart Pflanzenart Fundstätte	Sprache Konfession Krankheit
die Bezugsfläche des Objekts (flächenbezogene Quantität)	—	Einwohnerzahl Produktionsmenge Bevölkerungsdichte

Abb. 1. Gliederung flächenhafter Diskreta mit Beispielen

Nach der Art der flächenhaften Ausdehnung unterscheidet man zwischen absolutem und relativem Vorkommen der Qualität. Bei *absolutem* Vorkommen tritt das Objekt innerhalb seiner Abgrenzung sozusagen ausschließlich auf (z. B. geologische Schicht, Gebäude). Bei *relativem* Vorkommen wird das Objekt erst dann registriert, wenn ein bestimmter Intensitätsgrad des Vorkommens erreicht ist. So läßt sich z. B. die Verbreitung der Malaien in Asien nach bestimmten Regeln abgrenzen; das Auftreten einzelner Malaien in Europa wird dagegen stets unberücksichtigt bleiben. Ähnliches gilt für die Verbreitung von Konfessionen, Tieren, Pflanzen usw. Streng genommen werden bei relativem Vorkommen nicht die Objekte selbst dargestellt, sondern die Flächen, über die sie sich verbreiten. Man spricht daher auch von *Verbreitungskarten*. *Pseudo-Areale* sind flächenhafte Wiedergaben vieler lokaler Objekte, z. B. Fundkarten, in denen das Vorkommen lokaler prähistorischer Grabstätten durch eine Flächendarstellung zum Ausdruck kommt (Abb. 2).

Karten, die flächenhafte Diskreta darstellen, bezeichnet man als *Arealkarten*, wegen ihres Erscheinungsbildes auch als *Mosaikkarten*. Soweit die Objekte exakt abgrenzbar sind, kann die Wiedergabe als grundrißtreu bzw. -ähnlich gelten.

Abb. 2. Pseudo-Areal

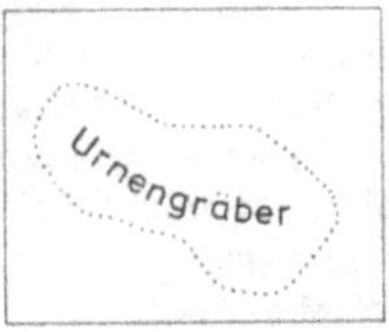

Einen Sonderfall stellen die Flächen dar, auf die sich quantitative Angaben — meist solche statistischer Art — beziehen (flächenbezogene Quantitäten). Man bezeichnet solche Darstellungen auch als *Kartogramme* bzw. *Kartodiagramme*; sie werden in 1.3.7 gesondert behandelt.

Als Gestaltungsmittel kommen in Betracht:

1. Linien bzw. lineare Signaturen zur Abgrenzung der Objekte (Lageangabe),

2. Flächenfarben, Flächensignaturen als sog. *Eigenschaftssignaturen* (Abb. 3) oder Schriften zur Angabe der Qualität.

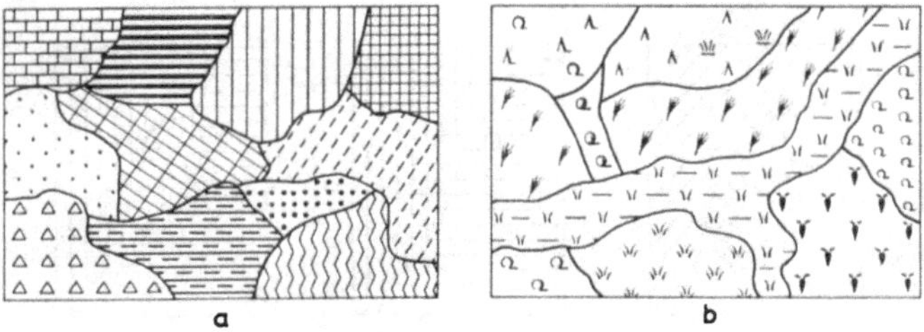

Abb. 3. Darstellung flächenhafter Objekte durch Flächensignaturen: a. rasterförmig, b. bildhaft (Vegetationssignaturen)

3. Ziffernsignaturen oder Schriften für evt. zusätzliche quantitative Angaben (z. B. Ertragswertzahlen bei Bodengütekarten).

Flächenfarben wirken sehr anschaulich und lassen sich am besten mit weiteren Darstellungen belasten, erfordern aber andererseits einen höheren kartentechnischen Aufwand. Sie treten vor allem in Karten mittlerer und kleiner Maßstäbe auf (geologische Karten, Bodenkarten, Geschichtskarten, politische Karten). *Flächensignaturen* (Flächenkartenzeichen) werden dort angewandt, wo die Karten aus wirtschaftlichen oder anderen Gründen einfarbig zu gestalten sind, z. B. großmaßstäbige Karten (Bebauungspläne) und Karten in Büchern. Man benutzt sie ferner — wie auch die *Schriften* — ein- oder mehrfarbig in Verbindung mit Flächenfarben, wenn sich Flächen verschiedener Merkmalsgruppen überlagern und damit sehr differenzierte oder komplexe Sachverhalte darzustellen sind, für die allein eine Farbskala nicht mehr ausreichen würde (z. B. in geomorphologischen Karten). Weitere Beispiele von Flächensignaturen in Form von Strukturrastern zeigt Abb. 70.

Besondere Darstellungsweisen treten auf, wenn die Objekte nicht exakt abgrenzbar sind. Dabei lassen sich zwei Fälle unterscheiden:

1. Die Objekte durchdringen sich in gewissen Bereichen gegenseitig, z. B. bei der Wiedergabe von Volksgruppen, Sprachgebieten (1.7.2.1). Solche Gebiete gemischter Qualitäten werden a) durch Verzahnen oder b) Überlappen der Gestaltungsmittel oder c) durch besondere Abgrenzung des Mischgebietes dargestellt (Abb. 4).

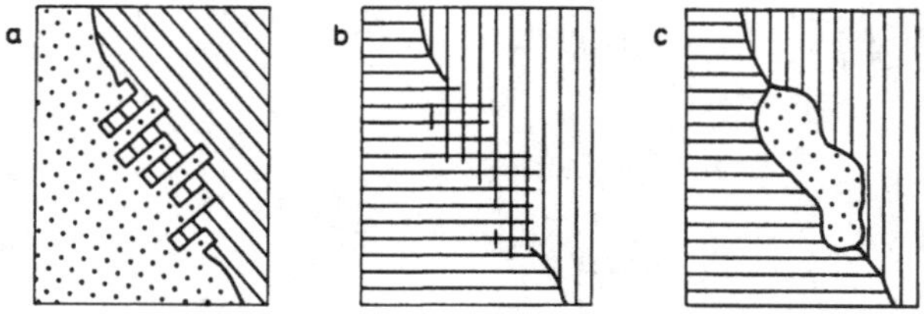

Abb. 4. Gegenseitiges Durchdringen von Objekten. Darstellung durch a. Verzahnung, b. Überlappung, c. besondere Abgrenzung des Mischgebietes.

Solche Darstellungen liefern in Mischgebieten allerdings keine Angaben über das Maß der quantitativen Mischung. Weitere Differenzierungen der Quantitäten sind daher nur mittels Helligkeitsstufen oder besonderen Signaturen möglich, mit denen der jeweils überwiegende Teil zwischen 50% und 100% in weitere Gruppen aufgegliedert wird, ferner durch Größensignaturen und Diagramme oder durch Übergang zur Punktmethode (1.3.4.2).

2. Für die Objekte läßt sich überhaupt nur eine ungefähre Lage angeben (z. B. vorherrschende Nutzungsarten, politische Einflußbereiche). Die Angabe einer Grenzlinie würde dabei oft zu falschen Vorstellungen führen. Man benutzt daher verlaufende Flächenfarben oder nicht abgegrenzte Flächensignaturen bzw. Schriften (Abb. 5).

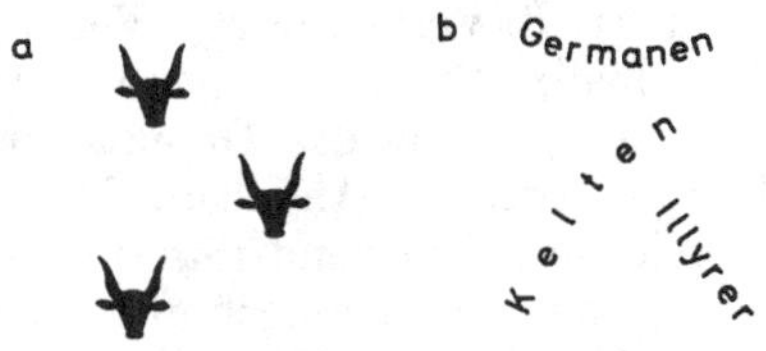

Abb. 5. Nicht exakt abgrenzbare Objektverteilung. Darstellung durch a. bildhafte Flächensignaturen, b. Schrift.

Nicht ganz unproblematisch sind daher die Fälle, in denen nur ungenau abgrenzbare Bereiche durch scharf konturierte Flächenfarben dargestellt werden, wie dies z. B. in Gebietsentwicklungsplänen hinsichtlich der künftigen Flächennutzung oft geschieht. Tatsächlich sind solche Planungen ja nicht „parzellenscharf", und dies sollte auch graphisch zum Ausdruck kommen. Brauchbare Lösungen, die vor allem auch kartentechnisch praktikabel sind, liegen bisher erst in Ansätzen vor.

Die *Generalisierung* flächenhafter Darstellungen richtet sich nach Inhalt und Zweck des Themas. Für den Fall stark verästelter oder in kleine Einheiten aufgelöster Flächen beschreibt *E. Arnberger* [1] vier Methoden: 1. die *selektive Methode* scheidet alle Flächen aus, die auf der Karte eine bestimmte Mindestgröße nicht erreichen. 2. Bei der *individuellen Metho-*

de kommt es auf die Erhaltung des Formtypus (z. B. bandförmige Grünlandlagen längs der Gewässer) an, wobei auch kleinere mit größeren Flächen verschmolzen werden können. 3. Durch *einseitige Betonung* bleiben nur große, aber die Flächenverteilung gut kennzeichnende Flächen erhalten. 4. Die *Wahrung der Flächenverhältnisse* ist am aufwendigsten; sie wird daher nur dort in Betracht kommen, wo die richtigen Flächengrößen ein entscheidendes Merkmal bei der thematischen Darstellung sind.

1.3.3 Lineare Diskreta

Hierbei handelt es sich um Objekte, die — auf den jeweiligen Kartenmaßstab bezogen — von linienhafter bis bandförmiger Ausdehnung sind (z. B. Verkehrsweg, Versorgungsleitung, urgeschichtlicher Wall). Die Wiedergabe erstreckt sich in erster Linie auf die Qualität des Objekts, in Einzelfällen auf zusätzliche quantitative Angaben. Das geometrische Lagemerkmal reicht von der Grundrißtreue und -ähnlichkeit bei der Darstellung mit Begrenzungslinien bis zur Lagetreue bei der Wiedergabe durch fiktive Mittellinien.

Für die Angaben von Lage, Qualität und Quantität lassen sich die Gestaltungsmittel wie folgt einsetzen (siehe auch Abb. 6):

1. Zur Lageangabe eignen sich Linien und lineare Signaturen.

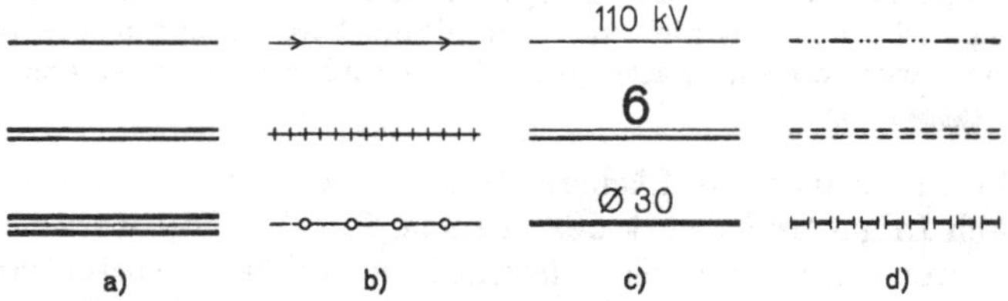

Abb. 6. Darstellung linienhafter Objekte:
a) Reine Linien,
b) Linien mit linearen Signaturen,
c) Linien mit Schrift,
d) reine lineare Signaturen.

2. Die Qualitätsangabe ergibt sich aus der Variation der Linien und linearen Signaturen nach Farbe und Größe (Breite), der letzteren auch nach der Form, oder sie folgt bei den Linien aus zusätzlichen Gestaltungsmitteln in Gestalt linearer Signaturen oder Schriften.
3. Quantitäten (z. B. Straßenbreite, Tiefe von Leitungen) kommen durch Ziffernsignaturen oder Schrift zum Ausdruck.

Abb. 7. gibt einen Ausschnitt aus einem Nivellementsnetz wieder, wobei durch Variation der linearen Signaturen und der Breite nach den drei Ordnungen unterschieden wird.

Lineare Diskreta sind zum großen Teil Träger räumlicher Veränderungen. Ihre Darstellung steht daher in enger Verbindung mit der der räumlichen Veränderung in 1.3.6.

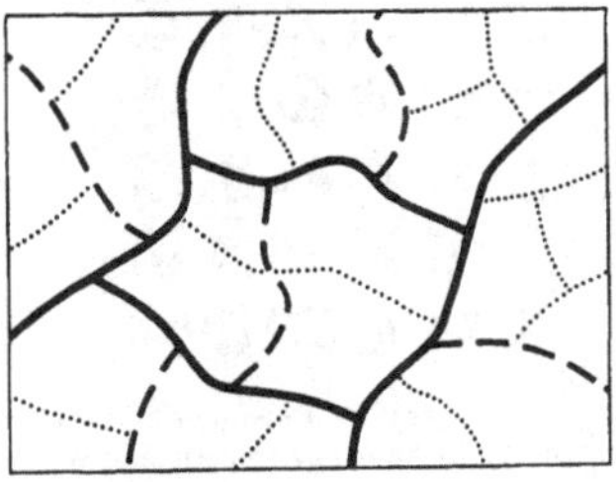

Abb. 7. Ausschnitt aus einer Übersicht zum Nivellementsnetz 1.—3. Ordnung

1.3.4 Lokale Diskreta

Zu dieser Gruppe gehören alle Objekte, deren Ausdehnung im Kartenmaßstab in keiner Richtung mehr darstellbar ist und die daher als lokal, d. h. quasi-punktförmig anzusehen sind. Da eine Grundrißdarstellung demnach nicht mehr möglich ist, werden die Objekte höchstens lagetreu wiedergegeben.

Man unterscheidet zwischen rein qualitativen Darstellungen und solchen mit zusätzlichen quantitativen Angaben.

1.3.4.1 *Lokale Diskreta ohne quantitative Angaben*

Die Darstellung dieser Objekte ist neben der der flächenhaften Diskreta der wichtigste Fall der qualitativen Karten.

Als Gestaltungsmittel kommen alle Arten lokaler Signaturen (Ortslagekartenzeichen) als sog. *Objektsignaturen* in Betracht (Abb. 8 und 9 sowie Bd. I, Abb. 102). Dabei wird die Objektlage meist durch die Signaturenmitte, die Objektqualität durch graphische Variation nach Form oder Farbe der Signatur angegeben. Während aber bei Arealkarten (1.3.2) die Darstellung flächenhafter Diskreta wegen der Flächenfüllung oft auf ein einziges flächenhaftes Thema beschränkt bleiben muß, läßt sich hier in den *Positionskarten (Ortslagekarten)* infolge der Variationsmöglichkeiten und der geringen Größe der Kartenzeichen auch ein größerer Kreis lokaler Themen wiedergeben (komplexe Karten).

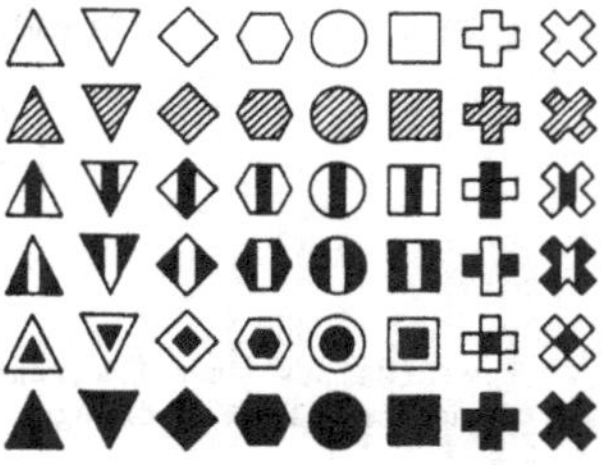

Abb. 8. Beispiele bildhafter Signaturen für Wirtschaftskarten
Abb. 9. Beispiele geometrischer Signaturen unter Variation in Form und Füllung

Positionskarten geben als *Standortkarten* über die Lage von Industrien, Behörden, Schulen, Wetterstationen, historischen Stätten usw. Auskunft, während sie als *Fundkarten* den Nachweis von Fundstätten urgeschichtlicher Gräber, Geräte, Siedlungen usw. enthalten. Da sie keine Wertangaben liefern, kann ihr Aussagegehalt, z. B. bei Angaben von Lagerstätten und Industrien in Atlanten mitunter gering sein, evtl. sogar zu falschen Bedeutungsvorstellungen führen.

1.3.4.2 *Lokale Diskreta mit quantitativen Angaben*

Hier enthält die thematische Aussage auch noch Angaben über Größe, Menge, Wert usw., die auf das lokale Objekt bezogen sind, z. B. Anzahl von Einwohnern oder Beschäftigten, Umschlagsziffern, Produktions- oder Verbrauchsmengen.

Es handelt sich dabei meist um *absolute* Zahlenwerte im Gegensatz zu den relativen Darstellungen durch Kartogramme (1.3.7.1).
Als Gestaltungsmittel dienen lokale Signaturen (Nr. 1), Punkte (Nr. 2) und lokale Diagramme (Nr. 3). Da die Variation der Gestaltungsmittel in erster Linie zur quantitativen Aussage herangezogen wird, ist eine so umfangreiche Wiedergabe verschiedener Qualitäten wie in 1.3.4.1 nicht möglich. Der Themenkreis einer Karte ist damit stärker eingeschränkt.

1. Darstellung durch lokale Signaturen

Die quantitative Angabe läßt sich gestuft, stetig oder mittels Werteinheiten vornehmen.

a) Gestufte Darstellung

Sie ergibt sich durch Wechsel in Größe, Füllung, Form oder Farbe der Signatur (Abb. 10); dies setzt eine Gruppenbildung der Werte voraus. Dabei kommen in der Regel größere Werte auch durch größere „Signaturgewichte" oder „Farbgewichte" zum Ausdruck. Die Anzahl der Gruppen muß jedoch beschränkt bleiben, da sonst die Vielfalt der Signaturgestalten, zu denen auch bildhafte Kartenzeichen gehören können, unübersichtlich wird. Ferner kommt es darauf an, die Gruppen so abzugrenzen, daß sie jeweils typische Bereiche kennzeichnen (z. B. Klein-, Mittel- und Großbetriebe, vgl. 1.3.7.3).

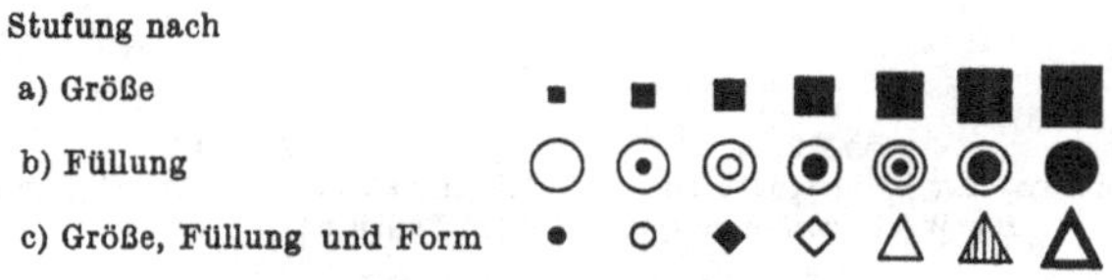

Abb. 10. Beispiele gestufter Signaturen

b) Stetige Darstellung

Sie beruht auf einer kontinuierlichen Veränderung der Signaturengröße in Abhängigkeit von der Objektquantität. Da die Signatur meßbar sein muß, kommen vorwiegend *geometrische Zeichen* in Betracht (Abb. 9). Dabei ist es oft schwierig, die passende Art des *Größenmaßstabs* für die Signaturdarstellung zu finden.

Für einen visuellen Vergleich der Signaturen wären eindimensionale Veränderungen der Figuren am besten geeignet. Das läßt sich praktisch nur mit stabförmigen Signaturen durchführen (Abb. 11a), die

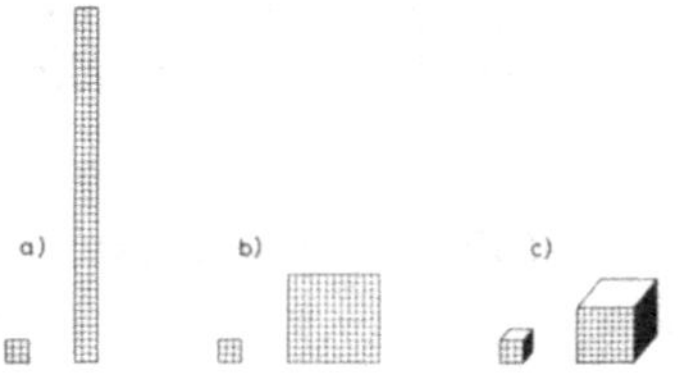

Abb. 11.
Zwei Mengen im Verhältnis 1 : 16. Darstellung durch
a) stabförmige (lineare),
b) quadratische (flächenhafte),
c) würfelartige (quasi-räumliche) Signaturen

jedoch bei großen Unterschieden zwischen kleinstem und größtem Einzelwert stark differieren, sich oft erheblich von der Kartenlage des Objekts entfernen und damit auch leicht mit anderen Signaturen zusammenstoßen können. Eine bessere Lösung sind daher solche Formen, bei denen die Zahlenwerte proportional der Fläche bzw. dem scheinbaren Volumen der Signatur sind (Abb. 11b, c). Sie erfordern aber einen besonderen Signaturenmaßstab (Abb. 12, 13), der sich meist im Kartenrande befindet.

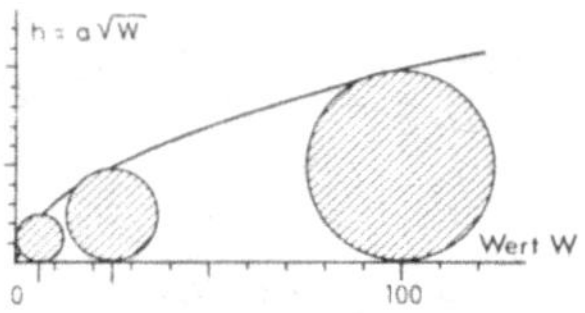

Abb. 12.
Größenmaßstab für Kreissignaturen

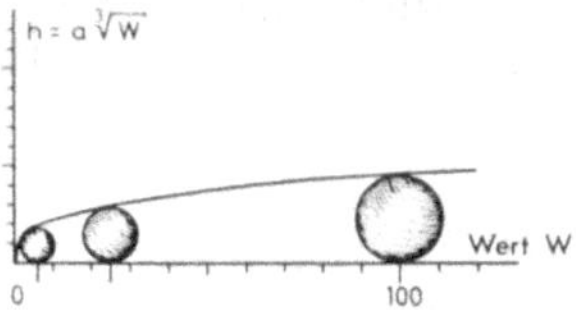

Abb. 13.
Größenmaßstab für „Kugel"-Signaturen

Die Werte verhalten sich in beiden Fällen wie 1 : 4 : 16.

Bildhafte Figuren führen in eindimensionaler Veränderung zu falschen Vergleichen; sie sind daher unter Erhaltung der Ähnlichkeit stets flächen- oder raumproportional zu verändern (Abb. 14).

Treten zwischen den Einzelwerten sehr große Differenzen auf, so basieren die Größenmaßstäbe mitunter auf *logarithmischen Skalen*. In solchen Fällen ist die Differenz zweier Figurenhöhen nicht mehr

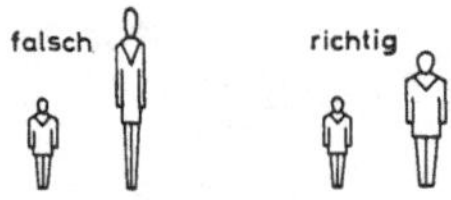

Abb. 14.
Zwei Mengen im Verhältnis 1 : 2. Darstellung durch flächig gedachte bildhafte Signaturen

kennzeichnend für den Wertunterschied wie bei linearen Maßstäben, sondern ein Ausdruck für das Wertverhältnis.

Durch Ineinanderstellen von Signaturen kann man auch die quantitativen Veränderungen eines Objekts in der Zeit darstellen. Werden bei solchen sog. *Wachstumssignaturen* logarithmische Maßstäbe benutzt, so wird das *relative Wachstum* unmittelbar aus den Höhenunterschieden ersichtlich (Abb. 15). Es ist nämlich

$$h_1 = a \cdot \log W_1 \quad \text{und } h_2 = a \cdot \log W_2,$$

$$h_2 - h_1 = a \cdot (\log W_2 - \log W_1) = a \cdot \log \frac{W_2}{W_1}.$$

Relatives Wachstum
von A nach B = 10fach
von B nach C = 5fach

Es ist nämlich

$h_B - h_A = a \cdot \log 10$
$h_C - h_B = a \cdot \log 5$

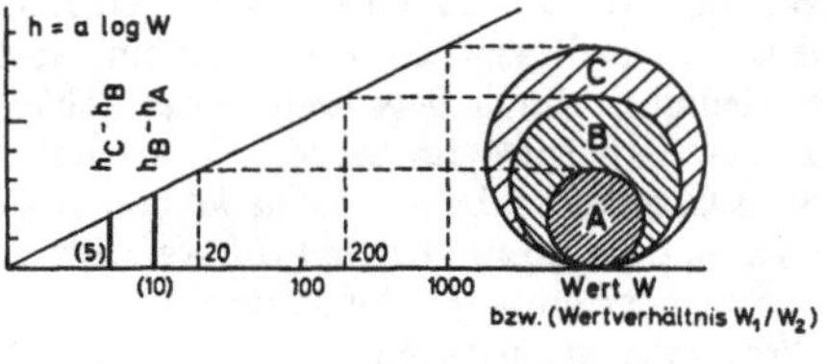

Abb. 15. Wachstumssignatur im logarithmischen Maßstab

Die Wahl eines geeigneten Signaturenmaßstabes hängt von zwei gegenläufigen Bedingungen ab: Einerseits muß die visuelle Wahrnehmung der Größenunterschiede gewährleistet sein; andererseits darf die Lesbarkeit nicht beeinträchtigt werden. Zwar können sich größere Signaturen bis zu einem gewissen Maße gegenseitig durchdringen, wobei die kleineren auf den größeren Darstellungen zu liegen scheinen, doch ist die Grenze der Lesbarkeit dann erreicht, wenn die einzelne Signatur nicht mehr spontan erkennbar ist, wenn Mehrfachüberlappungen sich häufen oder wenn kein Platz mehr für weitere Kartendarstellungen bleibt. Abb. 16 liefert hierzu drei Beispiele.

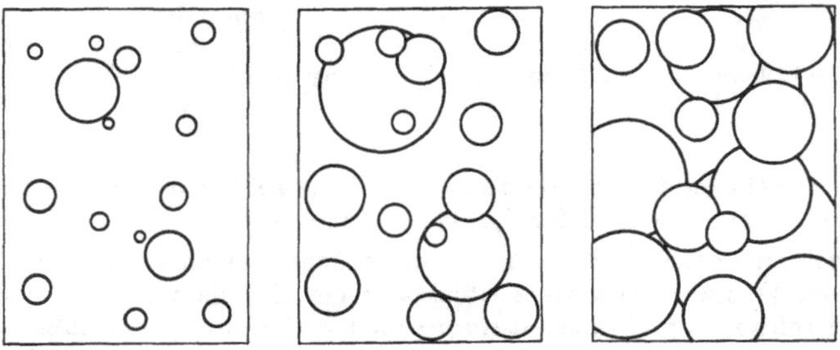

a) b) c)

Abb. 16. Wahl des Signaturenmaßstabs: a) zu klein, b) richtig, c) zu groß.

Trotz Verwendung nichtlinearer Größenmaßstäbe ist die quantitative Aussage mittels stetig veränderter Signaturen mitunter spürbar eingeschränkt. Das ist vor allem der Fall, wenn sich die Signaturen in Ballungsgebieten oder bei komplexen Karten häufen. Ein einfacher Ausweg aus dieser Schwierigkeit kann darin bestehen, daß die Quantität lediglich durch Beischreiben des Zahlenwertes neben die konstant kleine Signatur zum Ausdruck kommt; diese Lösung ist jedoch optisch unbefriedigend, da sie keinen allgemeinen Überblick vermittelt. Andere Lösungen sind differenziertere Darstellungen in Nebenkarten oder stärkere Generalisierungen, schließlich der Übergang zu Werteinheitssignaturen.

c) Darstellung durch Werteinheitssignaturen

Bei diesem Verfahren stellt jede Signatur eine konstante Werteinheit *(Kartenzeichenwerteinheit)* dar. Die quantitative Angabe ergibt sich damit als Summe gleich großer und geometrisch streng geordneter Zeichen. Durch den damit verbundenen großen Bedarf an Kartenfläche geht jedoch die Lagetreue der Darstellung verloren. Das Verfahren ist aber andererseits übersichtlich, eindrucksvoll und läßt schnelle und sichere Vergleiche zu.

Die etwa 1930 in Wien für Ausstellungen entwickelte Methode hat sich später in der Themakartographie als *Wiener Methode der Bildstatistik*, *Zählrahmenmethode* oder *Darstellung nach Abzählgruppen* ausgebreitet (Abb. 17). Unter ähnlichen Darstellungsweisen verwendet

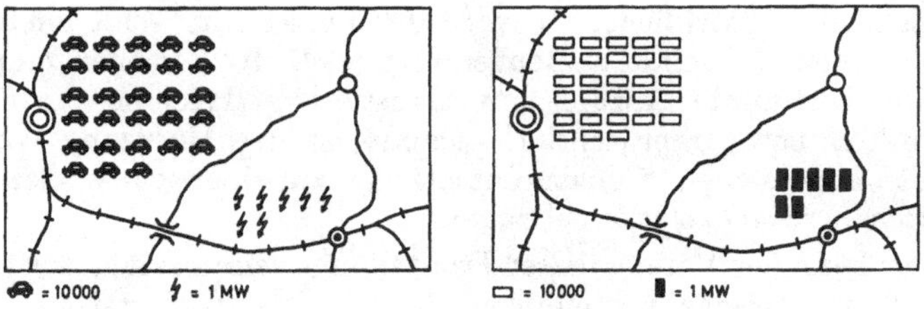

a b

Abb. 17. Werteinheitssignaturen durch
a. bildhafte Figuren b. geometrische Zeichen

die *Kleingeldmethode* im Gegensatz zur Zählrahmenmethode Werteinheiten unterschiedlicher Größenordnung; sie kann damit vor allem große Zahlenwerte noch auf relativ kleiner Fläche zum Ausdruck bringen, doch gehen dabei Anschaulichkeit und visueller Vergleich teilweise verloren (Abb. 18). Die *Block- oder Quadermethode* — auch *Baukastenmethode* genannt — setzt kleine Werteinheitskörper (z. B. Würfel) zu einem größeren auszählbaren Gebilde zusammen (Abb. 19).

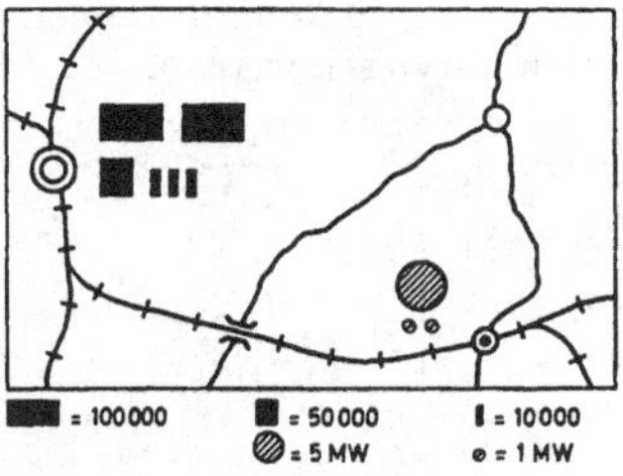

Abb. 18. „Kleingeldmethode"

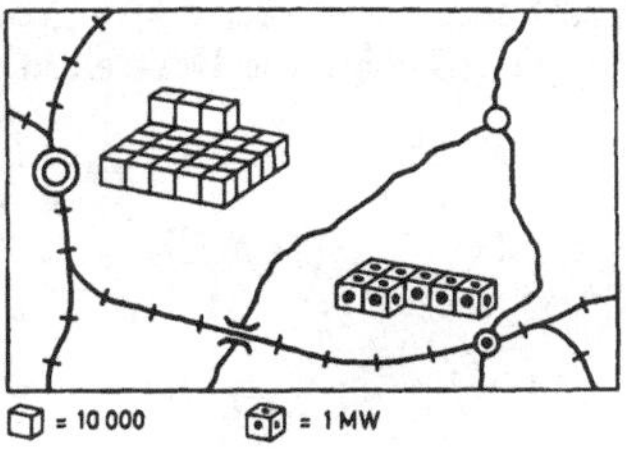

Abb. 19. „Baukastenmethode"

2. Darstellung durch Punkte (Punktmethode)

Häufen sich die Objekte derart, daß sie durch *Signaturen* nicht mehr darstellbar sind (z. B. bei der Wiedergabe von Handwerksbetrieben in einer Stadt), so verwendet man *Punkte* als Gestaltungsmittel, da sie den geringsten Flächenbedarf haben. Ist auch dieses Prinzip der Darstellung jedes *einzelnen* Objektes infolge sehr großer Objektdichte nicht mehr zu verwirklichen, so wird der Punkt zur Werteinheit, die einen bestimmten Mengenwert (z. B. 10 Personen oder eine bestimmte Anzahl von Haustieren, Maschinen, Produkten usw.) repräsentiert. Damit ist der Übergang von der allgemeinen Signaturenmethode zu einer ganz spezifischen *Punktmethode* vollzogen.

Der besonder Vorzug dieser Darstellungsweise besteht darin, daß sie typische Verteilungen der Objekte (Objektstreuungen) deutlich erkennbar macht (Anlage 8). Man bezeichnet daher auch Karten dieser Art als *Punktstreuungs-* oder *Objektstreuungskarten*. Durch Auszählen der Punkte (z. B. für bestimmte Bereiche) erhält man die Objektanzahl.

Der Nachteil der Punktmethode besteht darin, daß Objekte verschiedener Qualität nur durch kräftigen Farbwechsel oder durch Übergang zu kleinen Formsignaturen erkennbar zu machen sind. Die Punktstreuungskarten behandeln daher vorwiegend immer nur ein Thema, sind also analytische Karten.

Je kleiner der Mengenwert des Punktes ist, desto differenzierter ist die Wiedergabe (Abb. 20a). Die Festlegung dieses Wertes richtet sich nach den Darstellungsmöglichkeiten in Gebieten größter Objektdichte. Ergibt sich dabei ein relativ großer Punktwert, so kann in Gebieten geringerer Dichte die Darstellung dadurch untypisch werden, daß der

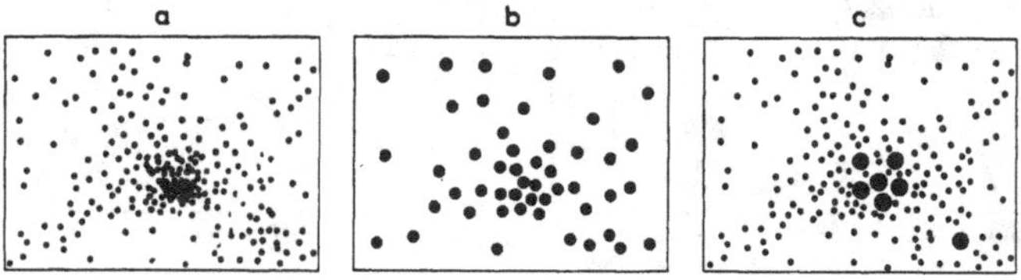

Abb. 20. Punktmethode zur Darstellung einer Objektstreuung
a) mit einheitlichem Mengenwert (1 Punkt ≙ 10)
b) mit einheitlichem Mengenwert (1 Punkt ≙ 50)
c) mit gestuften Mengenwerten (1 Punkt ≙ 100 bzw. 10)

Punkt einen größeren Bereich repräsentieren muß und daß daher dort die Objektstreuung nicht mehr ausreichend zu erkennen ist (Abb. 20b). Ein Ausweg ist möglich, wenn man — ähnlich wie bei der Kleingeldmethode — nur in den Ballungsgebieten den Punktwert vereinzelt höher setzt und dies durch eine besondere Signatur zum Ausdruck bringt (Abb. 20c).

3. Darstellung durch lokale Diagramme

Ist die quantitative Angabe für ein Objekt noch sachlich aufzugliedern oder in zeitlicher Entwicklung darzustellen, so benutzt man Diagramme (z. B. bei Bevölkerungsgliederung nach Berufen oder Wachstum der Einwohnerzahl). Abb. 21 gibt einige Beispiele von Diagrammen. Die Quantitäten sind in diesen Fällen meist Absolutangaben.

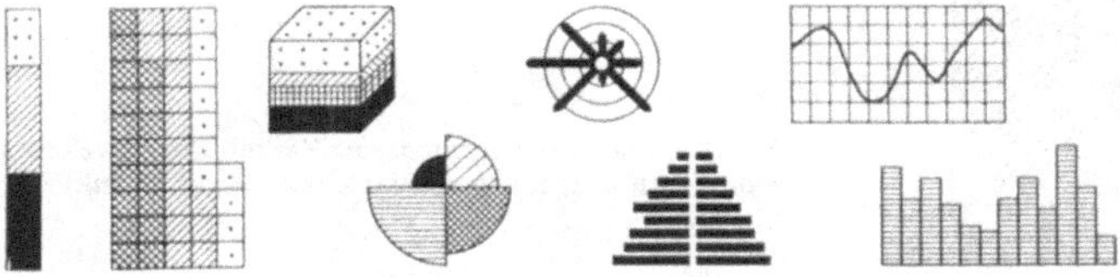

Abb. 21. Beispiele von Diagrammfiguren
a) Stab-, b) Baukasten-, c) Würfeldiagramm (für sachliche Gliederungen),
d) Quadrantendiagramm (für Gegenüberstellungen),
e) Winddiagramm (prozentuale Häufigkeit der Windrichtungen),
f) Bevölkerungspyramide (absolute und relative Gliederung nach Alter und Geschlecht),
g) Kurvendiagramm, h) Histogramm (für zeitliche Gliederungen)

Infolge ihrer Größe und Gestalt lassen sich solche Diagramme nicht mehr so lagerichtig anordnen wie die Signaturen. Vielfach ist daher der Bezugspunkt durch eine besondere Ortssignatur gekennzeichnet und das Diagramm daneben gestellt. Mit dem Kreissektorendiagramm (Abb. 35a) ist jedoch eine zentrische Anordnung exakt möglich, ein Grund für die häufige Verwendung dieser Diagrammfigur.

In ihrer äußeren Gestaltung entsprechen die lokalen Diagramme — auch *Ortslagediagramme* oder *Positionsdiagramme* genannt — den Kartodiagrammen (1.3.7.2), unterscheiden sich von diesen aber durch die räumliche Bezogenheit: die einen mit eindeutigem lokalen Bezug, die anderen dagegen Summenwerte für eine bestimmte Fläche.
Will man die Zahlenwerte zweier Merkmale miteinander in Beziehung setzen, so eignen sich hierfür die Rechteckdiagramme (Abb. 22), die häufig auch etwas unzutreffend als Korrelationsfiguren bezeichnet werden. Jede Rechteckseite repräsentiert einen Zahlenwert, z. B. $a =$ Zahl der gemeldeten Urlauber, $b =$ durchschnittliche Über-

nachtung je Urlauber. Dann ist die Rechteckfläche $a \cdot b$ ein Ausdruck für die Gesamtzahl der Übernachtungen. In ähnlicher Weise lassen sich drei Merkmale in einem perspektiv dargestellten Quader miteinander verknüpfen.

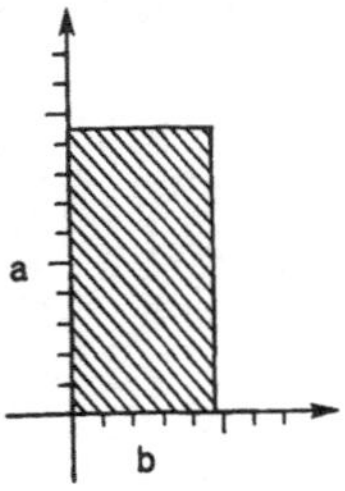

Abb. 22. Rechteckdiagramm zur Verknüpfung zweier Zahlenangaben a und b und Darstellung ihres Produktes a · b

1.3.5 Kontinua

Kontinuierlich verbreitete, d. h. räumlich oder flächenhaft unbegrenzte Objekte gehören vorwiegend dem Naturbereich an. Beispiele dafür sind viele geophysikalische, meteorologische und hydrologische Daten. Ein Kontinuum ist als sog. *Wertefeld* durch Zahlenwerte, d. h. durch quantitative Daten gekennzeichnet; die Wiedergabe solcher Daten erfordert eine grundrißtreue bzw. -ähnliche oder lagetreue Darstellung.

Die Einordnung von Objekten in die beiden Gruppen der Diskreta und Kontinua ist nicht immer eindeutig. So betrachtet man z. B. einen Binnensee als Diskretum, wenn es sich um eine geomorphologische Darstellung im Zusammenhang mit anderen Objekten handelt, dagegen als Kontinuum, wenn eine Wiedergabe hydrographischer Daten des Sees allein stattfindet.

Neben der Unterscheidung zwischen raumfüllenden und flächenfüllenden Kontinua kann man auch noch gliedern nach real vorhandenen Kontinua und solchen, die auf Modellvorstellungen beruhen. Abb. 23 gibt einige Beispiele. Alle Kontinua gelten im Rahmen der hier angestellten Betrachtungen als statisch.

Art der Kontinua	Raumfüllend	Flächenfüllend
Reale Kontinua (sichtbar oder meßbar)	Schwerefeld Magnetfeld Wetterdaten	Geländeoberfläche Grundwasserspiegel Meeresoberfläche
Kontinua als Modelle physikalisch	Klimadaten	Geoid
geometrisch	Isochronen	Rotationsellipsoid

Abb. 23. Gliederung der Kontinua mit Beispielen

Als Gestaltungsmittel eignen sich

1. Punkte bzw. lokale Signaturen zur Lageangabe der durch Beobachtung oder Registrierung ermittelten Daten (z. B. Wetterstation — Abb. 24 —, Grundwasserpegel),
2. Schriften (Zahlen), seltener Diagramme zur Angabe der Daten selbst (z. B. Lufttemperatur, Wasserstand),
3. Linien bzw. lineare Signaturen, die als sog. Isolinien nach den ermittelten Daten konstruiert werden,
4. Flächenfarben bzw. Flächensignaturen, die zur besseren Veranschaulichung die Fläche zwischen benachbarten Isolinien ausfüllen.

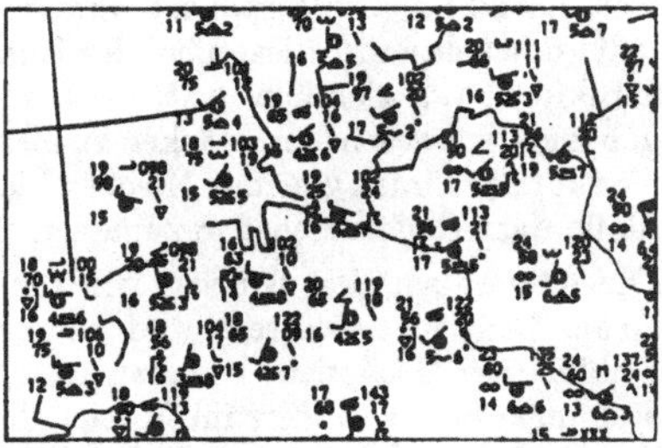

Abb. 24. Daten der Wetterstationen in einer automatisch gezeichneten Arbeitswetterkarte des Deutschen Wetterdienstes (Eintragungsschema nach internationalem Wetterschlüssel). Grundlage für die Interpolation der Isolinien, Festlegung der Wetterfronten usw. (3fache Verkleinerung)

Isolinien, auch *Isarithmen* genannt, sind Linien, die benachbarte Punkte gleicher Werte miteinander verbinden (Abb. 25). Sie sind das wichtigste und häufigste Mittel der Kontinuumsdarstellung; man spricht daher auch von *Isolinienkar-*

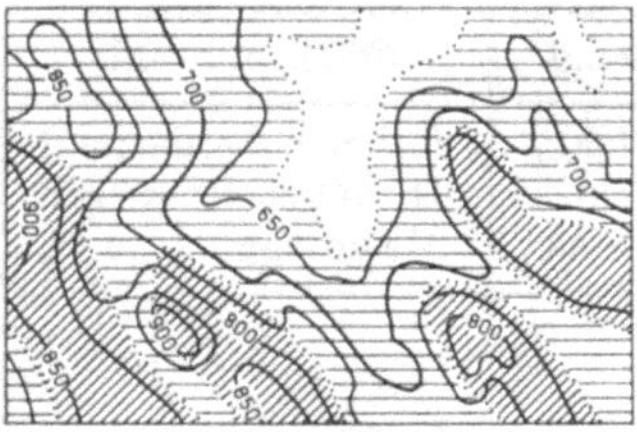

Abb. 25.
Linien gleichen mittleren Jahresniederschlages (Isohyeten) in mm. Die punktierten Höhenlinien (Isohypsen) und die gerasterten Höhenstufen verdeutlichen die Abhängigkeit von Geländerelief

ten. In der Praxis stellen sie runde Zahlenwerte (z. B. volle Temperaturgrade) dar. Der Intervallwert (die Wertstufe) zwischen benachbarten Isolinien richtet sich nach dem Kartenmaßstab und nach der Genauigkeit der Ausgangsdaten; zu groß gewählte Intervallwerte und damit oft sehr große Horizontalabstände der Isolinien mindern den Aussagewert, zu kleine belasten den Karteninhalt stark. Ein konstanter Intervallwert entspricht den Äquidistanzen der Höhenlinien (Bd. I, 5.3.2.4). Solche Äquisysteme geben die beste Übersicht über die Werteverteilung im Kontinuum, lassen sich aber mitunter nur schwer realisieren, z. B. beim Auftreten großer Anomalien.

Die Konstruktion der Isolinien beruht auf einer Interpolation zwischen den Meßpunkten (6.3.6). Während aber in der Topographie die Höhenlinien (Isohypsen) im Anhalt an ein relativ dichtes Punktfeld weitgehend linear interpoliert werden und lediglich die Formrichtigkeit zu beachten ist, liegen bei der Konstruktion anderer Isolinien die Punkte häufig ziemlich weit auseinander, und man hat andere Gegebenheiten wesentlich stärker zu berücksichtigen. So hat z. B. der Verlauf der Linien gleichen Niederschlages (Isohyeten) sich in starkem Maße dem Geländerelief anzupassen (Abb. 25).

Die ersten Isolinien wurden vor rund 300 Jahren als Tiefenlinien (Isobathen) in Gewässern und als Linien gleicher erdmagnetischer Deklination (Isogonen) benutzt. *A. v. Humboldt* förderte diese Darstellungsweise besonders im Bereich der Klimatologie. So stellen z. B. dar: Isobaren gleichen Druck, Isallobaren gleiche Luftdruckänderung je Zeiteinheit, Isoamplituden gleiche Schwankungen einer Größe, Isobasen gleiche tektonische Hebung, Isogammen gleiche Anomalie der Schwerkraft, Hydroisohypsen gleiche Grundwasserspiegelhöhe, Isokatabasen gleiche tektonische Senkung, Isoklinen gleiche erdmagnetische Inklination und Isothermen gleiche Temperatur. Heute verwendet man in den verschiedenen Wissenschaften über 150 Isolinien-Begriffe; *J. Gulley* und *K. Sinnhuber* haben die für die Kartographie wichtigsten Isolinien zusammengestellt in [242]. Die Geschichte der Isarithmenkarten beschreibt *W. Horn* [273].

Durch die Anwendung von *Flächenfarben* oder *Flächensignaturen* (meist Rastern) zwischen den Isolinien entsteht zwar ein stufenförmiger Eindruck, der dem Stetigkeitsprinzip jedes echten Kontinuums widerspricht, doch kann man durch geschickte Wahl der Farbtöne oder der Rasterstufen die Werteverteilung im Kontinuum (Maxima, Minima, starke und schwache Gefälle) unmittelbar und anschaulich erkennbar machen (vgl. die Höhenschichten in Bd. I, 5.3.2.7). So werden z. B. in Niederschlagskarten die bläulich-kühlen Farbtöne bzw. die dunklen Rasterstufen den Bereichen mit hohen Niederschlägen zugeordnet (Anlage 2). Mehr als 8 bis 10 Stufen sollte man dabei vermeiden. Der Vorteil solcher Darstellungsweise wird allerdings oft erkauft durch notwendige Einschränkungen im übrigen Karteninhalt.

Neben den Kontinua aus dem Naturbereich gibt es noch eine Reihe fiktiver, rein *geometrischer Kontinua.* Zu diesen zählt z. B. die Darstellung durch Isodistanzen (Äquidistanzen) als Orte gleicher räumlicher Entfernung von einem Punkt bzw. von einer Linie; diese sind im Falle geradliniger Verbindung konzentrische Kreise bzw. parallele Linien, bei Bindung an Verkehrswege dagegen unregelmäßige, vom Verlauf dieser Wege abhängige Linien. Ferner gehört dazu die Darstellung durch Isochronen zur topographischen Anzeige aller Orte, die von einem Ausgangspunkt nach einer bestimmten Reisezeit erreicht werden können (Abb. 26). Geometrische Kontinua sind z. B. auch die Übersichten, die durch Isodeformaten (Äquideformaten) die Linien gleicher Verzerrungen in Kartennetzentwürfen (Bd. I, 3.1.4) anzeigen.

Pseudo-Isolinien — im angloamerikanischen Sprachgebrauch auch als isopleths bezeichnet — liegen vor, wenn Linien gleicher Werte für Objekte konstruiert werden, die selbst keine Kontinua sind (z. B. Grundstückspreise, Bevölkerungsdichte). Solche Darstellungen lassen zwar gewisse Strukturen und Verteilungen erkennen, eine Auswertung

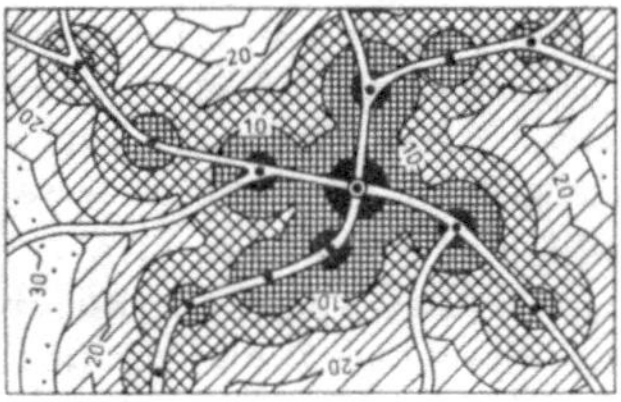

Abb. 26.
Linien gleicher Reisezeit (Isochronen) in Minuten vom bzw. zum Ortszentrum Fahr- und Gehzeit). Die Konstruktion ergibt sich aus konzentrischen Kreisen um die Haltestellen öffentlicher Verkehrsmittel mit Berücksichtigung topographischer Besonderheiten. Flächenfüllung durch Raster

durch Interpolation würde jedoch meist zu falschen Ergebnissen führen, da sich die Werte oft sprunghaft ändern können. Die Pseudo-Isolinien besitzen damit nur die Eigenschaft von *Wertgrenzlinien*, die sich — im Gegensatz zu den echten Isolinien — auch berühren können. Bei der Konstruktion geht man meist von Punktstreuungskarten (1.3.4.2 Nr. 2) aus (Abb. 27).

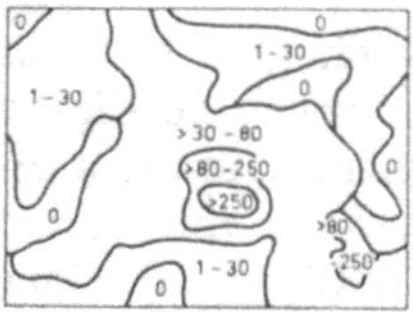

Abb. 27
Pseudo-Isolinien als Grenzlinien für bestimmte Dichtewerte, z. B. Bevölkerungsdichte. Konstruktion nach der Punktkarte in Abb. 20a

Die Generalisierung von Isolinien besteht in der Wahl eines größeren Intervallwertes und in einer Vereinfachung der Linienführung, bei der aber die typischen Aussagen (z. B. Anomalien, Verläufe in Abhängigkeit vom Geländerelief, Verkehrsnetz usw.) erhalten bleiben oder gar betont werden.

1.3.6 Räumliche Veränderungen

Zu dieser Gruppe gehören Objekte dann, wenn es gerade auf die Wiedergabe ihrer *dynamischen* Komponente ankommt, d. h. auf die Darstellung ihrer räumlichen Veränderung insgesamt oder der Veränderung ihrer äußeren Form bzw. ihres inneren Gefüges. Die Objekte können Diskreta oder Kontinua, ihre räumlichen Veränderungen kurz- oder langfristig sein.

Die Darstellung räumlicher Veränderungen umfaßt die Wiedergabe der geometrischen Veränderung (Lage und Richtung des Weges oder neue Grenz- bzw. Isolinien), der Qualität und teilweise auch der Quantität.

Ob es in Zukunft für die Praxis der Kartenbenutzung praktikabel sein wird, dynamische Vorgänge in Form eines Films sichtbar zu machen, läßt sich zur Zeit noch nicht sicher beantworten. Über einen Versuch mit computergenerierten Filmen berichtet *W.-D. Rase* [393].

1.3.6.1 *Veränderungen diskreter Objekte*

Kurzfristige Veränderungen sind meist Gesamtveränderungen des Objekts; dabei wird nicht das Objekt selbst, sondern nur der Weg seiner Veränderung dargestellt. Beispiele dafür sind Transporte auf dem Land-, Wasser- und Luftwege, militärische Operationen, Vogelflüge, Berufspendler. *Langfristige* Veränderungen sind häufig Gestaltänderungen der Objekte (z. B. Entwicklung von Siedlungen, Landnutzungen, Verkehrswegen); sie führen zum Typ der genetischen Karte (1.2.2 und Abb. 28)

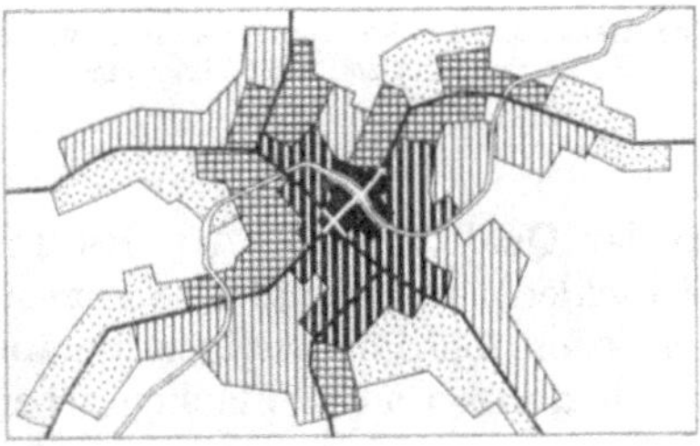

Abb. 28. Genetische Karte.
Entwicklung bebauter Flächen einer Stadt:
Die Rasterflächen kennzeichnen Zeitintervalle nach dem Prinzip je älter, desto dunkler.

Der Weg der Veränderung ist oft topographisch fixierbar (z. B. Straße, Gewässer) und läßt sich dann lagetreu darstellen; in anderen

Fällen (z. B. bei Darstellungen des Geldverkehrs) erscheint er nur schematisch, d. h. in einer lediglich raumtreuen Wiedergabe (Übergang zum Bandkartogramm in 1.3.7.1). Bei Gestaltänderungen (z. B. von Ortsumrissen) ergibt sich dagegen eine grundrißtreue bzw. -ähnliche Wiedergabe.

Als Gestaltungsmittel kommen in Betracht:

1. Zur Angabe von Lage und Bewegungsrichtung (im Grundriß) lineare, meist pfeilartige Signaturen (*Bewegungslinien, Vektoren*, Abb. 29) und Schriften, ferner die Gestaltungsmittel, die bei den Trägern solcher Veränderungen wie Straßen, Eisenbahnen, Hochspannungsleitungen usw. üblich sind (1.3.3),

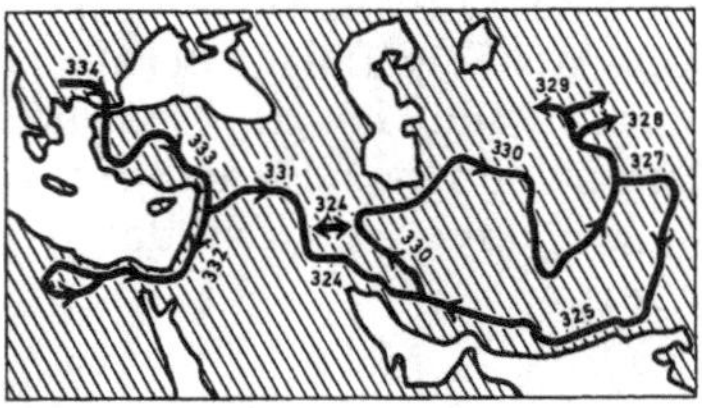

Abb. 29. Der Zug Alexanders des Großen 334—324 v. Zw. Rein qualitative Darstellung mit zeitlicher Fixierung

2. zur Angabe der Qualität (z. B. Art des Transportgutes, Alter und Geschlecht der Pendler) Signaturen, Schriften oder Farbvariation, bei langfristigen Veränderungen wie Siedlungsentwicklungen meist Flächenfarben oder -signaturen,

3. zur Angabe der Quantität (z. B. Transportmenge, Zahl der Pendler) lineare Signaturen in gestufter Darstellung (Wechsel in Form und Farbe wie bei den lokalen Signaturen in 1.3.4.2) oder in stetiger Darstellung (Bandsignatur in verschiedener Breite mit besonderem Breitenmaßstab, Abb. 30).

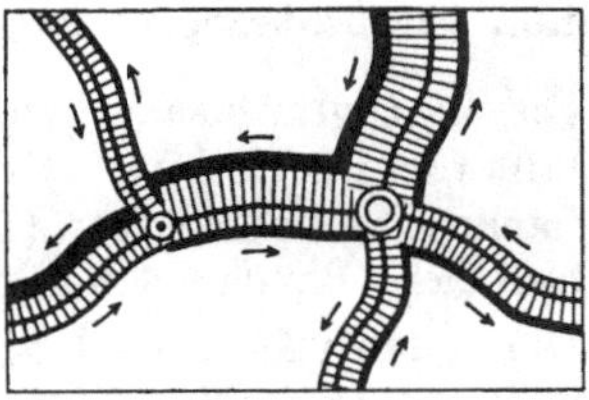

Abb. 30.
Straßenbelastung in einem bestimmten Zeitabschnitt, getrennt nach Richtungen, Personen- und Lastkraftwagen. Quantitative Darstellung durch variable Bandbreite

1.3.6.2 *Veränderungen kontinuierlicher Objekte*

Hierbei handelt es sich meist um Veränderungen der Form oder des inneren Gefüges. Als *kurzfristig* gelten dabei z. B. Strömungen in Gewässern oder in der Atmosphäre, als *langfristig* die tektonischen Hebungen bzw. Senkungen, Änderungen im Magnetfeld der Erde usw.

Als Gestaltungsmittel dienen (vgl. 1.3.5):

1. Punkte bzw. lokale Signaturen zur Lageangabe der Punkte, an denen die Veränderungen gemessen werden (z. B. Schreibpegel),
2. Schriften (Zahlen) oder Diagramme zur Angabe der am Punkt ermittelten Daten (z. B. Luftdruckdifferenz, Pegeldiagramm),
3. pfeilartige Signaturen, die entweder rein qualitativ nur Richtungstendenzen angeben (z. B. bei Wetterfronten) oder durch maßstäbliche Länge auch quantitative Daten ausdrücken (z. B. Strömungsgeschwindigkeiten, Abb. 31), schließlich Isolinien, die nach den Meßpunkten konstruiert werden (z. B. Isallothermen als Linien gleicher Temperaturschwankung in einer bestimmten Zeit).

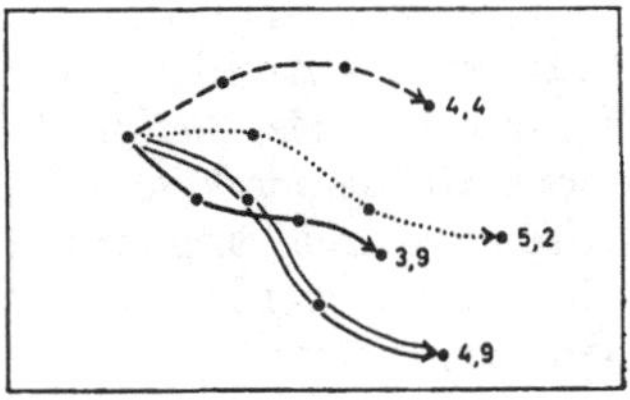

Abb. 31.
Räumliche Veränderungen im Kontinuum: Strömungen in einem Binnensee. Die Pfeilsignatur kennzeichnet durch ihre Form die jeweilige Meßtiefe, durch ihren Verlauf Richtung und Ausmaß der Strömung in einem Zeitabschnitt. Punkte = Meßstellen, Zahlen = mittl. Geschwindigkeit in cm/s

1.3.7 Flächenbezogene Quantitäten

Die kartographische Wiedergabe solcher Quantitäten umfaßt die Darstellung a) der Quantitäten selbst und b) der flächenhaften Diskreta (1.3.2), auf die sich die Quantitäten beziehen (Bezugsflächen, Gebietseinheiten).

Die Quantitäten sind absolute oder relative Zahlenwerte meist statistischer Herkunft. *Absolute Angaben* (z. B. Fördermengen, Exporterlöse) sind ein Ausdruck für die *Summenwerte* eines Themas in den einzelnen Bezugsflächen; *relative Angaben* (z. B. Pro-Kopf-Verbrauch, Bevölkerungsdichte) lassen sich dagegen als *Mittelwerte* für die Bezugsflächen deuten.

Da die Zahlenwerte sich innerhalb der Bezugsflächen nicht eindeutig und exakt fixieren lassen, ist die kartographische Darstellung lediglich raumtreu. Aus diesem Grunde kann der Inhalt des topographischen Kartengrundes in solchen Fällen neben der notwendigen Wiedergabe der Bezugsflächen auf wenige Angaben (z. B. wichtigste Verkehrswege, Gewässer und Städte) beschränkt bleiben.

Darstellungen flächenbezogener Quantitäten unterteilt man meist danach, ob die Quantität ungegliedert oder gegliedert ist.

1.3.7.1 *Ungegliederte flächenbezogene Quantitäten*

Darstellungen ungegliederter Quantitäten werden vielfach als *Kartogramme* bezeichnet. Sie stellen einen bestimmten Sachverhalt durch einen einzigen Zahlenwert je Bezugsfläche dar.

Ist dieser Zahlenwert eine *absolute* Größe, so kommen als Gestaltungsmittel vorwiegend lokale Signaturen in Betracht (*Gebietssignaturenkarte*, *Signaturenkartogramm*, Abb. 32). Diese sind entweder geometrische Zeichen oder bildhafte Figuren in meist *stetiger* Darstellung mit Hilfe eines besonderen Größenmaßstabes. Daneben werden auch Werteinheitssignaturen angewandt. Gestufte Flächenfarben oder -signaturen werden für Absolutdarstellungen nur selten benutzt.

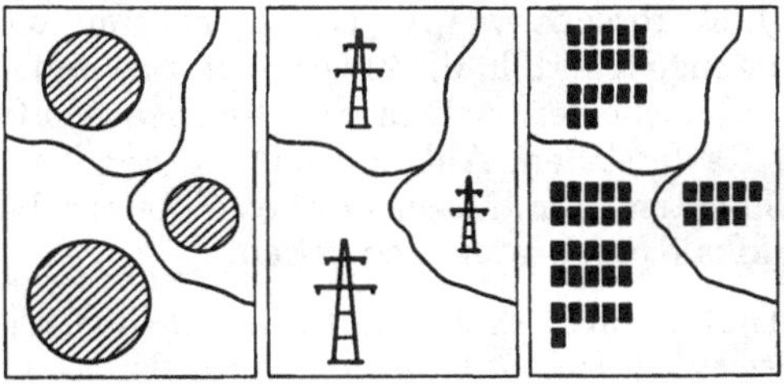

a b c

Abb. 32.
Absolutdarstellungen (Gebietssignaturenkarten; Signaturenkartogramme)
a) Kreissignaturen
b) Figurensignaturen
c) Werteinheitssignaturen (Zählrahmen)

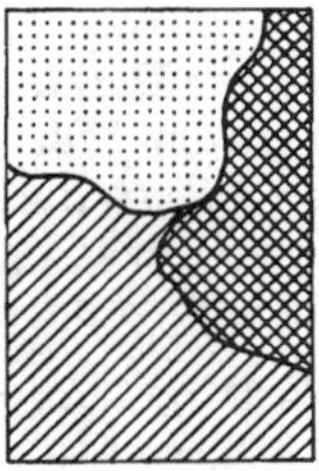

Abb. 33.
Relativdarstellung (Flächendichtekarte; Flächenkartogramm)

Äußerlich unterscheidet sich das Signaturenkartogramm nicht von der Darstellung lokaler Objekte (1.3.4); dennoch bestehen hier sehr wesentliche Unterschiede: Beim Signaturenkartogramm ist die Signatur meist kleiner als die Bezugsfläche; beim lokalen Objekt ist die Signatur größer als dieses. Ferner ist die Kartogrammsignatur innerhalb der Bezugsfläche verschiebbar, während im anderen Falle eine exakte und damit feste Lage vorgegeben ist.

Zu den Kartogrammen mit absoluten Angaben kann man auch die schematischen Darstellungen räumlicher Veränderungen (1.3.6) rechnen, die eine Bezugsfläche besitzen, bei denen aber die Lage des Transportweges uninteressant oder nicht eindeutig fixierbar ist (z. B. Warenverkehr zwischen Staaten). Darstellungen dieser Art gelten als *Bandkartogramme* (Abb. 34).

Abb. 34.
Bandkartogramm durch Pfeilsignatur: Ausfuhr nach verschiedenen Staaten

Ist der Zahlenwert eine *relative* Größe, so werden als Gestaltungsmittel Flächenfarben oder Flächensignaturen benutzt. Man bezeichnet eine solche Darstellung auch als *Flächendichtekarte*, *Gebietsstufenkarte*, *Wertflächenkarte* oder *Flächen-*

kartogramm (engl. choropleth map). Dabei ist nur eine *gestufte* Darstellung möglich, d. h. die in Gruppen zusammengefaßten Werte unterscheiden sich in den Flächensignaturen (meist durch Rasterstufen, Abb. 33) oder in den Farbtönen bzw. -helligkeiten der Bezugsflächen. Relativdarstellungen durch lokale Signaturen sind selten.

Die Darstellung entspricht äußerlich der der flächenhaften Objekte (1.3.2), unterscheidet sich jedoch dadurch von dieser, daß sie nur quantitative Angaben liefert, während dort Qualitäten zum Ausdruck kommen.

Relative Angaben allein sind mitunter unbefriedigend, solange der Sachverhalt nicht in Verbindung mit der Absolutangabe deutlich wird. So können prozentuale Daten über die Konfessionszugehörigkeiten im Stadt/Land-Verhältnis zu unrichtigen absoluten Vorstellungen führen, wenn nicht auch die Einwohnerzahlen selbst erkennbar gemacht werden. Dies ist z. B. durch Kombination der Darstellung von Signaturen und Flächendichte möglich oder durch Variation der Absolutsignatur nach der Helligkeit entsprechend den Relativwerten. Einige Beispiele hierzu gibt *C. Borcherdt* in [207].

1.3.7.2 *Gegliederte flächenbezogene Quantitäten*

Darstellungen solcher Quantitäten werden auch als *Gebietsdiagrammkarten* oder *Kartodiagramme* bezeichnet. Sie gliedern den für eine Bezugsfläche gültigen Zahlenwert eines bestimmten Sachverhalts entweder sachlich nach Einzelmerkmalen auf (z. B. Gruppierung des Fremdenverkehrs nach Herkunftsländern) oder stellen ihn in zeitlicher Entwicklung dar (z. B. Anzahl der Übernachtungen in verschiedenen Jahren). Die dargestellten Zahlenwerte sind überwiegend absolute Angaben. Als Gestaltungsmittel eignen sich in erster Linie Diagramme, daneben aber auch Werteinheitssignaturen (Abb. 35). Abb. 21 gibt weitere Beispiele für Diagramme. Kartodiagramme, vereinzelt auch Diakartogramme genannt, sind demnach „Diagrammstatistik in Kartenlage".

Einen Sonderfall bilden die *Streifendiagramme* (*Streifenkartogramme, statistische Mosaiken*, Abb. 36), bei denen die einzelnen parallelen Streifen jeweils eine bestimmte Qualität (z. B. Art der landwirtschaft-

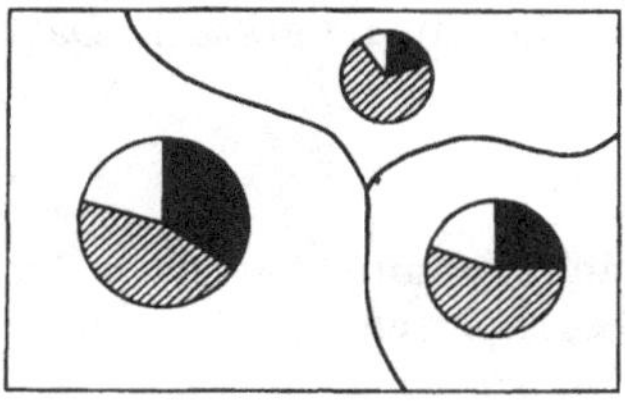
a

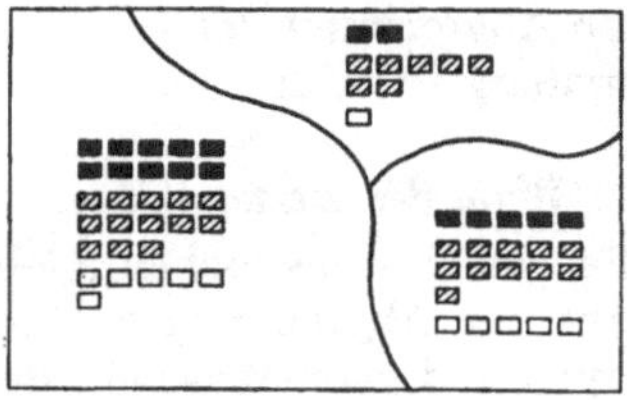
b

Abb. 35. Gegliederte flächenbezogene Quantitäten (Kartodiagramme)
a) Kreissektorenkartodiagramme b) Werteinheitssignaturen

Abb. 36
Streifendiagramm

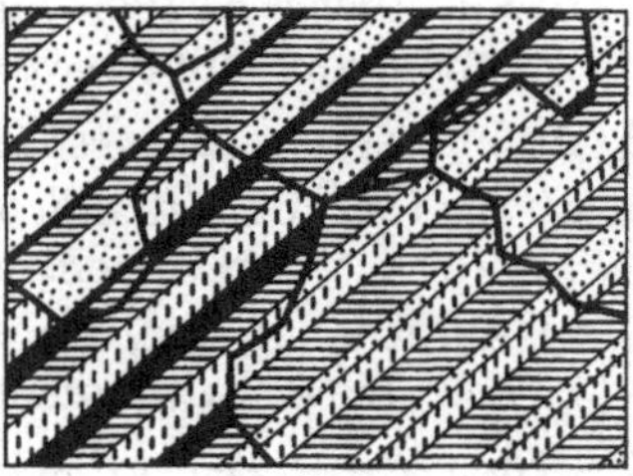

lichen Nutzung) repräsentieren. Die Streifenbreite ist ein Maß für den relativen Anteil der einzelnen Qualität an der gesamten Bezugsfläche. Aus diesem Anteil und der Bezugsflächengröße läßt sich damit auch der Absolutbetrag der Fläche der einzelnen Qualität ermitteln. Der Streifenmaßstab darf nicht zu groß sein, d. h. die Streifen müssen sich ausreichend wiederholen, da sonst bei sehr unregelmäßigen und ausgebuchteten Flächen der visuelle Eindruck der einzelnen Streifenflächen zu fehlerhaften Annahmen führen kann.

1.3.7.3 *Gestaltungsprobleme bei flächenhaften Quantitäten*

Der Gestaltungsspielraum, der sich aus dem vorangehenden Prozeß der Materialaufbereitung ergibt, ist bei keiner Objektgruppe so groß wie bei den flächenbezogenen Quantitäten. Zunächst spielt bei allen diesen Objekten die Frage nach der für das jeweilige Thema geeignetsten Bezugsfläche eine große Rolle. Darüber hinaus ergibt sich für Relativdarstellungen als zweites Problem die Festlegung einer sinnvollen Abgrenzung der Wertegruppen, die für die gestufte Darstellung zu bilden sind.

1. *Wahl der Bezugsfläche*

Bei den Bezugsflächen (Gebietsflächen) kann man nach der Art der Abgrenzung zwischen geographischen, administrativen und geometrischen Bezugsflächen unterscheiden:

1. Geographische Bezugsflächen:
   a) Natürliche Abgrenzung z. B. nach Relief, Bodenbedekkung, Wassereinzugsgebiet, Naturraum;
   b) künstliche Abgrenzung z. B. nach Baublock, Bodennutzung, Siedlungsstruktur, Wirtschaftsraum.
2. Administrative Bezugsflächen:
   a) Abgrenzung öffentlicher Rechte z. B. nach Stimmbezirk, Ortsteil, Gemeinde, Landkreis, Bundesland;
   b) Abgrenzung privater Rechte z. B. nach Grundstükken, Wirtschaftseinheit, Organisationsbezirk.
3. Geometrische Bezugsflächen:
   a) Abgrenzung ist von Koordinatennetzen unabhängig, d. h. ein freies, dem Einzelfall bestmöglich angepaßtes Netz aus elementaren Figuren;
   b) Abgrenzung ist von Koordinatennetzen abgeleitet, d. h. Quadrat- bzw. Trapezgitter im Anhalt an geodätische bzw. geographische Koordinaten.

Geographische Bezugsflächen sind Bereiche mit möglichst einheitlichem Merkmal (z. B. Ortskern, Ortsrand, Agrarfläche, unbebaubare Fläche usw. bei Darstellung der Bevölkerungsdichte, Abb. 37c), die in sachgerechter Beziehung zu den statistischen Daten stehen. So wären Daten der Bevölkerungsstruktur ausschließlich auf bebaubare Flächen, Daten der Agrarstruktur auf landwirtschaftliche Flächen zu beziehen. Man gewinnt solche Bezugsflächen, indem man z. B. auf einer Punktstreuungskarte (1.3.4.1 Nr. 2) die Bereiche gleicher Dichte abgrenzt. Das entspricht übrigens dem Ein-

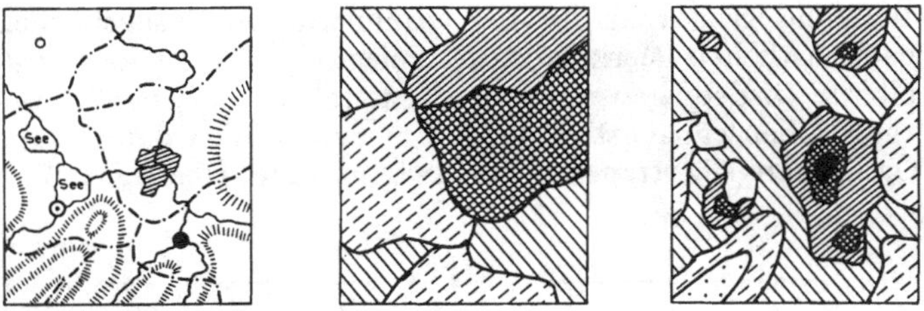

a b c

Abb. 37. Darstellung der Bevölkerungsdichte

a) Topographie und Grenzen b) Statistische Methode c) Geographische Methode

tragen von Wertgrenzlinien (Pseudo-Isolinien) im Fall der Abb. 27. Der Vorteil dieser Methode liegt darin, daß sich eine den örtlichen Verhältnissen besser entsprechende Wiedergabe ergibt. Nachteilig ist dagegen, daß die Daten wesentlich aufwendiger zu ermitteln sind und daß die Vergleichbarkeit zwischen den Ergebnissen verschiedener Erhebungszeitpunkte erschwert wird, wenn sich inzwischen die Abgrenzung der Bereiche verändert hat.

Das Arbeiten mit *administrativen* Bezugsflächen wird häufig auch als *statistische Methode* bezeichnet, da es sich gewöhnlich um die Flächen handelt, auf die sich vor allem die amtlichen Statistiken beziehen (z. B. Gemeinde, Kreis, Schulbezirk, Kirchenbezirk, Landwirtschaftsbezirk). Damit ergibt sich als besonderer Vorteil die unmittelbare und leichte Auswertbarkeit der Daten und — von den Fällen der Gebietsreform abgesehen — eine sofortige Vergleichbarkeit zwischen den Ergebnissen zu verschiedenen Erhebungszeitpunkten. Der wesentliche Nachteil liegt darin, daß lokale Abweichungen (z. B. starke Ballungen bei der Bevölkerungsdichte) und topographische Besonderheiten (z. B. unbebaubare Wasserflächen und Hochgebirgspartien) unberücksichtigt bleiben und damit ein auf die gesamte Fläche bezogener statistischer Mittelwert entsteht, der die örtliche Situation nicht zutreffend repräsentiert (vgl. Abb. 37b).

Während geographische und administrative Bezugsflächen nach örtlichen Merkmalen festgelegt und dann kartographisch wiedergegeben werden, entstehen *geometrische* Bezugsflächen zunächst in der Karte und werden dann in die Örtlichkeit übertragen. Abb. 38 gibt eine Übersicht über

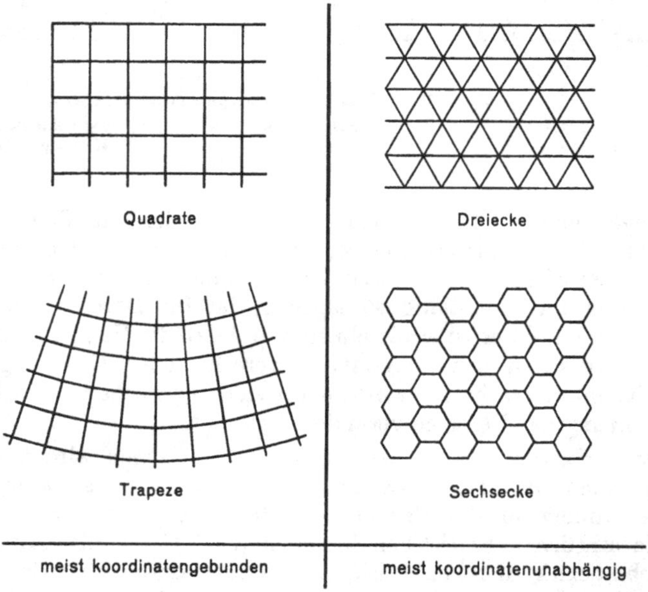

Abb. 38. Geometrische Bezugsflächen

mögliche Netzformen. Für eine allgemeine und übergebietliche Regelung bei der Anwendung geometrischer Bezugsflächen kommen nur koordinatengebundene Netze in Betracht. Dabei erweist sich vor allem die *Quadratgittermethode* in Anlehnung an das Koordinatensystem der Landesvermessung als besonders vorteilhaft. Dies ist in allen amtlichen topographischen Karten (Bd. I, 5.6) enthalten und läßt sich mit einer für die meisten Fälle ausreichenden

Genauigkeit in die Örtlichkeit übertragen oder auf eine andere Kartenfläche beziehen. Die feinste Maschenweite dürfte für lokale Erhebungen etwa bei 0,1 km liegen. Die Quadratgittermethode, die man auch als Verfahren der *Rasterflächen* bezeichnet, kommt bereits ansatzweise in Planung und Statistik zum Zuge, so daß zu erwarten ist, daß eines Tages auch das geometrische Verfahren eine statistische Methode ist. Dafür sprechen die folgenden Gründe:

— Der *räumliche* Vergleich wird durch gleich große Flächen begünstigt.
— Der *zeitliche* Vergleich wird möglich, weil auch im Falle der Änderung geographischer und administrativer Bezugsflächen die geometrische Bezugsfläche beibehalten werden kann.
— Die Anwendung quadratischer Netze begünstigt den Einsatz von Verfahren der elektronischen Datenverarbeitung.

Da die Netzlinien keine Merkmalsgrenzen sind, können bei relativ grobem Raster die Relativdarstellungen sehr von der Lage der Bezugsflächen abhängen (Abb. 39). Es kommt

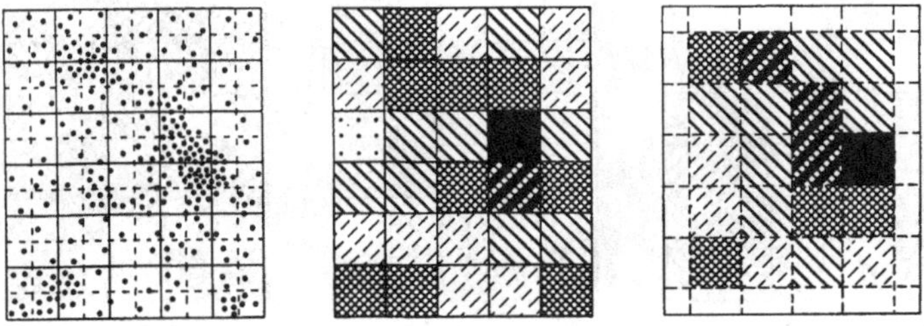

a b c

Abb. 39. Einfluß der Lage geometrischer Bezugsflächen auf eine Relativdarstellung

a) Ableitung der Relativwerte aus einer Punktstreuungskarte durch Überlagerung mit zwei Netzen:
Netz 1 ———
Netz 2 - - - - -

b) Flächendichtekarte mit Netz 1

c) Flächendichtekarte mit Netz 2

Punkte je Netzquadrat

0—2
3—5
6—10
11—18
19—30
31—50

also darauf an, den Raster ausreichend fein zu wählen, ohne daß damit sogleich der Erhebungsaufwand für die Daten unwirtschaftlich würde.

2. *Bildung von Wertstufen*

Die Anzahl der zu bildenden Gruppen oder Klassen richtet sich nach der Art der graphischen Wiedergabe. Bei *einfarbiger* Darstellung wird man sich mit 6 bis 8 Gruppen begnügen müssen, weil sonst das Unterscheidungsvermögen zwischen den einzelnen Wertstufen nicht mehr ausreichend gewährleistet ist. Bei *mehrfarbigen* Darstellungen, d. h. bei der Kombination von Farbton- und Helligskeitvariation, ist auch die Bildung von etwa 10, höchstens jedoch 12 Gruppen möglich.

Aus den Einzelwerten der statistischen Angaben, die je Bezugsfläche vorliegen, lassen sich die Wertstufen nach Sinngruppen oder nach mathematischen Regeln bilden. Die *Stufung nach Sinngruppen* faßt Objekte gleicher oder ähnlicher Merkmale zusammen und berücksichtigt damit am einfachsten die lokalen oder regionalen Verhältnisse (Abb. 40a).

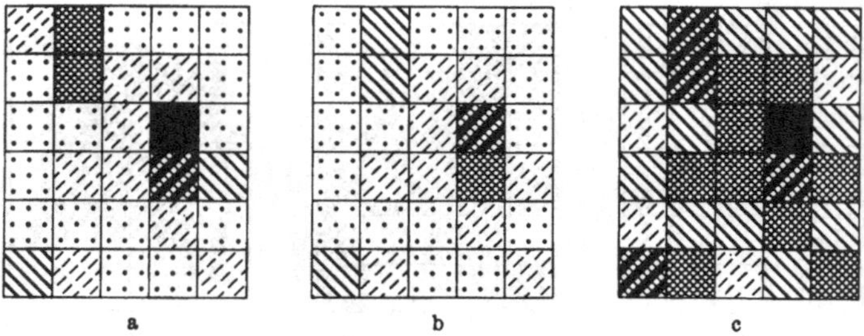

Abb. 40. Einfluß der Gruppenbildung auf eine Relativdarstellung. Relativwerte und Raster aus Abb. 39 mit Netz 1

a) Sinngruppen: 0—6; 7—12, 13—17, 18—22, 23—29, 30—40
b) Arithmetische Reihe: 0—7; 8—14, 15—21, 22—28, 29—35, 36—42
c) Geometrische Reihe 0—1; 2— 3, 4— 7, 8—15, 16—31, 32—63

So ist es bei dem Entwurf einer Bevölkerungsdichtekarte von Europa zulässig, die dünn besiedelten Gebiete in der Gruppe 1—20 Einwohner/km² zusammenzufassen, da weitere Unterteilungen dieser einen Gruppe nicht charakteristisch sind bzw. kaum auftreten. Dagegen würde eine solche Aufgliederung bei der Darstellung von Australien sicherlich notwendig sein. Umgekehrt wird man gerade im europäischen Bereich auf eine stärkere Differenzierung bei den Wertgruppen Rücksicht nehmen müssen, die eine Abgrenzung zwischen industriellen Ballungsräumen, ihren Randzonen und den mehr landwirtschaftlich genutzten Gebieten deutlich macht.

Wenn eine Abgrenzung der einzelnen Wertgruppen nach bestimmten Sachmerkmalen nicht geboten erscheint, so ist es sinnvoll, die *Stufung nach mathematischen Regeln* vorzunehmen, weil sich hierbei eine relativ leichte Vergleichbarkeit zwischen den einzelnen Gruppen ergibt. Eine Reihe von Beispielen beschreibt *H. Kishimoto* [299].

Zu den am häufigsten angewandten Regeln gehören die arithmetische und die geometrische Reihe. Bei der *arithmetischen Reihe* ergibt sich eine konstante Intervallbreite für alle Wertgruppen, z. B. eine Teilung der Prozentskala in 10 Intervalle, die jeweils 10% umfassen. Ein anderes Beispiel gibt Abb. 40b. Es ist zu beachten, daß in der anglo-amerikanischen Literatur unter dem Begriff der arithmetischen Reihe häufig eine Reihe mit wachsenden Intervallen d, 2d, 3d usw. verstanden wird. Auch dieser Typ kommt für eine Stufung in Betracht. Dagegen ergibt sich die *geometrische Reihe* durch ein konstantes Zahlenverhältnis zwischen den Mittel- oder Grenzwerten benachbarter Gruppen, z. B. bei der Reihe 3, 6, 12, 24, 48 usw. Der Vergleich zwischen zwei benachbarten Gruppen entspricht damit stets einer etwa gleich großen relativen Wertänderung (Abb. 40c).

Die einzelnen Wertgruppen sind mit ihren *Schwellenwerten* so festzulegen, daß es keine Zweideutigkeiten bei der Einordnung einzelner Zahlenwerte in die Wertgruppe gibt. Demzufolge darf es z. B. nicht heißen 0—10, 10—20, 20—30 usw., sondern es muß lauten 0—10, über 10—20, über 20—30 usw.

Die Einführung von Wertgruppen kann mitunter den Eindruck einer besonders starken Generalisierung hervorrufen. Möglicherweise kommt dann die Neigung auf, noch die Einzelwerte den Flächen beizuschreiben. Das ist graphisch jedoch oft störend und häufig aus Platzmangel gar nicht durchführbar, im übrigen aber auch eine Selbsttäuschung, da auch der Einzelwert selbst schon ein statistischer, auf die Bezugsfläche bezogener Mittelwert ist, für den es in keinem Teil der Bezugsfläche eine reale Entsprechung zu geben braucht.

4. *Zeilendruckerkarten*

Mit Hilfe der Zeilendrucker als peripherer Geräte elektronischer Rechenanlagen lassen sich graphische Strukturen erzeugen, die sich auch zur Wiedergabe flächenbezogener Quantitäten eignen. Dabei können im Druck mit ausgewählten Zeichen und deren Kombinationen bestimmte Flächenhelligkeiten erzeugt werden. Mit einem Grundraster aus Zeilen und Spalten lassen sich beliebige Bezugsflächen aufbauen. Solche auch als *Computerkarten* bezeichneten Darstellungen (Abb. 41) sind als rasche Informationsmittel und Entscheidungshilfen gedacht (siehe auch 5.2.2.3).

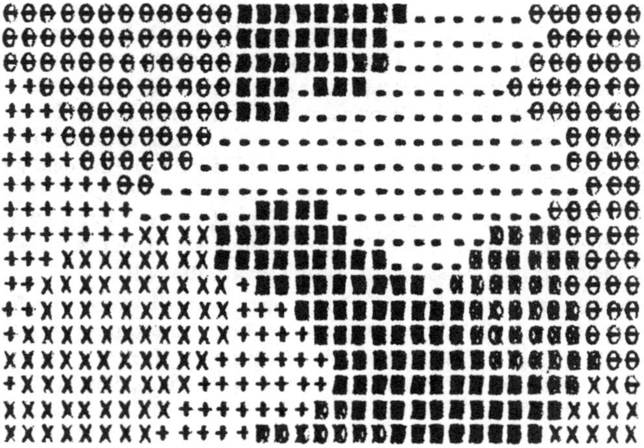

Abb. 41. Ausschnitt aus einer Zeilendruckerkarte

1.3.8 Kombinierte Darstellung mehrerer Objektgruppen

Nicht jede Karte beschränkt sich auf die Wiedergabe von Objekten gleichen Merkmals. Wenn — wie in komplexen und synthetischen Karten — Themen aus verschiedenen Objektgruppen kombiniert darzustellen sind, hat der Entwurf solcher Karten die graphischen Möglichkeiten besonders sorgfältig aufeinander abzustimmen.

Eine typische Kombination ist das Zusammentreffen flächenhafter, linearer und lokaler Diskreta, dazu evtl. auch noch räumlicher Veränderungen. Dabei halten die Flächenfarben noch eine relativ hohe Belastung durch weitere Gestaltungsmittel aus, ohne gleich an Ausdruckskraft und Lesbarkeit spürbar zu verlieren. Flächensignaturen, die den Flächenfarben überlagert werden, sollten sich aber in ihrer Wirkung so zurückhalten, daß die weiteren linearen und lokalen Signaturen sich in Größe und Farbe noch deutlich herausheben können.

So ergibt sich z. B. für *Wirtschaftskarten* (1.7.2.5) häufig die folgende Gestaltung: 1. Flächenhafte Diskreta wie Acker, Weide, Wald durch Flächenfarben, die einzelne land- bzw. forstwirtschaftliche Nutzung dieser Flächen wie Getreide, Hackfrüchte, Buche, Kiefer usw. durch Flächensignaturen, 2. lokale Diskreta wie Industrieanlagen, Bohrtürme, Kraftwerke usw. durch lokale Signaturen, 3. lineare Diskreta, häufig als Träger räumlicher Veränderungen wie Hochspannungsleitungen, Pipelines, Ferngasleitungen usw. durch lineare Signaturen.

1.3.9 Andere Gliederungen zur Gestaltungsmethodik

Während die bisherigen Ausführungen nach Objektmerkmalen gliederten und jeweils die dafür geeigneten Gestaltungsmittel feststellten, kann man andererseits auch von kartographischen *Darstellungstypen* oder *Erscheinungsbildern* ausgehen.

1.3.9.1 *Die vier Prinzipien kartographischen Ausdrucks*

E. Arnberger [1] gruppiert den Inhalt thematischer Karten nach vier bestimmten Erscheinungsformen:

1. Das *Lageprinzip (topographisches Prinzip)* (Abb. 42) läßt alle Gestaltungsmittel zu, die eine grundriß- bzw. lagetreue Darstellung ermöglichen. Diese Forderung setzt voraus, daß die topographische Kartengrundlage dazu ausrei-

chende Angaben und Anhaltspunkte liefert. Die Aussage ist vorwiegend qualitativ.

2. Das *Diagrammmprinzip* (Abb. 43) dient der quantitativen Aussage mit Hilfe von Diagrammen, daneben aber auch mit Flächenfarben und Signaturen. Da es sich meist um statistische Daten handelt, die in relativ großen Figuren zum Ausdruck kommen, weist die topographische Kartengrundlage gewöhnlich einen geringeren Inhalt auf.

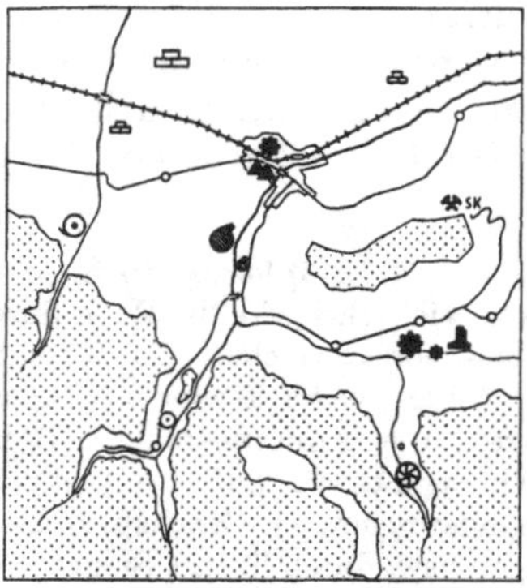

Abb. 42. Lageprinzip

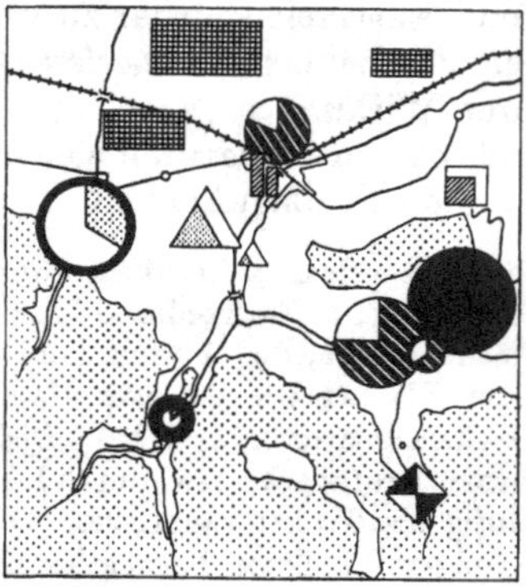

Abb. 43. Diagrammprinzip

(Nach E. Arnberger: Handbuch der thematischen Kartographie)

3. Das *bildstatistische Prinzip* (Abb. 44) bringt ebenfalls quantitative Daten, aber stets absolute Werte und nur durch Werteinheitssignaturen (1.3.4.2). Die topographische Kartengrundlage entspricht etwa dem des Diagrammprinzips.

4. Das *bildhafte Prinzip* (Abb. 45) ist eine rein qualitative, oft stark vereinfachte Aussage mit bildhaften Signaturen. Diese sind entweder Individualbilder, die dem Erscheinungsbild eines Objekts entsprechen (z. B. Aufrißbilder kunsthistorischer Bauwerke in Heimatkarten) oder Typenbilder für eine bestimmte Objekteigenschaft (z. B. bildhafte Flächensignaturen für verschiedene Oberflächenformen oder -nutzungen).

Das Ausmaß der thematischen Aussage ist im Vergleich zu den anderen drei Prinzipien am geringsten.

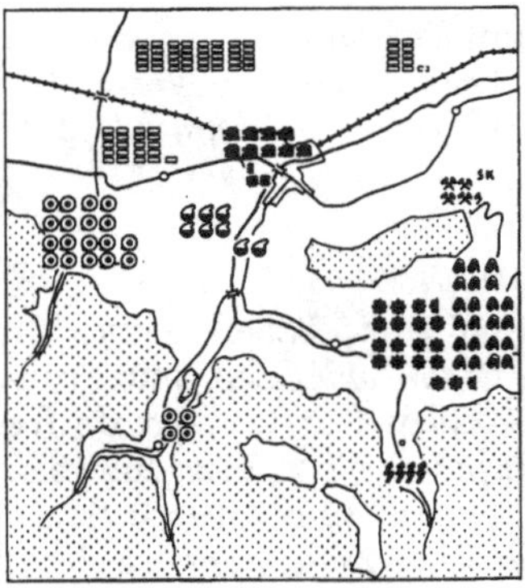

Abb. 44. Bildstatistisches Prinzip

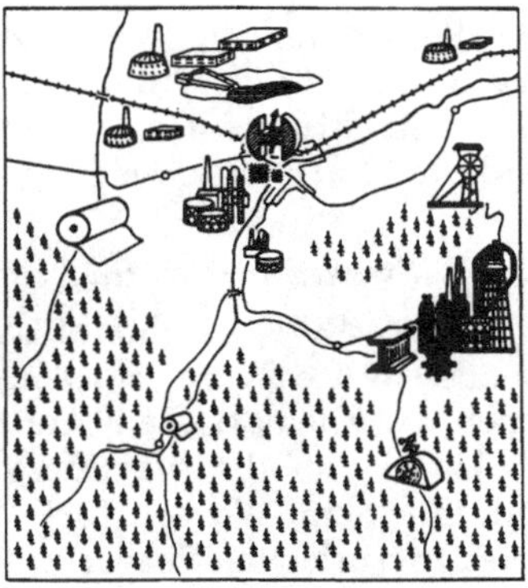

Abb. 45. Bildhaftes Prinzip

(Nach E. Arnberger: Handbuch der thematischen Kartographie)

1.3.9.2 *Gefüge thematischer Karten*

In [19] entwickelt *E. Imhof* eine Übersicht über Gefüge thematischer Karten, wie sie sich in graphischer Form dem Sachinhalt der Aussage entsprechend ergeben. Dabei ergibt sich folgende Gliederung (mit Angabe der zugehörigen Textstellen dieses Buches in Klammern):

A. Gefüge vorwiegend grundrißlich gestalteter oder grundrißlich bezogener Vorkommnisse

1. Lokale Gattungssignaturen (1.3.4)
2. Netze linearer Elemente (1.3.3)
3. Gattungsmosaiken (1.3.2)
4. Kontinua (1.3.5)
5. Darstellungen von Bewegungen und Kräften (1.3.6)

B. Gefüge zur Darstellung statistischer Werte, sogenannte statistische Karten

6. Wertpunkte und Wertsignaturen (1.3.4.2)
7. Dichtemosaiken (1.3.7)

8. Andere statistische Mosaiken (1.3.7)
9. Orts- und Gebietsdiagramme (1.3.4.2, 1.3.7)
10. Banddiagramme (1.3.7)

Die Bezeichnungen weisen zum Teil auf die graphischen Mittel, zum Teil auf die Objektmerkmale. Die Verbindung zu den Strukturformen und Grundtypen von *Meynen* (1.3.9.3) wird von *Imhof* aufgezeigt.

1.3.9.3 *Strukturformen und Grundtypen*

E. Meynen [354] beschreibt durch Text, Tabellen und Kartenausschnitte 27 verschiedene Strukturformen und Grundtypen der thematischen Karte. Dazu legt er Begriffe fest, die jeweils auf die typische graphische Struktur hinweisen und mit dem Wort „Karte" enden, z. B. Grundrißkarte, Ortssignaturkarte, Vektorkarte. Eine Zuordnung zu den in diesem Buch beschriebenen Objektgruppen ist leicht vorzunehmen; sie ist zum Teil auch mehrfach möglich. So kann z. B. die Positionskarte als Belegkarte sowohl bei den lokalen Diskreta wie bei den Kontinua auftreten. Ob es berechtigt ist, diesen Strukturformen bereits die Bezeichnung „.....karte" zu geben, bleibt dahingestellt, nicht zuletzt angesichts der Möglichkeit, manche dieser Strukturen auch auf kartenähnlichem, nach *Meynen* also kartogrammartigen Grund darzustellen.

1.3.9.4 *Die zehn Hauptmethoden der graphischen Gestaltung*

Im Zusammenhang mit den Veröffentlichungen von *A. I. Preobraženskij* [25], *K. A. Salistschew* [27] und *R. Schweißthal* [412] sowie eigenen Arbeiten [386] stellt *W. Pillewizer* [142] zehn Hauptmethoden der graphischen Gestaltung vor. Diese lauten wie folgt, wobei auf die zugehörigen Textstellen dieses Buches in Klammern verwiesen wird:

1. Signaturenmethode (1.3.4)
2. Methode der lokalisierten Diagramme (1.3.4.2)
3. Methode der Objektlinien und -bänder (1.3.3)
4. Flächenmethode (1.3.2)

5. Methode der Flächenhaupt- oder Mittelwerte (1.3.2)
6. Isolinienmethode (1.3.5)
7. Methode der Vektoren und Bewegungslinien (1.3.6)
8. Punktmethode (1.3.4.2)
9. Methode des Kartodiagramms (1.3.7)
10. Methode des Flächenkartogramms (1.3.7)

Durch gegenseitige Zuordnung der einzelnen Gruppen nimmt *Pillewizer* selbst einen Vergleich mit den Strukturformen und Grundtypen nach *Meynen* (1.3.9.3) vor.

Bei den verwendeten Bezeichnungen ist zu beachten, daß z. B. der Terminus „Signaturenmethode" nicht ausschließt, daß auch in anderen Methoden Signaturen als Gestaltungsmittel benutzt werden. Ferner gilt dort als Kartogramm nur die Wiedergabe von Relativwerten, während alle Absolutdarstellungen — auch die nicht aufgegliederten — Kartodiagramme sind.

1.4 Topographischer Kartengrund

Der topographische Kartengrund, auch als Basiskarte oder Grundkarte der thematischen Darstellung bezeichnet, liefert 1. das geometrische Gerüst für die Festlegung der einzelnen thematischen Angaben, 2. die topographischen Angaben, die zum Verständnis des Themas erforderlich sind.

Nach Entstehung und Inhalt kann man zwischen drei Fällen unterscheiden:

1. Der Kartengrund ist eine *unveränderte* topographische Karte, z. B. der Auflagedruck einer amtlichen Karte. Die thematische Darstellung wird lediglich eingezeichnet oder eingedruckt.

Dieses einfache Verfahren ist nur anwendbar bei punktförmigen oder linienhaften Darstellungen geringen Umfangs, z. B. bei Standortkarten (Verwaltungssitze, Jugendherbergen, bestimmte Industrien), Fundkarten (Hügelgräber), Wanderkarten (Wanderwege, Aussichtspunkte) und Verbreitungskarten, in denen nur die Grenzlinien, nicht die Flächenfarben der Objekte, erscheinen (Beispiel: Bodenkarte 1:5000 auf der Grundlage der Bodenschätzung als grüner Aufdruck zur Deutschen Grundkarte 1:5000).

Die unveränderte topographische Karte ist daneben oft auch die Kartengrundlage in der Entwurfsphase der thematischen Karte. In den dabei entstehenden *Arbeits-* oder *Materialaufbereitungskarten* lassen sich dadurch die thematischen Daten bestmöglich fixieren. Als Grundlage für viele Themen aus den Geowissenschaften eignet sich besonders gut die *orohydrographische* Ausgabe amtlicher topographischer Karten, die lediglich das Gewässernetz und das Geländerelief (durch Höhenlinien und Schummerung) wiedergibt.

2. Der Kartengrund entsteht durch einfaches *reproduktionstechnisches Umwandeln* der topographischen Karte, die dann in matten Farben oder als einfarbiger Schwarz- bzw. Graudruck erscheint. Dabei sind auch Maßstabsänderungen — in erster Linie Vergrößerungen — möglich. Bei mehrfarbigen topographischen Karten kann man auch auf den Druck einer oder mehrerer Farbplatten verzichten, wenn ihr Inhalt für das Thema unbedeutend ist und stören würde (z. B. Höhenlinien oder Flächenfarbe für Wald bei sprach- oder volkskundlichen Darstellungen).

Solche Grundlagen findet man bei geologischen, boden- und vegetationskundlichen Karten, bei denen dann das Thema selbst durch kräftige Farbflächen zum Ausdruck kommt.

3. Der Kartengrund entsteht als *neuer Entwurf* speziell für die thematische Darstellung. Dieser Fall ist für viele Themakarten die beste, aber auch die aufwendigste Lösung. Dabei zwingt das Thema häufig dazu, den Inhalt dieser Grundlage stärker zu generalisieren, als dies bei maßstabsgleichen topographischen Karten der Fall ist. Neben dem einfachen Fortlassen bestimmter Objekte tritt oft eine deutliche Schematisierung in der Linienführung von Verkehrswegen und Grenzen ein.

Eine Übersicht über die Probleme und Wirksamkeiten des Kartengrundes gibt *E. Spiess* [414]. Dabei unterscheidet er vor allem zwei Haupttypen von sog. Basiskarten: Detailreiche Basiskarten mit einem dichten Netz von Bezugspunkten und -linien und vereinfachte Basiskarten mit relativ wenigen, aber möglichst charakteristischen Elementen.

Sind zahlreiche thematische Daten in der Karte zu fixieren (Signaturen, Flächen, Linien, Punkte), kommt man nicht ohne umfangreichen Karteninhalt aus. Nach *H. Louis* [333] soll die *Dichte* topographischer Bezugselemente mindestens etwa 4—8 mm, in Karten kleiner Maßstäbe 3—6 mm betragen.

E. Arnberger [1] hat den *Umfang* und die Kombinationsmöglichkeiten topographischer Elemente für verschiedene Themen eingehend untersucht. Er kommt dabei zu dem Ergebnis, daß für eine überwiegende Anzahl von Themen die Kartengrundlage die wichtigsten Siedlungen, die Verkehrswege, Gewässer und Geländeformen enthalten sollte.

Bei flächenbezogenen Quantitäten (1.3.7) beschränkt sich der Kartengrund meist auf die Wiedergabe der Bezugsflächen mit ganz wenigen zusätzlichen Angaben (z. B. Städte, Flüsse). Das Minimum an Grundlageninhalt dürfte bei den Wetterkarten erreicht sein, die in der Stufe der Arbeitskarten oder Entwürfe nicht viel mehr als die Umrisse der Kontinente enthalten, ferner bei der Wiedergabe physikalischer Kontinua (z. B. Schwerefeld, Geoid).

Für *Planungsatlanten* (2.2) und ähnliche thematische Kartenwerke, die stets für dasselbe Gebiet bestimmte Themenkreise darstellen, lassen sich die Kartengrundlagen auf wenige Grundtypen zurückführen, die zugleich für zahlreiche Themen verwendbar sind. Zu den häufigsten Grundtypen gehören hierbei 1. eine *Situationskarte* mit den wichtigsten Siedlungen, Verkehrswegen und Gewässern für Darstellungen von Diskreta und Kontinua einschl. räumlicher Veränderungen und 2. eine *Verwaltungsgrenzenkarte* (Abb. 46) zur Wiedergabe flächenbezogener Quantitäten.

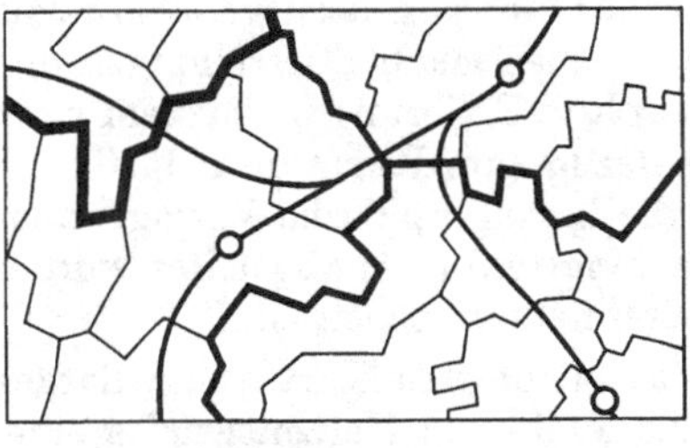

Abb. 46. Verwaltungsgrenzenkarte
Grenzen von Gemeinden, Kreisen und Regierungsbezirken mit Darstellung des Eisenbahnnetzes und der Sitze der Kreisverwaltungen

In bezug auf die Schrift des topographischen Kartengrundes gilt sinngemäß das, was bei den topographischen Karten über die Schrift gesagt wurde (Bd. I, 5.3.3). Der im Vergleich zu einer maßstabsgleichen topographischen Karte oft höhere Generalisierungsgrad der thematischen Karte zwingt auch zu einer sparsameren Verwendung der Schrift, insbesondere bei der Angabe von Namen. Ist die thematische Darstellung sehr umfangreich oder soll sie durch Schrift möglichst wenig beeinträchtigt werden, so setzt man mitunter nur die Anfangsbuchstaben von Ortsnamen neben die Ortssignatur.

1.5 Kartennetz, Kartenrandangaben, äußere Kartengestaltung

1.5.1 Kartennetz

Wie bei den topographischen Karten ist auch bei den thematischen Karten das Kartennetz das geometrische Gerüst für den Karteninhalt. Es gelten daher auch hier allgemein die Ausführungen über das Kartennetz in Bd. I, 5.4.1.

Andererseits gibt es jedoch eine Reihe thematischer Darstellungen, in denen der unmittelbare Bezug zwischen der Wiedergabe des Themas und dem Kartennetz entbehrlich oder gar nicht möglich ist, weil die Darstellung nicht mehr lagetreu ist, wie dies z. B. bei den flächenbezogenen Quantitäten zutrifft. In solchen und ähnlichen Fällen wird meist auf eine Wiedergabe des Kartennetzes verzichtet, da es tatsächlich nur auf eine gegenseitige, also relative räumliche Beziehung der thematischen Darstellungen ankommt, nicht aber auf die absolute Fixierung im System von Koordinaten. Der indirekte Bezug zum Kartennetz bleibt jedoch dadurch erhalten, daß die kartographische Vorlage, aus der der topographische Kartengrund (1.4) abgeleitet wurde, in der Regel mit einem Kartennetz versehen ist.

Unabhängig davon, ob das Kartennetz dargestellt ist oder nicht, spielt die Wahl des Netzentwurfes eine große Rolle, vor allem bei Karten kleiner Maßstäbe. Hierbei hängt es in erster Linie vom Thema und der damit verbundenen Art der Kartenauswertung ab, welche Abbildungseigenschaften das Kartennetz aufzuweisen hat. Dazu ist zwischen partiell längentreuen, flächentreuen, konformen und vermittelnden Abbildungen zu unterscheiden (Bd. I, 3.1).

I. Kretschmer [323] gibt einen Überblick zur Wahl der Netzentwürfe in der thematischen Kartographie. Sind kleine Teile der Erdoberfläche darzustellen, so wird meist auf die Netzentwürfe der vorhandenen topographischen Karten zurückgegriffen, z. B. bei amtlichen Kartenwerken auf die Landeskoordinatensysteme und bei der Internationalen Weltkarte auf das Netz geographischer Koordinaten. Sind große Teile der Erdoberfläche darzustellen, so empfiehlt sie für Verbreitungskarten (1.3.2) besonders die flächentreuen Entwürfe, unter denen die Azimutalabbildung nach Lambert und die konische Abbildung nach Albers den Vorzug verdienen. Für Karten der Navigation und der Meteorologie kommen dagegen konforme Netze in Gestalt der stereographischen Abbildung, der Mercatorprojektion oder der konischen Abbildung in Betracht. Bei der Darstellung der gesamten Erde genießen die flächentreuen Planisphären mit Pollinie und der Entwurf von Winkel neben einigen Sonderformen gewisse Vorzüge.

1.5.2 Angaben in Kartenrand und Kartenrahmen

Der Kartenrand, die außerhalb des Kartenrahmens gelegene Fläche, enthält alle Hinweise und Darstellungen, die zum Verständnis und zur Auswertung des Karteninhalts nötig sind. Zu diesen Angaben zählt man meist auch diejenigen des Kartenrahmens. Ist die Karte eine Inselkarte, so verteilen sich die Angaben auf die außerhalb des inselartigen Kartenfeldes gelegenen Flächen.

Zu den wichtigsten Angaben gehören wie bei den topographischen Karten die Kartenbenennung, der Kartenmaßstab, der Herausgeber und der Zeitpunkt der Kartenherstellung bzw. der Erfassung der thematischen Daten. Bei Karten, für die vom Thema her der Kartenmaßstab relativ unwesentlich ist (z. B. bestimmte Punktstreuungskarten), wird häufig auf eine Maßstabsangabe in digitaler Form verzichtet und nur ein graphischer Längenmaßstab (Maßstabsbalken) dargestellt. Eine bedeutende Rolle spielt die *Zeichenerklärung (Legende)*, die mitunter sehr viel Platz beansprucht.

Es sind vor allem die komplexen und synthetischen Karten mit vielen Flächenfarben und Signaturen (z. B. geomorphologische und vegetationskundliche Karten), die viel Fläche für die Legende benötigen, da oft auch die Sachverhalte selbst nicht immer mit wenigen Worten zu erläutern sind. Dagegen kommen z. B. Punktstreuungskarten meist mit wenigen Angaben aus. Bei umfangreichen Zeichenerklärungen ist auf eine gute sachlogische Gliederung zu achten, die durch Variation in den Schriftgrößen noch unterstützt werden kann.

Zur Zeichenerklärung gehören bei quantitativen stetigen Darstellungen auch die *Größenmaßstäbe* der Signaturen bzw. Diagramme. Ferner können *Nebenkarten* auftreten, die verwandte Themengebiete darstellen (z. B. Geologie bei geomorphologischen Karten) bzw. die thematische Darstellung als Ausschnittvergrößerung für Teilbereiche verdeutlichen. Durch *Profile* (z. B. bei Boden- und Baugrundkarten), *Diagramme* (z. B. Pegelkurven) und *textliche Beschreibungen* (z. B. von Klimazonen) lassen sich weitere Erläuterungen geben.

Häufig enthalten die Themakarten auch noch den Copyright-Vermerk, die Angabe des Kartennetzentwurfes, die Namen des Kartenautors, des Entwurfskartographen, der kartographischen Anstalt und der Druckerei, wenn die einzelnen Teilarbeiten bei verschiedenen Stellen abgewickelt wurden. Von besonderer Bedeutung sind auch noch Angaben über das Quellenmaterial.

1.5.3 Äußere Kartengestaltung

1. Größe und Abgrenzung des Kartenfeldes

Die *Größe* des Kartenfeldes hängt vom Ausmaß des darzustellenden Gebietes und vom gewählten Kartenmaßstab ab. Der Maßstab wiederum richtet sich stark nach der Darstellbarkeit der thematischen Angaben. Dabei sind in stärkerem Maße als bei topographischen Karten auch unkonventionelle Maßstäbe im Gebrauch (z. B. 1 : 600000, 1 : 800000, 1 : 1600000). Dies ergibt sich zum Teil aus äußeren Bedingungen wie Buch- und Atlasformaten und ist vertretbar, da kartometrische Vorgänge mit Hilfe der Maßstabszahl nicht in dem Maße stattfinden wie bei topographischen Karten. Die Einzelblätter eines thematischen Kartenwerkes (z. B. geologische Karten) oder eines thematischen Atlasses (z. B.

Klimaatlas) weisen meist ein einheitliches Format auf. Eine einzelne thematische Karte ist dagegen von solchen Bindungen frei und kann daher das Gebiet in einer günstigen, von Zerschneidungen möglichst freien Abgrenzung darstellen.

Nach der *Art* der Abgrenzung sind die meisten thematischen Karten wie die topographischen Karten Rahmenkarten mit Nordorientierung. Bei bestimmten Themen (z. B. Wirtschaftskarten) kann es jedoch schwierig oder gar unmöglich sein, für das gesamte Kartenfeld die erforderlichen Daten zu erfassen (z. B. über Staatsgrenzen hinaus). In solchen Fällen wird zwar die thematische Darstellung inselartig, doch sollte der topographische Kartengrund stets als Rahmenkarte gestaltet sein, zumal damit auch dem Verständnis der thematischen Zusammenhänge wesentlich gedient ist.

Ist der topographische Kartengrund eine unveränderte oder nur mechanisch umgewandelte topographische Karte (1.4 Fall 1 und 2), so bleiben meist auch Format und Blattschnitt erhalten. Beispiele dafür sind Baugrundkarten (aus Stadtkarten), Bodenkarten (aus topographischen Grundkarten 1:5000) und geologische Karten (aus topographischen Karten 1:25000).

2. Kartenbenennung

Die Kartenbenennung, der sog. *Kartentitel*, besteht

— in einer kurzen und ins Auge fallenden Angabe des Themas, z. B. „Mittlere jährliche Sonnenscheindauer“ und

— in einem Hinweis auf das vom Thema erfaßte Gebiet.

Handelt es sich um ein Thema, das sich nur mit größerem Wortaufwand beschreiben läßt, so kann es günstig sein, zunächst eine Kurzform in größerer Schrift zu wählen und dann die genaue Themenbeschreibung als Untertitel in einem kleineren Schriftgrad zu bringen.

Bei Kartenwerken tritt zum Kartentitel noch die Benennung des Einzelblattes, die wie bei den topographischen Karten (Bd. I, 5.5.2) auf einer bestimmten Systematik beruht. Sie kann mit dieser identisch sein, wenn die Blätter des topographischen Kartenwerks als Kartengrund dienen.

3. Gestaltung von Kartenrahmen und Kartenrand

Der Kartenrahmen spielt bei thematischen Karten (mit Ausnahme bestimmter Verkehrskarten, Himmelskarten und Übersichten) nicht die entscheidende Rolle wie bei topographischen Karten, da Koordinatenangaben und Anschlußhinweise im allgemeinen von geringerem Interesse sind. Andererseits ist über die genaue Plazierung des Rahmens in Bezug auf das Papierformat sehr sorgfältig zu disponieren, damit die erforderlichen Kartenrandangaben in der Randfläche untergebracht und übersichtlich angeordnet werden können.

Bei Rahmenkarten führen die meist rechteckigen Rahmen zu ebenfalls rechteckigen Teilflächen des Kartenrandes. Diese lassen sich bei größerem Ausmaß noch durch Anordnung des Textes in Kolumnen übersichtlich gliedern. Bei der Verteilung der Randangaben ist zugleich auf eine harmonische Verteilung der graphischen Akzente und damit auf einen ästhetischen Gesamteindruck der Karte zu achten. Bei Inselkarten und Gesamtdarstellungen der Erde in Form von Planisphären usw. ist in besonderem Maße für eine geregelte Verteilung der Randangaben auf der relativ großen Freifläche zu sorgen. *E. Imhof* [19] gibt Beispiele für gute und schlechte Lösungen der Randgestaltung.

1.6 Quellen thematischer Karten

Der Vielfalt thematischer Karten entsprechen auch die verschiedenen Quellen, aus denen die thematischen Angaben stammen. Dabei kann man unterscheiden zwischen der speziell für die Kartenherstellung vorgesehenen Datenerfassung und der Auswertung solcher Quellen, die bereits erfaßte Daten für einen anderen Zweck nachweisen.

Das erstmalige Zusammentragen von Daten auf der Grundlage einer Karte ist eine Tätigkeit, die häufig vom zuständigen Fachmann vorgenommen wird und sich mehr nach sachbezogenen Grundsätzen vollzieht als nach kartographischen Regeln. Der so entstehenden *Arbeits-* oder *Materialaufbereitungskarte* (vgl. 1.4) liegt wegen der besseren Eintragungsmöglichkeiten vielfach eine topographische Karte zugrunde. Erst nach dieser Vorlage verarbeitet dann der Kartograph den Inhalt zu einer guten graphischen Lösung, wobei auch ein anderer topographischer Kartengrund in Betracht kommen kann. Der Kartograph „übersetzt" gewissermaßen die bereits geometrisch geordnete fachliche Aussage ins Graphische.

1.6.1 Originäre Erfassung thematischer Daten

Zu dieser vielfach auch als *thematische Aufnahme* bezeichneten Tätigkeit gehören alle auf das Objekt bezogenen Vorgänge wie Messungen (z. B. der Schwere), Zählungen (z. B. des Verkehrs), Geräteregistrierungen (z. B. des Luftdrucks) usw., deren Ergebnisse in *thematischen Grundkarten* (1.2 Nr.4) wiedergegeben werden. Die Vorgänge umfassen entsprechend den Objektmerkmalen die Erfassung des Raumbezuges durch geometrische Messungen nach Lage und evtl. auch Höhe, die Erfassung von Qualität und/oder Quantität sowie nach Bedarf auch der zeitlichen Veränderungen. Geometrische Messungen sind entbehrlich, wenn der Raumbezug bereits nach vorhandenen topographischen Karten ausreichend ermittelt werden kann oder wenn sich wegen des kleinen Kartenmaßstabes eine exakte Ortsfestlegung erübrigt (z. B. Beobachtungsstationen in Wetterkarten).

Neben diese *örtliche* Datenerfassung tritt für viele Themengebiete immer mehr die Auswertung von Luftbildern in Form der sog. *Luftbildinterpretation.* Diese verfügt heute über zum Teil schon sehr eingehende Interpretationsschlüssel, die es gestatten, ein Luftbild fachlich systematisch auszuwerten, evtl. unter Verwendung besonderer Photoemulsionen (z. B. Infrarot- oder Falschfarbenfilm). Dabei vermittelt eine solche Interpretation häufig Erkenntnisse, die durch örtliche Aufnahme allein nicht zu gewinnen sind. Technische Einzelheiten solcher *Fernerkundungsverfahren* werden in Band I, 2.6.4.5 beschrieben. Eine eingehende Zusammenstellung über Luftbilder und Luftbildinterpretationen gibt *S. Schneider* [28].

Beispiele der originären thematischen Erfassung werden bei den einzelnen Themengebieten genannt. Die systematische Erfassung einer Vielzahl thematischer Daten, besonders der natürlichen Gegebenheiten, für das Gebiet eines Staates oder einer größeren Region wird auch als *thematische Landesaufnahme* bezeichnet. Gedanken über die künftigen Möglichkeiten einer thematisch-kartographischen Landesaufnahme durch den Einsatz der Automation äußert *W. Witt* [166].

1.6.2 Nachweise thematischer Daten

Die in den nachfolgend genannten Nachweisen zusammengetragenen thematischen Daten sind gewöhnlich für einen anderen als den themakartographischen Zweck erfaßt worden. Ihre Wiedergabe in Karten erfordert daher eine — zum Teil recht aufwendige — Aufbereitung dieser Daten. Diese Aufbereitung kann von einfachen Umstellungen im Datenmaterial über die Bildung von Summenwerten, Mittelwerten und anderer Zahlenangaben bis zu komplizierten stofflichen Überarbeitungen und Generalisierungen führen. Immer mehr werden dabei auch Methoden der mathematischen Statistik (Korrelations- und Regressionsrechnungen, quantitative Modelle usw.) eingesetzt. Karten, die auf diesem Weg entstehen, sind als *abgeleitete Karten* (1.2 Nr. 4) anzusehen.

Die Nachweise lassen sich wie folgt ordnen:

1. Statistische Erhebungen

Hierbei handelt es sich um Erhebungen, die periodisch oder nach Bedarf stattfinden, meist amtlichen Charakter tragen und sich auf bestimmte Regionen und Themenkreise beziehen.

So erscheinen statistische Veröffentlichungen von den Vereinten Nationen und ihren Kommissionen, von anderen internationalen Organisationen, von Staaten und Ländern (z. B. das Statistische Jahrbuch der Bundesrepublik Deutschland, herausgegeben vom Bundesamt für Statistik), von größeren Gemeinden und Gebietskörperschaften (hierzu gehört auch das vom Deutschen Städtetag herausgegebene Statistische Jahrbuch Deutscher Gemeinden), aber auch von Industrie- und Dienstleistungsbetrieben, Forschungsinstituten, Vereinen und Verbänden.

In der amtlichen Statistik haben Erhebungen in kürzeren Zeitabständen den Charakter von Stichproben (Mikrozensus). So werden z. B. in der Bundesrepublik Deutschland vierteljährlich 1‰ und jährlich 1% aller Haushalte befragt. Diese Maßnahmen dienen der Aktualisierung langperiodischer Erhebungen, die wie z. B. Volks- und Berufszählungen etwa alle 10 Jahre durchgeführt werden. Daneben finden besondere Erhebungen mit relativ vielen Einzelmerkmalen statt, so z. B. Ermittlungen über Wohnverhältnisse und landwirtschaftliche Betriebszählungen. In manchen Fällen, z. B. bei neuen Fragestellungen der Regionalforschung kann sich die Statistik als wenig oder gar nicht geeignet erweisen, weil die notwendigen Merkmale nur zum Teil erfaßt wurden. In solchen Fällen kommt man um eigene Erhebungen nicht herum.

2. Öffentliche Bücher und Karteien

Grundbücher, Katasterbücher, Einwohnermeldekarteien, Beitragslisten usw. können für bestimmte Bestanddarstellungen — insbesondere im Bereich der raumbezogenen Planung — wichtige Daten liefern. Die Auswertung solcher Nachweise setzt selbstverständlich voraus, daß sie weder dem Interesse der Öffentlichkeit noch dem der betroffenen Privatpersonen entgegensteht.

Der Aufbau von sog. *Datenbänken* mit den Mitteln der elektronischen Datenverarbeitung läßt erhoffen, daß auch für die Themakartographie der Zugriff zu solchen Daten erleichtert und die fachspezifische Auswertung durch geeignete Programme ermöglicht wird. Für die raumbezogene Planung spielt hierbei die Grundstücksdatenbank eine wichtige Rolle, die zur Zeit auf der Basis des Liegenschaftskatasters entwickelt wird. Das Liegenschaftskataster ist der einzige vollständige Nachweis aller Grundstücke, auch der im Grundbuch nicht gebuchten; man kann seine kleinste Einheit, das Flurstück, als elementaren Baustein und Träger raum- und personenbezogener Merkmale (z. B. Flächengröße, Bodennutzung, Eigentumsverhältnisse) ansehen, wie dies u. a. *G. Herzfeld* [266] beschreibt. Die Flurstücke lassen sich zu Bezugsflächen (1.3.7.3) verschiedener Struktur zusammensetzen, z. B. als Baublöcke oder Rasterelemente. Zur Zeit wird — neben den Flurkarten als darstellendem Teil — der beschreibende Teil des Katasters in Buch- bzw. Karteiform bei den Katasterämtern geführt; ein Doppel befindet sich bei den Finanzämtern. Die Grundbücher weisen die dinglichen Rechte am Grund und Boden nach; sie bedienen sich dazu des Liegenschaftskatasters als dem amtlichen Verzeichnis der Grundstücke. Über die Sammlung dieser sog. Realdaten hinaus können in der Grundstücksdatenbank noch erfaßt werden die Daten des Bau- und Planungswesens, der Gebäude und Wohnungszählung, des Finanzwesens, des Gebäudeversicherungswesens, der Sammlung der Kaufpreise usw. Neben der Grundstücksdatenbank gibt es noch andere Datenbänke wie z. B. das kommunale Informationssystem und die Straßendatenbank. Ein späterer Verbund solcher Datenbänke wird angestrebt.

3. Karten

Thematische Karten, deren Inhalt bereits in anderen Karten enthalten ist, machen oft eine neue thematische Erfassung entbehrlich. Die Übernahme solcher Daten erfordert aber meist eine maßstabs- oder darstellungsbedingte Generalisierung, da meist nur die Fälle praktikabel sind, bei denen die Daten vom größeren zum kleineren Maßstab übertragen werden. Inwieweit neben den thematischen Karten als Quellen auch topographische Karten anzusehen sind oder aber künftig in Betracht kommen könnten, wird von *G. Hake* [261] untersucht. Zwar wird man aus Gründen der graphischen Dichte und Lesbarkeit die topographische Karte nicht noch mit einer Reihe thematischer Darstellungen beladen können, es läßt sich aber eine Datenbank denken, aus der sowohl die eigentliche topographische Karte wie auch mehrere topographisch-thematische Karten abgeleitet werden.

Von besonderer Bedeutung sind oft Karten aller Art aus früheren Zeiten, die es gestatten, bestimmte zeitliche Entwicklungen (z. B. der landwirtschaftlichen Nutzung, der Siedlung, des Verkehrs) darzustellen. Die kartographische Wiedergabe führt zur genetischen Karte (1.2 Nr. 2).

4. Schrifttum, Akten

Analog zu den Karten kommt auch das fachliche Schrifttum als Quelle in Betracht. Dazu gehören Hand- und Lehrbücher, Bibliographien, Berichte, Wörterbücher, Lexika, amtliche

Verzeichnisse, Gesetz- und Verordnungsblätter, amtliche Bekanntmachungen, Normblätter, ferner auch Unterlagen zur Schreibweise von Namen, über Transkriptions- und Transliterationssysteme usw. Dabei ist auch älteres Schrifttum sowie wichtiges Aktenmaterial aus Bibliotheken und Archiven eingeschlossen; dieses kann insbesondere für alle Kartendarstellungen mit historischen Fragestellungen eine wertvolle Fundgrube sein.

1.7 Kartengruppierung nach Themengebieten

Die nachfolgenden Ausführungen stellen einen Überblick über die zahlreichen Fachgebiete dar, indem sie für die Karten der genannten Themenbereiche die wichtigsten Angaben über Inhalt, Gestaltung, Maßstab und Grundlage liefern. Die Anlagen 1—10 zeigen dazu einige Beispiele in Form von Kartenausschnitten; weitere Beispiele zu bestimmten Gestaltungsmöglichkeiten sind aus den Abbildungen zu 1.3 ersichtlich.

Eine Gruppierung thematischer Karten nach den einzelnen Themengebieten hat selbstverständlich zu berücksichtigen, daß 1. solche Karten im Einzelfalle auch im Grenzbereich zwischen zwei Fachgebieten liegen können (z. B. Wasserwirtschaftskarten zwischen Hydrographie und Wirtschaft) und daß es 2. auch komplexe und synthetische Karten gibt, die zugleich Themen aus verschiedenen Themengebieten behandeln.

Rein äußerlich werden Themakarten der verschiedensten Fachgebiete oft für eine bestimmte Region zum Zwecke der Landeskunde, Planung usw. als Kartensammlung oder -werke, vielfach in Atlasform, zusammengestellt (z. B. Regionalatlas, Planungsatlas, siehe 2.2). Für jeweils ein einziges Themengebiet gibt es auch zahlreiche Fachatlanten (2.3).

Als Beispiel aus der geographischen Forschung zur thematischen Landesaufnahme kann das „Afrika-Kartenwerk" — Schwerpunktprogramm der Deutschen Forschungsgemeinschaft — gelten, bei dem für den Bereich von 4 Blättern 1:1000000 verschiedener typischer Großlandschaften in Afrika jeweils eine Kartenserie mit 18 verschiedenen Themakarten entsteht, worüber *H. Mensching* [352] berichtet.

1.7.1 Naturbereich

In diesem Bereich treten sowohl diskrete wie kontinuierliche Objekte auf, die meist statischer, teilweise aber auch dynamischer Natur sind. Damit ergeben sich sowohl qualitative wie quantitative Angaben. Mittlere und kleine Maßstäbe herrschen vor. Der topographische Kartengrund ist bei einigen Themengebieten reichhaltig (z. B. in der mittelmaßstäbigen geologischen Karte), in anderen dagegen von geringem Inhalt (z. B. in Wetterkarten).

1.7.1.1 *Geophysik*

Sie ist eines der ältesten Anwendungsgebiete der Themakartographie. Da es sich meist um die Wiedergabe kontinuierlicher Objekte handelt, überwiegt die Darstellung durch Isolinien, die sich durch Interpolation zwischen den gemessenen Werten ergeben. Die Datenerfassung erstreckt sich demnach auf die Bestimmung der Stationspunkte nach Lage und Höhe sowie auf die eigentliche geophysikalische Messung mit Spezialgeräten wie Gravimeter, Magnetometer usw. In bestimmten Fällen können Lage und Höhe der Meßpunkte auch geeigneten topographischen Karten entnommen werden. Die Karten sind daher quantitativ-analytisch und vorwiegend in mittleren und kleinen Maßstäben gehalten; ihre Kartengrundlage ist meist von spärlichem topographischen Inhalt. Die Kartennetzentwürfe sind durchweg winkeltreu, um den Verlauf der Isolinien sachgemäß auswerten zu können.

Isogonenkarten geben die Werte erdmagnetischer Deklination, *Isoklinenkarten* die der Inklination wieder. In *Isogammenkarten* kommen die Werte der Abweichung vom Normalwert der Erdschwere zum Ausdruck. Durch *Isoseismen* bzw. *Isoseisten* wird die Häufigkeit bzw. Stärke von Erdbeben dargestellt. Daneben gibt es Karten über Geoidundulationen, isostatische Anomalien usw. Möglichkeiten zur kartographischen Darstellung des Schwerefeldes beschreibt *G. Soltau* [160].

1.7.1.2 *Geologie*

Geologische Karten sind qualitative Karten, und zwar typische Beispiele für die Wiedergabe flächenhafter Objekte durch Flächenfarben und Signaturen. Die thematische Erfassung *(geologische Kartierung)* bedient sich als Grundlage der topographischen Karten 1 : 25000 und größer oder geeigneter Luftbilder, in welchen die örtlich ermittelten oder durch Bildinterpretation gefundenen Grenzlinien, Bohrpunkte usw. eingetragen werden. Im einzelnen bezieht sich die Erfassung auf die an der Erdoberfläche anstehenden Gesteinsformationen (Stratigraphie), ihre Struktur und sonstige Beschaffenheit sowie auf oberflächige Lockerdecken, auf Wasserführung, Bohrungen usw. Der vorwiegend analytische oder komplexe Karteninhalt wird u. U. noch durch Profildarstellungen ergänzt. In mittleren Maßstäben dient als Kartengrundlage meist die vollständige topographische Karte, jedoch gewöhnlich einfarbig, oft sogar im Graudruck; in kleineren Maßstäben ist dagegen der topographische Inhalt knapper. Die Flächen sind meist in kräftigen Farben gehalten, deren Wahl sich vor allem bei kleinmaßstäbigen Karten nach einer internationalen Norm richtet. Eine Darstellung zur geologischen Karte gibt *H. Falke* [13].

Durch Beschränkung, Umgestaltung oder Ergänzung des thematischen Inhalts lassen sich zahlreiche Sonderformen geologischer Karten entwickeln. So geben *tektonische Karten* z. B. die Höhenlage der Grenzfläche zwischen zwei Systemen über ein größeres Gebiet zu erkennen oder sie stellen durch Isobasen die tektonische Hebung von Oberflächen dar. Für ingenieurgeologische Zwecke sind vor allem *petrographische Karten* von Bedeutung, die nähere Auskunft über die Gesteinseigenschaften geben, ferner *Lagerstättenkarten* mit genauer Bezeichnung mineralischer oder organogener Abbaustoffe, *hydrogeologische* Karten, die die geologischen Sachverhalte nach ihrer Beziehung zum Grundwasser (1.7.1.5) gliedern, schließlich auch *Baugrundkarten,* die vor allem in städtischen Bereichen eine wichtige

Rolle spielen und in großen Maßstäben eingehende Angaben über den Baugrund in verschiedenen Tiefen unter der Oberfläche sowie über die Grundwasserverhältnisse enthalten. Beispiele solcher Karten beschreiben *A. Stumpp* [421] und *E. Podschadli* [390]. Zu den Sonderformen kann man hier auch die meist in großen Maßstäben gehaltenen *Höhlenkarten* der Höhlenforschung (Speläologie) rechnen: *M. H. Fink* [101] gibt eine Übersicht über die Signaturen für Höhlenpläne.

Seit über hundert Jahren gibt es in Deutschland amtliche geologische Karten; ein geschichtlicher Überblick hierzu stammt von *H. Schamp* [410]. Heute werden die Karten von der Bundesanstalt für Geowissenschaften und Rohstoffe und den Geologischen Landesämtern herausgegeben; ihre Aufgaben und Arbeiten beschreiben *H. W. Walther* und *P. Hoppe* [163]. Die *Geologische Karte 1:25000* wird auf der Grundlage der Topographischen Karte 1:25000 hergestellt, liegt jedoch noch nicht geschlossen vor. Die *Geologische Übersichtskarte 1:200000* soll einmal das gesamte Bundesgebiet überdecken, liegt aber erst in den Anfängen vor. Daneben gibt es eine Reihe von Einzelkarten in den Maßstäben 1:100000 bis 1:500000, eine *Geologische Übersichtskarte der Bundesrepublik Deutschland 1:1000000* sowie eine Neubearbeitung in 1:2000000. Zu den internationalen Aufgaben, zum Teil unter Mitwirkung der UNESCO, gehören die *Internationale Geologische Karte 1:1500000*, für den mitteleuropäischen Bereich nahezu fertig, die *Internationale Quartärkarte von Europa 1:2500000* und die *Internationale Geologische Karte von Europa 1:5000000*. Einzelheiten hierzu enthält auch eine Veröffentlichung von *K. H. Meine* [126]. Von den Geologischen Landesämtern wurden ferner die 14 Blätter der *Hydrogeologischen Übersichtskarte der Bundesrepublik Deutschland* 1:500000 bearbeitet. Mit Unterstützung durch die Deutsche Forschungsgemeinschaft entsteht zur Zeit die *Internationale Hydrogeologische Karte von Europa 1:1500000*, worüber *H. Karrenberg* [297] berichtet. Auch für den Erdmond gibt es bereits ein geologisches Kartenwerk 1:1000000 mit einer Zusammenfassung in 1:5000000, ferner regionale Karten größerer Maßstäbe. Über Einzelheiten berichtet *J. Harbour* [265].

1.7.1.3 *Pedologie (Bodenkunde)*

Bodenkarten stellen vorwiegend flächenhafte Diskreta dar und sind insoweit qualitative Karten. Sie können analytisch oder synthetisch sein und treten in allen Maßstabsbereichen auf. In großen und mittleren Maßstäben kommen als Kartengrundlagen meist topographische Karten, in kleinen Maßstäben gewöhnlich Neuzeichnungen geringen Inhalts in Betracht. Die Karten großer Maßstäbe entstehen als Grundkarten durch Entnahme von Bodenprofilen und örtliche Eintragung von Grenzlinien in Karten oder Luftbilder.

Bodenartenkarten geben in analytischer Weise die stoffliche Zusammensetzung des Bodens (z. B. Ton-, Lehm-, Sand-, Moorboden) wieder, während *Bodentypenkarten* in einer mehr synthetischen Weise die Entstehung des Bodens in Abhängigkeit vom Ausgangsgestein, vom Klima und vom Wasser kennzeichnen. Die *Bodenkarte der Bundesrepublik Deutschland 1:1000000* (1963) ist inhaltlich so gestaltet, daß sowohl die Merkmale der Bodenart als auch des Bodentyps und des Ausgangsgesteins erkennbar sind. *Bodengütekarten* und *Bodenschätzungskarten* enthalten zusätzliche quantitative Angaben in Form von Verhältniszahlen, die ein Maß sind für die Ertragfähigkeit des Bodens bei landwirtschaftlicher Nutzung. Darstellungsprobleme der Bodenkarten beschreibt *W. Hollstein* [272]. Den Inhalt mittelmaßstäbiger Bodenkarten erörtert *G. Haase* [243].

Als bodenkundliche Kartenwerke geben die Geologischen Landesämter *Bodenkarten 1:25000* bzw. *1:50000* heraus. Daneben erscheinen zahlreiche Einzelkarten in den Maßstäben 1:2000 bis 1:800000.

Einige Bundesländer geben auch die *Bodenkarte 1:5000 auf der Grundlage der Bodenschätzung* heraus. Die thematischen Angaben werden hierbei in die Deutsche Grundkarte 1:5000 grün eingedruckt und durch Profile und Beschreibungen näher erläutert. Nähere Ausführungen hierzu macht *G. Zander* [449].

1.7.1.4 *Geomorphologie*

Geomorphologische Karten kommen in allen Maßstabsbereichen vor. In überwiegend qualitativer Weise stellen sie den Formenschatz der Erdoberfläche nach Erscheinung und Entstehung dar. Der Mannigfaltigkeit flächiger, linearer und punktförmiger Diskreta (z. B. Schotterflächen, Geländekanten, Dolinen) entspricht ein umfangreicher Zeichenschlüssel, der mit Flächenfarben und verschiedensten Signaturen arbeitet. Kartengrundlage und zugleich Aufnahmeunterlage ist bei großen Maßstäben eine topographische Karte, die vor allem eine formrichtige Höhendarstellung enthalten muß. Bei Karten kleinerer Maßstäbe lassen Umfang und Detailreichtum der thematischen Darstellung kaum noch Platz für einen größeren Inhalt der Kartengrundlage.

Komplexe Karten stellen die geomorphologischen Sachverhalte in ihrer Gesamtheit dar, evtl. mit kartographischer Betonung einiger Fakten. Mehr analytischer Natur sind dagegen die Spezialkarten, die sich auf die Wiedergabe bestimmter Sachverhalte beschränken. So beschreiben *morphographische* Karten den gegenwärtigen Formenzustand, während *morphogenetische* Karten Entstehung und Entwicklung der Formen zum Ausdruck bringen. In *morphometrischen* Karten treten quantitative Angaben, z. B. über Hangneigungen, Reliefenergie auf.

Betrachtungen zum System der komplex-geomorphologischen Karten stellt *F. Gellert* [235] an. *H. Leser* [333] befaßt sich mit Inhalt und Form als Problem groß- und kleinmaßstäbiger geomorphologischer Karten. Dabei weist er bei der Erörterung der Kartierungsmethoden auch auf das von einer Kommission der Internationalen Geographischen Union in mehreren Sprachen herausgegebene *Handbuch zur Geomorphologischen Detailkarte 1:25000/1:50000.*

Im Zusammenhang mit der Herstellung der topographisch-geomorphologischen Kartenproben (Bd. I, 5.7.1) hat *G. Neugebauer* [141] eine *Geomorphologische Übersichtskarte des westlichen Mitteleuropas 1:1000000* erarbeitet.

1.7.1.5 *Hydrographie, Ozeanographie, Limnologie, Glaziologie*

In diesen Fachgebieten wird das ober- bzw. unterirdische Wasser teils als Diskretum, teils als Kontinuum angesehen. Die fast immer analytischen oder komplexen Karten verschiedenster Maßstäbe enthalten qualitative und quantitative Daten. Zur Kartengestaltung kommen vorwiegend Linien, Flächenfarben und Signaturen in Betracht. Die Kartengrundlage ist entweder mit der topographischen Karte gleichen oder ähnlichen Maßstabes identisch, oder sie wird aus dieser abgeleitet und dient dann — z. B. bei Atlanten oder größeren Sammlungen für ein Gebiet — als einheitliche Arbeitskarte bzw. endgültige Grundlage.

Hydrographische Karten (Gewässerkarten im engeren Sinne) stellen in qualitativer Weise Gewässernetze, Wasserscheiden, Überschwemmungsgebiete, Pegelstellen, Wasserbauwerke usw. und in quantitativer Weise Wasserstände, Gewässerdichte, Abflußmengen u. dgl. dar.

Durch Zufügen weiterer, mehr wirtschaftlicher Daten wie Be- und Entwässerungsgebiete, Wasserentnahmestellen, Abwässereinleitungen usw. werden daraus *Wasserwirtschaftskarten* (1.7.2.5). *Grundwasserkarten* enthalten Angaben über Grundwasservorkommen, Quellen usw. Dabei sind Hydroisobathen (Flurabstandsgleichen) die Linien gleicher Tiefe des Grundwasserspiegels unter der Erdoberfläche und Hydroisohypsen (Grundwasserhöhengleichen) die Linien gleicher Höhe über einer Bezugsfläche (z. B. Normal-Null). Das Normblatt DIN 19 710 „Gewässerkundliche Zeichen" enthält eine Zusammenstellung von Zeichen für Begriffe und Gegenstände der Gewässerkunde. Eine Bibliographie hydrologischer Karten von Deutschland hat *I. Henning* [58] bearbeitet.

In *Karten der Meere und Binnenseen* werden ozeanographische bzw. limnologische Daten dargestellt, z. B. durch Isobathen die Tiefenverhältnisse (siehe auch Seekarten in 1.7.2.6), durch Isobathythermen die Temperaturverhältnisse, durch Isohalinen der Salzgehalt, durch Isoplankten der Planktongehalt usw., ferner durch Bewegungssignaturen die Wanderung von Eisbergen, die Wasserströmungen an und unter der Oberfläche usw. Eine Zwischenstufe zwischen Meereskarten und Landkarten bilden die *Wattkarten*, die für die Gezeitenbereiche die Topographie der Flächen wiedergeben, die bei Niedrigwasser regelmäßig trockenfallen (Näheres siehe Bd. I, 5.7.4).

Dynamische Probleme liegen in besonderem Maße bei *Gletscherkarten* vor, die die Gletscherbewegungen durch Bewegungssignaturen (Stromlinien) oder durch Vergleich mit Karten früherer Aufnahmen erkennbar machen. Eine Übersicht über die durch den Alpenverein in den Ostalpen erstellten Gletscherkarten gibt *E. Arnberger* [80]. Die kartographische Darstellung von Schwankungen der bayerischen Gletscher beschreibt *K. Brunner* [211]. Die Gletschervermessung beruht heute weitgehend auf photogrammetrischen Methoden.

1.7.1.6 *Meteorologie, Klimatologie*

Karten dieser Fachgebiete sind meist analytische quantitative Karten, in denen Kontinua in mittleren oder kleinen Maßstäben dargestellt werden. Die Isoliniendarstellung herrscht vor; daneben werden durch Signaturen die Stationspunkte, Wetterfronten, Niederschlagsgebiete usw. sowie durch lokale Diagramme die Windverhältnisse, täglichen Schwankungen usw. gekennzeichnet. Der Inhalt der topographischen Kartengrundlage ist von unterschiedlichem Umfang. Die Wahl der Maßstäbe, der Kartennetze und der Darstellungsmittel beruht teilweise auf internationalen Vereinbarungen bzw. Empfehlungen. Über *Klimaatlanten* siehe 2.3. Da die Lage der Wetterstationen auf See und an Land bereits bekannt und im Kartengrund dargestellt ist, besteht die thematische Aufnahme aus der Erfassung der Wetterdaten mit heute meist automatisch registrierenden Geräten und der Meldung dieser Daten über Funk an zentrale Stellen.

Wetterkarten stellen in synoptischer Weise den gegenwärtigen Wetterzustand dar. Es handelt sich um kleinmaßstabige Karten in konformer Abbildung, deren topographische Kartengrundlage nur wenige Angaben (größere Höhenstufen, Gewässer und Orte) enthält. Die Arbeitskarten, die als Vorstufen dazu entstehen, weisen meist nur die Küstenlinien in unterbrochener, oft nur angedeuteter Manier auf. Der Zwang zur raschen Verarbeitung umfangreicher Daten und die relativ einfache Darstellungsweise in der Arbeitskarte sind Anlaß und Voraussetzung zu automatischer Kartierung, wie sie z. B. der Deutsche Wetterdienst durchführt (Abb. 24, 5.3.3.1). Eine Einführung in die Wetterkarte gibt *P. Hess* [267]. Sonderformen der Wetterkarte sind die *Vorhersagekarte*, die Isobaren und Fronten enthält, die *Höhenkarte* mit Isohypsen (Höhenlinien) für einen bestimmten Wert des Luftdrucks sowie für den Seewetterdienst die *Seegangskarte* mit Linien gleicher Wellenhöhe und die *Eiskarte* mit verschiedenen Signaturen für Treibeis, Packeis, Eisberge usw.

Klimakarten geben für einen bestimmten Zeitabschnitt (z. B. Monat, Jahr) die Mittelwerte des atmosphärischen Zustandes oder die auftretenden Schwankungen an (Anlage 2). So ergeben sich Linien gleicher Temperatur (Isothermen), gleicher Temperaturschwankung (Isallothermen), gleichen Luftdrucks (Isobaren), gleicher Luftdruckschwankung (Isallobaren), gleichen Niederschlags (Isohyeten), gleicher Windstärke (Isanemonen) usw. Die in mittleren und kleinen Maßstäben gehaltenen Karten sollen möglichst flächentreu sein. Das Verständnis der klimatischen Verhältnisse setzt eine topographische Kartengrundlage voraus, in der mindestens das Geländerelief ausreichend dargestellt ist. Zu den Klimakarten kann man auch die *phänologischen Karten* zählen, in denen durch Isolinien (Isophanen) der zeitliche Eintritt einer Wachstumsphase für eine bestimmte Pflanze (z. B. Apfelblüte) dargestellt wird.

1.7.1.7 *Pflanzen- und Tiergeographie*

Hier handelt es sich vorwiegend um Verbreitungskarten (1.3.2), die in qualitativer und meist analytischer Weise das Vorkommen einzelner Arten oder von Gesellschaften darstellen. In großmaßstäbigen Karten ist zwar vereinzelt noch eine Wiedergabe durch lokale Signaturen möglich (z. B. Standorte seltener Baumarten), im übrigen herrscht aber die flächige Darstellung durch Farben oder Signaturen vor. Die Kartengrundlage sollte zum Verständnis des Themas wenigstens das Gewässernetz und Geländerelief enthalten; bei einfarbigen Darstellungen ist das jedoch nicht immer leicht zu verwirklichen. Der Zeichenschlüssel ist mitunter sehr umfangreich. Ein Beispiel gibt Anlage 1.

Vegetationskarten entstehen als Grundkarten meist durch pflanzensoziologische Kartierung, vielfach mit Hilfe von Luftbildern. Über Ziele, Methoden und Organisation der Kartierung der Flora Mitteleuropas gibt *H. Haeupler* einen Überblick [245]. Die Generalisierung zu kleineren Maßstäben hin ist nicht ohne Probleme; darüber macht *J. Schmithüsen* nähere Ausführungen [149]. Neben Darstellungen der tatsächlichen Vegetation gibt es auch solche der möglichen Vegetation; hierzu gehören z. B. die Blätter der *Karte der potentiellen natürlichen Vegetation der Bundesrepublik Deutschland 1:200000.* Von *R. Tuexen* und *R. Straub* [70] stammt eine Bibliographie der Vegetationskarten bis etwa zum Jahre 1965. Die zusätzliche Darstellung wirtschaftlicher Daten leitet z. B. zu Forstwirtschaftskarten (1.7.2.5) über.

Tiergeographische Karten gibt es fast nur in kleineren Maßstäben. Da im Gegensatz zu den Pflanzen rasche räumliche Veränderungen auftreten können, werden nicht nur die Vorkommen, sondern auch die Bewegungen (Vogelflüge, Heuschreckenschwärme, Fischströme) nachgewiesen (z. B. durch Bewegungssignaturen).

1.7.2 Bereich menschlichen Wirkens

Die Objekte dieses Bereiches sind Diskreta, die in statischer oder dynamischer Weise dargestellt werden. Die Darstellungen können dabei qualitativ wie quantitativ, analytisch bis synthetisch sein. Alle Maßstabsbereiche sind vertreten, und die Kartengrundlagen reichen vom vollständigen Inhalt topographischer Karten bei einigen Verkehrsdarstellungen bis zur einfachen Verwaltungsgrenzenkarte bei der Wiedergabe statistischer Daten.

1.7.2.1 *Bevölkerung und Kultur*

Zu den wichtigsten Informationen über die Bevölkerung gehören Angaben über ihre Verteilung und Dichte. Die *Verteilung* läßt sich am besten durch Punktstreuungskarten, die *Dichte* (Einwohner je km^2) durch relative Dichtekarten (Flächenkartogramme) veranschaulichen. Da diese Angaben als Sachinformation heute im allgemeinen nicht mehr ausreichen, sind noch weitere Daten erforderlich, z. B. solche über die Sozial- und Erwerbsstruktur sowie über die Mobilität. Auch ist z. B. eine Differenzierung nach Tag-, Nacht- und Freizeitbevölkerung vorzunehmen.

Eine zusammenfassende Darstellung zur Bevölkerungskartographie gibt *W. Witt* [165]. Das wichtige Problem der Wiedergabe der Bevölkerungsveränderung behandelt *E. Arnberger* [202], von dem auch eine Zusammenfassung vorwiegend deutschsprachiger Literatur zur kartographischen Darstellung des Bevölkerungswesens stammt [53].

Da *Punktstreuungskarten* (1.3.4.2) durch Auszählen der Punkte auch absolute Daten liefern können, bezeichnet man sie auch mitunter als *absolute Bevölkerungsdichtekarten*. Sie bereiten in großen Maßstäben (Anlage 8) keine Probleme, erfordern in kleineren Maßstäben aber u. U. für Ballungsgebiete den Übergang zu lokalen, nach den Einwohnerzahlen variablen Signaturen. Ein Beispiel dafür ist die „Karte der Bevölkerungsverteilung in der Bundesrepublik Deutschland 1:1000000" nach dem Muster der von *W. William-Olsson* [443] beschriebenen Bevölkerungsweltkarte 1:1000000.

Die *relativen Bevölkerungsdichtekarten* lassen sich aus Punktdarstellungen ableiten (Abb. 20), entstehen aber bis zu mittleren Maßstäben meist auf der Grundlage der statistischen Bezirke (Verwaltungseinheiten) oder der naturräumlichen Einheiten (Abb. 37). Die dabei auftretenden Probleme der Dichtestufen und Bezugsflächen sind in 1.3.7.3 näher behandelt. Im allgemeinen sollte eine Kombination von absoluter und relativer Darstellung angestrebt werden, wobei durch Typenbildung auch bestimmte Strukturen zum Ausdruck kommen können.

Karten der *Säuglingssterblichkeit, Geburtenüberschüsse* usw. geben relative Daten wieder, während Darstellungen über die *Bevölkerungsentwicklung* (Anlage 4), die *Aufgliederung nach Berufen*, den *Altersaufbau, ausländische Arbeitnehmer* usw. sowohl relativ wie absolut sein können. Das Problem der *Berufspendler* und der *Stadt- und Landflucht* läßt sich in statischer Weise relativ wie absolut durch Wiedergabe verschiedener Zeitpunkte, aber auch in dynamischer Weise mit zusätzlichen Angaben zum Verkehrsnetz, zur Wirtschaftsstruktur usw. darstellen. Rein dynamische Karten sind solche über *Völkerwanderungen, Vertreibungen* usw., die sich vor allem bandförmiger Signaturen bedienen und sowohl rein qualitativ als auch quantitativ-absolut sein können (analog zu den Darstellungen der Abb. 29 und 30).

Sprachenkarten, Völkerkarten, Rassenkarten, Konfessionskarten und *volkskundliche Karten* sind typische Karten relativen Vorkommens (1.3.2), in denen Flächenfarben und -signaturen vorherrschen. Da diese Karten rein qualitativer Art sind, bleiben sie nur so lange unproblematisch, solange der jeweilige Sachverhalt in einem Gebiet ausschließlich oder ganz überwiegend anzutreffen ist. Daß daher in Mischgebieten (Abb. 4) auf eine wissenschaftlich einwandfreie Darstellung besonderer Wert zu legen ist, dürfte einleuchten, wenn man bedenkt, welche politischen Konsequenzen nicht selten aus solchen Karten gezogen werden. Solche und andere Darstellungsprobleme werden von *W. Krallert* [303] und *I. Kretschmer* [117] behandelt. Über die genannten Sachgebiete liegen zahlreiche Fachatlanten (2.3) vor.

Medizinische Karten, die Auftreten und Ausbreitung von Epidemien anzeigen, enthalten auch meist soviele topographische, klimatologische und vegetationskundliche Daten, daß sich mit diesen die Verbreitung, besondere Gefährdung und örtliche Abgrenzung erklären läßt. Daneben kann man z. B. durch Linien gleichen Zeiteintritts (Isodaten) die räumliche und zeitliche Entfaltung von Krankheiten darstellen, ein Verfahren, das vor allem der Vorbeugung wichtige Hinweise liefert. Eine umfangreiche Sammlung medizinischer Karten enthält der 1952 von *E. Rodenwaldt* herausgegebene Welt-Seuchen-Atlas, dessen kartographische Betrachtung *B. Carlberg* [213] vornimmt. Die Darstellung von Krankheiten und Seuchen im Kartenbild beschreibt *H. J. Jusatz* [294].

Anthropologische Karten dienen dem Nachweis der Verbreitung bestimmter körperlicher und geistiger Merkmale des Menschen (z. B. Schädelindex, Intelligenzgrad).

Karten kultureller Einrichtungen und Bildungsstätten (Schulen, Museen, Theater) sind meist typische Standortkarten, in denen durch bildhafte oder abstrakte lokale Signaturen die einzelnen Objekte zum Ausdruck kommen. Bei der Angabe von Schulen wird häufig auch das Einzugsgebiet sichtbar gemacht, evtl. in komplexer Weise in Verbindung mit Themen aus dem Bereich des Verkehrs.

1.7.2.2 *Staat, Verwaltung, Recht*

Karten, bei denen es vor allem auf die Darstellung von Staatsgebieten, Bündnisbereichen, Einflußsphären usw. ankommt, bezeichnet man als *politische Karten*, solche, die die Bereiche von Ländern, Provinzen, Bezirken, Kreisen, Gemeinden und bestimmter Gebietskörperschaften (z. B. Wasserverbände) sowie die Zuständigkeit von Gerichten und Behörden (z. B. Forstämter, Flurbereinigungsämter) aufzeigen, als *Verwaltungskarten*.

Als Gestaltungsmittel dienen Flächenfarben, längs der Grenzen oft lineare Signaturen und Farbsäume, bei einfarbigen Karten auch Flächensignaturen. Die Kartengrundlage beschränkt sich auf die wichtigste Topographie (Orte, Verkehrs- und Gewässernetz); Verwaltungssitze werden durch lokale Signaturen oder Unterstreichungen hervorgehoben.

Verwaltungsgrenzenkarten stellen die Abgrenzung von Gemeinden, Kreisen usw. mit oder ohne Topographie dar. Neben der unmittelbaren Übersicht dienen sie auch als Kartengrundlagen oder Arbeitskarten für viele thematische Darstellungen, vor allem solche statistischer Art (1.3.7 und Abb. 46).

Aus dem Bereich der aktuellen politischen Ereignisse sind es vor allem die *Wahlen*, aus denen die Ergebnisse und Beteiligungen durch Signaturen oder Diagramme unter Bezug auf Wahlkreise und Wahlbezirke dargestellt werden.

Für den Bereich der Bundesrepublik Deutschland und der einzelnen Bundesländer gibt es zahlreiche Verwaltungs-, Kreisgrenzen- und Gemeindegrenzenkarten, meist als Einzelblätter, daneben aber auch in Atlasform (2.3) mit weiteren Erläuterungen über Entwicklung, Kompetenzen und Funktionen von Behörden usw.

Karten der Anwendung bestimmter Rechtsnormen sind typische Beispiele für flächenhafte absolute Vorkommen (1.3.2). Hierbei werden die Flächen durch Flächenfarben oder -signaturen gefüllt oder durch Farbsäume, Bandschraffuren oder lineare Signaturen abgegrenzt.

Dem Nachweis von Eigentumsrechten am Grund und Boden dienen die *Flurkarten (Katasterkarten)*, die in Österreich unter der Bezeichnung *Katastralmappen*, in der Schweiz als *Grundbuchpläne* geführt werden. Sie wurden im Bereich der Bundesrepublik Deutschland vor über 100 Jahren als Grundlagen für die Erhebung der *Grundsteuer* in Maßstäben 1 : 500 bis 1 : 5000 hergestellt (Grundsteuerkataster). Seit 1897 sind sie auch das amtliche Verzeichnis der Grundstücke für das *Grundbuch* und tragen seit 1934 die Ergebnisse der *Bodenschätzung*. Die Karten enthalten Angaben über Grenzabmarkungen und Grenzlinien, über den Gebäudebestand sowie über die Nutzungsarten, die Bodenschätzungsmerkmale und die Nummern der Flurstücke. Sie bilden zusammen mit den Katasterbüchern das sog. *Liegenschaftskataster* und werden bei den Kataster-(Vermessungs-)ämtern geführt. Die Karten dienen heute auch als Unterlagen der Ortsplanung und technischer Projekte sowie zur Herstellung der Deutschen Grundkarte 1 : 5000 (Bd. I, 5.6.2.1).

Wegen der rechtlichen Bedeutung ihres Inhalts sind Herstellung und Fortführung an strenge Formvorschriften (z. B. Abmarkungsprotokolle, Fehlergrenzen bei Längenmessungen und Flächenberechnungen) gebunden. Ihre zeichnerische Ausgestaltung richtet sich heute weitgehend nach DIN 18702 (Zeichen für Vermessungsrisse, großmaßstäbige Karten und Pläne). Bei den Vermessungen wird teilweise die Photogrammetrie, bei den kartentechnischen Vorgängen schon weitgehend die Automation angewandt.

Infolge der großen Unterschiede in Entstehung, Form und Inhalt der Flurkarten ist ihre Eingruppierung im System der Karten nicht immer eindeutig möglich. In Süddeutschland entstanden sie auf einheitlicher Netzgrundlage im Rahmenformat und mit umfangreichen topographischen Darstellungen; sie konnten zugleich durch zusätzliche Geländeaufnahme zu topographischen Grundkarten (*Höhenflurkarten*) ausgestaltet werden. In Norddeutschland, vor allem im ehemaligen Preußen, wurden sie für einen beschränkten Zweck als Inselkarten (= Flur) mit verschiedenen Maßstäben, Kartennetzen und meist spärlichem topographischen Inhalt geschaffen und besitzen daher mehr das Kennzeichen einer thematischen Karte.

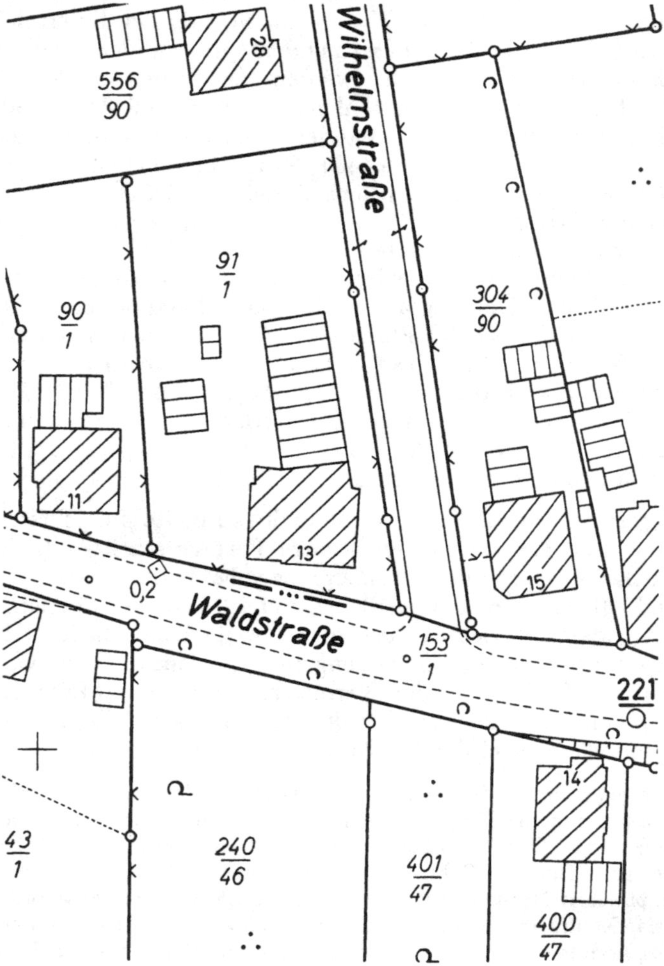

Abb. 47. Ausschnitt aus einer Rahmen-Flurkarte 1 : 1000 (Druck mit Genehmigung des Niedersächsischen Landesverwaltungsamtes — Landesvermessung vom 7. 2. 1975 — B4 — 29/75)

Die Nachteile der uneinheitlichen und vielfach auch ungenauen Inselkarten sind schon frühzeitig erkannt worden. Die intensiv betriebene sog. *Neueinrichtung des Flurkartenwerks* besteht daher in der Herstellung geometrisch einwandfreier und topographisch vollständiger Rahmen-Flurkarten 1:1000 oder 1:2000 im System der Gauß-Krüger-Koordinaten (letztere siehe Bd. I, 3.7.2.1). Einen Ausschnitt aus einer Karte 1:1000 zeigt Abb. 47. Von *O. Kriegel* (119) stammt eine zusammenfassende Darstellung.

1.7.2.3 *Geschichte, Archäologie, Heimatkunde*

Der Begriff der *historischen Karten* ist nicht ganz eindeutig. Manche verstehen darunter alle Karten aus früherer Zeit; *G. Franz* gibt dazu eine Bibliographie [57]. Hier sind jedoch nur Karten mit geschichtlichem Thema, also *Geschichtskarten*, gemeint. Solche Karten können statisch oder dynamisch sein; im ersten Falle geben sie den Zustand eines geschichtlichen Zeitpunktes wieder, im zweiten Falle zeigen sie Entwicklungen auf (z. B. Besiedlungen, Grenzänderungen). Die dynamischen Darstellungen sind häufig komplexer Natur: Besiedlungen werden erst richtig verständlich durch Angabe von Landnutzungen, Handelswegen usw., Grenzänderungen durch militärische Operationen oder koloniale Eroberungen. Die statischen Karten ähneln den politischen Karten; in den dynamischen Karten treten Bewegungssignaturen (Anlage 3) und Farbverläufe (zur Kennzeichnung variabler Grenzen) auf. Methoden und Signaturen bei der Herstellung historischer Karten beschreibt *I. Kretschmer* [322]. Über *Geschichtsatlanten* siehe 2.3.

Geopolitische Karten stellen die Kraftfelder und Tendenzen politischer Machtentfaltung dar. Neben Flächenfarben treten dabei Bewegungssignaturen für Entwicklungen, Bündnisse usw. und lokale Signaturen für Brennpunkte des Geschehens, Machtzentren usw. auf.

Archäologische Karten sind der Typfall der Fundkarte. Ausgrabungsstätten, Hügelgräber usw. werden durch lokale Signaturen oder Pseudo-Areale dargestellt. Auf der Grundlage topographischer Karten oder spezieller Aufnahmen erscheinen daneben die Einzelheiten von Wallanlagen, Fluchtburgen usw. in möglichst lagerichtiger Wiedergabe.

Heimatkarten verknüpfen topographische Angaben mit solchen über bedeutende historische, wirtschaftliche und kulturelle Sachverhalte und Ereignisse. Es sind durchweg rein qualitative Darstellungen, die mitunter in sehr bildhaften Signaturen (Abb. 45) die Einzelobjekte anschaulich wiedergeben. In großen und mittleren Maßstäben dienen sie oft zugleich als Stadt-, Wander- oder Orientierungskarte. Über die Heimatkunde als Aufgabe der thematischen Kartographie schreibt *E. Lehmann* [330].

1.7.2.4 *Siedlungen*

Siedlungsgeographische Karten geben in *statischer* Weise Auskunft über Siedlungs- und Flurformen (z. B. Haufendorf, Weiler, Gewannflur), über Siedlungsstrukturen (Kern- und Randgebiete, Art der Bebauung usw.) sowie über Siedlungsfunktionen (Verwaltung, Industrie, Verkehr, zentrale Einrichtungen, Grünflächen usw.); in *dynamischer Weise* liefern sie Angaben über die Entwicklung eines Ortes, und zwar entweder 1. in Kartenfolgen gleichen Maßstabs oder 2. durch andersfarbigen Eindruck eines neueren Karteninhalts in eine ältere Karte oder 3. durch farbliche bzw. signaturenhafte Abstufung nach Zeitpunkten auf einer Karte des neuesten Zustandes.

Solche Darstellungen widmen sich ganz überwiegend den städtischen Bereichen, so daß man meist von *thematischen Stadtkarten* sprechen kann. Mit Inhalt und Gestaltung befaßt sich z. B. *W. Stams* (416). Als Kartengrundlagen dienen gewöhnlich neuere oder ältere Karten großen oder mittleren Maßstabs (Stadtkarten, Flurkarten, topographische Karten), aus denen bereits ein Teil der thematischen Daten (z. B. Grundrißtypen, Dichte der Bebauung) zu gewinnen ist. Weitere Angaben (z. B. über Baustil, Baualter, Gebäudehöhe) lassen sich durch örtliche Aufnahme, aus Luftbildern oder mit Hilfe alter Unterlagen ermitteln.

Den heute zahlreichen Planungen in Siedlungsräumen müssen umfangreiche Bestandsaufnahmen aus vielen Fachbereichen vorausgehen. Dazu gehören auch *Grundbesitzkarten*, die auf der Basis von Kataster und Grundbuch die Besitz- bzw. Eigentumsverhältnisse mit Hilfe von Flurstücksnummern, Schlüsselzahlen oder Flächenfarben veranschaulichen. *Richtwertkarten* liefern unter Aufgliederung nach bestimmten Bodennutzungen Angaben über Grundstückspreise durch lokale Größensignaturen oder Zahlenwerte. Mit der Gestaltung von

Richtwertübersichtskarten befaßt sich *D. Grothenn* [241]. Die Karten des sog. *Leitungskatasters* stellen vor allem für großstädtische Bereiche in Maßstäben zwischen 1:200 und 1:1000 die vielen unterirdischen Leitungen der Versorgung, der Post usw. durch lagetreue Linien bzw. lineare Signaturen mit erläuternden Zusätzen dar. Über das Beispiel des Berner Leitungskatasters berichtet *A. König* [301].

Zu den thematischen Stadtkarten sind auch die *Baugrundkarten* (1.7.1.2) zu rechnen. Die Planungsdarstellung für Siedlungen wird in 1.7.2.9 behandelt.

1.7.2.5 *Wirtschaft und Handel*

Wirtschaftskarten behandeln Themen wie die Nutzung von Gebieten, die Erzeugung und Verarbeitung von Gütern, den Transport, Handel und Verbrauch sowie die damit verbundenen Funktionen (z. B. Häfen, Banken) und sozialen Strukturen (z. B. Berufspendler). Sie reichen von der rein qualitativen Darstellung der Standorte über quantitative Wiedergaben von Produktions- oder Transportmengen bis zu synthetischen Karten über Wirtschaftsregionen mit bestimmten typischen Funktionen im Innern und nach außen. Über *Wirtschaftsatlanten* siehe 2.3.

Im internationalen Bereich gibt es einige Ansätze, bei den Wirtschaftskarten zu einer Standardisierung der Zeichengebung zu gelangen. Ein Vorschlag dazu stammt von *L. Ratajski* [394].

Landnutzungskarten geben einen Überblick über die verschiedenen Nutzungen des Bodens. *H. H. Boesch* [206] gibt hierzu Beispiele aus dem internationalen Bereich. Dazu treten in den einzelnen Karten zusätzliche Darstellungen unterschiedlichen Umfangs, so daß man vereinzelt auch von Landwirtschaftskarten oder siedlungsgeographischen Karten sprechen kann. Im Zuge der Automation werden die Daten auch schon in einem über die Landschaft gelegten Raster, zum Teil bereits aus Luftbildern erfaßt. Über ein Beispiel hierzu berichtet *H. Trachsler* [425]. Eine Bibliographie bis zum Jahre 1967 gibt *H.-P. Kosack* [62].

Landwirtschaftskarten geben z. B. Auskunft über Art der Nutzung, Fruchtfolge, Betriebsformen, Hektarerträge, Grad der Mechanisierung. Auch die Karten der Weinbaugebiete kann man zu dieser Gruppe rechnen. Zur Darstellung von Produktionsmengen verwendet man häufig — besonders in Karten kleiner Maßstäbe — die Methode der Punktstreuungskarte (1.3.4.2).

Forstwirtschaftskarten stellen in Flächenfarben und Signaturen die Angaben zusammen, die für Einrichtung und Bewirtschaftung von Forsten von Bedeutung sind. Zahlreiche Daten lassen sich dazu aus Luftbildern entnehmen. Als Kartengrundlage in großen Maßstäben dient — vor allem bei Staatsforsten — die Forstgrundkarte 1:5000 oder 1:10000; von ihr werden weitere Karten (z. B. Blankettkarte, Betriebskarte) abgeleitet. Übersichtskarten in Maßstäben bis zu 1:100000 vermitteln einen Einblick in die Verteilung und Struktur der Forstflächen; sie werden gewöhnlich aus amtlichen topographischen Karten abgeleitet. Einzelheiten zu den Forstkarten in der Bundesrepublik Deutschland schildern *H.-U. Kerting* / *R. Wander* [114].

Fischereikarten sind meist Seekarten (1.7.2.6), die zusätzliche Daten über Hoheitsgewässer, Fischereigrenzen, Beschaffenheit des Meeresgrundes usw. enthalten. Andere Karten liefern dagegen mehr wirtschaftliche Angaben (Fangmengen, Heimathäfen, Verarbeitungsindustrie usw.).

Karten des Lagerstättenabbaus sind häufig Sonderformen geologischer Karten (1.7.1.2), die zusätzliche Angaben über die Standorte der Verarbeitungsbetriebe, die Fördermengen, das Verkehrsnetz und die Siedlungen enthalten. Daneben gibt es, vor allem unter den *Bergbaukarten*, nicht nur reine Wirtschaftskarten, sondern auch Verwaltungskarten, Karten der technischen Anlagen usw., meist in mittleren Maßstäben. Technischen und betrieblichen Zwecken dienen die in großen Maßstäben gehaltenen Grubenriß- und Betriebsplanwerke, deren Herstellung und Fortführung zu den Hauptaufgaben der Markscheider der Bergwerksgesellschaften gehören. Über die jüngste Entwicklung des bergmännischen Karten-, Riß- und Planwesens berichtet *O. Haibach* [260]. Richtlinien für die Herstellung und Ausgestaltung des bergmännischen Rißwerks gibt DIN 21900.

Wasserwirtschaftskarten sind hydrographische Karten (1.7.1.5) mit zusätzlichen Angaben über Küstenschutzeinrichtungen, Kraftwerke, Dränflächen, Wasserversorgung (Anlage 9) usw. Mitunter erscheinen sie als Bestandteil einer Sammlung gewässerkundlicher Karten für einen bestimmten Bereich (z. B. die „hydrogeologische Arbeitskarte 1:500000" in der Bundesrepublik Deutschland).

Energiewirtschaftkarten stellen durch Linien und lineare Signaturen den Transport von Strom, Öl, Ferngas sowie durch lokale Signaturen die zugehörigen Kraftwerke, Raffinerien, Kokereien, teilweise mit Angabe der Produktionsmengen dar (Anlage 5). Durch Flächenfarben oder -signaturen werden die Versorgungsbereiche gekennzeichnet.

Industriekarten reichen von einfachen Standortkarten bis zu Darstellungen über die in der Industrie Beschäftigten sowie über Produktionsmengen, -entwicklung und -intensität. Vorschläge zur kartographischen Gestaltung solcher Karten macht *A. Wenzel* [441]. Die auftretenden Darstellungsprobleme behandelt *E. Otremba* [363].

Karten der Wirtschafts- und Finanzstatistik sind quantitative Darstellungen, die durch lokale Signaturen, Diagramme oder Flächenkartogramme Angaben über den Pro-Kopf-Verbrauch, die Devisenwirtschaft, die Entwicklung des Sozialprodukts und bestimmter Indexwerte usw. liefern.

Fremdenverkehrskarten sind meist quantitativer Art und geben z. B. die Anzahl der Hotelbetten oder der Übernachtungen, evtl. gestaffelt nach Herkunftsländern, durch lokale Größensignaturen oder Diagramme wieder.

1.7.2.6 *Verkehr*

Verkehrskarten sind Karten *für* und *über* den Verkehr, vom Begrifflichen her also umfassender, als dies aus der Sicht eines Verkehrsteilnehmers erscheinen mag.

1. Man kann unterscheiden zwischen Darstellungen der Verkehrswege und der dazu gehörigen Anlagen, der Verkehrsdichte, des Verkehrsaufkommens sowie der Verkehrsbeziehungen und -leistungen. Dabei treten häufig komplexe Darstellungen auf, die vor allem noch Daten zur Bevölkerung, Siedlung, Wirtschaft und zum Handel enthalten. Allgemeine Abhandlungen hierzu stammen von *U. Freitag* [110] und *K.-H. Meine* [127].

a) *Karten der Verkehrswege* dienen der Übersicht, der Planung und Beurteilung von Fahrtrouten sowie der räumlichen Orientierung während der Fahrt bis hin zur exakten Navigation. Weitere Einzelheiten — je nach Verkehrsart — siehe weiter unten (Abschnitt 2).

Viele solcher Karten liegen nach Inhalt und Gestaltung im Grenzbereich zwischen topographischen und thematischen Karten (sog. angewandte Karten nach Bd. I, 1.6). Ihre Verwandtschaft mit topographischen Karten ist besonders dort augenfällig, wo sie aus diesen lediglich durch Aufdrucke (z. B. Straßen in Rot, Entfernungsangaben) entstehen. Die meisten Karten sind jedoch das Ergebnis neuer, spezieller Entwürfe.

Mehr auf der Seite der thematischen Karten stehen dagegen z. B. die *Entfernungskarten*, die oft ohne weiteren topographischen Untergrund auskommen und das Verkehrsnetz vielfach in stark schematisierter Form wiedergeben. Sie zeigen für zweckvoll abgeteilte Wegeintervalle (zwischen Knoten, Abzweigungen usw.) jeweils die Streckenlängen an, so daß sich der Gesamtweg durch Summieren der Intervalllängen ergibt.

Trotz der großen inhaltlichen Unterschiede erscheint es gerechtfertigt, alle diese Karten hier zu behandeln, um den Sachzusammenhang zu bewahren.

b) *Verkehrsdichtekarten* zeigen die Dichte eines Verkehrsnetzes durch eine relative Quantität (z. B. Straßenkilometer je km^2) für eine bestimmte Gebietseinheit meist durch Flächenkartogramme.

c) *Karten über das Verkehrsaufkommen (Verkehrsumfang)* geben z. B. die Straßenbelastung (stündlich, täglich usw.) sowie die Transportmengen im Personen- und Güterverkehr vorwiegend durch Bandsignaturen wieder.

d) Bei der Darstellung der *Verkehrsbeziehungen* kommen vor allem die räumlichen Beziehungen im Nah- und Fernverkehr nach Art und Menge zum Ausdruck. Hierzu kann man auch die *Isochronenkarten* rechnen, die durch Isolinien die Reisezeiten zu oder von einem Ausgangspunkt darstellen und dadurch z. B. verkehrsgünstige bzw. -ungünstige Räume erkennbar machen (siehe Abb. 26). *Verkehrsanalysen*, die auch den ruhenden Verkehr einschließen, lassen sich durch Diagramme oder Größensignaturen wiedergeben.

e) *Verkehrsleistungen* in bezug auf Fahrzeit, Verkehrsfrequenz und Platzangebot werden besonders für die Gruppe der öffentlichen Verkehrsmittel dargestellt. Den mehr wirtschaftlichen Aspekt zeigen dabei die *Tarifkarten*, die das Verkehrsnetz oft schematisch (Topogramm) wiedergeben und Merkmale zu den Fahrpreisen enthalten. Mehr technischer Natur sind dagegen die *Betriebskarten*, aus denen die technischen Anlagen ersichtlich sind.

2. Eine weitere Unterscheidung bei Verkehrskarten läßt sich nach der *Art* des Verkehrs vornehmen. Danach gibt es Karten

des Straßen-, Schienen-, Schiffs- und Luftverkehrs, der Raumfahrt sowie der Touristik und des Nachrichtenverkehrs. Dabei stehen hier für jede Verkehrsart die Karten der Verkehrswege im Vordergrund des Interesses. Einen Überblick über die kartographischen Arbeiten der verschiedenen Verkehrszweige in der Bundesrepublik Deutschland gibt *B. Lorke* [123].

a) *Straßenkarten* gehören heute zu den Karten mit den höchsten Auflagezahlen. Sie geben das Straßennetz in betonter und nach Bedeutung gegliederter Weise wieder und enthalten daneben die für den Kraftfahrer wichtigen Informationen (z. B. Entfernungen, Steigungen, Ausblicke, schöne Strekken, Ortsdurchfahrten, Rasthäuser, Fähren, Grenzübergänge).

Die Karten stammen größtenteils aus der Privatkartographie (siehe hierzu auch *W. Bormann* [85]); mitunter trifft man auch auf Ausgaben, die durch Darstellung bestimmter Werkstatt- oder Tankstellennetze usw. zugleich der Werbung dienen. Die Karten sind häufig zu Atlanten bestimmter Gebiete zusammengefaßt (Straßenatlanten, Autoatlanten, siehe 2.3). Die Maßstäbe liegen zwischen 1:200000 und 1:5000000. Der weitere topographische Inhalt besteht mindestens aus der Wiedergabe der Siedlungen, des Gewässernetzes und oft auch der Waldgebiete. Die Geländedarstellung beschränkt sich meist auf eine Schummerung und die Angabe einzelner Höhenpunkte. Kritische Gedanken zur Gestaltung von Straßenkarten äußert *H. Schiede* [146]. Über die Gestaltung von Ortsdurchfahrtplänen schreibt *W. Stams* [415]. Eine Bibliographie der Straßenkarte bis etwa zum Jahre 1968 stammt von *W. Bonacker* [55].

b) Karten des *Schienenverkehrs* sind ganz überwiegend *Eisenbahnkarten*. Diese sind teils für den Betrieb der Eisenbahnverwaltung, teils für den Fahrgast bestimmt.

Zu den Karten des *Dienstbetriebes* gehören u. a. Strecken- und Brückenbelastungskarten, Übersichtskarten der Direktionen und Betriebsämter, Karten der Stromversorgung, Tarifkarten, Wirtschaftskarten, Streckenleistungskarten usw. Die unterschiedlichen Themen führen zu unterschiedlichen Maßstäben und topographischen Kartengrundlagen. Übersichtskarten über Strecken und Zuständigkeiten sind, von Entfernungsangaben abgesehen, qualitativ und stellen meist auch die wichtigste Topographie dar. Quantitative Karten, die Belastungen, Leistungen usw. angeben, beschränken sich dagegen meist auf die Darstellung des Streckennetzes in stark generalisierter, oft schematischer Weise.

Zu den Karten für den *Benutzer* gehören u. a. die Fahrplankarten, Abteilkarten, die Übersichtskarte für den internationalen Personenverkehr, Eisenbahnstraßenkarten und Güterverkehrskarten; sie enthalten alle Daten, die zur Ermittlung des Reiseweges, zur Orientierung während der Fahrt oder zur Information über den Gütertransport dienen.

In der Bundesrepublik Deutschland werden solche Karten von der Deutschen Bundesbahn und ihren Direktionen herausgegeben. Wegen der zahlreichen technischen und organisatorischen Veränderungen ist die ständige Fortführung der Standardkarten eine vordringliche Aufgabe. Daneben fallen für Sonderzwecke zahlreiche weitere Karten an, die jedoch meist nicht laufend zu halten sind.

c) Zu den *Schiffahrtskarten* gehören Karten der Binnenschiffahrt und Seekarten. *Binnenschiffahrtskarten* dienen dem Schiffsverkehr auf Binnenseen, Kanälen und schiffbaren Flüssen. Sie reichen von großmaßstäbigen Detailkarten mit Darstellung der Schiffahrtswege und -bauwerke bis zu kleinmaßstäbigen Übersichtskarten.

Strom- und Kanalkarten — meist im Maßstab 1:2500 — geben alle Einzelheiten des Wasserweges und der baulichen Anlagen grundrißtreu wieder; daneben enthalten sie auch noch Angaben aus der Flurkarte des Liegenschaftskatasters. Für den Bereich größerer Bauwerke wie z. B. Schleusen und von Zusammenflüssen gibt es auch noch Übersichtskarten 1:10000. Die Bundeswasserstraßenkarte 1:1000000 unterteilt die Wasserstraßen in verschiedene Klassen, für die jeweils ein Typschiff mit bestimmten Abmessungen gilt. Daneben enthält sie eine Darstellung der Staats- und Verwaltungsgrenzen sowie der Grenzen der Binnenwasserstraßen und des Geltungsbereiches der Seeschiffahrtsstraßenordnung. Herausgeber der Karten sind die Behörden der Bundeswasser- und Schiffahrtsverwaltung.

Seekarten sind die ältesten Verkehrskarten; sie dienen in erster Linie der Navigation. Dieser Hauptzweck prägt daher auch den Entwurf von Seekarten in besonderem Maße. So sind die Kartennetze fast stets das Ergebnis einer konformen

Abbildung, und zwar ganz überwiegend als zylindrischer Entwurf (Mercatorprojektion), da sich hierbei die Kurslinie (Loxodrome = Linie konstanten Azimuts) als Gerade abbildet (Bd. I, 3.3.3).

Der Karteninhalt erstreckt sich auf Tiefenangaben durch Tiefenpunkte (aus den Lotungen ausgewählt) und bestimmte Tiefenlinien (die z. B. flachere Gebiete abgrenzen), auf die Darstellung von Riffen, Sandbänken, Wracks usw. sowie im Küstenbereich auf alle für die Navigation wichtigen Seezeichen wie Leuchttürme, Bojen, Baken usw. (Anlage 6). Er beschränkt sich bei der Wiedergabe von Landflächen auf die unmittelbar im Küstenbereich gelegenen wichtigsten Objekte wie Siedlungen, einzelne Türme, Erhebungen u. ä. Im Gegensatz zu den Landkarten und Atlaskarten werden die Wasserflächen ohne Farben dargestellt; lediglich die flacheren Bereiche von weniger als 6 m Tiefe erscheinen in einem blauen, die Wattflächen in einem ockerfarbenen Ton. Die Tiefenangaben werden auf ein sog. Seekartennull (SKN) bezogen, das — vor allem in Gezeitengebieten — gewöhnlich tiefer liegt als der Bezugshorizont der Landkarten. Im Bereich der deutschen Nordseeküste liegt SKN z. B. im mittleren örtlichen Springniedrigwasser; für die Ostsee stimmt SKN als Mittelwasser etwa mit NN überein (Bd. I, 2.5.1).

Der Maßstab der Seekarten ist regional sehr unterschiedlich. Ozeankarten in 1:5 Mill. und kleiner dienen der Reiseplanung, während Übersichtskarten (Übersegler) in 1:1 Mill. bis 1:5 Mill. die Navigationsunterlagen auf hoher See sind. Segelkarten in Maßstäben zwischen 1:250000 und 1:1 Mill. gestatten aufgrund ihres detaillierteren Inhalts die Schiffsführung in Küstennähe, mitunter sogar nach Landsicht, da auch größere topographische Objekte verzeichnet sind. Küstenkarten in 1:50000 bis 1:250000 dienen der Ansteuerung der Küste; der Maßstab richtet sich im einzelnen nach der Gliederung der Küste, der Lage der Fahrwasser und der Dichte der Navigationseinrichtungen. Sonderkarten 1:40000 und größer stellen schwierige Fahrwasser, Flußmündungen, Häfen usw. dar. Fischereikarten sind Seekarten, die zusätzliche Angaben für den Fischfang enthalten (siehe 1.7.2.5).

Eine besondere Gruppe bilden die nautischen Hilfskarten, die z. B. die Anwendung bestimmter Navigationsverfahren ermöglichen oder erleichtern (Consolkarten, Deccakarten mit Eintragung bestimmter, zur Ortung verwendeter Netze).

Ein für die Seekarten typisches Problem liegt in ihrer Fortführung, die zur Sicherheit der Schiffahrt in relativ kurzen Zeitabständen vorzunehmen ist. Sie kann besonders in Küstennähe auch umfangreiche Wiederholungsmessungen zu den Tiefenangaben erfordern. Die an Bord in Gebrauch befindlichen Karten lassen sich nach den Angaben wöchentlich erscheinender Mitteilungsblätter („Nachrichten für Seefahrer") nachträglich von Hand fortführen (z. B. infolge Änderung der Betonnung, Gefährdung durch neue Wracks).

Das Seekartenwerk der Bundesrepublik Deutschland — 1861 ins Leben gerufen — wird vom Deutschen Hydrographischen Institut in Hamburg bearbeitet und umfaßt etwa 1000 Seekarten der Meeresgebiete, die für die deutsche Schiffahrt von Bedeutung sind. Der Vertrieb wird über Agenturen im In- und Ausland abgewickelt. Da weite Meeresflächen von den Seekarten zahlreicher seefahrender Nationen in vielfacher Weise überdeckt sind, werden beim Internationalen Hydrographischen Büro in Monaco die Bemühungen verstärkt, durch Austausch von Unterlagen und durch Arbeitsteilung zu einem möglichst einheitlichen internationalen Seekartenwerk zu kommen. Zu diesen Bemühungen gehören auch die Arbeiten an einer einheitlichen Tiefenkarte aller Meere im Maßstab 1:10000000 (General Bathymetric Chart of the Oceans „Gebco"), siehe hierzu auch *H. Ermel* [231]. Über neue Wege bei der Herstellung deutscher Seekarten berichtet *A. Heupel* [268].

d) *Luftfahrtkarten* sind wie die Seekarten in erster Linie Navigationskarten. Ihre Kartennetze sind daher gleichfalls konforme Abbildungen, meist jedoch als konische Entwürfe. Eine zusammenfassende Darstellung geben *K.-H. Meine/E. Reents* [125].

Die Internationale Weltluftfahrtorganisation (International Civil Aviation Organisation ICAO) hat Richtlinien für die Herstellung solcher Karten aufgestellt. Besondere Beachtung wird dabei dem Kartenwerk 1:1000000 (World Aeronautical Chart WAC) geschenkt (Bd. I, 5.8.2), das neben den Karten in 1:500000 (Anlage 7) die wichtigste Navigationsunterlage bei Flügen über Landflächen ist. Diese Karten enthalten eine dem Maßstab entsprechende, mehrfarbige Darstellung der Topographie, die eine Orientierung nach topographischen Objekten (Sichtnavigation) gestattet. Sie erscheinen sowohl ohne wie mit Flugsicherungsaufdruck. Dieser Aufdruck in dunkelblauem Farbton kennzeichnet die Flughäfen, Landeplätze,

Funkfeuer, Sperrgebiete usw. Die Gestaltung der Karten für die Sichtnavigation beschreibt *F. Kranz* [304].

Karten kleinerer Maßstäbe (1:2 Mill. bis 1:5 Mill.) dienen der Übersicht und als Navigations-Arbeitskarten bei Flügen über mittlere und lange Entfernungen. Karten größerer Maßstäbe erfüllen spezielle Aufgaben als Anflugkarten (etwa 1:200000), Landekarten (z. B. 1 : 35000) und Flughafenhinderniskarten (etwa 1:10000).

Flugstreckenkarten stellen streifenförmig in etwa 1:1 Mill. bis 1:3 Mill. für eine Strecke zwischen zwei Flughäfen alle Angaben dar, die zur Sicht- und Funknavigation erforderlich sind. Spezialkarten für die Funknavigation entsprechen nach Inhalt und Anwendung etwa den nautischen Hilfskarten der Seefahrt (Decca-Karten usw.).

Analog zu der Regelung bei den Seekarten gibt es alle zwei Wochen die „Nachrichten für Luftfahrer“, die behördliche Anordnungen und wichtige Informationen (vor allem Änderungen) für die Luftfahrt enthalten.

In der Bundesrepublik Deutschland werden die Luftfahrtkarten von der Bundesanstalt für Flugsicherung in Frankfurt am Main herausgegeben und vom Institut für Angewandte Geodäsie hergestellt und vertrieben.

e) Unter den *Raumfahrtkarten* stehen zur Zeit die Umlaufkarten im Vordergrund. Diese stellen die Umlaufbahn eines Raumfahrzeuges um die Erde bzw. um den Mond als senkrechte Projektion auf die Oberfläche des Weltkörpers dar. Der Bahnverlauf wird vielfach mit Zeitangaben versehen; die Oberflächenwiedergabe ist weitgehend naturähnlich. In Zukunft dürften auch Orientierungskarten für Fahrten zwischen Weltkörpern an Bedeutung gewinnen.

Über kartographische Aspekte der Weltraumforschung und ihre Bibliographie berichtet erstmals *K.-H. Meine* (350). Weitere Aufsätze zur Luft- und Weltraumkartographie erscheinen in unregelmäßigen Zeitabständen in bestimmten Heften der Allgemeinen Vermessungs-Nachrichten.

f) *Karten der Touristik* reichen von Unterlagen für ausgedehnte Reisen bis zu solchen für Ausflüge begrenzten Umfangs. In kleinen Maßstäben sind sie häufig nur Übersichten über Feriengebiete mit vielfach bildhafter Darstellung von Sehenswürdigkeiten, Verkehrsanschlüssen usw., als Prospektkarten oft in einer mehr graphischen und unmaßstäblichen Weise. Betrachtungen zur Generalisierung von Prospektkarten stellt *K. Ficker* [100] an. In großen und mittleren Maßstäben bilden sie die Gruppe der Wander-, Schiwander-, Wassersport-, Heimat- und Umgebungskarten, in denen durch lineare und lokale Signaturen Wanderwege, Schirouten, Aussichtspunkte, Unterkünfte usw. wiedergegeben werden (Bd. I, 5.7.3). Oft trifft man am Kartenrande oder auf der Kartenrückseite auf heimatkundliche, kulturhistorische und andere Erläuterungen. Über Karten, die die Touristik als Wirtschaftsfaktor behandeln, siehe 1.7.2.5.

g) *Karten der Nachrichtendienste* sind in einfachen Fällen Standortkarten und Leitungskarten, die durch lokale und lineare Signaturen Einrichtungen des Nachrichtendienstes (Sende- und Relaisstationen, Fernsprechkabel usw.) darstellen. Eine andere Gruppe bilden die Funkkarten, die Angaben für die Einstellung von Sendeantennen liefern. Dazu befindet sich der Sender im Hauptpunkt einer mittabstandstreuen azimutalen Abbildung (Bd. I, 3.2.1), die sich auf die gesamte Erdoberfläche ausdehnen kann. Wegen der Eigenart des Kartennetzentwurfes können der Karte Richtung und Strecke vom Sender zu einem beliebigen Empfangspunkt unverzerrt entnommen werden. Überwiegend quantitativen Charakter besitzen die Karten, die durch Größensignaturen oder Diagramme die täglichen oder jährlichen Leistungen im Brief-, Telegramm- und Fernsprechdienst aufzeigen.

1.7.2.7 *Raumgliederung*

Es handelt sich um die Abgrenzung von Gebieten, in denen bestimmte geographische Sachverhalte ein einheitliches Merkmal aufweisen. Solche Räume eignen sich in vielen Fällen auch als Bezugsflächen für relative Darstellungen (1.3.7).

Naturräumliche Gliederungen gehen in erster Linie von den natürlichen Gegebenheiten des Bodens, der Geländeform, des Wassers und Klimas aus und teilen die Landfläche in größere und kleinere Landschaften mit jeweils besonderen Merkmalen. So ist z. B. die „Naturräumliche Gliederung Deutschlands“ im Maßstab 1:1 Mill. eine Übersicht, in der die Naturräume höherer und niederer Ordnungen durch Linien unterschiedlicher Breite abgegrenzt und durch bestimmte Schlüsselzahlen gekennzeichnet sind. Hiervon ausgehend findet sodann eine eingehende Beschreibung der naturräumlichen Einheiten als sog. Geographische Landesaufnahme jeweils für den Bereich einer alten „Topographischen Übersichtskarte 1:200000 des Deutschen Reiches“ (Bd. I, 5.6.2.6) statt. 1953 bis 1962 erschien ein zweibändiges Handbuch der naturräumlichen Gliederung Deutschlands [6].

Wirtschaftsräumliche Gliederungen ergeben sich aus den Standortlagen und Verflechtungen der Wirtschaft. Der Abgrenzung solcher Räume liegen bestimmte Funktionen und Strukturen zugrunde, die den Raum prägen (z. B. die Ausstrahlung bestimmter Orte als Sitz von Industrien, Dienstleistungsbetrieben usw.). Darstellungen dieser Art sind durch Signaturen und Flächenfarben gekennzeichnet. Mit der Gliederung nach Wirtschaftsräumen und funktionalen Bereichen sowie mit deutschsprachigen Schriften und Karten dazu befaßt sich *Ch. Streumann* [68].

Über *administrative Gliederungen* siehe 1.7.2.2.

1.7.2.8 *Militärische Themen*

Thematische Karten dieses Bereichs sind solche, in denen die für taktische und strategische Maßnahmen notwendigen Daten zusammengetragen sind, ferner Operationskarten sowie Karten der militärischen Dokumentation.

In vielen Fällen lassen sich die für die *Landesverteidigung* erforderlichen Unterlagen aus Karten anderer Themenbereiche ableiten (z. B. hydrogeologische Angaben für den Stellungskrieg und zur Trinkwasserversorgung, Angaben zur Energieversorgung); andere Angaben sind dagegen besonders zusammenzutragen (z. B. Brückenbelastung und Geländebefahrbarkeit beim Einsatz von Panzerfahrzeugen, Breite und Strömungsgeschwindigkeit von Gewässern).

Lagekarten, Operationskarten sind zum Teil auch dynamische Karten, da sie nicht nur die militärische Lage eines bestimmten Zeitpunktes, sondern auch eigene und gegnerische Truppenbewegungen durch Bewegungssignaturen auf der Grundlage topographischer Karten wiedergeben.

In ähnlicher Weise stellen *Dokumentationskarten* den Ablauf eines Feldzuges, einer Belagerung usw. aus historischer Sicht, vielfach in kleineren Maßstäben und in generalisierter Form, dar. Einen Überblick über Organisation und kartographische Aufgaben des deutschen MilGeoDienstes gibt *E. Heller* [112].

1.7.2.9 *Planungen*

Karten aus dem Planungsbereich lassen sich nach der *zeitlichen* Bezogenheit des Inhalts in zwei Gruppen zusammenfassen: 1. Die *Bestandskarten (Zustandskarten)* geben den gegenwärtigen oder früheren Zustand bestimmter Erscheinungen und Sachverhalte wieder. Sie liefern durch Darstellung aller für die Planung wichtigen Themen die Daten, die als Ausgangsmaterial für die planerischen Absichten erforderlich sind. Es handelt sich daher um Themakarten aus den bisher behandelten Anwendungsgebieten. 2. *Planungskarten* im engeren Sinne sind die kartographischen Darstellungen künftiger Vorhaben, d. h. der eigentlichen Planung. Solche Karten werden (oft in Verbindung mit einem vorgeschriebenen Textteil) auch als *Pläne* bezeichnet, vor allem in den gesetzlichen Vorschriften, die bestimmte Planungsverfahren regeln (Raumordnungsplan, Bebauungsplan usw.). Über Planungsatlanten siehe 2.2.

Nach ihrem *sachlichen* Bezug ist Planung 1. *allgemeine Planung*, die sich umfassend zugleich auf Siedlung, Wirtschaft, Verkehr, Landschaft usw. in einem bestimmten Lebensraum bezieht, oder 2. *Fachplanung*, die nur die Neugestaltung bestimmter Teilbereiche wie Verkehrswege (Straße, Kanal, Eisenbahn), Agrarstruktur, Erholungsgebiete usw. zum Gegenstand hat.

Auch nach der *Größe* des Planungsgebietes bzw. -objektes lassen sich die Planungen unterscheiden. Sie reichen in der allgemeinen Planung von der große Bereiche erfassenden Raumordnung bis zur Ortsplanung, deren einzelner Bebauungsplan sich mitunter nur über wenige Grundstücke erstreckt, in der Fachplanung z. B. von wasserwirtschaftlichen Rahmenplänen bis zur Planung eines Brückenbauwerkes oder einer Grundstücksentwässerung.

Umfassende und eingehende Betrachtungen zur Planungskartographie stammen von *W. Witt* [33, 164, 444]. Über die Karte als Planungsinstrument äußern sich *F.-H. Hirt* u. a. [269].

1. Allgemeine Planung

a) Raumordnungs-, Landesentwicklungs- und Regionalpläne

In der Bundesrepublik Deutschland beruht die Aufstellung solcher Pläne auf dem *Raumordnungsgesetz des Bundes vom 8. 4. 1965* als

Rahmengesetz und den *Raumordnungs- bzw. Landesplanungsgesetzen der Bundesländer*. Einzelheiten zu den gesetzlichen Grundlagen, der Terminologie und der Methodik enthält das Handwörterbuch der Raumforschung und Raumordnung [50]. Die Pläne sind überörtliche Leitpläne, die die vorgesehene Entwicklung eines größeren Bereiches erkennbar machen und dazu die verschiedenen Planungen der Gemeinden, Fachressorts und privaten Institutionen aufeinander abstimmen. Dabei kann sich die Regionalplanung durchaus auf ein Gebiet beziehen, das sich nicht aus bestimmten Verwaltungseinheiten zusammensetzt, sondern z. B. eine wirtschaftsräumliche Einheit (1.7.2.7) bildet.

Die Pläne selbst sind vorwiegend qualitative und komplexe Darstellungen in Maßstäben zwischen 1:25000 und 1:500000. Als Gestaltungsmittel dienen Flächenfarben und Signaturen, die meist in relativ kräftigen Farben künftige Nutzungen, Standorte usw. zum Ausdruck bringen. Im Normblatt DIN 18001 sind dazu die in Betracht kommenden Planzeichen zusammengefaßt. Der topographische Kartengrund wird gewöhnlich von den amtlichen topographischen Kartenwerken gebildet, u. U. in einfarbig-matter Manier. Als Arbeitsmaterialien kommen daneben noch Luftbilder sowie thematische Atlanten und Karten in Betracht.

Bei der Aufstellung solcher Pläne sind alle bereits vorliegenden Planungen zu berücksichtigen. Dazu dient eine als *Raumordnungskataster* bezeichnete Sammlung topographischer Karten 1:5000 bis 1:25000, in die sowohl die vorbereitenden Planungen (z. B. generelle Festlegung über die Linienführung einer Fernstraße) als auch die festgestellten Planungen (z. B. genaue und endgültige Festlegung eines Schiffahrtskanals) eingetragen werden.

Die Entwicklung eines Signatursystems für die Planungskartographie, insbesondere im Bereich der Raumordnung und Landesplanung, beschreibt *R. Pereira* [384]. Pläne und Planzeichen in der Raumordnung erläutert *W. Witt* [445]. Einen Überblick über die kartographischen Unterlagen der Raumordnung gibt *G. Kroner* [326].

b) Bauleitpläne.

Solche Pläne sollen für ein Gemeindegebiet oder Teile davon die Ordnung der städtebaulichen Entwicklung vorbereiten und leiten. Die gesetzliche Grundlage dieser Maßnahmen ist in der Bundesrepublik Deutschland das *Bundesbaugesetz vom 23. 6. 1960*. Die Aufstellung der Bauleitpläne liegt in den Händen der Gemeinden. Dabei ist zwischen vorbereitenden und verbindlichen Bauleitplänen zu unterscheiden.

Vorbereitende Bauleitpläne sind sog. *Flächennutzungspläne*, die auf der Grundlage topographischer Karten in den Maßstäben 1:5000, 1:10000 oder 1:25000 für das Gebiet einer Gemeinde die künftige Bodennutzung in rein qualitativer Darstellung in den Grundzügen, d. h. ohne geometrisch-exakte „Parzellenschärfe" meist durch Flächenfarben und Signaturen wiedergeben. Im Normblatt DIN 18002 „Zeichen für Flächennutzungspläne" sind die in Betracht kommenden Planzeichen zusammengestellt. Flächennutzungspläne sind zwar unverbindlich im Detail, verpflichten jedoch jede Fachplanung zur Einpassung in den festgelegten Rahmen.

Verbindliche Bauleitpläne legen als sog. *Bebauungspläne* Art und Maß der Bebauung sowie die sonstige Nutzung von Grundstücken in einer für jedermann rechtsverbindlichen Weise fest (Anlage 10). Die dazu notwendigen geometrischen und teilweise auch zahlenmäßigen Festlegungen (Straßenbreiten, Gebäudeabstände, Baulinien usw.) finden ihren Niederschlag in Karten 1:1000, zum Teil sogar 1:500. Die weitreichende Rechtswirksamkeit von Bebauungsplänen setzt voraus, daß der topographische Kartengrund (meist Flur- oder Stadtgrundkarten, evtl. topographisch ergänzt) inhaltlich vollständig und für eine widerspruchsfreie und genaue Eintragung der Planungsziele geeignet ist. Der Bedeutung des Planinhaltes entspricht auch die eingehend geregelte formale Gestaltung, wie sie in der dazu herausgekommenen *Planzeichenverordnung vom 19. 1. 1965* zum Ausdruck kommt. Diese setzt die Art und Weise der Objektdarstellung im einzelnen fest, und zwar sowohl für eine mehrfarbige Bearbeitung mit Flächenfarben und Signaturen wie für eine aus reproduktionstechnischen Gründen oft unvermeidbare einfarbige Darstellung, in der statt der Flächenfarben entweder relativ grobe Schraffuren oder feinere Punktraster zu benutzen sind. Das Normblatt DIN 18003 „Zeichen für Bebauungspläne" enthält eine Zusammenstellung der in der Planzeichenverordnung angegebenen Planzeichen. Darstellungsbeispiele hierzu hat der Deutsche Städtetag herausgegeben [97]. Eine Anleitung zur Aufstellung und Bearbeitung von Bauleitplänen (Verfahren, Text Kartenteil) geben *W. Bihr, J. Veil, K. Marzahn* [5].

c) Landschaftspläne

Sie sind das Ergebnis flächenhafter Planungen, die im Grenzbereich zwischen allgemeiner Planung und Fachplanung liegen. Darstellungsobjekte sind die angestrebten landschaftspflegerischen Maßnahmen und die Bereiche, die für bestimmte Nutzungen sowie als Schutz- und Pflegegebiete geeignet sind. In bezug auf Plangebiet, Maßstab, Kartengrundlage und Darstellungsart stimmen die Landschaftspläne weitgehend mit den Flächennutzungsplänen überein. „Planzeichen für Landespflege“ sind im Normblatt DIN 19665 zusammengestellt. Eine gesetzliche Verpflichtung zur Aufstellung von Landschaftsplänen besteht in der Bundesrepublik Deutschland zur Zeit noch nicht.

2. Fachplanungen

Hierzu gehören *flächenhafte* Planungen wie Flurbereinigungen, Siedlungen, Landbeschaffungen für Verteidigungszwecke, Maßnahmen des Natur- und Landschaftsschutzes, wasserwirtschaftliche Rahmenplanungen und die Anlage von Flugplätzen, ferner *linienförmige* Planungen für Straßen, Eisenbahnen, Schiffahrtswege sowie ober- und unterirdische Versorgungsleitungen. Beispiele aus einzelnen Fachgebieten liefern Veröffentlichungen von *W. Schimmelfennig v. d. Oye / W. Leibbrand* (Flurbereinigung) [147], *K. Oest* (Agrarstrukturplanung) [361] und *M. Petersen* (wasserwirtschaftliche Rahmenplanung)]385].

Die Aufstellung der dazu gehörigen Pläne richtet sich vielfach nach Verwaltungsvorschriften oder nach Empfehlungen, die teilweise auf Normblättern basieren. Das Verfahren der förmlichen Feststellung und der örtlichen Ausführung der Fachpläne ist gesetzlich geregelt.

In der *Straßenplanung* unterscheidet man nach den „Richtlinien für Entwurfsgestaltung im Straßenbau (RE)“ des Bundesverkehrsministers vom 6. 12. 1966 zwischen Vorentwurf und Bauentwurf. Der *Vorentwurf* beginnt mit einer Übersichtskarte als Vorstudie (1:5000 bis 1:50000 je nach der topographischen Situation), die die vorgesehene Linienführung, evtl. in mehreren Varianten, darstellt. Daran schließt sich die Anfertigung von Lageplänen 1:1000 bis 1:5000, u. U. auf der Grundlage einer dafür durchgeführten Geländeaufnahme. Diese stellen das Bauvorhaben in seinen Einzelheiten dar und enthalten die Trassierungselemente sowie Angaben über die Grundbesitzverhältnisse. Der *Bauentwurf* in 1:100 bis 1:1000 schließlich enthält alle technischen Angaben, die zur Durchführung des Bauvorhabens erforderlich sind. Unter Einsatz der Automation werden heute solche Entwürfe vielfach auch rein rechnerisch unter gleichzeitiger Optimierung durchgeführt; die kartographische Darstellung dient dann lediglich der Veranschaulichung.

1.7.3 Übersichten

Übersichten sind qualitative Karten, die vor allem Sachverhalte aus dem geodätischen, kartographischen und astronomischen Bereich darstellen. Dazu gehören z. B. Festpunktübersichten, Übersichtskarten der Bildflüge sowie Übersichten zum Arbeitsstand, zur Verwaltung und Bestellung bei Kartenwerken. Auch Zeitzonenkarten kann man zu dieser Gruppe zählen. Solche Darstellungen bedienen sich vornehmlich der Linien und Signaturen als Gestaltungsmittel.

Himmelskarten (Sternkarten) vermitteln auf der Grundlage verschiedenartiger Netzentwürfe einen Überblick über den Sternenhimmel oder Teile davon. Das Kartennetz wird aus den Linien von Rektaszension und Deklination gebildet. Die einzelnen Fixsterne, Sternhaufen, Nebel usw. werden durch Punkte oder Signaturen in ihrer Lage gekennzeichnet und durch Angabe der Bezeichnung identifiziert. Eine oft anzutreffende gestufte Signaturendarstellung gliedert dabei die Sterne nach den Größenklassen der scheinbaren Helligkeit.

2. Atlanten

Atlanten sind systematische Sammlungen von Karten ausgewählter Maßstäbe 1. für ein bestimmtes Gebiet (Weltraum-, Erd-, National- und Regionalatlanten), 2. zur Darstellung eines besonderen Themas (Fachatlanten) oder 3. zur Erläuterung typischer topographischer Erscheinungen (Topographische Atlanten und Bildatlanten). Sie sind meist buchförmig gebunden, erscheinen aber auch als Sammlungen loser Einzelblätter in Mappen, mitunter in zeitlich getrennten Teillieferungen.

Nach Umfang und Format reichen sie vom kleinen *Taschenatlas* über den *Lexikonatlas* bis zum großen *Handatlas*. Als *Hausatlas* bezeichnet man gewöhnlich einen Weltatlas mittlerer Größe, der vorwiegend allgemeine, weniger detaillierte Informationen liefern soll (oft Kartenauswahl aus einem Handatlas und dazu Bild- und Textteil), als *Schulatlas* einen Atlas, der in der Inhaltsgestaltung auf die Belange des Schulunterrichts, evtl. sogar einzelner Schulstufen, Rücksicht nimmt.

Atlaskarten sind topographische oder thematische Karten, bilden also keine neue Kartengruppe. Ihr besonderes Merkmal besteht darin, daß sie sich in Zweckbestimmung und Entstehung meist deutlich von Einzelkarten unterscheiden.

Über die Geschichte der Atlaskartographie und die Herkunft der Bezeichnung „Atlas" siehe 7.5.

Eine zusammenfassende Darstellung über Atlanten gibt *W. Witt* [33]. Den Versuch einer Übersicht über die Atlasproduktion in der ganzen Welt macht *C. B. M. Lock* [122]. Eine entsprechende Bibliographie stammt von *K. L. Winch* [71]. Die in der Bundesrepublik Deutschland entstandenen Atlanten der Privatkartographie stellt *W. Bormann* [85] vor. Eine mehr populärwissenschaftliche Betrachtung zur Entstehung und zum Inhalt eines Atlasses stammt von *R. Habel* [111].

2.1 Erdatlanten

Erdatlanten — etwas unzutreffend häufig auch als Weltatlanten bezeichnet — stellen den Gesamtbereich der Erde in Karten unterschiedlicher Maßstäbe dar. Sie enthalten entweder nur topographische (geographische) oder neben diesen auch thematische Karten (oft als Nebenkarten in kleineren Maßstäben), vereinzelt auch nur thematische Karten. Atlanten mittlerer Größe (Hausatlanten) enthalten häufig noch astronomische Karten (Himmelskarten, Mondkarten, Darstellungen des Planetensystems usw.) sowie Länderbeschreibungen mit Statistiken und Bildern. Herausgeber von Erdatlanten sind privatkartographische Verlage, in sozialistischen Ländern staats- bzw. volkseigene Betriebe.

Im Vergleich zur Herstellung einer Einzelkarte oder einheitlicher Kartenwerke ist die Herstellung eines Atlaswerkes ein sehr komplexes und vielschichtiges Verfahren, das im Rahmen der verlegerischen Kalkulation einen exakten und sorgfältigen *Redaktionsplan* (4.1) erfordert. Dabei lassen sich Planung und Entwurf der Atlaskarten durch folgende Merkmale kennzeichnen:

1. Festlegung des Umfangs und Formats und der davon abhängigen Kartenaufteilung. Die damit verknüpfte Ent-

scheidung über den Maßstab führt häufig zu folgender Gruppierung:

— Erdteilkarten (Übersichtsk.) in 1 : 20 Mill. und kleiner,
— Karten einzelner Staaten (Regionalkarten) etwa von 1 : 5 Mill. bis 1 : 15 Mill.,
— Teilgebiete von Staaten (Detailkarten) 1 : 1 Mill. bis 1 : 2 Mill.,
— Ballungsräume 1 : 500000 bis 1 : 1 Mill.,
— Umgebungskarten von Großstädten (Karten der Stadtregionen) 1 : 200000 und kleiner.

2. Als Kartennetzentwürfe kommen vorwiegend flächentreue, bei Erdkarten oft auch vermittelnde Abbildungen in Betracht. In Einzelfällen entstehen die Karten auch aus mehreren aneinandergefügten Netzentwürfen mit nahtlosen Übergängen (z. B. konisch, daran zylindrisch und daran wieder konisch).

3. Einen nicht geringen Aufwand erfordert das Zusammentragen und Auswerten des Quellenmaterials, das für den Entwurf der Atlaskarten heranzuziehen ist. Hierfür eignen sich in erster Linie die vorhandenen Erdkartenwerke (Bd. I, 5.8), andere Erd- und Nationalatlanten sowie die topographischen Kartenwerke größeren Maßstabs. Daß aber gerade die letzteren noch nicht überall in ausreichender Anzahl vorliegen, zeigt Abb. 1 in Bd. I sehr deutlich. Neben solchen Kartenunterlagen hat der Redaktionsstab auch alle Informationen sorgfältig zu sammeln, die über politische Veränderungen, Anlage von Verkehrswegen, wirtschaftliche Erschließung usw. durch amtliche Mitteilungen, Presseveröffentlichungen und besondere Informationsdienste (z. B. Cartactual-Budapest) Auskunft geben.

4. Auch die Sammlung des Namengutes ist ein hervorstechendes Merkmal der Atlaskartographie. Dabei sind die amtlichen Schreibweisen ebenso zu berücksichtigen wie die Regeln der Transkription oder Transliteration (Bd. I, 5.3.3.) nichtlateinischer Alphabete. In einigen Atlanten werden diese Regeln eingehend erläutert. Die Namen werden meist am

Ende des Atlas in einem *Namenregister* alphabetisch geordnet und erleichtern damit das Auffinden von Orten usw. Große Atlanten enthalten zum Teil über 200000 Namen.

5. Die Besonderheiten der Kartengestaltung lassen sich wie folgt kennzeichnen: a) Abnahme der Liniendarstellung mit kleiner werdendem Maßstab, dafür b) Vorherrschen von Flächenfarben und -schattierungen, die im Rahmen einer differenzierten Farbskala sorgfältig aufeinander abzustimmen sind, c) starke Belastung des Kartenbildes durch Schrift, die trotz geringer Größe stets lesbar sein muß, d) Berücksichtigung einer rationellen Fortführung der zahlreichen Originale (Farbplatten) sowie evtl. e) Führung besonderer Schriftplatten in Fremdsprachen (z. B. bei Lizenzausgaben).

Zu den Redaktionsarbeiten werden neben dem technischen Stab meist zahlreiche wissenschaftliche Mitarbeiter herangezogen, die den Kartenentwurf unter geographischen, sprachlichen, politischen, wirtschaftlichen, historischen usw. Gesichtspunkten bearbeiten. Allgemeine Ausführungen über Planung und Entwurf von Karten siehe 4.1.

Zu den Erdatlanten der Gegenwart *in deutscher Sprache* gehören u. a. Der Große Bertelsmann Weltatlas, Bertelsmann Atlas International (aus dem vorgenannten Atlas abgeleitet), der Große Columbus Weltatlas, Goldmanns Großer Weltatlas und Goldmanns Handatlas, Haack Großer Weltatlas (DDR), der Neue Herder Handatlas und Herders Großer Weltatlas, der Große JRO-Weltatlas (Permanentausgabe und Luxusausgabe), Knaurs Großer Weltatlas, Meyers Neuer Geographischer Handatlas und Meyers Großer Weltatlas, der Große Reader's Digest Weltatlas, Stauffacher Neuer Weltatlas (Schweiz), Westermann/Rand Mc Nally — Internationaler Atlas und Westermann Diercke Weltatlas. In einigen Fällen handelt es sich um Lizenzausgaben fremdsprachiger Atlanten. Dazu treten noch Lexikonatlanten im Format der Lexikonbände (z. B. bei der Brockhaus Enzyklopädie, dem Duden-Lexikon und Meyers Enzyklopädischem Lexikon).

Bekannte Erdatlanten *in fremder Sprache* sind u. a. Atlas Général Larousse und Grand Atlas Bordas (beide Frankreich), Atlas Mira (Sowjetunion, russische und englische Ausgabe), Gran Atlas Aguilar

(Spanien), Grande Atlante Geografico und Grande Atlante Internazionale del Touring Club Italiano (beide Italien), New World Atlas from Japan mit internationaler Beschriftung und englisch-japanischer Legende (Japan), Medaillon World Atlas und New Cosmopolitan World Atlas (beide USA), Pergamon World Atlas (englisch, in Polen hergestellt), The Atlas of the Earth, The Oxford World Atlas und The Times Atlas of the World (alle Großbritannien, letzterer auch in deutscher Ausgabe).

Während Erdatlanten früher vielfach neben den physischen nur noch politische Karten enthielten, nimmt heute der Umfang thematischer Darstellungen immer mehr zu. Diese Entwicklung führt damit folgerichtig auch zu Atlanten, die nur noch aus thematischen Karten bestehen. Solche *thematischen Erdatlanten* unterscheiden sich von den Fachatlanten (2.3) durch den ausgedehnten Themenkreis.

Beispiele dafür sind Meyers großer physischer Weltatlas mit 8 Bänden zur Bodenkunde, Geologie, Geomorphologie, Orographie, Klimatologie, Biogeographie, Ozeanographie und Himmelskunde, der sowjetische physisch-geographische Weltatlas mit den Themenbereichen Geologie, Tektonik, Mineralogie, Bodenkunde, Geomorphologie, Klima, Biogeographie, Hydrologie, Ozeanographie, ferner einige Weltwirtschaftsatlanten (2.3), soweit sie noch andere Themengebiete behandeln.

Einen Überblick zur Kartographie der Erdatlanten gibt *W. Bormann* [208]. Überlegungen zu neuen Entwicklungen stammen von *G. Schulz* [150]. Gedanken zur Namenschreibung in Atlanten äußert *K. Thieme* [422]. Eine Darstellung der wichtigsten Transkriptionssysteme bringt *H. Weygandt* [442]. Mit der Herstellung von Schulatlanten befaßt sich *W. Plapper* [388].

Wachsendes Interesse finden heute die Nachdrucke älterer Atlanten, zu denen z. B. so umfangreiche Werke wie der Atlas des Großen Kurfürsten und zahlreiche Atlanten aus der niederländischen Produktion des 16. und 17. Jahrhunderts (z. B. Ortelius, Hondius, Blaeu) gehören.

2.2 National- und Regionalatlanten

Die Atlanten dieser Gruppe sind durch folgende Merkmale gekennzeichnet: 1. Sie erfassen stets nur ein bestimmtes Gebiet. Handelt es sich dabei um den Bereich eines Staates, so spricht man vom *Nationalatlas*, werden dagegen z. B.

ein Bundesland, ein Wirtschaftsraum oder eine Großstadt mit ihrem Umland dargestellt, so liegt ein *Regionalatlas* vor. 2. Sie sind ganz überwiegend eine Sammlung thematischer Karten aus nahezu allen Themenbereichen, insbesondere solchen, die als Bestandsdarstellung für die verschiedenen raumplanerischen Maßnahmen von Bedeutung sind. 3. Sie weisen meist einen einheitlichen Maßstab auf (bzw. weichen nur in Einzelfällen davon ab) und machen damit die Karten leichter aufeinander beziehbar. 4. Die topographische Kartengrundlage besteht aus wenigen Grundtypen und wiederholt sich daher bei zahlreichen Darstellungen. 5. Herausgeber sind meist amtliche oder halbamtliche, häufig wissenschaftliche Institutionen.

Mit der Problematik der Nationalatlanten befaßt sich *E. Lehmann* [329], Vorschläge zu ihrer Vervollkommnung stammen von *K. A. Salistschew* [395].
Der seit 1965 in Teillieferungen erschienene Atlas „Die Bundesrepublik Deutschland in Karten" liegt nunmehr geschlossen als Loseblattform mit 130 Karten in den Maßstäben 1:1 Mill., 1:2 Mill. und 1:2,7 Mill. und in dem relativ großen Format 83 × 112 cm^2 vor; eine Neuauflage in anderer Form ist vorgesehen. Eine kritische Stellungnahme hierzu stammt von *W. Witt* [446]. Der „Atlas Deutsche Demokratische Republik" lag 1974 mit einer von voraussichtlich 3 Lieferungen vor. Der ebenfalls in Lieferungen erschienene „Atlas der Republik Österreich" ist mit 85 Karten 1:1 Mill. und 140 Karten kleineren Maßstabs vollständig vorhanden. Auch der „Atlas der Schweiz" erscheint seit 1965 in Teillieferungen als Loseblattsammlung im Hauptmaßstab 1:500000.

Eine besondere Stellung unter den Regionalatlanten nehmen die *Planungsatlanten* ein, in denen die thematischen Darstellungen unter dem Gesichtspunkt der Raumordnung und Landesplanung (1.7.2.9) für einen bestimmten Verwaltungsbereich (Land, Provinz usw.) zusammengestellt sind. Da die Karten vorwiegend die tatsächlichen Gegebenheiten darstellen, also Zustandskarten sind, und nur in geringem Ausmaß planerische Absichten wiedergeben, tragen die Atlanten in erster Linie den Charakter einer Bestandsaufnahme und sind daher streng genommen meist nur *Planungsgrundlagenatlanten*.

In der Bundesrepublik Deutschland sind bis 1975 unter der Bezeichnung „Deutscher Planungsatlas" die Länderbände Schleswig-Holstein (1960), Hessen (1960), Bayern (1960), Niedersachsen und Bremen (1961), Berlin (1962), Rheinland-Pfalz (1965), Baden-Württemberg (1969) sowie als Teillieferungen Hamburg, Nordrhein-Westfalen und Saarland herausgekommen. Dabei gehen die Länderbände von einer möglichst einheitlichen Grundkonzeption aus, behandeln aber im einzelnen die Themen unterschiedlich nach Umfang und Gestaltung und weisen jeweils auch Hauptmaßstäbe auf, die den Größen der Länder am besten entsprechen. Als topographische Kartengrundlagen dienen vor allem a) Verwaltungsgrenzenkarten und b) Darstellungen, die die Siedlungen, das Verkehrs- und Gewässernetz und teilweise auch das Relief enthalten (1.4). Zu den älteren Atlanten sollen Ergänzungslieferungen erscheinen. Über weitere deutsche Regionalatlanten berichtet *W. Witt* [33].

In Österreich gibt es fertige Regionalatlanten von Nieder- und Oberösterreich sowie von Salzburg und Steiermark. Entsprechende Atlanten von Kärnten und Tirol liegen in ersten Lieferungen vor. In der Schweiz ist nur ein Planungsatlas vom Kanton Bern in ersten Lieferungen vorhanden.

Einen der ersten Versuche, automatische Darstellungstechniken auch zur Gestaltung von Atlaskarten zu verwenden, stellt der „Computer-Atlas der Schweiz" dar, in dem mit Mitteln der Zeilendruckerkartographie (5.2.2.3) vorwiegend wirtschaftsgeographische Themen wiedergegeben werden.

2.3 Fachatlanten

Sie behandeln ein bestimmtes Thema oder Themengebiet für den Bereich der Erde oder eines Teiles davon. Während die thematischen Karten in Erd-, National- und Regionalatlanten in ihrer Gesamtheit als komplexe Darstellung der natürlichen und der sozialen Entwicklungen, Strukturen und Funktionen anzusehen sind, steht in den Fachatlanten die sehr detaillierte, aber gegen andere Themenbereiche isolierte Wiedergabe eines begrenzten Sachverhalts im Vordergrund. Die topographische Kartengrundlage ist meist einheitlich gestaltet. Fachatlanten des Gesamtbereichs der Erde weisen in der Regel unterschiedliche Maßstäbe auf, solche eines bestimmten Gebietes besitzen dagegen gewöhnlich einen einheitlichen Maßstab. Herausgeber sind amtliche Stellen, Forschungseinrichtungen oder wissenschaftliche Gesellschaften, aber auch private Verlage. Grundlegende Betrachtungen zur Redaktion von Fachatlanten stellt *I. Kretschmer* [324] an.

In der Reihenfolge der Themengebiete in 1.7 sind nachfolgend einige Beispiele für Fachatlanten zusammengestellt:

1. Im Bereich der Geologie sind Atlanten relativ selten, da hier die geologischen Kartenwerke — zum Teil allerdings noch unvollständig — vorherrschen. Eine Ausnahme bilden z. B. *Lagerstättenatlanten*, wie sie für Niedersachsen und Westfalen herausgekommen sind. Kennzeichnend für diese Atlanten sind die der Vielzahl der Informationen entsprechenden umfangreichen Legenden.

2. *Ozeanographische Atlanten* enthalten Karten mit den wichtigsten ozeanographischen Daten für die Weltmeere oder Teile davon; häufig treten dazu noch Klimakarten. Das umfangreichste Werk dieser Art Art ist der Morskoi-Atlas der UdSSR, der seit 1958 in 3 Bänden vorliegt. Ein ozeanographischer Atlas der Polarmeere kam 1957 in den USA heraus. Von Meyers großem physikalischen Weltatlas ist der 7. Band ausschließlich der Ozeanographie gewidmet. Ein *hydrologischer Atlas* der Bundesrepublik Deutschland mit einem Textband ist zur Zeit in Arbeit. Der 1946 in den USA erschienene Eisatlas der Nordhalbkugel befindet sich in Neubearbeitung.

3. *Klimaatlanten* gibt es von vielen Gebieten. Der von der UNESCO herausgegebene Klimaatlas der Welt liegt erst in Teillieferungen für Europa vor. Seit 1967 gibt es den Klimadiagramm-Weltatlas mit über 8000 Klimadiagrammen. Für den Bereich der Bundesrepublik Deutschland hat der Deutsche Wetterdienst seit 1950 Klimaatlanten der einzelnen Bundesländer herausgegeben. Die Loseblatt-Mappen enthalten mehr als 70 Karten 1:1 Mill., in denen jeweils der langjährige Mittelwert eines Klimafaktors im Jahr, Halbjahr, Monat usw. dargestellt ist. Die einheitliche Kartengrundlage enthält eine graue Höhenliniendarstellung. Der Klimaatlas der DDR erschien 1953 mit 48 Karten 1:1 Mill.

4. Aus dem Bereich von Bevölkerung und Kultur gibt es eine große Anzahl verschiedenster Atlanten. Dazu zählen *Nationalitäten-*, *Sprachen-*, *Dialekt-*, *Volkskunde-* und *Kulturatlanten*. Beispiele dafür sind der ab 1958 in Teilen erscheinende „Atlas der deutschen Volks-

kunde", der 1975 komplett vorliegende „Österreichischer Volkskundeatlas", der erst in Teilen vorhandene „Atlas der schweizerischen Volkskunde", der deutsche Sprachatlas (1956 fertig), der deutsche Kulturatlas (ab 1928), der 1960 in den USA erschienene Atlas der Anthropologie, der sowjetische „Atlas der Völker der Welt" von 1964, der mehrsprachige Weltatlas der katholischen Kirche „Atlas Hierarchicus" und als bedeutender *medizinischer Atlas* der 1962 erschienene Weltseuchenatlas [213].

5. *Verwaltungsatlanten* sind Kartensammlungen, in denen für einen bestimmten politischen Bereich die Verwaltungsgliederung, die regionale Zuständigkeit und der Sitz von Dienststellen usw., evtl. mit textlicher Erläuterung, dargestellt ist. Ein Beispiel dafür ist der „Verwaltungsatlas von Niedersachsen" (1967). Der „Verwaltungsatlas der Bundesrepublik Deutschland" stellt lediglich die Verwaltungsgrenzen in Einzelblättern 1:1 Mill. und 1:2 Mill. dar.

6. *Geschichtsatlanten* (*Historische Atlanten*) stellen in ihren Karten die wichtigsten geschichtlichen Sachverhalte und Ereignisse dar. Ihre äußere Gestaltung reicht vom Paperback bis zur großformatigen Kartensammlung. Neben Gesamtdarstellungen gibt es auch Atlanten, die sich auf ein bestimmtes Gebiet oder einen besonderen Zeitabschnitt beschränken. Die kleinste räumliche Bezogenheit liegt etwa in der Größenordnung einer Provinz (z. B. „Geschichtlicher Atlas der Rheinprovinz" 1894 als ältester Atlas dieser Art). Eine große Rolle spielen die *geschichtlichen Schulatlanten*, z. B. der seit 1877 erscheinende Atlas von Putzger, Westermanns Atlas zur Weltgeschichte und der Große Historische Weltatlas des Bayerischen Schulbuchverlages. 1970 erschien bei Herder ein Atlas zur Kirchengeschichte.

7. *Wirtschaftsatlanten* informieren über wirtschaftsgeographische Sachverhalte in bestimmten Ländern oder für den Bereich der ganzen Erde. Dabei erfassen die *Weltwirtschaftsatlanten* meist alle Bereiche der Wirtschaft sowie weitere für das Thema wichtige Sachverhalte wie Klima, Vegetation usw. Zu dieser Gruppe gehören z. B. der „JRO-Weltwirtschaftsatlas" (1961, mit laufenden Ergänzungen), der „Weltatlas — Die Staaten der Erde und ihre Wirtschaft" (Leipzig, seit 1952), der „Wirtschaftsgeographischer Atas der Welt" (Bern 1951) und der „Oxford Economic Atlas of the World" (Oxford, seit 1954). *Landwirtschaftsatlanten* gibt es für zahlreiche Staaten. Der „Atlas der deutschen Agrarlandschaft" (seit 1962) enthält vor allem eine Auswahl typischer agrargeographischer Sachverhalte, während der ab 1968 herauskommende Atlas „Die Landwirtschaft der Bundesrepublik Deutschland" mehr die wirtschaftlichen Faktoren darstellt. 1956

erschien der Agraratlas der DDR. Der vierbändige und mehrsprachige, in Italien hergestellte „World Atlas of Agriculture" liegt seit 1975 geschlossen vor. Aus der UdSSR stammt ein Agroklimatischer Atlas. „The World Atlas of Wine", 1971 in London erschienen, liegt nunmehr auch in deutscher Bearbeitung als „Der große Weinatlas" vor. Kartographisch bemerkenswert ist der „Atlas der Landwirtschaft der UdSSR" (1960). Als *Forstatlas* ist der ab 1951 von der Bundesanstalt für Forst- und Holzwirtschaft herausgegebene mehrsprachige „Weltforstatlas" der erste seiner Art. Regionale Forstatlanten sind noch selten. Über *Lagerstättenatlanten* siehe unter 1. In *Wasserwirtschaftsatlanten* sind hydrographische und wirtschaftliche Daten für ein Gebiet zusammengetragen (z. B. in Niedersachsen 1961 auf der Grundlage der Karte des Deutschen Reiches 1:100000). Darstellungen zur *Industrie*, zum *Bergbau* und zur *Energiewirtschaft* sind gewöhnlich in den Weltwirtschaftsatlanten enthalten; Atlanten, die sich speziell auf diese Bereiche beschränken, trifft man dagegen selten. Zu den ersten dieser Art gehört der 1966 bei Westermann erschienene Erdöl-Weltatlas, der zugleich auch über Erdgas informiert.

8. Im Bereich des Verkehrs sind die *Straßenatlanten (Autoatlanten)* am bedeutendsten. Sie enthalten neben einer Sammlung von Straßen-, Umgebungs- und Ortsdurchfahrtkarten häufig noch Namenregister, Ortsbeschreibungen, Hotelverzeichnisse usw. *Seeatlanten* (in englischer Sprache) bestehen aus Seekarten, Hafenplänen, Karten schiffbarer Gewässer, Registern und anderen nautischen Unterlagen.

2.4 Topographische Atlanten

Die in der Bundesrepublik Deutschland von einigen Landesvermessungsämtern herausgegebenen sog. *Topographischen Atlanten* sind eine Zusammenstellung von Ausschnitten aus amtlichen topographischen Karten. Zu jedem auf einer Atlasseite dargestellten Ausschnitt enthält die jeweils gegenüberliegende Atlasseite eine landeskundliche Beschreibung. Die Ausschnitte erfassen in erster Linie solche Bereiche, die im Hinblick auf Landschaftsgliederung, Geomorphologie, Siedlungsstruktur und -entwicklung, Wirtschaft und Verkehr besonders interessante Beispiele liefern.

Als erster Atlas dieser Art erschien 1953 der Band „Die Landschaften Niedersachsens" (weitere Auflagen 1957, 1970); es folgten weiter Atlanten von Schleswig-Holstein (1963, 2. Auflage 1969), Bayern

(1968), Nordrhein-Westfalen (1968), Hessen (1. Teil 1969, 2. Teil 1973, beide mit Karten und Luftbildern), Rheinland-Pfalz (1973) und Saarland (1975).

Im 19. Jahrhundert bezeichnete man als topographischen Atlas auch die Gesamtheit der Karten eines bestimmten Kartenwerks (z. B. Topographischer Atlas von Bayern 1:50000 und Topographischer Atlas von Württemberg 1:50000).

2.5 Bildatlanten

Neuerdings wird der Begriff „Atlas" auch häufiger angewandt für eine Sammlung von photographischen Landschaftsbildern, wie man sie z. B. auch im Bildteil zahlreicher Hausatlanten antrifft, ferner von vogelschauartigen Reliefdarstellungen, die zum Teil den Anblick aus Raumfahrzeugen wiedergeben sollen. Solche *Bildatlanten* wollen in erster Linie einem Kreis von Interessenten die geographischen Informationen in möglichst anschaulicher Weise darbieten.

Als Beispiel eines Bildatlanten kann auch der von der World Meteorological Organisation herausgegebene „International Cloud Atlas" gelten, der die verschiedenen Wolkenformationen in 224 Bildern beschreibt.

Eine Sammlung von Landschaftsaufnahmen, die aus Luftfahrzeugen — vorwiegend als Schrägaufnahmen — aufgenommen wurden, bezeichnet man auch als *Luftbildatlas*.

Solche Luftbildatlanten enthalten gewöhnlich farbige Schrägbilder und textliche Erläuterungen dazu, wobei in geeigneten Fällen auch auf die Kartenausschnitte der zugehörigen Topographischen Atlanten (2.4) verwiesen wird. Neben Luftbildatlanten der Bundesrepublik Deutschland und von Österreich gibt es noch solche der Bundesländer Schleswig-Holstein (2 Teile), Niedersachsen, Nordrhein-Westfalen, Rheinland-Pfalz (2 Teile), Saarland, Baden-Württemberg und Bayern.

2.6 Weltraumatlanten

Weltraumatlanten enthalten Karten und Bilder der Gestirne einschließlich Ansichten der Erde aus dem Weltraum sowie

Übersichtsdarstellungen zum Sternenhimmel. Weisen sie nur das Letztere auf, so spricht man auch von *Himmels-* oder *Sternatlanten*.

Als erste ihrer Art erschienen der Weltraumatlas und der Bildatlas des Sonnensystems, beide von Hallwag herausgegeben, ferner Goldmanns Atlas der Planeten, The Times Atlas of the Moon mit mehrfarbigen Karten, der Berliner Mondatlas nach astronomischen Photos, ferner einige Mondatlanten nach Photos aus Raumfahrzeugen, wozu auch der sowjetische Atlas der Mondrückseite zu rechnen ist. Unter den Himmelsatlanten ist besonders zu erwähnen der bereits historische Atlas der Bonner Durchmusterung, der auf Anfang 1855 datiert ist und in 64 Karten über 450000 Sterne einschließlich der 9. bis 10. Größenklasse bis zur südlichen Deklination von 23° enthält. Der Bereich bis zum Südpol ist später durch die sog. Córdobaer Durchmusterung erfaßt worden. Daneben gibt es einige kleinere Atlanten in Kartenform, aber auch solche auf der Grundlage von Himmelsphotos. Das größte Werk ist schließlich der Mount Palomar Sky Atlas, der als photographischer Himmelsatlas für die nördliche Himmelskugel Sterne bis zur 20. Größenklasse enthält.

3. Kartenverwandte Darstellungen

Als kartenverwandte Darstellungen bezeichnet man alle kartographischen Ausdrucksformen, die es neben der Karte noch gibt. Unter diesen kann man weiter unterscheiden zwischen der Gruppe der ebenen Darstellungen, den Reliefs und den Globen.

3.1 Ebene kartenverwandte Darstellungen

Während die Karte — streng genommen allerdings nur bei den großen Maßstäben — als senkrechte Parallelprojektion auf eine horizontale Ebene entsteht, beruhen die kartenverwandten Darstellungen auf anderen Projektionen oder/und einer anderen Lage der Projektionsebene. Die dabei auftretenden Möglichkeiten sind in der folgenden Übersicht zusammengestellt. Mit Ausnahme des Profils werden diese Darstellungen vielfach auch als *Raumbilder* bezeichnet.

Art der Projektion	Lage der Projektionsebene		
	horizontal	vertikal	schräg
Parallelprojektion senkrecht zur Proj.-Ebene	(Karte) Stereo-Darstellung	Profil	Blockbild
	— senkrechte Axonometrien —		
schräg zur Proj.-Ebene	Militär-perspektive	Kavalier-perspektive	—
	— schiefe Axonometrien —		
Zentralprojektion	Senkrecht-Luftbild, Stereo-Darstellung	Panorama, terrestr. Meßbild	Vogel- und Satelliten-perspektive, Blockbild, Schräg-Luftbild

3.1.1 Vom Luftbild bis zur Luftbildkarte

Luftbilder entstehen durch photographische Aufnahme aus Luftfahrzeugen. Dabei ist die Kartenverwandschaft am ausgeprägtesten bei Senkrechtbildern, für deren Aufnahme in der Praxis vor allem die großformatigen Meßkammern in Betracht kommen (Bd. I, 2.6.4.1).

Die dabei benutzten Originalfilme sind überwiegend panchromatische Schwarzweißfilme, mit denen sich seitenverkehrte Bildnegative ergeben; daneben verwendet man für spezielle Interpretationszwecke Infrarotfilme, Farbnegativfilme und Falschfarbenfilme (Bd. I, 2.6.4.5).

3.1.1.1 *Abzüge und Vergrößerungen*

Abzüge sind positive seitenrichtige Kontaktkopien auf Papier, Film oder Glas vom Originalfilm, stehen also zur Originalaufnahme im Verhältnis 1 : 1 (Abb. 48).

Vergrößerungen entstehen durch optische Übertragung auf eine zur Ebene des Films parallele Ebene. Sie sind gleichfalls seitenrichtige Positive, meist auf Papier oder Film. An den üblichen Geräten sind lineare Vergrößerungen bis etwa auf das 6fache in einem Zuge möglich.

Da die Aufnahmeachse eines Luftbildes meist nicht streng lotrecht ist, weisen die Originalbilder, Abzüge und Vergrößerungen keinen einheitlichen Maßstab auf. Sie sind somit zur Entnahme geometrischer Daten wie Strecken und Winkeln nicht geeignet und werden daher in erster Linie nur zur *Bildinterpretation* (evtl. durch Stereobetrachtung) herangezogen. Aus einer Gruppe benachbarter Abzüge bzw. Vergrößerungen kann man auch ein *Bildmosaik* herstellen, das allerdings nur von geringer Lagegenauigkeit ist und an den Nahtstellen zwischen den Einzelbildern mehr oder weniger große Sprungstellen aufweisen kann.

3.1.1.2 *Entzerrungen (einschließlich Orthophotos)*

Entzerrungen tilgen die perspektiven Veränderungen, die dadurch entstehen, daß die Aufnahmeachse des Luftbildes meist nicht streng senkrecht ist. Sie entstehen gewöhnlich durch optische Umbildung der Originalaufnahme (Bd. I, 2.6.4.2); Film- und Projektionsebene sind dabei nicht mehr parallel zueinander. Das Ergebnis ist ein — meist auch vergrößertes — Luftbild von konstantem und rundem Maßstab; es entspricht demnach einer streng senkrechten Aufnahme (Nadiraufnahme).

Einfache Entzerrungen entstehen an Entzerrungsgeräten in einem Zuge. Sie enthalten auch nach dem Entzerrungsvorgang noch Lagefehler, die durch Geländeunebenheiten bedingt sind und deren Ausmaß um so höher ist, je größer die auftretenden Höhenunterschiede sind und je näher die Darstellung am Bildrand liegt.

Orthophotos sind dagegen auch von solchen Lagefehlern befreit. Sie entstehen an besonderen Orthoprojektoren (Bd. I, Abb. 46) aus zeitlich aufeinander folgenden partiellen Entzerrungen streifenartig zusammengefügter Bildflächen, für die die zutreffende Geländehöhe jeweils besonders berücksichtigt wird.

Entzerrungen flachen Geländes sowie Orthophotos eignen sich nicht nur für Interpretationszwecke, sondern wegen ihres exakten Maßstabs auch zur Entnahme von Strecken, Winkeln und Flächen. Voraussetzung dafür ist allerdings eine einwandfreie Identifizierung der betroffenen Objekte. Zwar sind die Entzerrungsergebnisse nur Grundrißangaben, doch lassen sich indirekt auch Höhenangaben gewinnen. Dazu wird mit zusätzlichen Einrichtungen am Orthoprojektor das für die Orthoprojektion erforderliche Abfahren des Stereomodells in parallelen Vertikalprofilen photographisch festgehalten oder profilweise in Höhenlinienabschnitte umgewandelt. Nähere Einzelheiten hierzu siehe Bd. I [142].

Durch den Entzerrungsvorgang verlieren die Bilder gewöhnlich ihr ursprüngliches quadratisches Bildformat (Abb. 48). Da Photopapier starken Maßänderungen unterliegt, werden bei höheren Anforderungen an die Maßbeständigkeit als Schichtträger häufig Filme oder Papiere mit Aluminiumfolie benutzt.

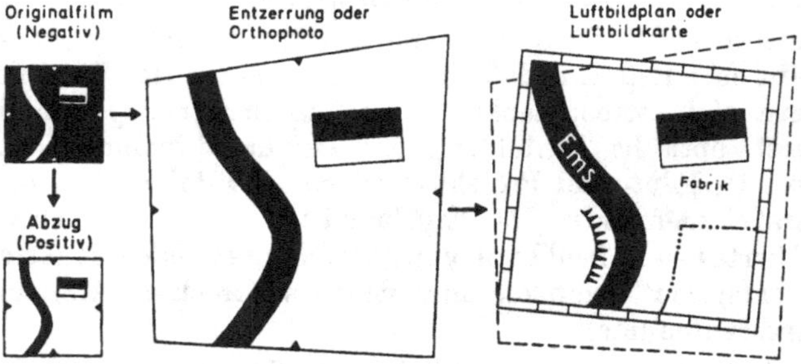

Abb. 48. Vom Luftbildoriginal bis zur Luftbildkarte

3.1.1.3 *Luftbildpläne*

Die unregelmäßige Abgrenzung und die dadurch erschwerte geographische Orientierung von Entzerrungen lassen sich noch in Kauf nehmen, solange es sich nur um wenige Exemplare handelt. Bei der zusammenhängenden Darstellung eines größeren Gebietes sind solche Mängel jedoch sehr nachteilig, zumal sich die Bilder auch noch gegenseitig überlappen, was bei Karten nicht üblich ist.

Eine übersichtliche Ordnung läßt sich erzielen, indem man die Entzerrungen in den Überlappungszonen beschneidet und sie zu einer großen, oft mehrere Quadratmeter umfassenden *Bildmontage (Bildmosaik)* zusammenfügt. Diese versieht man mit einigen Schriftangaben (z. B. Orte und Gewässer) und nimmt dann Abgrenzungen nach bestimmten Gitterlinien (Bd. I, 3.7.3) oder im Blattschnitt vorhandener Kartenwerke vor (Abb. 48): Eine vorbereitete, dem üblichen Kartenrand in Benennung, Maßstabsangabe usw. entsprechende Maske wird so auf die Montage gelegt, daß sie jeweils einen der abgegrenzten Bereiche freigibt. Durch Aufnahme mit einer großformatigen Reproduktionskamera entsteht dann ein *Luftbildplan*.

Die Sorgfalt bei der Herstellung der Bildmontage bestimmt weitgehend die geometrische Qualität des Luftbildplanes. Dennoch lassen sich bei einfachen Entzerrungen Bildsprünge an den Nahtstellen der Montagen nicht immer vermeiden, wenn sie sich aus dem Einfluß von Geländeunebenheiten ergeben.

Der große Wert von Luftbildplänen liegt in der sehr bildhaften Wirkung, die die Aussage von Karten gleichen Maßstabs durch hohe Anschaulichkeit und viele weitere Einzelheiten ergänzt. Damit eignen sich die Luftbildpläne besonders als Unterlagen für planerische Maßnahmen, aber auch zur Dokumentation, da sie den Zustand zu einem bestimmten Zeitpunkt wiedergeben. *Luftbildplanwerke* gibt es daher sehr häufig für den Bereich von Städten, Flurbereinigungen, Verkehrwegen und Forsten.

3.1.1.4 *Luftbildkarten*

Der hohe Grad von Anschaulichkeit, der den Luftbildern anhaftet, darf nicht darüber hinwegtäuschen, daß eine Reihe von Angaben, die regelmäßig in Karten enthalten sind, aus den Luftbildern nicht oder nur unsicher entnommen werden kann. Dazu gehören die nicht sichtbaren und die nicht identifizierbaren Objekte bzw. Objektqualitäten, das Namengut und eine objektiv auswertbare Wiedergabe der Oberflächenformen.

Solange Luftbilder nur *neben* vorhandenen Karten benutzt werden, kann ein solcher Mangel unerheblich bleiben; ganz anders liegen die Verhältnisse jedoch, wenn Luftbilder *an die Stelle* von Karten treten sollen. In diesem Falle ist es nötig, in der Bearbeitung von Entzerrungen noch einen Schritt weiter als beim Luftbildplan zu gehen: Man ergänzt die Bilder mit weiteren kartographischen Gestaltungsmitteln und erhält damit eine *Luftbildkarte (Photokarte)*.

Wegen der höheren Genauigkeitsansprüche geht man dazu in der Regel von einem Orthophoto aus und spricht dann häufig auch von einer *Orthophotokarte* (Abb. 49).

Vom Kartenmaßstab her liegt die hauptsächliche Anwendung von Luftbildkarten zwischen den Maßstäben 1 : 2000 und 1 : 25000, da in diesem Bereich die topographische Informationsfülle der Luftbilder diejenige vergleichbarer Karten weit übersteigt. Bei größeren Maßstäben ist kaum noch ein Gewinn an zusätzlich wichtiger topographischer Information zu verzeichnen, wenn man von Sonderanwendungen im Kataster, bei der Stadttopographie und in der Erfassung von Verkehrswegen absieht. Bei kleineren Maßstäben ist dagegen bereits die Lesbarkeit bedeutender linearer Objekte (z. B. Wasserläufe, Verkehrswege) in Frage gestellt; die Luftbilder bekommen Übersichtscharakter, geben aber noch viele wichtige Flächeninformationen (z. B. über Landnutzungen und Formzusammenhänge) wieder.

Für die kartographische Umgestaltung eines Luftbildes zur Luftbildkarte gibt es folgende Gründe:

— „Verdeutlichen" nicht gut identifizierbarer Objekte durch Nachzeichnen der Kontur (z. B. Böschungskante) oder der Mittellinie (z. B. Schienenwege) oder durch Eintragen von Signaturen (z. B. Bodennutzungen, Kleinformen).

— „Erläutern" durch Angabe von Namen und Abkürzungen.

— „Ergänzen" (im engeren Sinne) durch Darstellung von Objekten, die nicht sichtbar sind, weil sie a) im Luftbild verdeckt sind (z. B. Waldweg), b) bezogen auf den Bildmaßstab zu klein sind (z. B. Denkmal) oder c) ihrer Art nach überhaupt nicht erkennbar sind (z. B. Verwaltungsgrenze). Hierzu zählen auch nicht sichtbare Objektqualitäten (z. B. Naturschutzgebiet) und die Darstellungen zum Geländerelief durch Höhenlinien und Formzeichen.

— „Klassifizieren" von Objekten — vor allem beim Gewässer- und Verkehrsnetz — durch graphisches Vereinheitlichen oder Betonen.

Abb. 49. Ausschnitt aus einer Luftbildkarte 1 : 5000

Bei den technischen Möglichkeiten ist zu unterscheiden a) zwischen Verfahren, die lediglich in einem — meist mehrfarbigen — Aufdruck der Gestaltungsmittel auf das Luftbild bestehen, und b) solchen Verfahren, die auch noch das Luftbild selbst einer Bearbeitung unterziehen.

a) Der Aufdruck besteht neben den Schriften und Signaturen aus Linien und Flächen. Mit Linien werden Grenz-, Mittel- und Höhenlinien dargestellt oder Teile des Verkehrs- und Gewässernetzes hervorgehoben. Flächenfarben dienen der Betonung von Bodenbedeckungen und -nutzungen.

b) Eine Gestaltung nach a) auf der Grundlage eines photographischen Halbtonbildes wird nicht immer zu einem befriedigenden Gesamteindruck führen und an manchen Stellen sogar die Lesbarkeit des Inhalts in Frage stellen. Zu der daher oft vorteilhaften Luftbildumgestaltung kann man folgende Arbeiten zählen:

1. Kontrastausgleich des Luftbildes — meist durch elektronische Verfahren — zur Verbesserung der Lesbarkeit: Dabei erscheinen sehr dunkle Stellen aufgehellt, sehr helle Stellen besser durchgezeichnet.

2. Rasterung des Luftbildes (4.3.5.4) als Voraussetzung für die Vervielfältigung durch Druck oder mit gewöhnlichem Lichtpauspapier. Bei Verwendung von Photomaterial oder von Halbtonlichtpauspapier ist dagegen eine Rasterung entbehrlich.

3. Zerlegung des Luftbildes in Farbplatten durch jeweiliges Auskopieren (und gleichzeitiges Rastern). Beim nachfolgenden Farbdruck fällt der Helligkeitswert der Farbe so aus wie der lokale Rastertonwert, während beim oben beschriebenen Flächenaufdruck ein konstanter Helligkeitswert für die gesamte Fläche gilt.

4. Photomechanische Konturierung, mit deren Hilfe sich Begrenzungslinien (z. B. von Wegen) betonen und Flächentone unterdrücken lassen. Das Bild wird „kartenähnlicher". Über Einzelheiten, z. B. die mit „Pictoline", „Pictotone" und Pictochrome" bezeichneten Verfahren siehe bei *R. Schweißthal* [151].

5. Freistellen der kartographischen Eintragungen, evtl. auch der Verkehrswege und anderer wichtiger Objekte durch Masken, die auf einer besonderen Folie durch Zeichnung oder Montage von Schriften, Signaturen, Wegeflächen usw. als positive Decker entstehen. Wird eine solche Maske bei der photographischen Übertragung eines negativen Orthophotos auf die zu belichtende Photoschicht gelegt, so fällt in den abgedeckten Bereichen der photographische Halbton

fort, und die Zeichnung oder Schrift erscheint wie eine Negativdarstellung in Weiß mit meist gutem Kontrast zur Umgebung (Abb. 49).

Unter allen kartographischen Ausdrucksformen ist die Luftbildkarte eine der jüngsten Darstellungsweisen. Ihr besonderer Vorteil liegt dabei in der stark mechanisierten und in relativ kurzer Zeit vollziehbaren Fertigstellung. Da die Schere zwischen dem wachsenden Bedarf an Karten und dem vielfach noch herrschenden Kartenmangel (Bd. I, Abb. 1) mit Karten herkömmlicher Art kurzfristig nicht zu schließen ist, wird der Luftbildkarte in Zukunft noch eine große Bedeutung zukommen.

Dabei genügt die Situationsdarstellung schon heute den meisten Ansprüchen, und zwar auch denen, die an Unterlagen für thematische Darstellungen in größeren Maßstäben zu stellen sind. Die Geländedarstellung, soweit sie aus dem Orthoprojektionsverfahren abgeleitet ist, läßt dagegen noch einige Wünsche offen (siehe *W. Hofmann* [270]).

Ein bemerkenswertes Beispiel eines Luftbildkartenwerks im europäischen Bereich ist die Ökonomische Karte von Schweden 1:10000, deren Herstellung 1937 begonnen wurde und die mit über 10000 Blättern zum größten Teil bereits vorliegt. Auf der Grundlage grün gedruckter Entzerrungen bzw. Orthophotos befindet sich ein dreifarbiger Aufdruck mit Gelb für den bearbeiteten Boden, Braun für Höhenlinien und -zahlen und Schwarz für die übrige Topographie und Schrift. Die Karte ist Grundkarte für die topographischen Karten 1:50000 und 1:100000. Nähere Einzelheiten geben *F. Jonasson / L. Ottoson* [293].

In einigen Bundesländern der Bundesrepublik Deutschland ist die Luftbildkarte 1:5000 amtliche Vorstufe zur Deutschen Grundkarte 1:5000. Das Herstellungsverfahren beschreiben *G. Krauss* [320] und *E. Pape* [380]. Eingehende Ausführungen über Grundlagen, Bearbeitung und Herstellung großmaßstäbiger Luftbildkarten macht *R. Schweißthal* [151]. Mit der Eignung von Luftbildkarten im Flurkartenmaßstab 1:2500 befaßt sich *G. Hampel* [262]. Über Herstellungsmöglichkeiten von Luftbildkarten 1:25000 berichtet *H. Schmidt-Falkenberg* [411]. Die Problematik von Luftbildkarten in noch kleineren Maßstäben behandelt *H. Pape* [381].

3.1.2 Vogel- und Satellitenperspektiven

Solche auch als *Vogelschau* bezeichneten Perspektiven entsprechen der Sicht von einem hohen Berge oder aus einem Luft- bzw. Raumfahrzeug. Sie sind geometrisch Zentralprojektionen auf eine schräge Ebene und stimmen daher perspektiv mit dem Ergebnis einer vom selben Aufnahmepunkt mit gleicher Aufnahmerichtung entstandenen photographischen Aufnahme überein (Schrägbild).

Bei der Konstruktion der Vogelschau lassen sich folgende Fälle unterscheiden:

1. Kann der Einfluß der Erdkrümmung vernachlässigt werden (z. B. beim Blick in ein Tal), so stellt man das in einer Ebene gedachte Gitter eines Koordinatensystems zentralperspektiv so dar, wie es auch bei der Konstruktion von Blockbildern üblich ist (Abb. 51), und legt damit die einzelnen Punkte nach Lage und Höhe — aus Karten entnommen — fest. In diesen Fällen wird der Horizont meist außerhalb des Bildfeldes liegen.

2. Ist der Einfluß der Erdkrümmung zu berücksichtigen (z. B. bei größeren Bereichen, in denen auch der Horizont im Bild erscheint), so führt die strenge Lösung in der Wiedergabe des Gitters (oft aus geographischen Netzlinien) zu Formeln, wie sie für die Berechnung der Perspektiven aus Raumfahrzeugen entwickelt wurden. Ein Beispiel hierfür gibt *V. Dumitrescu* [230].

3. Da die exakte Lösung nach 2. ohne Rechenautomaten sehr aufwendig ist und häufig auch eine andere Gruppierung zu einer besseren Gestaltung führt, verwendet man vielfach Näherungslösungen. Solche unechten Perspektiven ziehen z. B. in der sog. *progressiven Perspektive nach Hölzel* [271] die hinteren Felder eines Gitters nach 1. soweit zusammen, daß als Abschluß stets ein echter Horizont und nicht eine willkürliche Schnittlinie entsteht.

Beruht die Inhaltsgestaltung solcher Perspektiven vor allem auf den bildhaften Elementen künstlerischer Landschaftsmalerei, so spricht man nach *O. Stollt* [420] von *Vogelschaubildern*. Überwiegt dagegen die Anwendung kartographischer Mittel, so liegen *Vogelschaukarten* vor. Dem Vorteil hoher Anschaulichkeit — bei den Bildern auch der Naturähnlichkeit — steht der Nachteil gegenüber, daß diese Perspektiven sich nicht zur Entnahme von Entfernungen, Höhen usw. eignen. Sie kommen daher in erster Linie für Tourismus, Übersichtszwecke und Werbung sowie als Lehrmittel in Betracht.

3.1.3 Panoramen

Panoramen sind zentralperspektive Abbildungen auf vertikale Flächen und zwar entweder rund um den ganzen Horizont *(Rundbild)* oder einen großen Teil davon.

Zur Konstruktion denke man sich einen senkrechten Kreiszylindermantel, in dessen Achse der Aufnahmeort 0 liegt (Abb. 50). Die Horizontalebene durch den Aufnahmeort schneidet den Zylinder in der

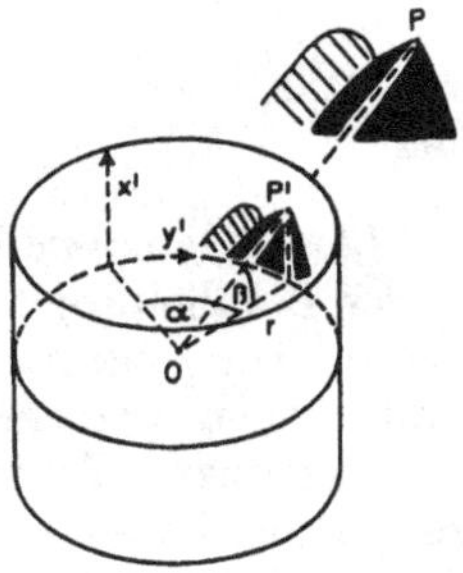

Abb. 50. Panorama (Konstruktionsprinzip)

Horizontallinie. Legt man in dieser eine Nullrichtung fest, so ist jeder Bildpunkt P' durch den Horizontalwinkel α und den Höhenwinkel β wie folgt fixiert:

$$x' = r \cdot \tan \beta \quad , \quad y' = r \cdot \operatorname{arc} \alpha .$$

Zur Vereinfachung der Konstruktion wird häufig auch die Näherungsformel $x' = r \cdot \operatorname{arc} \beta$ benutzt; man kann dann in beiden Koordinatenrichtungen einfach die Winkelwerte α und β in einem bestimmten Maßstab abtragen. Die Formeln entsprechen im System der Kartennetzentwürfe denen einer normalen perspektiven Zylinderabbildung, im Näherungsfalle der quadratischen Plattkarte (Bd. I, 3.3).

Entsteht somit das *Rundbild* durch Abwickeln des Zylindermantels in der Ebene, so findet bei *Teilpanoramen* die Abbildung häufig auf eine Vertikalebene statt, wie z. B. bei photographischen Aufnahmen. In diesem Falle kann man das Teilpanorama als Sonderfall der Vogelschau mit vertikaler Projektionsebene ansehen. Beim Zusammenfügen mehrerer Photos zu einem *Photopanorama* können dann aber an den Nahtstellen unstetige Übergänge auftreten.

Vor- und Nachteile der Panoramen stimmen sinngemäß mit denen überein, die für die Vogelperspektiven gelten. Die Hauptanwendung liegt bei *Gebirgspanoramen*; aus historischer Zeit sind auch zahlreiche *Schlachtenpanoramen* bekannt. Die sog. *Flußpanoramen* wie z. B. das von *J. Klein* [116] beschriebene bekannte Rheinpanorama von *F. W. Delkeskamp* sowie die zahlreichen Panoramakarten von *H. Berann* sind von der Konstruktion her keine Panoramen, sondern Vogelperspektiven (3.1.2) oder Axonometrien (3.1.6—3.1.7).

3.1.4 Blockbilder

Diese auch als *Blockdiagramme* bezeichneten Darstellungen sind Zentral- oder Parallelprojektionen auf schräge Bildebenen. Im Gegensatz zur Vogelschau ist das Blockbild durch vertikale Schnittebenen wie ein quadratischer oder rechteckiger Block begrenzt. Zentralperspektive Blockbilder erzeugen einen natürlicheren Eindruck; parallelperspektive Blockbilder sind dagegen leichter zu konstruieren.

Die Konstruktion eines *zentralperspektiven* Blockbildes läßt sich mit Hilfe eines zu den Blockbegrenzungen parallelen Gitters, im günstigsten Falle mit dem Koordinatennetz, wie folgt vornehmen (Abb. 51): Man legt auf der Geraden g den vorderen Eckpunkt A und von diesem aus nach links und rechts die beiden verschiedenen oder, wie in Abb. 51, gleichen Teilungsmaßstäbe fest. Parallel zu g verläuft die Horizontlinie h, und auf dieser liegen die beiden Fluchtpunkte F_1 und F_2 so, daß der in A entstehende Winkel nicht zu spitz wird. Das Gitter entsteht dann aus den Verbindungslinien der Fluchtpunkte mit den Teilungspunkten. Mit Hilfe des Gitters und des Teilungsmaßstabes kann jeder Punkt in seiner Grundrißlage fixiert werden. Sinngemäß

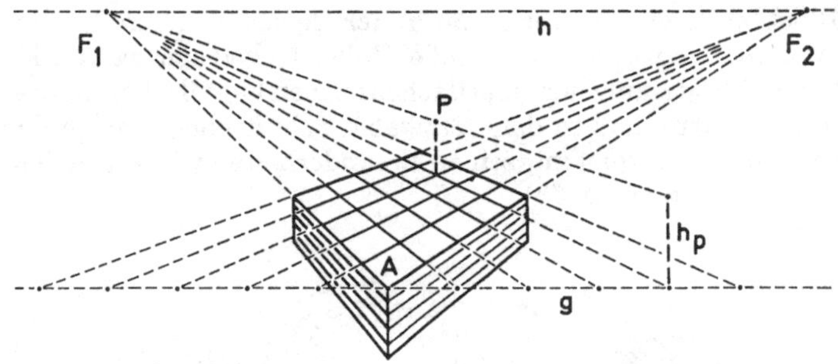

Abb. 51. Zentralperspektive Konstruktion eines Blockbildes

ergibt sich die Höhe eines Punktes *P* aus dem am Höhenmaßstab abgesetzten Höhenwert h_p. Diese sog. *Zweipunktperspektive* ist eine Näherungslösung, da streng genommen auch die Lotlinien in einem dritten Fluchtpunkt zusammenlaufen müßten.

Für ein *parallelperspektives* Blockbild legt man ebenfalls auf der Geraden *g* den Eckpunkt *A* und die Teilungsmaßstäbe fest (Abb. 52),

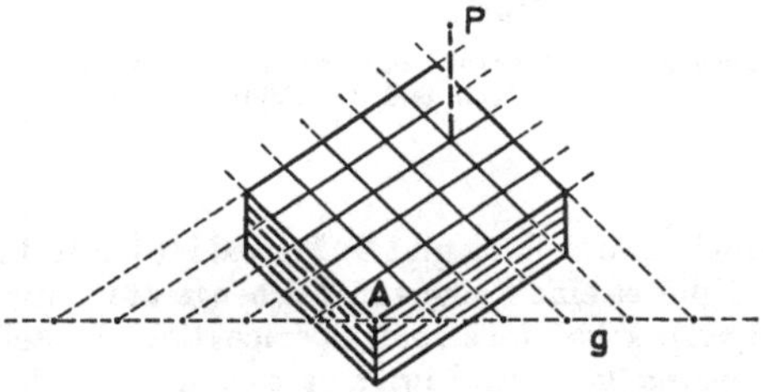

Abb. 52. Parallelperspektive (axonometrische) Konstruktion eines Blockbildes

ferner von *A* ausgehend die beiden Richtungen der vorderen Blockbegrenzungen. Das entspricht den Verfahren bei der Axonometrie (3.1.6 und 3.1.7). Das Gitter entsteht dann durch Parallelen zu diesen Richtungen durch die Teilungspunkte. Jede Punkthöhe läßt sich unmittelbar über ihrer Grundrißlage auftragen. Der Teilungsmaßstab in Abb. 52 entspricht etwa dem mittleren Maßstab im Blockbild Abb. 51.

Blockbilder spielen vor allem in der Geologie, Geomorphologie und Geographie eine große Rolle. Neben der raumbildlichen Darstellung der Oberflächenformen liegt ihr besonderer Vorteil darin, daß in den vertikalen Schnittebenen noch der geologische Aufbau mit seinen Besonderheiten wiedergegeben werden kann (Abb. 53).

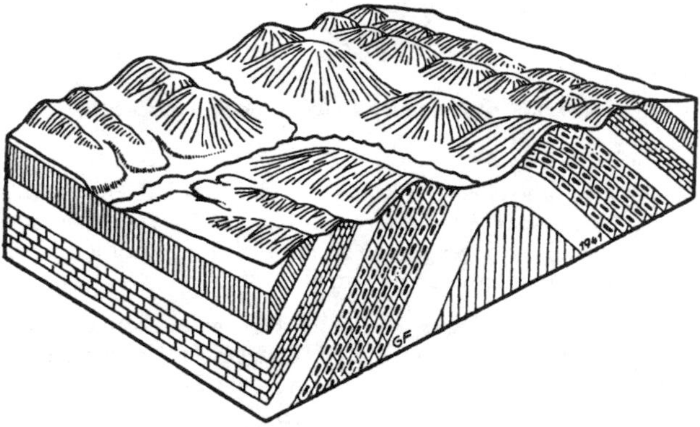

Abb. 53. Zentralperspektives Blockbild eines geologischen Sattels (Nach G. Frebold: Profil und Blockbild)

Eine ausführliche Darstellung gibt *G. Frebold* [16]. Für die praktische Konstruktion gibt es eine Reihe von Zeichengeräten, mit deren Hilfe teils parallelperspektive, teils zentralperspektive Darstellungen vorgenommen werden können. Soweit es sich um parallelperspektive Zeichengeräte handelt, eignen sie sich auch zur Grundrißzeichnung der Axonometrien (3.1.6 und 3.1.7). Eine Beschreibung solcher Geräte findet sich in [29].

3.1.5 Profile

Geländeprofile entstehen durch Parallelprojektion auf eine senkrechte Ebene. Zu ihrer Konstruktion legt man eine waagerechte Bezugsgerade als sog. Horizont fest und ordnet ihr einen bestimmten, meist runden Höhenwert zu. Man trägt dann auf ihr die Horizontalentfernungen der Profilpunkte ab (im Ingenieurbau in Form der sog. Stationierung) und senkrecht dazu die Höhendifferenzen zwischen Punkthöhen und Horizont. Um die Gefällverhältnisse besser erkennbar zu machen, wählt man dabei häufig den Höhenmaßstab größer als den Längenmaßstab (sog. *Überhöhung*).

Im Ingenieurbau (z. B. Straßenbau, Wasserbau) beträgt die Überhöhung bei *Längsprofilen* (Abb. 54) meist 10:1 oder 5:1. Solche Profile folgen dem Verlauf der Straße, des Kanals usw. und können daher im Grundriß auch gekrümmt verlaufen. *Querprofile* (quer zur Linienführung) werden dagegen ohne Überhöhung dargestellt, damit graphische Bestimmungen der Profilflächen für Massenermittlungen usw. möglich sind.

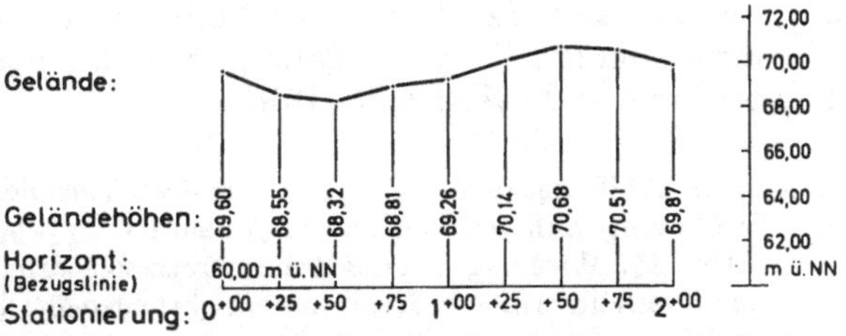

Abb. 54. Längsprofil in 10facher Überhöhung. Maßstab der Längen 1 : 5000, der Höhen 1 : 500. Im Ingenieurbau wird später noch der Entwurf eingetragen (mit Angabe der Stationshöhen, des Gefälles usw.)

Neben technischen Zwecken dienen Profile auch wissenschaftlichen Darstellungen: *Geologische Profile* erscheinen dabei meist ohne Überhöhung, *Kontinentalprofile*, wie man sie z. B. in Atlanten trifft, sind dagegen bis etwa zum 100fachen überhöht. Ein *geographisches Kausalprofil* stellt durch Profil und Text die kausalen Zusammenhänge zwischen Geländeform, Klima, Vegetation, Besiedlung, Wirtschaft usw. dar.

Schließlich benutzt man Profile auch zur *Sichtbarkeitsermittlung* bei großräumigen Vermessungen (Triangulation) und militärischen Aufgaben; sie werden in der Regel Karten entnommen (Abb. 110). Mit einer großen Anzahl von *Parallelprofilen*, die gegeneinander versetzt dargestellt werden, lassen sich raumbildliche Wirkungen erzielen.

3.1.6 Senkrechte Axonometrien

Bei der senkrechten Axonometrie werden die Objekte durch *senkrechte* Parallelprojektion auf eine beliebig geneigte Ebene abgebildet. Die Konstruktion geht dabei folgenden Weg: Jeder Objektpunkt ist eindeutig festgelegt durch Zahlenwerte in einem räumlichen rechtwinkligen Koordinatensystem x, y, z (rechtwinkliges Achsenkreuz). Bei der Abbildung dieses Achsenkreuzes tritt — solange keine der drei Achsen parallel zur Bildebene liegt — auf jedem Achsbild eine Maßstabsverkürzung auf. Sind nun aus der gegenseitigen Lage von Achsenkreuz und Bildebene die Verkürzungsverhältnisse bekannt, so läßt sich das Bild jedes Punktes aus seinen Koordinatenwerten mit Hilfe von Parallelen zu den Achsbildern konstruieren (siehe *W. Haack* [18]).

Im allgemeinen Abbildungsfalle weist jedes der drei Achsbilder ein spezielles Verkürzungsverhältnis auf; es liegt eine *trimetrische Projektion* vor (Abb. 55). Wird dagegen das Achsenkreuz so gedreht, daß das Verkürzungsverhältnis in zwei Koordinatenrichtungen gleich groß ist, so ergibt sich die *dimetrische Projektion.*

Bei der *isometrischen Projektion* schließlich liegt in allen drei Achsrichtungen ein gleich großer Maßstab vor. Das bedeutet, daß jede der drei Achsen um den gleichen Winkel — nämlich 35° 16′ — gegen die Bildebene geneigt ist; in der Abbildung schließen sie jeweils einen Winkel von 120° ein. Der Verkürzungsfaktor μ ergibt sich nach Abb. 56 aus dem gleichseitigen Dreieck $A'O'B'$ mit der längentreu abgebildeten Seite $A'B' = \mathrm{d}' = \mathrm{d}$ wie folgt:

$$\text{Im Urbild ist } a = \sqrt{1/2}\cdot \mathrm{d},$$

$$\text{im Abbild ist } a' = \frac{\mathrm{d}'}{2\cdot\sin 60^\circ} = \frac{\mathrm{d}'}{\sqrt{3}}.$$

$$\text{Damit wird } \mu = a'/a = \sqrt{2/3} \approx 0{,}816.$$

In der Praxis trägt man jedoch auf den Achsbildern die originalen Koordinatenwerte ab, um sich jede Rechnung mit dem Reduktionsfaktor zu ersparen; diese Maßnahme bewirkt lediglich eine Maßstabsänderung der Gesamtdarstellung. Allgemein gilt in allen senkrechten Axonometrien für die Verkürzungsverhältnisse

$$\mu_x^2 + \mu_y^2 + \mu_z^2 = 2 .$$

Die isometrische Projektion kommt in der Kartographie vor allem für die Anfertigung von Blockbildern und raumbildlichen Darstellungen bebauter Gebiete in Betracht. Außer in den Bereichen der Konstruktionstechnik wird sie auch noch gern im Markscheidewesen zur Darstellung von Lagerstätten und Grubenbauten benutzt [29]. Die Technik der Konstruktion wird dabei noch wesentlich vereinfacht, wenn man sich der gedruckten isometrischen Liniennetze (siehe Normblatt DIN 5) bedient (Abb. 56).

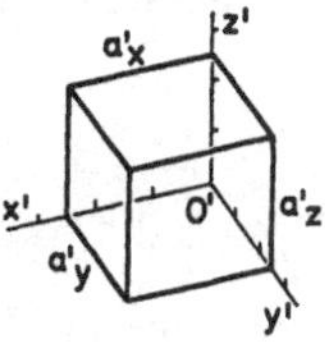

Abb. 55.
Trimetrische Projektion eines Würfels mit der Kantenlänge $a = 2{,}5$ Verkürzungsfaktor $\mu_x = 0{,}94$, $\mu_y = 0{,}67$, $\mu_z = 0{,}82$

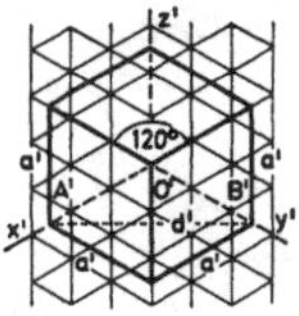

Abb. 56.
Isometrische Projektion eines Würfels mit der Kantenlänge $a = 2{,}5$, abgeleitet aus einem isometrischen Netz

Als *Sonderfälle* der senkrechten Axonometrie lassen sich auffassen: 1. Die *Karte* als der Fall, bei dem die Bildebene parallel zur xy-Grundrißebene liegt; 2. das *Profil*, bei dem die Bildebene die z-Achse oder eine Parallele zu dieser enthält.

3.1.7 Schiefe Axonometrien

Im Gegensatz zur senkrechten Axonometrie werden die Objekte hier durch *schiefe* Parallelprojektion abgebildet. Dabei interessieren vor allem die Fälle, in denen jeweils eine bestimmte Ebene des räumlichen Achsenkreuzes parallel zur Bildebene liegt. Mit der Nomenklatur für diese Fälle befaßt sich *H. Ferschke* [232].

3.1.7.1 *Aufriß-Schrägbilder (Kavalierperspektiven)*

Würde man bei der senkrechten Axonometrie die Bildebene so anordnen, daß sie parallel zur yz-Ebene des rechtwinkligen Achsenkreuzes liegt, so stände die x-Achse senkrecht zur Bildebene, d. h. x-Werte wären nicht darstellbar (Fall des Profils). Klappt man nun bei dieser Lage das Bild der x-Achse nach links unten, so entspricht das einer schiefen Parallelprojektion von rechts oben.

Als *Kavalierperspektive* wird dabei meist der Fall bezeichnet, bei dem die Bilder von x- und y-Achse einen Winkel von 135° bilden und das Verkürzungsverhältnis der x-Werte 0,5 beträgt (Abb. 57a). Die Bezeichnung leitet sich vom sog. Kavalier her, der in Festungsbauwerken ein hoher Punkt (Turm) mit besonders guter Übersicht über das Vorgelände war.

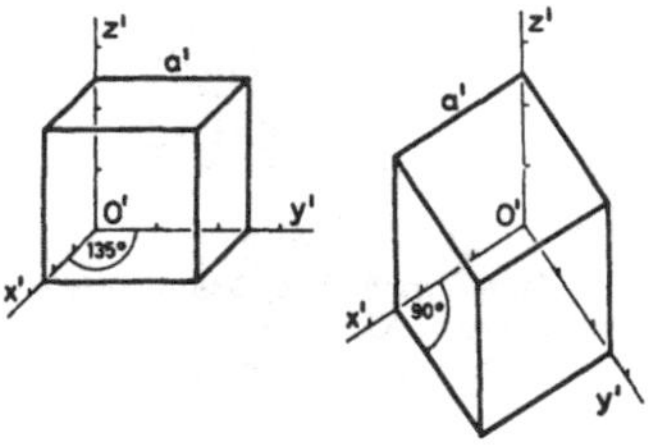

Abb. 57.
Schiefe Axonometrie eines Würfels mit der Kantenlänge a = 2,5
a) Kavalierperspektive
b) Militärperspektive

Alle Aufrisse, die parallel zur yz-Ebene liegen, werden maßstäblich wiedergegeben, während der Grundriß der xy-Ebene gestaucht und verzerrt wird. Erhebungen wie Gebäude, Berge usw. können größere Verdeckungen im Aufriß hervorrufen; dieser Umstand schränkt die Eignung der Kavalierperspektive als raumbildliche Darstellung u. U. erheblich ein. Der beste optische Eindruck beim Betrachten entsteht in Projektionsrichtung, d. h. beim Anblick von rechts oben.

3.1.7.2 *Grundriß-Schrägbilder (Militärperspektiven)*

Wenn bei der senkrechten Axonometrie die Bildebene parallel zur xy-Ebene (Grundrißebene) liegt, steht die z-Achse senkrecht zur Bildebene, und z-Werte wären nicht darstellbar (Fall der Karte). Klappt man nun das Bild der z-Achse nach oben zurück, so entspricht das einer schiefen Parallelprojektion von unten her.

Bei dieser sog. *Militärperspektive* ist für die z-Achse noch ein besonderer Maßstab festzulegen. Er wird häufig dem in x und y gleichgesetzt, was einer Neigung der Projektionsstrahlen von 45° gegen die xy-Ebene entspricht (Abb. 57b). Wegen der Maßstabsgleichheit in x, y und z wird dieser Fall mitunter auch als isometrische Darstellung bezeichnet; dieser Begriff sollte aber besser auf den in 3.1.6 beschriebenen Fall beschränkt bleiben.

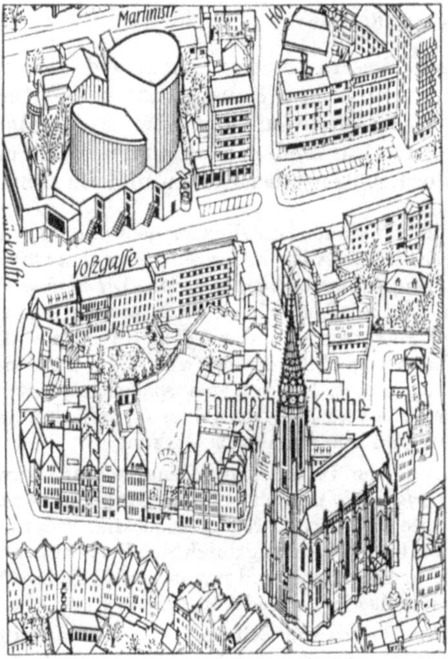

Abb. 58. Ausschnitt aus einer Bollmann-Bildkarte von Münster/Westfalen. Das Herausgabeexemplar ist mehrfarbig

Bei der Konstruktion der Perspektive geht man meist von einem vorhandenen Kartengrundriß aus und trägt dann in den Grundrißpunkten die Höhen im vorgegebenen Maßstab nach oben ab. Insoweit ist die Militärperspektive wesentlich bequemer zu erzeugen als die isometrische Darstellung, die ihrerseits jedoch ein etwas gefälligeres Aussehen aufweist. Das Verfahren ist schon seit Jahrhunderten im Gebrauch und besonders wirkungsvoll bei der raumbildlichen Wiedergabe von Städten und Bauwerken. Ein bekanntes Beispiel der Gegenwart sind die *Bollmann-Bildkarten* von zahlreichen Städten des In- und Auslandes in Maßstäben 1:5000 und kleiner und mit Überhöhungen in z (Gebäudehöhen) um das 1,5- bis 1,8fache (Abb. 58). Der beste optische Eindruck solcher Darstellungen ergibt sich bei Betrachtung von schräg unten, d. h. in Projektionsrichtung.

3.1.8 Stereodarstellungen

Darstellungen dieser Art vermitteln bei stereoskopischer Betrachtung einen echten Raumeindruck. Die Technik ihrer Herstellung läßt sich auf alle ebenen kartographischen Ausdrucksformen anwenden. Man findet sie in erster Linie bei Luftbildern, seltener bei Karten und Blockbildern.

Die Herstellung von Stereodarstellungen geht von folgendem Prinzip aus: Es müssen stets *zwei* Darstellungen vom *selben* Objekt, aber mit *verschiedenen* Projektionszentren vorliegen. Die beiden Perspektiven sind so zu wählen, daß sie einem stark erweiterten menschlichen Augenabstand entsprechen und möglichst parallele Blickrichtung aufweisen. Durch sog. *Bildtrennung* wird jedes Bild sodann einem Auge allein zugeordnet. Die von den Augen getrennt wahrgenommenen, geometrisch verschiedenen Bilder verschmelzen im Gehirn zu einem einzigen Bild mit räumlicher Wirkung.

Für die erforderliche Bildtrennung benutzt man vorwiegend das *Anaglyphen-Verfahren*: Die eine Darstellung erscheint in blauer Farbe; die zweite wird in roter Komplementärfarbe darüber gedruckt oder gezeichnet. Bei Betrachtung durch eine Brille mit entsprechender blauer bzw. roter Filterfarbe wird jeweils ein Bild gelöscht, d. h. jedes Auge nimmt nur das ihm zugedachte Bild wahr.

Luftbilder sowie Photos von Geländemodellen sind fertige Vorlagen für *zentralperspektive Anaglyphenbilder*. Dagegen sind *parallelperspektive Anaglyphenkarten, -blockbilder* usw. noch besonders zu konstruieren. Liegt z. B. die Karte bereits vor, so beschränkt sich die Konstruktion auf die zweite Darstellung, in der u. a. die Höhenlinien um konstante Beträge parallel zur Augenbasis zu verschieben sind, um die nötigen Betrachtungsparallaxen für die verschiedenen Höhenwahrnehmungen zu erzeugen. In Ablehnung an das Höhenlinienbild ist sodann auch das Grundrißbild zu verschieben. Die Herstellung von Anaglyphen-Raumzeichnungen beschreibt *H. Mucke* [131].

Statt die beiden Darstellungen wie beim Anaglyphenverfahren übereinander zu legen, kann man sie auch nebeneinander anordnen und die Bildtrennung z. B. durch ein *Stereoskop* vornehmen (Bd. I, Abb. 50 und 123). Für die Konstruktion solcher *Raumbildkarten* gibt es auch spezielle Geräte; so beschreiben *J. Albertz* / *G. Schultz* [200] ein Gerät, das Stereobilder durch optische Projektion zeichnet. Ein weiteres Verfahren besteht in der Verwendung synchron arbeitender *Schwingblenden,* die in rascher Folge jeweils ein Bild und ein Auge abdecken. Schließlich läßt sich bei transparenten Darstellungen im Durchlicht eine Bildtrennung auch durch Projektion mit *polarisiertem* Licht und Betrachtung mittels Polarisationsfilter erzielen.

In welchem Umfang das Verfahren der *freiäugig* betrachteten Stereobilder (nach dem z. B. bei Ansichtskarten benutzten Schlitzraster- oder Linienrastersystem) auch für Stereokarten geeignet ist, bleibt zunächst abzuwarten (siehe *H. Mühle* [358]).

3.2 Reliefs

Die Schwierigkeiten, aus ebenen Darstellungen eine anschauliche Vorstellung von den Oberflächenformen zu gewinnen, haben immer wieder den Wunsch nach dreidimensionalen Darstellungen aufkommen lassen.

Das einfachste Verfahren ist die *Sandkastenmethode,* die typische Geländeformen gut erkennbar machen kann, jedoch ohne genauere Lage und Höhe der Objekte.

Eine exaktere Methode ist dagegen die Entwicklung von *Stufenreliefs* aus horizontalen Platten bestimmter Dicke, die den Höhenlinien entsprechend abgegrenzt sind. Ein solcher Modellaufbau ist in anderer Weise auch mit Hilfe vertikaler *Profilplatten* möglich.

Das Material der Plattenreliefs besteht meist aus Holz oder Pappe. Beim weiteren Modellieren zum Beseitigen der Stufen und Absätze wird Gips oder plastischer Kunststoff benutzt. Das gehärtete Relief wird sodann an der Oberfläche weiter gestaltet.

Mit Hilfe von Spezialgeräten ist die Reliefherstellung heute weitgehend mechanisierbar. So wird z. B. das für die mechanische Schummerung nach Wenschow (Bd. I, 5.3.2.5) erforderliche Geländemodell durch eine Gipsfräsmaschine hergestellt, bei der das Abfahren einer Kartenhöhenlinie auf die Fräse übertragen wird.

Großes Gewicht und oft erhebliche Ausmaße machen solche Reliefs für eine leichte Handhabung und einen bequemen Transport ungeeignet. Für viele Zwecke sind daher die leichten und flexiblen plastischen *Kartenreliefs* — auch als *Reliefkarten* bezeichnet — günstiger. Diese bestehen aus einer mit Kartendruck versehenen Kunststoffolie, die erwärmt und dann durch Unterdruck gegen eine Form gepreßt wird (Vakuumverformung). Die Form besteht meist aus Gips, der an mehreren Stellen zur Erzeugung des Vakuums durchbohrt ist. Die Geländeüberhöhung liegt etwa beim 1,5 bis 2fachen.

Man unterscheidet zwischen der *Negativverformung (Tiefziehen)*, bei der die Form ein Negativmodell des Geländes ist, und der *Positivverformung*, bei der eine positive Geländeform vorliegt (*H. Mühle* [359]). Widersprüche, die nach der Verformung zwischen dem entstandenen Relief und dem vorher aufgedruckten Höhenlinienbild auftreten können, sind am geringsten in der Negativverformung für die Talbereiche, in der Positivverformung für die Bergspitzen. Sie lassen exakte kartometrische Arbeiten meist noch nicht zu.

3.3 Globen

Globen sind Nachbildungen der Erde, eines anderen Weltkörpers oder der scheinbaren Himmelskugel. Die Globuskugeln bestehen aus Holz, Pappe, Blech, Glas oder Kunststoff und weisen meist Durchmesser von rund 25 bis 50 cm auf, was bei Erdgloben Maßstäben von 1 : 50 Mill. bis 1 : 25 Mill. entspricht.

Das besondere Merkmal des Globus ist seine geometrische Ähnlichkeit mit dem Urbild — der Erde als Kugel — nicht nur im Kleinen, sondern auch im Großen. In diesem Falle liegt also eine völlig verzerrungsfreie, d. h. längen-, flächen- und winkeltreue kartographische Abbildung vor. Diesem wesentlichen Vorzug im ganzen stehen allerdings Nachteile gegenüber, die sich beim Vergleichen zwischen weiter auseinanderliegenden Darstellungen, bei kartometrischen Arbeiten (z. B. Flächenbestimmungen) sowie bei Handhabung und Transport ergeben.

Der einzige aus der Antike erhaltengebliebene und damit älteste Globus, der Atlas Farnese in Neapel, ist ein Himmelsglobus, der als römische Kopie einer griechischen Arbeit auf das 1. Jahrh. v. Zw. datiert wird. Als ältester Erdglobus gilt der von *M. Behaim* 1492 in Nürnberg geschaffene sog. *Erdapfel.* Einer der bedeutendsten Globenhersteller war *V. Coronelli,* der um 1700 neben zahlreichen kleineren Globen auch mehrere Riesengloben von rund 2 bzw. 4 m Durchmesser schuf.

Die meisten heutigen Globen sind um eine Achse drehbar, die in den beiden Endpunkten eines halbkreisförmigen Meridianteilers liegt; dieser wiederum ist auf einem Sockel so befestigt, daß die Drehachse den planetarischen Verhältnissen entsprechend um etwa 23,5° gegen die Lotrichtung geneigt ist. Der von *R. Haardt* 1935 entwickelte *Rollglobus* ist dagegen eine lose Kugel, die in zwei gekreuzten Quadranten ruht. Mit Hilfe der auf den Quadranten befindlichen Maßskalen kann man auf dem Globus beliebige Entfernungen messen.

Wie bei der Gruppierung der Karten nach dem Inhalt kann man auch bei den *Erdgloben* zwei Gruppen unterscheiden: 1. *Physikalische* Globen sind wie geographische (also topographische) Karten gestaltet. Eine Sonderform bilden hierbei noch die *Reliefgloben,* die ähnlich wie die Kartenreliefs (3.2), aber mit wesentlich stärkerer Überhöhung, die großen Gebirge der Erde plastisch wiedergeben. 2. *Thematische* Globen sind meist *politische* Globen; daneben gibt es noch einige wirtschaftspolitische Globen, einen geologischen und einen geotektonischen Globus sowie den Klimaglobus von *G. Jensch.* In *Leuchtgloben* werden zwei Darstellungen kombiniert, z. B. unbeleuchtet = politisch, beleuchtet = topographisch. Neuerdings gibt es auch Leuchtgloben, die mit Hilfe einer teilweise abgedeckten Lichtquelle die Tag-Nacht-Situation auf der Erdoberfläche im Wandel der Tageszeit und der Jahreszeit darstellen.

Himmelsgloben bilden — entsprechend einer scheinbaren Betrachtung des Himmelsgewölbes von außen — den Sternenhimmel seitenverkehrt ab. Die waagerechte Ebene durch den Globusmittelpunkt ist dabei als örtlicher Horizont zu denken. Vom *Erdmond* gibt es bereits topographische und geologische Globen; auch vom *Mars* existieren schon erste Globen.

Induktionsgloben sind meist schwarze Kugeln (z. B. Schiefergloben) mit oder ohne Gradnetz für Lehrzwecke (siehe z. B. Bd. I, Abb. 52—54). Neben solchen kugelartigen Globen gibt es auch ellipsoidische Formen (Bd. I, Abb. 20).

Einzelheiten zur Geschichte der Globen und zu historisch bedeutenden Exemplaren finden sich in [99] und [140]. Das Schrifttum zur Globenkunde bis etwa 1960 hat *W. Bonacker* [54] zusammengestellt. *G. Jensch* [291] befaßt sich mit thematischen Globen. Zahlreiche Einzelinformationen über Globen enthält „Der Globusfreund“, die Zeitschrift des Coronelli-Weltbundes der Globusfreunde, Wien.

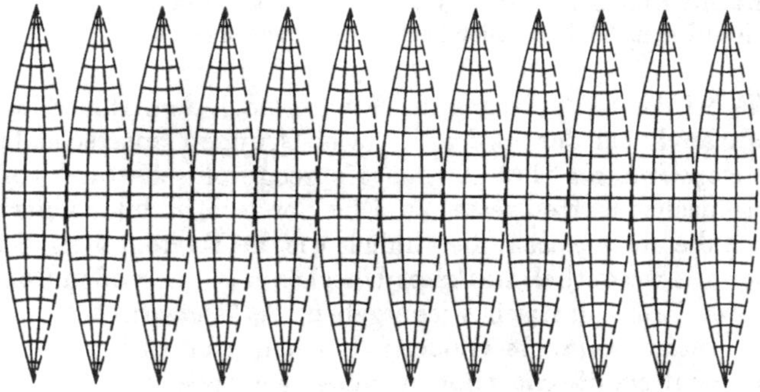

Abb. 59. Globusherstellung aus 12 sphärischen Zweiecken zu je 30° Längenunterschied

Zur Herstellung von Globen wird eine Folge von sphärischen Zweiecken, die Abb. 59 zeigt, wie eine ebene Karte mehrfarbig bedruckt und dann Zweieck für Zweieck auf die Globusoberfläche geklebt. Bei gewöhnlichen Globen sind die Zweiecke meist in einem Längenunterscheid von 30° durch Schnittlinien begrenzt, die zwischen den gedruckten Meridianen liegen. Die beiden Polbereiche werden als kreisrunde Kappen geklebt.

4. Kartentechnik

Die Kartentechnik — auch als praktische Kartographie bezeichnet — umfaßt alle Arbeiten, die zur Verwirklichung der Kartenidee bis zur Herausgabe vervielfältigter Exemplare erforderlich sind. Die dabei notwendigen und verschiedenartigen technischen Vorgänge in der Kartenherstellung, -vervielfältigung und -fortführung beeinflussen auch die Kartengestaltung: Diese muß zeichnerisch und reproduktionstechnisch ausführbar sein, und das Ergebnis soll auf wirtschaftlich vertretbare Weise und in guter Qualität zustande kommen.

Einen Überblick über Entwicklung, Stand und Aussichten der Kartentechnik auf der Grundlage einer Fragebogenauswertung mit dem Stande von 1970 gibt *W. Leibbrand* [331].

Das Gebiet der Kartentechnik umfaßt in der richtigen Reihenfolge die drei folgenden großen Arbeitsbereiche:

— Planung und Entwurf der Karten (4.1),
— Herstellung der Kartenoriginale (4.2—4.3),
— Vervielfältigung der Karten (4.4).

Eine strenge Trennung zwischen diesen drei Bereichen ist in der Praxis heute schon nicht mehr möglich. So werden z. B. bereits in der Entwurfsphase zeichnerische sowie photo- und kopiertechnische Prozesse eingesetzt, und in der Originalherstellung kommen auch schon Vervielfältigungsmethoden wie z. B. das Lichtpausverfahren zum Zuge.

Die Ausführungen zur Herstellung der Kartenoriginale beziehen sich zunächst auf die geschichtliche Entwicklung (4.2) und dann auf die gegenwärtigen Verfahren (4.3). Zu ihnen kann man zum großen Teil auch die Anwendung von Automationstechniken rechnen, die — wegen der wachsenden allgemeinen Bedeutung — in Kap. 5 gesondert behandelt werden.

Allgemeine Begriffsbestimmungen der graphischen Techniken finden sich in einschlägigen Lexika [56, 60], solche spezieller Art aus der Kartentechnik in einigen Fachwörterbüchern [59, 61].

4.1 Planung und Entwurf der Karten

Die im Einzelfalle mit kartentechnischen Vorgängen verbundenen Lenkungsmaßnahmen werden vielfach unter dem Begriff der *Kartenredaktion* zusammengefaßt.

Die Planung der Kartenherstellung besteht im Aufstellen des *Redaktionsplanes*. Dieser regelt die Einzelheiten des Entwurfes sowie die Fragen des personellen Einsatzes, der technischen Verfahren und des organisatorischen und zeitlichen Ablaufs. Umfangreiche Redaktionspläne werden vereinzelt auch schon mit den Mitteln der Netzplantechnik bearbeitet, um die kritischen Stellen in Bezug auf den zeitlichen Ablauf und die Kosten ermitteln und beeinflussen zu können.

Im *Kartenentwurf* finden die Vorstellungen des Autors oder des Herausgebers und die gestalterischen Absichten des Kartographen ihren verbindlichen Ausdruck. Man bezeichnet den Entwurf auch als *Rohzeichnung*, in der DDR als *Zusammenstellungsoriginal.* Der Entwurf bildet die Vorlage für die Herstellung der Kartenoriginale, die in der DDR auch *Herausgabeoriginale* genannt werden.

Für den Entwurf hat der Redaktionsplan mindestens die folgenden Einzelheiten der inneren und äußeren Kartengestaltung festzulegen:

1. Benennung, Maßstab und Format der Karte,
2. Wahl des Netzentwurfes,
3. Art der Abgrenzung des Kartenfeldes,
4. Umfang und Gestaltung des Karteninhalts einschließlich der Bearbeitung des Namengutes,
5. Gestaltung von Kartenrand und -rahmen,
6. Zusammentragen (Kompilieren) und Auswerten des Quellenmaterials (Stoffaufbereitung oder Vorbereitungsprozeß).

Dazu können im Einzelfall bestimmte Gesichtspunkte Rahmenbedingungen schaffen wie z. B. der Einfluß von erwünschten Verkleinerungsmöglichkeiten auf den Zeichenschlüssel oder die Wirkung von Kartenfalzungen auf die Plazierung von Randangaben usw.

Ein bis ins Einzelne gehendes Schema für Planung und Entwurf von Karten läßt sich angesichts der Mannigfaltigkeit der Karten nicht angeben. In schwierigen Fällen erfordert die Entwurfsphase viel Arbeitsaufwand, weil eine gewisse Optimierung der kartographischen Darstellung mehrere Varianten des Entwurfs erforderlich macht. Das gilt z. B. für die Wahl von Strichbreiten, Signaturen, Mischfarben und Schriften sowie von Größenmaßstäben bei Signaturen und Diagrammen. In anderen Fällen, z. B. bei Flurkarten, wo klare Darstellungsvorschriften ohne wesentliche graphische Probleme auftreten, kann die Entwurfsphase weitgehend übersprungen werden, indem durch unmittelbare Kartierung und Zeichnung sogleich das Kartenoriginal entsteht.

Das mehrsprachige Fachwörterbuch [61] der Internationalen Kartographischen Vereinigung beschreibt das Kartenentwerfen als „Lagetreues und generalisierendes Darstellen von Kartengegenständen auf Grund der Stoffaufbereitung; häufig nicht im Kartenmaßstab und im Zeichenschlüssel der Reinzeichnung".

Vielfach entsteht der Entwurf als besondere Graphit- bzw. Tuschezeichnung oder als Gravur auf maßbeständiger Unterlage, in anderen Fällen dagegen als manuelle Überarbeitung einer anderen Karte. Mitunter ist die Entwurfsausführung bewußt anders gehalten als die vorgesehene Originalwiedergabe; so weisen z. B. Schummerungsvorlagen als echte Halbtöne andere Tonwerte auf als mit dem Rasterdruck beabsichtigt. Mit einer solchen Abweichung wird jedoch möglichst genau die Tonwertänderung kompensiert, die bei den Reproduktionsprozessen unvermeidbar auftritt.

Der Maßstab des Entwurfes stimmt entweder mit dem der vorgesehenen Karte überein oder ist größer als dieser. Der Inhalt des Entwurfs muß hinsichtlich aller Lageangaben (z. B. Begrenzungslinien) *geometrisch* exakt sein. Eine *graphisch* exakte Darstellung ist dagegen nicht unbedingt erforderlich; es genügt daher in vielen Fällen, die einzelnen Angaben (z. B. über die Art und Anordnung der Signaturen und Schriften) nur soweit vorzunehmen, daß den weiteren Bearbeitern die Originalherstellung eindeutig möglich ist.

Beispiele für Kartengestaltung und Kartenentwurf bei verschiedenen Kartenarten werden in [87] beschrieben.

In der *amtlichen Kartographie* ist der Kartenentwurf durch Musterblätter, Vorschriften und Richtlinien geregelt. Dabei entsteht der Entwurf von *Grundkarten* als exakte Kartierung der Ergebnisse topographischer Vermessungen, der von *Folgekarten* durch Generalisierung anderer Karten (Bd. I, 4.4). Die laufenden Arbeiten der Kartenredaktion beziehen sich vor allem auf Fragen der Bearbeitungsreihenfolge, Neuauflage, periodischen Fortführung, Herausgabe von Sonderkarten, Änderung der Farbgebung usw. Die Güte eines amtlichen Kartenwerks steht und fällt mit der Sorgfalt, die auf die Herstellung des Musterblattes verwendet wird. Dessen Verbindlichkeit wird daher auch gewöhnlich erst dann wirksam, wenn sich aus einer Anzahl von typischen Probekarten die Eignung einer solchen Darstellungsrichtlinie ergeben hat.

In der *privaten Kartographie* nehmen Planungs- und Entwurfsarbeiten besonders dort einen großen Umfang an, wo es sich um die Herstellung von Atlanten handelt. Das beginnt mit der Verlagsplanung, in der nach Abgrenzung des Vorhabens der Arbeitsumfang kalkuliert wird, wobei auch die Vertriebschancen aufgrund einer Marktanalyse und eines erhofften Werbungserfolges abgeschätzt werden. Hieran schließt sich ein Rahmenentwurf, der sowohl den Kreis der Mitarbeiter (vor allem der Kartographen und Fachberater) als auch das Quellenmaterial, die Arbeitsanweisungen und Zeichenschlüssel festlegt und schließlich auch die Fertigung von Probekarten vorsieht. Darauf folgt der eigentliche Kartenentwurf (Einzelheiten siehe 2.1 sowie *W. Bormann* [86] und *E. Imhof* [19]), und erst nach kritischer Durchsicht aller Entwurfsarbeiten beginnt die eigentliche Herstellung der Kartenoriginale.

Werden *Themakarten*, vor allem solche komplexer bzw. synthetischer Art, hergestellt, so entsteht oft zunächst der Autorenentwurf, in dem der thematische Sachverhalt auf einer anderen Karte oder auf dem bereits vorhandenen topographischen Kartengrund (1.4) dargestellt wird. Daran schließt sich der Entwurf des Kartographen, der vor allem in der adäquaten kartographischen Gestaltung bzw. Umsetzung des Themas besteht.

4.2 Geschichtliche Entwicklung

Im Altertum und Mittelalter entstanden Kartenoriginale unter anderem durch Ritzen auf Tontafeln (Babylonien) oder Metallplatten (China), als Zeichnung auf Papyrus (Ägypten) oder Pergament (Mönchskarten) oder durch Meißeln in Stein (Rom). Eine Vervielfältigung war nur durch manuelle Anfertigung weiterer Exemplarer, d. h. durch erneutes Ritzen, Zeichnen usw. möglich.

Die ersten Druckplatten entstanden als *Holzschnitte* etwa zu Beginn des 15. Jahrhunderts; von diesen wurden die Karten mit einer Handpresse in geringer Auflage vervielfältigt. Die Wiedergabe feiner Linien war dabei naturgemäß nicht möglich.

Um die Mitte des 15. Jahrhunderts brachte der *Kupferstich* einen großen Fortschritt; er machte es möglich, Karten höchster graphischer Qualität durch feinste Strichwiedergabe herzustellen.

Der Kupferstich wurde auf einer plangeschliffenen, etwa 3 bis 4 mm starken Kupferplatte nach einer Zeichnung durchgeführt, die ursprünglich durch eine Gelatinepause, später photomechanisch auf die Platte übertragen wurde. Durch die *Handgravur* wurden dabei die

Linien und Vollflächen des Kartenbildes mit verschiedenartig abgeschliffenen Sticheln und Nadeln in die Platte eingegraben (eingestochen); Kartenzeichen und Zahlen ließen sich mit Stahlstempeln einschlagen. Um beim Druck ein seitenrichtiges Bild zu erhalten, war der Stich seitenverkehrt durchzuführen. Nach dem Farbauftrag war zunächst eine Reinigung der Plattenoberfläche erforderlich; erst dann fand der Druck auf angefeuchtetes Papier statt. Die *galvanische Gravur*, d. h. das mechanische Tieflegen der Zeichnung auf elektrolytischem Wege, wurde seit etwa 1930 angewandt.

Der Druck von der Kupferplatte ist ein typischer *Tiefdruck* (4.4.1.3), der aber wegen der Weichheit des Metalls nur geringe Auflagen zuläßt. Größere Auflagen erforderten daher die Vervielfältigung mit Hilfe von Maschinendruckplatten (Stein oder Zink), die vom Kupferoriginal durch Umdruck abgeleitet wurden. Beim Umdruckverfahren wird vom Original ein Abzug auf besonderem Umdruckpapier mit spezieller Umdruckfarbe hergestellt. Durch Aufpressen dieses Abzuges auf die Maschinendruckplatte in einer Handpresse verbindet sich die Umdruckfarbe mit der Platte und bildet nach Ablösen der durchfeuchteten Papiermasse den Träger der Farbe beim Auflagedruck.

Die Zeit des Kupferstichs ist heute vorüber. Eine der bekanntesten kartographischen Anwendungen waren die Originale der Karte des Deutschen Reiches 1:100000 (Bd. I, 5.6.2.4). Bis in die Mitte des 20. Jahrhunderts bestanden auch die meisten Originale des deutschen Seekartenwerks (1.7.2.6) aus Kupfer.

Zu Beginn des 19. Jahrhunderts kam der von *A. Senefelder* entwickelte *Steindruck* auf, der vor allem in Form der *Kartolithographie* ein sehr leistungsfähiges Vervielfältigungsverfahren wurde.

Als Ausgangsmaterial dienten Kalkschieferplatten (vorwiegend aus Solnhofen im Fränk. Jura). Der etwa 9—11 cm dicke Stein ist aus einer dünnen, aber guten Oberplatte und einer dicken Unterplatte zusammengekittet. Die sehr glatt geschliffene Oberfläche wird chemisch gegen Fett und Öl (Farbe!) widerstandsfähig gemacht. Die Zeichnung läßt sich auf die Steinplatte wie bei der Kupferplatte übertragen; sie muß auch hier seitenverkehrt sein.

Der Stein wurde entweder durch Gravur mit besonderen Stahlsticheln (Tiefmanier) oder durch Zeichnung mit einer sog. Lithographietusche (Flachmanier) bearbeitet. Die gravierten bzw. gezeichneten Stellen nahmen später die Druckfarbe an und gaben sie dann wieder an das

Papier ab. Wie beim Kupfertiefdruck wurde auch beim Steindruck der Auflagendruck nicht mit dem Erstoriginal, also nicht mit dem Originalstein (Abb. 60) vorgenommen, sondern mit einem zweiten sog. Umdruckstein oder mittels kopierter Metallplatte.

Abb. 60. Originalstein

Auch der Steindruck als erster *Flachdruck* (4.4.1.4) wird in der Kartentechnik nicht mehr angewandt. Bis 1945 waren die Originale der Topographischen Karte 1:25000 (Bd. I, 5.6.2.2) vorwiegend Lithographien. Auch die Originale der Höhenflurkarten 1:5000 (Bayern) bzw. 1:2500 (Württemberg) sind ursprünglich als Lithographiesteine entstanden.

Die genannten Druckformen nahmen gewöhnlich jeweils die gesamte Kartendarstellung auf, d. h. die Karte wurde einfarbig gedruckt. Eine mehrfarbige Gestaltung (Flächen, Farbsäume an Grenzen usw.), wie man sie z. B. bei alten Atlaskarten trifft, war daher nur nachträglich durch Handkolorit des Einzelexemplars möglich. Der mehrfarbige Kartendruck kam erst im 19. Jahrhundert in der Atlaskartographie auf.

4.3 Gegenwärtige Herstellung der Kartenoriginale

Die unmittelbare Bearbeitung von Druckformen ist mühsam und zeitraubend. Die Kartenoriginale entstehen daher heute im Wege der einfacheren und schnelleren Zeichenverfahren. Aus ihnen werden dann mit den Mitteln der Reproduktionsphotographie und der Kopie die Druckplatten abgeleitet. Auf diesem Wege sind allerdings oft zahlreiche Zwischenprozesse nötig, deren Anzahl z. B. bei einem einzigen Blatt der

Topographischen Übersichtskarte 1 : 200000 weit über 300 Vorgänge betragen kann.

Das mehrsprachige Wörterbuch der Internationalen Kartographischen Vereinigung [61] beschreibt das *Kartenoriginal* als „Reproduktionsreife, meist seitenrichtige Platte einer zu druckenden Farbe, die der Herstellung des Kopieroriginals dient". Das *Kopieroriginal* wiederum ist die „Reproduktionsreife Druckvorlage einer zu druckenden Platte auf transparentem, maßhaltigem Zeichnungsträger, von dem die Druckform gewonnen wird". Die zur Originalherstellung erforderliche *Reinzeichnung* schließlich ist die „Nach Entwurfs- oder Zeichnungsvorlage ausgeführte reproduktionsreife Zeichnung".

4.3.1 Träger des Kartenbildes

Die Technik der Originalherstellung hängt weitgehend von der Art und Beschaffenheit des Materials ab, auf dem das Kartenbild steht. Das gilt nicht nur für die bei der Originalherstellung benutzten Stoffe, sondern auch für die Materialien, auf denen das Kartenbild nach der Vervielfältigung erscheint. Die wichtigsten Trägerstoffe sind heute Papier, Kunststoffolien, Glas und Metalle.

1. Papier

In der Kartentechnik hat das Papier eine dreifache Bedeutung: 1. Es trägt als *Karton* auch heute noch teilweise den Entwurf und die Reinzeichnung. 2. Es ist als *Lichtpaus-*, *Photopapier* usw. der Träger des durch ein reprographisches Verfahren entstandenen Kartenbildes oder einer Vorstufe davon. 3. Es ist der Bedruckstoff für den Auflagedruck (*Kartenpapier*).

Das Papier wurde etwa um 100 n. d. Zw. in China erfunden, kam aber erst um 1150 über Arabien und Spanien nach Europa. 1350 entstand die erste deutsche Papiermacherei. Der Name stammt vom ägyptischen *Papyrus*, das seit etwa 3500 v. d. Zw. aus den Markfasern der Papyrusstaude gewonnen wurde. In Europa wurde seit etwa 200 v. d. Zw. das aus Tierhäuten hergestellte *Pergament* benutzt.

Als Rohstoffe dienen Holz, Altpapier, Stroh und Lumpen. Diese sog. Halbstoffe werden in einem sog. Holländer fein zermahlen und bilden dann mit weiteren Füllstoffen einen Papierbrei (Ganzstoff), der in der Papiermaschine auf einem Siebband gerüttelt und durch sog. Gautsch- und Naßpressen entwässert wird. Die weitere Bearbeitung findet dann in geheizten Trockenpressen sowie in Glättwerken zur Oberflächenbehandlung statt. Feinere Papiere werden später in einem besonderen Glättwerk (Kalander) noch weiter geglättet (satiniert). Eine kleine Papierkunde gibt [124].

Für kartographische Zwecke kommt nur holzfreies Papier in Betracht. Dieses entsteht, wenn der Rohstoff Holz chemisch behandelt wird und nur die daraus entstehende Zellulose, nicht auch der Holzschliff zur Papierherstellung benutzt wird.

Der besondere Vorteil des Papiers liegt darin, daß es Graphit, Schreibpaste, Tinte, Tusche und Druckfarben problemlos annimmt und rasurfähig ist. Nachteilig ist die starke Abhängigkeit der Papierdimensionen von den Schwankungen der Luftfeuchtigkeit. Dieser *Papierverzug* ist quer zur Laufrichtung etwa 3—6mal größer als in Laufrichtung.

Als *Laufrichtung* gilt die Richtung der Breifasern; diese stellen sich beim Rütteln des Siebbandes stets in Bandrichtung ein. Um sie festzustellen, wendet man z. B. die Feuchtprobe an: Ein gefeuchtetes Papier krümmt sich stets quer zur Laufrichtung.

Eine Papierstabilisierung erreicht man z. B. durch Kleben mehrerer Bögen mit sich kreuzenden Laufrichtungen. Am wirkungsvollsten ist jedoch das Kaschieren auf Aluminiumplatten oder -folien. Solche *Alu-Kartons* sind fast völlig maßbeständig und daher besonders für exakte Kartierung geeignet.

Das Gewicht eines m^2 Papier beträgt bis zu 150 g; Sorten bis 500 g/m^2 bezeichnet man als Karton, über 500 g/m^2 als Pappe. Kartenpapier wiegt etwa 90 g/m^2. Bei einem spezifischen Gewicht von rund 1 gibt diese Gewichtsangabe zugleich die ungefähre Papierdicke in μm an.

Bedrucktes Kartenpapier wird gefaltet (gefalzt) oder ungefaltet (plano) benutzt. Eine gut durchdachte *Falzung* steigert die Handlichkeit im Gebrauch. Bei den meisten Karten trifft man auf eine oder zwei Falzungen in Längsrichtung mit anschließender harmonikaartiger Falzung in Querrichtung (sog. Zickzack- oder Leporellofalzung). Karten mit höheren Auflagen werden meist an Falzmaschinen gefalzt.

Seit etwa 1960 sind sog. *synthetische Papiere* auf dem Markt. Sie bestehen aus reinem Kunststoff in Folienform oder aus Fasern, können aber auch aus einer Mischung von Kunststoffasern mit herkömmlichen Zellstoff- oder Holzschliffasern hergestellt werden. Solche Produkte sollen die guten Oberflächeneigenschaften des Papiers aufweisen, aber dessen Nachteile vermeiden. Sie zeichnen sich daher durch hohe Festigkeit gegen Reißen, Scheuern und Falzen sowie durch völlige Wasserfestigkeit aus. Andererseits sind sie leichter dehnbar, nicht so steif wie Papier und kaum besser zu bedrucken als dieses. Besonders nachteilig ist der gegenüber vergleichbaren Papierqualitäten um ein Mehrfaches höhere Preis. Daher dürfte es auch in Zukunft nur zu speziellen Anwendungen kommen, z. B. dort, wo für Karten und Lichtpausen durch einen Gebrauch im Felde besondere Strapazen zu erwarten sind.

Von einem Kartenoriginal fordert man heute meist, daß es maßbeständig und transparent ist. Das Papier kann beide Forderungen zugleich nicht erfüllen: Alu-Karton ist nicht transparent, Transparentpapier nicht sehr maßbeständig. Aus diesem Grunde eröffnet sich daher den Kunstoffolien ein weites Anwendungsgebiet.

2. Kunststoff-Folien

Als erste brauchbare Zeichenfolien erwiesen sich *Celluloseacetate*, die auch heute noch (z. B. unter dem Markennamen Ultraphan) im Gebrauch sind. Die Folien lassen sich leicht bezeichnen, sind jedoch nicht sehr maßbeständig.

Der große Aufstieg der Folientechnik begann mit dem Aufkommen der *vollsynthetischen* Folien: 1937 erschien die erste Folie dieser Art unter der Bezeichnung Astralon. Heute gibt es zahlreiche in- und ausländische Produkte; dabei unterscheidet man zwischen Folien, die durch Mischpolymerisation entstehen, und solchen, die aus Polykondensation hervorgehen.

Polymerisation ist die Verfestigung bestimmter Stoffe unter besonderen chemischen Bedingungen zu hochmolekularen, meist langkettigen Verbindungen. Das für die Kartentechnik wichtigste Mischpolymerisat ist das Polyvinylchlorid (PVC). Folien dieser Art wie z. B. Astrafoil, Astralon, Vinylite entstehen nach der Polymerisation durch Walzen in geheizten Kalandern; eine Mattierung wird durch Oberflächenprägung oder mechanisches Aufrauhen erzeugt.

Polykondensation ist die Verbindung zweier Stoffe zu einer neuen hochmolekularen Verbindung unter Abspaltung von Wasser, Ammoniak usw. Solche Verbindungen sind entweder Polytherephthalsäureester (Polyester, z. B. Cronar, Hostaphan, Mylar, PE-Folie, Permatrace, Stabilene) oder Polycarbonate (z. B. Agfafol, Lexan, Pokalon). Die Oberflächenmattierung entsteht bei Polyesterfolien durch Pigmentlackierung und bei Polycarbonatfolien durch Gießmattierung auf einem rauhen Gießband.

Die Folien sind glasklar, als Zeichenfolien einseitig bzw. beidseitig mattiert oder undurchsichtig (opak) und etwa 0,05 bis 0,25 mm stark. Ihr Wärmeausdehnungskoeffizient beträgt bei PVC- und Polycarbonatfolien etwa 60 bis $70 \cdot 10^{-6}$ je 1° C, bei Polyesterfolien etwa $25 \cdot 10^{-6}$ je 1° C. Der Ausdehnungskoeffizient je 1 % Änderung der relativen Luftfeuchtigkeit ergibt sich für PVC- und Polycarbonatfolien zu rund $5 \cdot 10^{-6}$ und für Polyesterfolien zu rund $10 \cdot 10^{-6}$. Außer von diesen Merkmalen hängt die Eignung von Folien noch wesentlich von ihrer Wärme- und Alterungsbeständigkeit, Festigkeit, Flexibilität und Knickbeständigkeit sowie von ihrem Verhalten zu Tuschen und Farben ab.

So gilt z. B. für die Verarbeitung und Lagerung von PVC-Folien ein Temperaturlimit von 35° C. Bei höheren Temperaturen ändert sich das Maßverhalten; zugleich erhöht sich — wie auch bei sehr niedrigen Temperaturen — die Sprödigkeit. Polyesterfolien sind von hoher mechanischer Festigkeit, jedoch haften auf ihnen Tuschen und Kopierfarben nicht unmittelbar, sondern nur mit Hilfe einer besonderen Lackmattierung. Alle Folien laden sich ferner bei geringer Luftfeuchtigkeit elektrisch auf.

Verbundfolien wie z. B. das Super-Astrafoil entstehen durch Verkleben von PVC- und Polyesterfolien. Sie sollen die Festigkeit der Polyesterfolie mit der Bezeichenbarkeit der PVC-Folie verbinden.

Eine eingehendere Darstellung der Kunststoffe bringt [4]. Die Kunststoffolien für die Kartographie behandelt *J. Becke* [83]. Über die Bezeichenbarkeit solcher Folien siehe 4.3.3.1.

Unbeschichtete Folien dienen als Zeichenfolien (mindestens einseitig mattiert) oder als Montagefolien. *Beschichtete* Folien tragen eine Lichtpaus-, Photo-, Kopier-, Gravur- oder Strippingschicht.

3. Glas

Da Glas sich nicht unmittelbar bezeichnen oder einfärben läßt, benutzt man es nur als Träger von Photo- oder Gravurschichten.

Seine Vorteile beruhen auf der hohen Maßbeständigkeit (thermischer Ausdehnungskoeffizient etwa $8 \cdot 10^{-6}$ je 1° C), der Planlage und großen Transparenz. Nachteilig sind dagegen die leichte Zerbrechlichkeit, das hohe Gewicht und die damit verbundene Unhandlichkeit; aus diesen Gründen ist das Glas weitgehend durch die Folie abgelöst worden. Bei einigen Stellen hat jedoch die Schichtgravur auf Glas (4.3.3.2) noch ihren festen Platz.

4. Metalle

Metallplatten dienen als Druckformen in Druckmaschinen. Das Druckbild wird durch Plattenkopie (4.3.7.3) übertragen. Über die Beschaffenheit der Metallplatten siehe 4.4.1.4.

4.3.2 Kartierung

Grundlage der Entwurfs- und Originalherstellung ist die exakte geometrische Konstruktion des Kartennetzes. Bei Karten größerer Maßstäbe tritt dazu noch die genaue graphische Auswertung von Vermessungen, Berechnungen oder photogrammetrischen Aufnahmen durch maßstäbliches Auftragen von Fest-, Einpaß- und weiteren Punkten sowie von Geraden und Kurven. Man bezeichnet die Gesamtheit dieser Arbeiten als *Kartierung*.

Zur manuellen Kartierung benötigt man Lineale (u. U. auch Kurvenlineale), Anlegemaßstäbe, Dreiecke, Winkelmesser (Transporteure), Kartiernadeln, Graphitstifte (Härtegrad mindestens 3 H) und Radierwerkzeug. Spezielle Kartiergeräte wie Kleinkoordinatographen erleichtern und beschleunigen die Kartierung. Für genaue oder umfangreiche Arbeiten wendet man heute vorwiegend die *mechanische Kartierung* mittels Koordinatograph oder die *automatische Kartierung* mittels Zeichenautomaten an.

Jede Kartierung beginnt mit der Netzkonstruktion. Diese läßt sich manuell wie folgt vornehmen (Abb. 61): Man verbindet die Ecken des Zeichenträgers diagonal miteinander und trägt vom entstandenen Schnittpunkt S vier gleich lange Strecken s auf den Diagonalen ab. Die Verbindung der vier Streckenendpunkte A bis D ergibt ein exaktes Rechteck. Von diesem Rechteck ausgehend kann man dann ein Quadratnetz bestimmter Maschenweite aufbauen. Alle Punkte werden durch einen feinen Nadelstich markiert; den Netzlinien werden die Koordinatenwerte beigeschrieben. Die kartierten Punkte lassen sich reihenweise und in den Diagonalen auf Geradlinigkeit prüfen; ferner müssen die Diagonalabstände das $\sqrt{2}$fache der Maschenweite betragen.

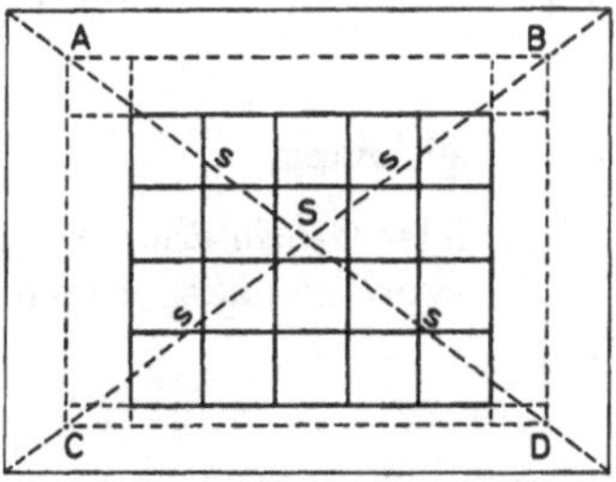

Abb. 61.
Konstruktion eines Kartennetzes (quadratisches Gitter)

Das Quadratnetz eignet sich auch zur Konstruktion eines geographischen Netzes, wenn man die Schnittpunkte der geographischen Netzlinien im Quadratnetz berechnet, kartiert und miteinander verbindet (siehe Bd. I: 3.2.6, Abb. 68; 3.4.4, Abb. 76). Die geographischen Netze normaler azimutaler und zylindrischer Abbildungen lassen sich unmittelbar kartieren.

Die Kartierung eines Punktes nach rechtwinkligen Koordinaten läuft umgekehrt ab wie die Koordinatenbestimmung aus der Karte. Die Erläuterungen zu 6.3.2 und die Abb. 96 lassen sich daher sinngemäß anwenden. Bei Kartierung polarer Koordinaten wird mit dem Transporteur der Richtungswinkel bzw. das Azimut im Ausgangspunkt abgesetzt (vgl. Abb. 100 und 101) und die Strecke auf dem freien Schenkel abgetragen.

Ein *Koordinatograph* ist ein größeres Kartiergerät, mit dem sich Punkte nach rechtwinkligen, seltener nach polaren Koordinaten mechanisch kartieren sowie Koordinatenlinien zeichnen lassen. Umgekehrt kann man auch für einen dargestellten Punkt die Koordinaten ablesen. Die Kartier- bzw. Ablesegenauigkeit liegt etwa bei $\pm$ 0,03 mm.

Die bekanntesten Konstruktionen bestehen aus einem Zeichentisch, über dem die Kartiervorrichtung in zwei zueinander senkrechten Richtungen mittels Handrädern über Spindeln oder Zahnstangen bewegt wird. Die Kartiervorrichtung enthält die Kartiernadel, die sich gegen die Zeichenfläche senken und wieder abheben läßt. Anstelle der Nadel kann man auch eine Graphitmine, eine Tuschefeder oder einen Gravurstichel sowie zur Koordinatenbestimmung ein Einstellmikroskop einsetzen.

Über Kartierautomaten (Zeichenautomaten) siehe 5.2.2.1.

4.3.3 Reinzeichnung

Die *Rein-* oder *Originalzeichnung* ist die nach Entwurfs- oder Zeichnungsvorlage ausgeführte reproduktionsreife Zeichnung.

Sie beruht
- auf der Übertragung von Substanzen (Graphit, Schreibpasten, meist jedoch Tusche) (4.3.3.1),
- auf der Gravur von Schichten (4.3.3.2),
- auf der Schattierung von Flächen (4.3.3.3),
- auf der Projektion von Lichtstrahlen (5.2.2.1) oder
- auf dem Schneiden von Folien (4.3.3.4, 5.2.2.1).

4.3.3.1 *Tuschezeichnung*

Unter den Substanzen, die beim Zeichnen übertragen werden, bevorzugt man in der Praxis der Originalzeichnung schwarze Tuschen, da sich mit ihnen am sichersten gleichmäßige, randscharfe und — im Hinblick auf die nachfolgenden Reproduktionen — genügend kontrastreiche Striche erzielen lassen. Die Tuschezeichnung ist auf Karton oder Folie möglich. Farbige Tuschen kommen fast nur für Unikate in Betracht.

Zur *manuellen Tuschezeichnung* werden Zeichenfedern, Ziehfedern (Reißfedern), Lineale, verschiedene Zirkel, Radiergeräte u. a. m. benutzt. Die anstelle von Ziehfedern heute bevorzugten Tuschefüller können durch Röhrchen (Düsen) unterschiedlicher Öffnung gleichmäßige Striche in Breiten zwischen 0,1 und 2,5 mm wiedergeben. Schraffiergeräte ermöglichen eine exakte Flächenschraffur (z. B. bei Gebäudeflächen), Schablonen die gleichmäßige Darstellung von Signaturen und einfachen Schriften (Normschrift nach DIN 16 und 17).

Die Tuschezeichnung auf gutem Karton mit den gewöhnlichen Ausziehtuschen ist problemlos. Dagegen erfordert jede Zeichnung auf PVC- und Polycarbonatfolien Spezialtuschen, die meist folienanlösend sind und dadurch fest haften. Auf lackmattierten Polyesterfolien wird mit besonderen wässerigen, aber nach der Trocknung wasserfesten Tuschen gezeichnet. Vor dem Zeichnen sind die Folien mit einem Reinigungspulver oder einer Spezialflüssigkeit zu reinigen. Für das Entfernen von Darstellungen genügt meist der Gebrauch angefeuchteter Plastikradierer. Wird bei Polyesterfolien die Lackmattierung durch Rasuren verletzt, so ist eine Nachmattierung nötig, die mit einem Spezialmittel selbst vorgenommen werden kann. Während für PVC- und Polycarbonatfolien praktisch alle Zeichengeräte geeignet sind, erfordert die sehr harte Lackmattierung bei Polyesterfolien Zeichengeräte mit Hartmetall- oder Saphirspitze, um einen raschen Abrieb zu vermeiden.

4.3.3.2 *Schichtgravur*

Durch Gravur auf beschichteter Kunststoffolie bzw. beschichtetem Glas wird an den Stellen des Kartenbildes die Schicht entfernt und damit der Schichtträger freigelegt. Aus dem Gravurergebnis wird durch Reproduktion oder Einfärbung

das Positivoriginal gewonnen. Neben einer höheren Zeichengeschwindigkeit liegt der wesentliche Vorteil der Schichtgravur gegenüber der Tuschezeichnung in einer gleichmäßigeren Strichbreite und einer besseren Randschärfe. Dadurch ist es in vielen Fällen möglich, das Kartenoriginal unmittelbar im Maßstab der Karte zu bearbeiten.
Das Verfahren, dessen Anfänge bis in die 30er Jahre zurückreichen, hat sich heute weitgehend in der Originalherstellung durchgesetzt. Dazu sind spezielle Graviergeräte entwickelt worden, mit denen sich Striche, Doppelstriche, Punkte und Kreise sowie nach Schablonen auch Schriften und Signaturen darstellen lassen. Die Stichel sind aus hartem Stahl und spitz oder meißelförmig geschliffen. Sie werden häufig in Vorrichtungen gehalten, die auf Füßen über die Schicht gleiten und für eine möglichst konstante Gravurtiefe sorgen. Die Geräte sind vielfach mit einer Lupe versehen (Abb. 62).

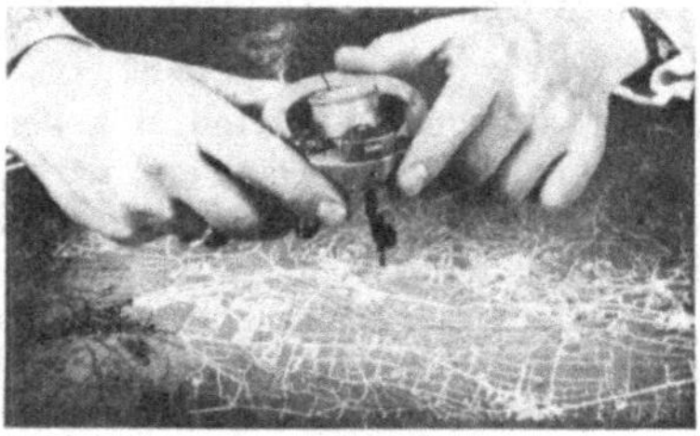

Abb. 62. Graviergerät von Haag-Streit

Gute Gravurergebnisse setzen eine möglichst dünne Schicht (etwa 5 μm dick) voraus, die nicht spröde, sondern so beschaffen ist, daß sich der Span leicht löst und randscharfe Linien entstehen. Die Schicht soll ferner kratzfest sein und eine Härte aufweisen, die auf die beim Gravieren wirksame Kraft gut abgestimmt ist. Das spielt vor allem beim automatischen Gravieren eine Rolle. Schichten auf Folien gibt es in konfektionierter Form; man kann aber auch eine Folie oder Glas mit Hilfe einer Schleuder oder durch Aufstreichen, Aufgießen, Aufwalzen bzw. Aufsprühen selbst beschichten. Unter den konfektionierten Schichten gibt es auch solche, bei denen sich über der Gravurschicht oder auf der Rückseite der Folie eine Diazoschicht befindet, die Anhaltskopien im Lichtpausverfahren ermöglicht.

Die einzelnen Methoden der Schichtgravur hängen ab

— von der *visuellen Transparenz*, d. h. von der Möglichkeit, durch die Schicht mit den Augen hindurchzusehen, und
— von der Transparenz für *aktinisches Licht*, d. h. von der Durchlässigkeit der Schicht für eine Strahlung, die auf lichtempfindliche Materialien einwirkt.

Diese beiden Transparenzmerkmale sind zwar häufig, aber nicht immer identisch.

Die *visuelle* Transparenz bestimmt die Zeichentechnik. Ist sie ausreichend vorhanden, so läßt sich die beschichtete Folie auf die Vorlage legen und die Darstellung hochgravieren. Bei Schichten, die keinen Durchblick gestatten, ist der Entwurf auf der Schicht zu kartieren oder — wie es vorwiegend üblich ist — auf die Schicht als *Anhaltskopie* (4.3.4.2, 4.3.7) zu kopieren und dann in der vorgesehenen Weise nachzugravieren.

Die Transparenz für *aktinisches Licht* bestimmt die Art der Weiterverarbeitung der Gravurergebnisse. Bei fehlender Transparenz ist das Ergebnis der Gravur ein negatives Kartenbild (sog. Negativgravur). Von diesem gewinnt man das Positiv durch Photographie oder Kopie (Abb. 63), d. h.

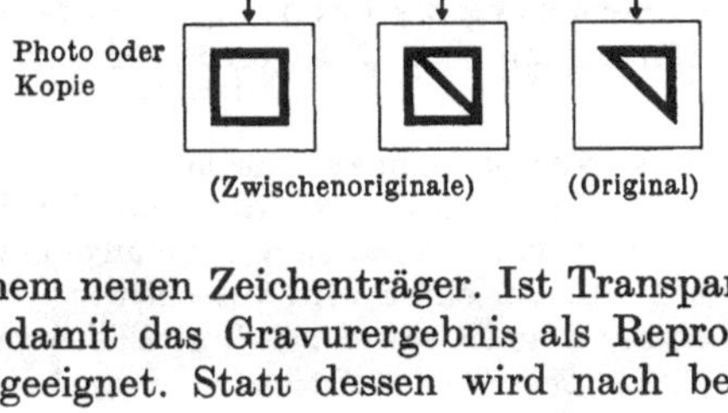

Abb. 63. Negativgravur

auf einem neuen Zeichenträger. Ist Transparenz vorhanden, so ist damit das Gravurergebnis als Reproduktionsvorlage nicht geeignet. Statt dessen wird nach beendeter Gravur eine Farbe aufgetragen, die sich an den freigelegten Stellen mit der Folie fest verbindet. Entfernt man sodann die Schicht, so entsteht unmittelbar das Positiv (sog. *Positivgravur*, Abb. 64), d. h. es findet kein Wechsel des Zeichenträgers statt. Dieser Vorgang ist im Prinzip auch mit aktinisch nicht transparenten Schichten möglich; bestimmte Schichten dieser Art auf Folie eignen sich daher sowohl für die Negativ- wie auch für die Positivgravur. Während im Hinblick auf ihre Weiterverarbeitung Negativgravuren sich sowohl auf Folie wie auf Glas ausführen lassen, kommen für Positivgravuren nur Folien in Betracht. Dabei scheiden Polyesterfolien wegen ihrer Oberflächenbeschaffenheit für die Positivgravur weitgehend aus.

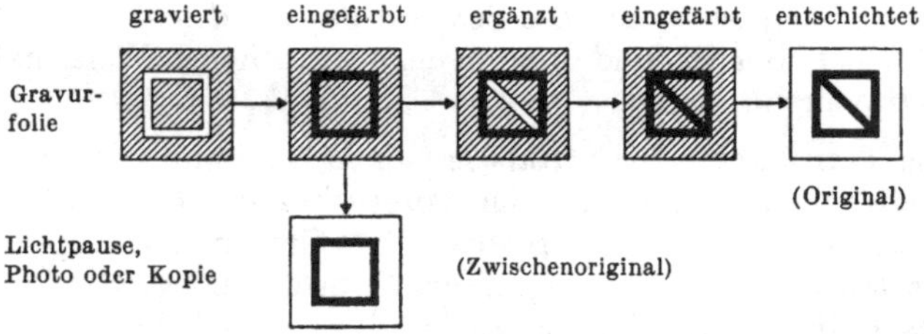

Abb. 64. Positivgravur mit aktinisch transparenter Schicht

Der Vorteil der Negativgravur liegt darin, daß die Originalgravur bereits die fertige Reproduktionsvorlage ist, also unverändert bleibt und in dieser Form beliebig lange verwendbar ist. Das Verfahren kommt vor allem für die Herstellung von Karten mittlerer und kleiner Maßstäbe nach Anhaltskopien in Betracht. Bei der Schichtgravur auf Glas kann man nach Herstellung des Positivs die Schicht auf dem Glas vollständig entfernen und das Glas erneut für eine weitere Gravur beschichten.

Der Vorteil der Positivgravur ist darin zu erblicken, daß das Positiv ohne Reproduktionsprozeß gewonnen wird. Nachteilig ist dagegen, daß die Gravur zu wiederholen ist, wenn die Einfärbung ein mangelhaftes Ergebnis liefert. Das Verfahren wird vor allem bei der Herstellung großmaßstäbiger Karten sowie bei Luftbildauswertungen angewandt. Beim *Positiv-Schichtfolien-Ritzverfahren* nach Wieneke werden überwiegend visuell und aktinisch transparente Schichten benutzt. Im Gegensatz zu den anderen Methoden wird durch die Führung eines Stichels die Schicht nicht spanförmig abgehoben, sondern aus den zu ritzenden Stellen herausgedrückt. Ein besonderer Vorteil ergibt sich, wenn man nach dem Einfärben die überschüssige Farbe entfernt, die Schicht aber stehen läßt: Man kann sodann durch Photographie, Kopie oder Lichtpause ein Zwischenoriginal ableiten, das z. B. für eine Schriftvorlage, einen Feldvergleich oder zur Korrekturlesung benutzt wird. Anschließend sind weitere Gravuren möglich.

Die Korrektur einer Negativgravur besteht im manuellen Abdecken fortfallender Darstellungen mit einer lichtundurchlässigen Schichtmasse. Nach Trocknung läßt sich weitergravieren. Dementsprechend ist bei der Positivgravur das Auftragen einer Korrekturschicht mit Pinsel oder Zeichenfeder vor dem Einfärben noch möglich. Bereits eingefärbte Linien lassen sich durch mechanische Rasur oder auf chemischem Wege mit einem Spezialmittel entfernen. Nach der Entschichtung ist für größere Nachträge auch eine manuelle Nachbeschichtung möglich.

Weitere Einzelheiten über Technik und Anwendung der Schichtgravur sind enthalten in den Ergebnissen des 5. Arbeitskurses Niederdollendorf 1964 [88]. Über spezielle Verfahren der Kartenberichtigung mit Hilfe der Schichtgravur berichten *G. Brandenburg* [209] und *L. Katzenberger* [298]. Einzelheiten zur *chemischen Gravur* (Auswaschkopie) siehe 4.3.7.2.

4.3.3.3 *Manuelle Schummerung*

Die Schummerungsdarstellung ist ein echter Halbton, der nachträglich noch einer autotypischen Rasterung (4.3.5.4) zu unterziehen ist. Eine solche Halbtonvorlage entsteht auf Karton oder Folie im Anhalt an eine Darstellung der Höhenlinien und des Gewässernetzes durch flächig wirkende Techniken. Diese arbeiten mit Wasserfarben, mit verriebenen Graphitminen oder mit einem Sprühverfahren.

Die Wasserfarbentechnik einschließlich der Sprühverfahren ist am günstigsten für große, etwa gleich zu tönende Flächen. Das Arbeiten mit Graphitminen eignet sich dagegen vor allem zur Darstellung von Bereichen mit harten Übergängen (z. B. bei Kanten). Während das Aufbringen von Wasserfarben — besonders bei lavierenden Techniken — einen fast kornlosen Schummerungston erzeugt, ergibt sich bei Graphitminen ein Korn in Abhängigkeit von der Oberfläche des Zeichenträgers. Dieses Korn läßt sich jedoch bei Verwendung eines Wischers (Estompe) erheblich reduzieren.

Die Schummerung sollte als eine einzige Vorlage auch dann entstehen, wenn sie in mehreren Farben gedruckt werden soll; die Farbtrennung ergibt sich dann aus speziellen Techniken. Soweit bei den Photo-, Kopier- und Druckprozessen unvermeidbare Tonwertänderungen eintreten, sind sie bei der Herstellung der Schummerungsvorlage bereits in entgegengesetztem Sinne zu berücksichtigen. Einzelheiten über Schummerungstechnik beschreibt *E. Langer* [121].

Über die theoretischen Grundlagen der Schummerung sowie über mechanische und analytische Verfahren dabei siehe 5.3.2. Nr. 2 und Bd. I, 5.3.2.5.

4.3.3.4 *Folienschneiden für Abziehverfahren*

Es gibt aktinisch nicht transparente, aber durchsichtige Schneide-Abziehfolien, die zur Herstellung von Farbdeckern über die Vorlage gelegt werden. Dann schneidet man manuell entlang der sichtbaren Kontur einer Fläche und kann dann — je nachdem, ob positiv oder negativ gearbeitet wird — entweder die von der Kontur umschlossene Fläche oder ihre Umgebung abziehen (cut'n strip). Eine mechanische Variante dieser Methode ist das in 4.3.5.3 geschilderte Strip-Mask-Verfahren.

4.3.4 Grundzüge und Merkmale der Originalherstellung

4.3.4.1 *Einfarbige Karten*

Das Original ist meist eine transparente Folie, die die gesamte Kartendarstellung enthält. Es entsteht in einfachen Fällen durch Hochzeichnen oder -gravieren von einer geeigneten Vorlage, mitunter auch durch Auszeichnen der Entwurfskartierung und photomechanische Übertragung dieser Zeichnung auf eine Folie. In anderen Fällen entsteht die Folie nach Techniken, die denen bei der Herstellung mehrfarbiger Karten entsprechen.

Die Folie dient als Vorlage a) für die Herstellung von Lichtpausen bei geringen Auflagen oder b) für die Druckplattenkopie im Falle der Vervielfältigung durch Druck. Einfarbige Kartendrucke treten z. B. auf bei einfachen Orientierungsplänen, bei zahlreichen Blättern der Topographischen Karte 1 : 25000, bei vielen topographischen Kartengrundlagen sowie im Zuge von Textveröffentlichungen (u. a. als Verbreitungs-, Fund-, Wetter- und Wirtschaftskarten in Büchern, Zeitungen usw.).

4.3.4.2 *Mehrfarbige Karten*

Mehrfarbige Karten werden nahezu ausschließlich durch Druck vervielfältigt; die Verfahren der Mehrfarbenkopie, Elektrokopie und Zweifarbenlichtpause kommen zur Zeit nur dann in Betracht, wenn nur wenige Exemplare gewünscht werden. Die rein manuelle Bearbeitung eines Entwurfes bis zur fertigen mehrfarbigen Karte findet nur dann statt, wenn lediglich ein einziges Exemplar (Unikat) entstehen soll.

Solche Unikate gab es früher vor allem bei Katasterkarten und einzelnen thematischen Karten. Die mehrfarbige Darstellung entstand dabei in den Linien mit farbiger Zeichentusche, in den Flächen mit Aquarellfarben. Das Verfahren läßt sich heute auch für Vorlagen im Farbauszugsverfahren anwenden.

Auf zwei Wegen lassen sich die Druckplatten mehrfarbiger Karten gewinnen:

- — Über die nach Druckfarben getrennten Zeichnungen, d. h. durch *zeichnerische* Farbtrennung oder
- — über eine einzige bunte Vorlage mittels Farbauszugsverfahren, d. h. durch *photographische* Farbtrennung.

In beiden Fällen stellt man so viele *Farbplatten* (*Farbfolien*) her, wie Druckfarben (und damit auch Druckvorgänge) vorgesehen sind. Jede Farbplatte muß daher alle Darstellungen — und nur diese — enthalten, die in einer bestimmten Farbe erscheinen sollen (Abb. 65). Damit im Druckergebnis die einzelnen Farbdarstellungen lagerichtig zueinander passen, werden alle Farbplatten vom selben Entwurf abgeleitet und durch ein Paßsystem miteinander in Beziehung gebracht.

Bei der Ableitung aller Platten von *einem* Entwurf braucht dieser nicht immer eine geschlossene Darstellung zu sein. Es genügt oft auch die gemeinsame Bezugsgrundlage in Form des Kartennetzes, des topographischen Kartengrundes, digitalisierter Daten von Linien usw.

Das *Paßsystem* besteht gewöhnlich aus feinen Paßecken oder -kreuzen. Die Ecken decken sich meist mit den Ecken des Kartenrahmens; die Kreuze werden soweit in die äußeren Ecken der Zeichnungsträger gelegt, daß sie mit dem Beschneiden der Druckexemplare fortfallen. Es gibt auch mechanische Paßsysteme (z. B. Klimsch-Perforex), bei denen in die Folien oder Platten kreis- bzw. schlitzförmige Paßlöcher gestanzt werden, mit deren Hilfe jede Vorlage paßgenau über Paßstifte fixiert werden kann. Sie eignen sich besonders für Arbeiten mit Negativen.

1. Farbplatten durch zeichnerische Farbtrennung

Dieser Bearbeitungsweg ist das in der Kartentechnik vorherrschende Verfahren. Dabei muß der Inhalt der Vorlagen zwar geometrisch, aber nicht graphisch exakt sein, und er braucht auch farblich nicht der endgültigen Darstellung zu entsprechen. Es muß jedoch erkennbar sein, wie der Inhalt nach den Farben zu trennen ist (z. B. durch bestimmte Hinweise). Für die zeichnerische Farbtrennung gibt es im einzelnen die folgenden Möglichkeiten:

a) Auszeichnen der Entwurfsdarstellung

Das Verfahren eignet sich nur für sehr einfache Fälle, in denen eine Farbe vorherrschend ist. Deren Umfang entsprechend wird die Entwurfskartierung in schwarzer Tusche ausgezeichnet; dabei sind überflüssige Darstellungen zu entfernen, wenn zu befürchten ist, daß sie bei späteren Reproduktionen mit erfaßt würden. Die Farbplatten geringeren Umfangs für die anderen Farben werden dann gewöhnlich durch Hochzeichnen (b) entstehen.

b) Hochzeichnen

In einfachen Fällen entsteht die Farbplatte dadurch, daß man eine Folie über den Entwurf deckt und den Inhalt einer Farbplatte mit Tusche oder durch Schichtgravur hochzeichnet. Nachteilig dabei ist, daß Betrachtungsparallaxen, die durch nicht ausreichend senkrechte Blickrichtung entstehen, Lagefehler der Zeichnung erzeugen. Werden Flächendarstellungen auf diese Weise in ihren Konturen nicht lagerichtig, so können beim Übereinanderdrucken Leerflächen bzw. Überlappungen entstehen. Ein weiterer Mangel kann darin bestehen, daß die Lesbarkeit der Vorlage, vor allem bei geringer visueller Transparenz der Gravurschicht, beeinträchtigt ist.

c) Zeichnen nach Anhaltsdarstellung

Dieses Verfahren ist in allen schwierigen Fällen von Vorteil und erfüllt auch höchste Genauigkeitsanforderungen. Als Anhaltsdarstellung gilt eine bereits vorhandene Strichzeichnung, eine verkleinerte Ausgangskarte, ein verkleinerter manueller Generalisierungsentwurf, ein bereits vorhandener topographischer Kartengrund o. ä. Die Darstellung wird sodann ganz oder teilweise, identisch oder in graphisch veränderter Form nachgezeichnet bzw. -graviert. Der Inhalt dieser Darstellung muß so beschaffen sein, daß nicht nachgezeichnete Partien in den nachfolgenden Reproduktionen fortfallen.

Die Anzahl der Anhaltsdarstellungen entspricht in der Regel der Anzahl der Farbplatten. Werden darüber hinaus noch mehr Anhaltsdarstellungen gefertigt, so lassen sich für eine Farbplatte auch mehrere Zeichenkräfte einsetzen. Man kann auch eine Anhaltsdarstellung zerschneiden und dann auf mehrere Kräfte verteilen. In beiden Fällen sind jedoch die Ergebnisse in einer besonderen Montage zusammenzutragen.

Für Tuschezeichnungen (4.3.3.1) entsteht die Anhaltsdarstellung als *Blaudruck* auf Karton bzw. als *Blaukopie* auf Folie. Nach durchgeführter Zeichnung ergibt sich die Farbplatte im Wege der Photographie bzw. Kopie. Dabei reagieren die lichtempfindlichen Schichten auf die blauen Darstellungen praktisch in gleicher Weise wie auf die bildfreien Stellen; die blauen, nicht nachgezeichneten Darstellungen verschwinden daher bei der Vervielfältigung.

Für die Schichtgravur (4.3.3.2) entsteht die *Anhaltskopie (Leitkopie)* auf der Gravurschicht, und zwar möglichst in einer zur Farbe der

Gravurschicht ausreichend kontrastierenden Farbe. Nach fertiger Gravur wird die Farbplatte durch Photographie oder Kopie abgeleitet, wenn es sich um eine Negativgravur handelt, bzw. sie entsteht durch Einfärben des Gravurergebnisses im Falle der Positivgravur. Im Verfahren der Negativgravur kann man auch nach Photographie bzw. Kopie die gravierten Stellen lichtundurchlässig abdecken und dann auf derselben Anhaltskopie die Gravur des Inhalts der zweiten Farbplatte vornehmen. Der Ersparnis bei der Anhaltskopie steht allerdings eine wesentlich längere Bearbeitungszeit beim Zeichnen gegenüber.

Einen Sonderfall bildet das sog. Strip-Mask-Verfahren (4.3.5.3).

Neben den aufgezählten Möglichkeiten der manuellen Herstellung von Farbplatten ist noch das Verfahren des *Standbogens* zu erwähnen; dieser kann wie ein Stehsatz bei der Bearbeitung von Kartenwerken für die stets wiederkehrenden Darstellungen verwendet werden. Meist handelt es sich dabei um die Anteile der *Schwarzplatte*, die den Kartenrahmen und bestimmte Randangaben darstellen. Die gleichbleibenden Angaben des Standbogens werden nur einmal erzeugt, und die speziellen schwarzen Grundriß- und Schriftdarstellungen eines Einzelblattes werden dann in den Standbogen einmontiert. Nach Umkopie (4.3.7.2) wird die Montage entfernt, und der Standbogen läßt sich für ein weiteres Blatt verwenden. Als Standbogen wird häufig auch ein *Einteilungsbogen* bezeichnet, der selbst keine Angaben enthält, sondern lediglich exakte Lagehinweise für die Montage einer Farbplatte aus mehreren Teilstücken angibt.

Ein Beispiel für die Farbplatten einer Karte zeigt Abb. 65.

Bei der Herstellung von Farbplatten bedient man sich heute in immer stärkerem Maße mechanischer und automatischer Prozesse. Dabei handelt es sich um

— spezielle Techniken zur Beschleunigung oder Verbesserung von Teilvorgängen (Lichtsatz, Rasterung, Abreibe- und Abziehverfahren, 4.3.5),
— photomechanische Umgestaltung des gesamten Kartenbildes (Reproduktionsphotographie 4.3.6 und Kopie 4.3.7),

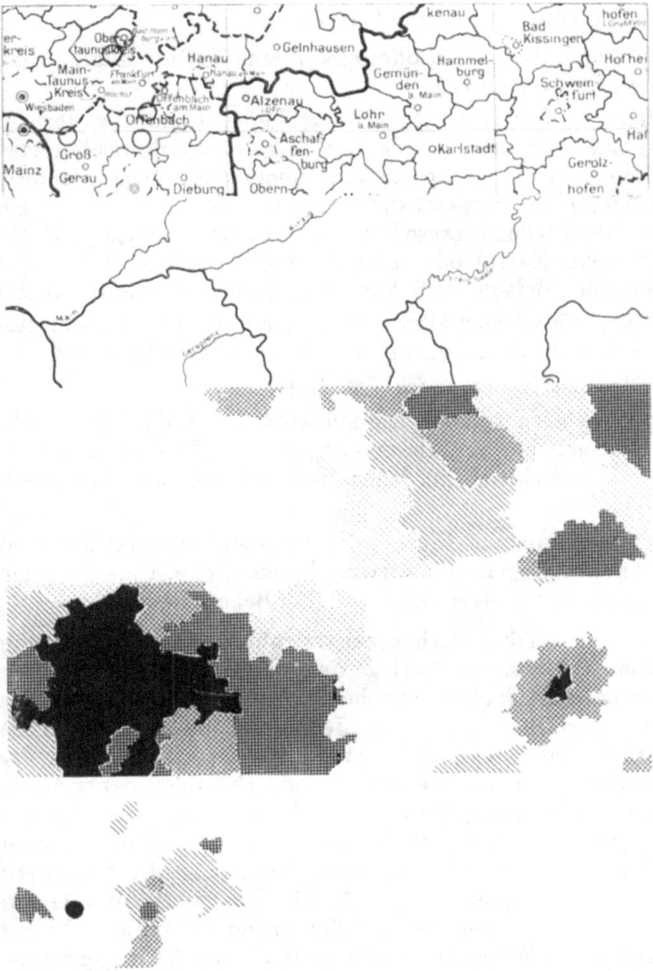

Abb. 65. Farbplatten der Anlage 4 (oberer Teil) Von oben nach unten: schwarz, kobaltblau, cyanblau, braun, rot.

— automatische Prozeduren, die sich auf die ganze Karte oder Teile davon beziehen (5).

2. Farbplatten durch photographische Farbtrennung (Farbauszugsverfahren)

Dieses in der gewerblichen Farbbildreproduktion vorherrschende Verfahren ist in der Kartentechnik noch relativ selten. Voraussetzung ist eine geometrisch wie graphisch exakte, in den vorgesehenen Farben gehaltene Vorlage (farbvereinte Vorlage). Diese kann eine *Aufsichtsvorlage* (z. B. alte kolorierte Karte) oder eine *Durchsichtsvorlage* (z. B. Color-Dia) sein. Beispiele für kartographische Anwendungen sind

— Reproduktionen alter Karten, die nur als Unikate existieren oder deren Druckplatten verloren gegangen sind,

— Vervielfältigungen farbiger Luftbilder,

— Ausarbeitung des Kartenentwurfs zur endgültigen mehrfarbigen Vorlage, um bereits in diesem Stadium eine komplizierte Gestaltung beurteilen und evtl. noch korrigieren zu können,

— Anwendung im Einzelfalle, wenn sich das Verfahren als zweckmäßiger oder wirtschaftlicher erweist als die zeichnerische Farbtrennung, z. B. bei Bebauungsplänen.

Das eigentliche Farbauszugsverfahren (Abb. 66) besteht darin, daß von der Vorlage drei photographische Halbtonauszüge auf panchromatischem Film durch jeweils verschiedene Farbfilter entstehen. Jeden beliebigen Farbton der Vorlage kann man sich entstanden denken aus den drei Grundfarben Gelb, Magentarot und Cyanblau der *substraktiven Farbmischung* (Bd. I, 4.2.1.2). Nun läßt ein Blaufilter die gelben Spektralanteile nicht durch, so daß sich keine Schwärzung der Gelbbereiche im Negativ ergibt. Damit entsteht aber umgekehrt gerade für die gelben Anteile eine mehr oder weniger starke Schwärzung im Positiv. In entsprechender Weise läßt ein Grünfilter nicht die magentaroten Teile des Spektrums hindurch, was einer Schwärzung der Rotbereiche im Positiv entspricht. Schließlich ergibt sich bei Verwendung eines Rotfilters eine Schwärzung der Blaukomponenten im Positiv. Die so entstehenden Positive sind in dieser Reihenfolge damit in erster Näherung Farbfolien für die Farben Gelb, Magentarot und Cyanblau. Neben diesem Vorgang der Filterung erfordert die praktische Verwertung der Auszüge noch ihre Rasterung und Maskierung.

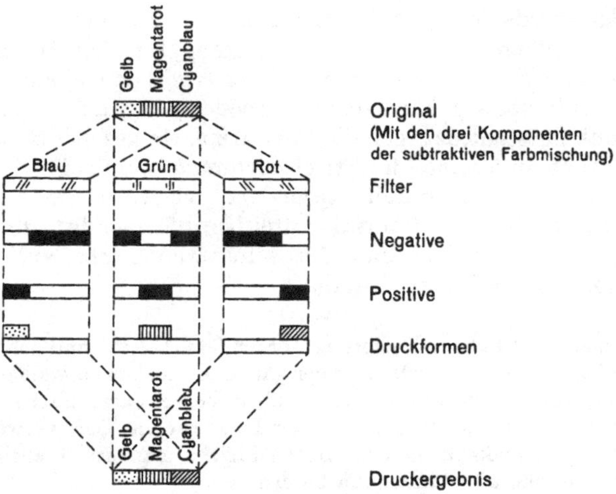

Abb. 66. Prinzip des Farbauszugsverfahrens

Die *Rasterung* der Auszüge ist erforderlich, da echte Halbtöne nicht zum Druck geeignet sind. Dabei gibt es zwei Möglichkeiten: Es werden sogleich die Negative gerastert (Direktrasterung) oder erst später die Positive.

Die *Maskierung* bewirkt Ton- und Farbwertkorrekturen, damit das Druckergebnis mit der Vorlage übereinstimmt, aber auch um Abweichungen gegenüber der Vorlage zu erreichen. Da manuelle Korrekturen sehr aufwendig sind und viel Erfahrung fordern, bedient man sich meist der mechanischen Korrekturen durch Masken. Dabei handelt es sich z. B. um ein unscharfes und nicht gefiltertes Halbtonpositiv, das wie ein Filter bei der Herstellung der einzelnen Positive dazwischengelegt ist. Im einzelnen gibt es hierzu eine Reihe von Spezialverfahren der Firmen, die einschlägiges Photomaterial herstellen; daneben sind die Bemühungen um Standardisierungen dieser Prozesse besonders intensiv.

In der Kartentechnik kann man auf Maskierung verzichten, wenn man den Grad der Farbveränderung kennt und dementsprechend andere Farben in der Vorlage vorgibt. Ein solches unmaskiertes Verfahren wird z. B. von *P. Füllbeck / H. Schmidt* [234] für die Herstellung von Bebauungsplänen beschrieben (siehe auch Anlage 10).

In der Praxis der Farbbildreproduktion wird neben den drei Farbauszügen noch ein vierter Auszug für den Druck in schwarzer Farbe vorgenommen. Das ergibt vor allem einen Gewinn in der sog. Tiefe der Farbwiedergabe. In der Kartentechnik entsteht dagegen die Schwarzplatte gesondert, wenn es darauf ankommt, die Strichzeichnungen und die Schrift ungerastert und damit gesondert wiederzugeben. Man bezeichnet den Druck mit den drei Normfarben der subtraktiven Farbmischung und der schwarzen Farbe auch als Druck mit der *kurzen Skala*.

Bei einer vollständigen Rasterung würden feine Striche und Schriften in Gefahr geraten, ausgefranst oder gar unterbrochen zu werden. Ist ein Ausweg — wie geschildert — über die schwarze Farbe nicht möglich, da diese auch in gerasterter Form für die Tiefe verwendet werden soll, so kann man die feinen Striche ungerastert auch mit einer weiteren, also fünften Farbe drucken.

Natürlich kann man mit der kurzen Skala auch nach Farbplatten drucken, die durch *zeichnerische* Farbtrennung entstanden sind. Das ergibt eine Reduktion der Druckgänge ohne eine Minderung der Farbmischungsmöglichkeiten (siehe hierzu die Bemerkungen bei der Rasterkopie in 4.3.7.2). Während aber dort die kurze Skala gewissermaßen wahlweise zur Verfügung steht, ist sie im Farbauszugsverfahren die Regel.

Neben der Methode des photographischen Farbauszuges gibt es seit einiger Zeit elektronische Farbabtastverfahren, bei denen mit Hilfe sog. *Scanner* die Vorlage punktweise mit einem Lichtstrahl abgetastet wird. Der Lichtstrahl wird über Filter in die drei Komponenten der subtraktiven Farbmischung zerlegt, die ihrerseits in elektrische Signale umgesetzt werden. Rasterung, Maskierung, Schwarzplatte und spezielle Korrekturen werden durch einen angeschlossenen Computer berechnet. Mit den so manipulierten Signalen werden Belichtungslampen gesteuert, die die Negative bzw. Positive herstellen.

4.3.4.3 *Kennzeichnungen der Vorlagen und Ergebnisse*

Im Rahmen der Kartenredaktionsarbeiten erfordert die Vielfalt der kartentechnischen Prozesse eine klare Angabe aller Merkmale, die bestimmend sind für die einzelnen Vorgänge. Dabei handelt es sich vor allem um die Unterscheidung,

1. ob die Darstellung ein Positiv oder ein Negativ ist,
2. ob sie seitenrichtig (SR, auch leserichtig genannt) oder seitenverkehrt (SV, leseverkehrt) ist,
3. ob sie sich im Originalmaßstab oder in einem speziellen Arbeitsmaßstab befindet,
4. ob sie nicht transparent (opak) oder transparent ist (Bei Transparenz des Materials kann man noch unterscheiden, ob beidseitig, einseitig oder nicht mattiert) und
5. ob sie entstanden ist als Zeichnung, Photographie, Folienkopie, Lichtpause oder Druck.

4.3.5 Mechanisierung von Teilprozessen

Bei der manuellen Originalherstellung sind hoher Aufwand und gute kartographische Fähigkeiten besonders dort erforderlich, wo es darum geht, exakte Kartenschriften, gleichförmige Signaturen und paßgerechte Flächenfarben zu erzielen. Daher werden zunehmend Verfahren angewandt, mit deren Hilfe diese Elemente auf mechanischem Wege exakter, schneller, bequemer und auch mit angelerntem Personal zu gewinnen sind. Daneben sind Farbmischungen und -abstufungen sowie Halbtonbearbeitungen auf sinnvolle Weise nur durch mechanisches Rastern möglich.

4.3.5.1 *Schriftsatz*

Die Kartenschrift entstand früher ausschließlich durch Gravur der Kupfer- bzw. Steinplatte oder durch Zeichnung. Dazu wurden besondere Schriftarten entwickelt, die sich den graphischen Eigenarten des Kartenbildes besser anpassen als die relativ starren Typen des Buchdrucks.

Eine erste Mechanisierung der Zeichnung bzw. Schichtgravur besteht in der Verwendung von *Schablonen*, die jedoch nur für einfache Schriften (Normschrift nach DIN 16 und 17) geeignet sind.

Eine weitere Mechanisierung stellt der *Druck* von Kartenschriften dar. Dabei gibt es verschiedene Möglichkeiten, die Schrift in das Original zu übertragen.

a) Das einfachste Verfahren ist das *Einstempeln* mit speziellen Stempelgeräten (z. B. Wulkow-Stempel). b) Die Schrift wird im *Handsatz (Bleisatz)* gesetzt (4.4.1.2) und auf weißem Kunstdruck- oder Barytpapier abgedruckt; der Druck wird ausgeschnitten und auf die Originalzeichnung geklebt, bzw. er wird photographiert und auf die Originalfolie montiert. c) Die Schrift wird unmittelbar auf transparente Folie gedruckt, die dann auf das Original montiert wird.

Der Photosatz (Lichtsatz, Filmsatz) stellt heute das modernste Verfahren dar. Neben seiner Schnelligkeit hat er auch noch den Vorzug, daß die Ausgangsbuchstaben sich unmittelbar in bestimmten Grenzen vergrößern bzw. verkleinern lassen. Das Ergebnis der photographischen Aufnahme ist meist ein montierbares Schriftpositiv. Für künftige Entwicklungen weist der Photosatz auch noch den Vorteil auf, daß er sich leicht in die Computertechnik integrieren läßt [152].

Die einfachste Vorstufe des heute üblichen Photosatzes besteht in der Verwendung zusammenfügbarer, meist negativer Einzelbuchstaben, die im Auflicht photographiert werden. Dem Vorteil laufender Schriftkontrolle steht als Nachteil der Zeitverlust durch Zusammenfügen und Ablegen gegenüber.

Das erste, speziell für kartographische Zwecke eingerichtete Gerät ist das von *H. Meyerhuber* 1954 entwickelte *Typofot-Lichtsatzgerät* der Firma *Hoh & Hahne*. Bei diesem wird vom Negativ eines gezeichneten Alphabets in fortlaufender Einzelprojektion der Buchstaben ein Name auf Film belichtet. Die Kontrolle ist erst nach Entwicklung des Filmes möglich.

Eines der neuesten Geräte ist das vor allem im graphischen Gewerbe vielseitig benutzbare *Diatype* der Firma *Berthold* (Abb. 67). Träger des negativen Alphabets ist hier eine drehbare Schriftscheibe, von der im Durchlicht die Buchstaben nacheinander auf einen Film projiziert

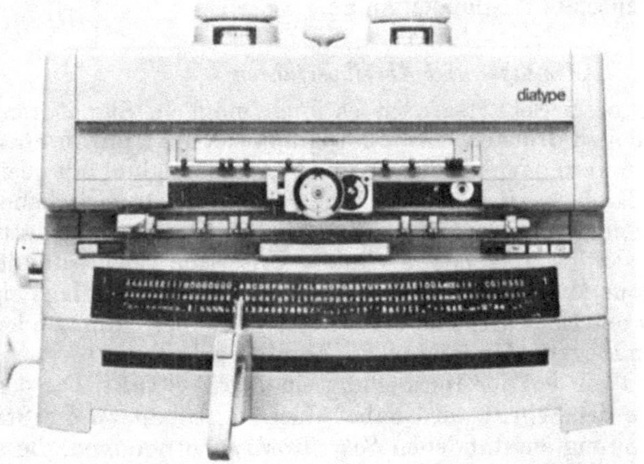

Abb. 67. Fotosetzgerät Diatype der Firma Berthold

werden. Der gewünschte Buchstabe wird mit einem Wählgriff auf einem auswechselbaren Schriftband eingestellt und durch Fingerdruck belichtet. Die notwendige Filmversetzung um die jeweilige Buchstabenbreite (entsprechend der sog. Dickte der Drucklettern des Bleisatzes) sowie die Belichtung und die Scharfeinstellung (je nach Vergrößerungsverhältnis) werden elektronisch gesteuert. Das umfangreiche Schriftenangebot enthält zahlreiche Scheiben mit kartographischen Schriften. Über den Einsatz dieses Gerätes in der Kartenherstellung berichtet *H. G. Lay* [328].

Die Filme für den Photosatz sind entweder sehr dünne Folien (etwa 0,06 mm) oder Stripping-Filme, die sich als feine Häutchen vom Träger abziehen lassen. In beiden Fällen ist es möglich, auch seitenverkehrt (Schicht nach unten) zu montieren, um damit erwünschte Umkehrungen ohne weiteren Reprovorgang zu erreichen.

Die Diskussion über die Vor- und Nachteile der mechanischen Beschriftung hat lange Zeit die Kartographen bewegt. Heute hängt die Güte einer gezeichneten oder gesetzten Schrift vorwiegend von der Qualität der Ausführung, weniger von den technischen Möglichkeiten ab.

4.3.5.2 *Montage- und Abreibverfahren*

Wie beim Schriftsatz ist es auch möglich, Signaturen auf Folien zu drucken bzw. photographisch auf Film zu übertragen und in beiden Fällen danach in das Original mit geeigneten Klebern zu montieren. Die Folien, die als Zwischenoriginale nur Montageergebnisse tragen, sind meist nicht mattiert. Sie werden über eine geeignete Unterlage gelegt, damit die genaue Montageposition erkennbar ist. Als Unterlage eignet sich der Entwurf, eine bereits fertige Reinzeichnung oder ein Standbogen. Umfangreiche Montagearbeiten ergeben sich vor allem bei der Herstellung einer *Schriftplatte*. Die genaue Lage der Schrift wird dabei einer im Anhalt an die Strichzeichnung entstandenen *Schriftvorlage* entnommen, die auch alle Angaben für den Schriftsatz enthält.

Neben der Montage von Einzeldarstellungen lassen sich auch ganze Kartenausschnitte montieren, wenn diese graphisch einwandfrei sind (z. B. bei Umstellung älterer Karten auf neue Zeichenträger unter gleichzeitiger Verbesserung der Lagegenauigkeit). Die Ausschnitte entstehen dabei oft durch Zerschneiden eines Filmes und partielles Einpassen auf ein vorher erzeugtes Sollnetz. Das Verfahren ist nicht ganz frei von Willkür, wenn der Umfang der Einpaßmöglichkeiten zu gering ist. Neukartierungen sind in diesem Falle meist besser, aber auch wesentlich aufwendiger.

Bei den zu montierenden Filmen handelt es sich entweder um selbsthaftende Materialien oder die Filme werden mit einem Haftklebewachs beschichtet. Dabei lassen sich montierte Stücke auch nachträglich wieder abheben und an anderer Stelle erneut montieren.

Mehrere Hersteller bieten *Abreibfolien* an, auf deren Rückseite sich Signaturen, grobe Raster, Ziffern oder Buchstaben befinden. Reibt man die auf das Original gelegte Folie im Bereich einer Signatur mit einem runden Gegenstand

(z. B. Kugelschreibermine) leicht an, so löst sich die Signatur von der Folie und haftet selbstklebend auf dem Original. Bei starker mechanischer Beanspruchung des Originals ist wegen der begrenzten Abriebfestigkeit solcher Teile u. U. vom Original ein weiteres Original im Wege der Umkopie (4.3.7) zu fertigen.

Die Abreibfolien entstehen durch Druck der Zeichen (meist Siebdruck) auf einer mit Trägerschicht versehenen Kunststoffolie. Das Druckergebnis wird anschließend überzogen von einer dünnen Schicht, die aus einem Wachskleber besteht. Das Reiben mit einem harten Gegenstand weicht die wärmeempfindliche Trägerschicht auf und verbindet das mit dem ebenfalls weich gewordenen Kleber versehene Zeichen mit der neuen Unterlage. Für thematische Karten sind Abreibverfahren dort besonders wirkungsvoll, wo sich — wie z. B. in der Punktmethode — gleichbleibende Darstellungen häufen. Über eine Anwendung in der topographischen Kartographie in Verbindung mit automatischen Zeichentechniken berichten *H.-S. Haase / G. Mittelstraß* [244].

4.3.5.3 *Abziehverfahren (Strip-Mask-Verfahren)*

Die bereits vorhandene Strichdarstellung einer Karte (z. B. die Grenzlinien von Wegen, Gewässern, Gebäuden, Wäldern) wird unter Verwendung einer besonderen, lichtundurchlässigen Kopierschicht so auf eine Folie kopiert (4.3.7), daß eine negative Konturenplatte entsteht. Hierbei sind die Konturen frei von Schicht, während die zwischen ihnen liegenden Flächen aus einer dünnen Haut von Kopierschicht bestehen. Man kann nun die Konturen mit einer lichtundurchlässigen Abdeckfarbe abdecken und danach die Schichthaut bestimmter Flächen mittels Pinzette oder Schaber leicht abziehen (strippen). Dadurch entsteht eine paßgerechte Negativmaske für eine Farbfläche (Gewässerblau, Waldgrün usw.), aus der bei Bedarf auch ein positiver Farbdecker durch Kopie abgeleitet werden kann (Abb. 68). Ein solches Vorgehen empfiehlt sich vor allem dann, wenn der Anteil der zu gewinnenden Farbflächen geringer ist als die nicht zu strippende Restfläche. Ist der Anteil dagegen wesentlich größer, so wird auf das Abdecken der Konturen verzichtet, und es werden die Restflächen gestrippt. So erhält man unmittelbar einen positiven Decker.

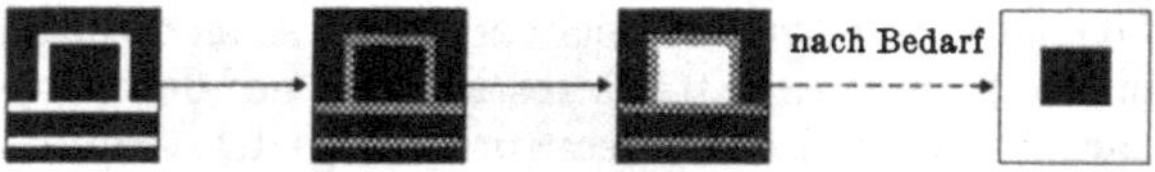

Abb. 68. Strip-Mask-Verfahren (für die Farbplatte „Gebäudefläche")

Der besondere Vorzug des Verfahrens besteht neben der Einfachheit und Schnelligkeit in der Tatsache, daß der abgeleitete Farbdecker gegenüber der Konturenplatte völlig frei von Lagefehlern ist und damit einen Mehrfarbendruck in bestmöglicher Übereinstimmung zwischen Konturen und Flächenfarben gewährleistet. Man kann auch mehrere Farbdecker von einer Stripkopie ableiten, wenn man nach dem Strippen und der Ableitung eines positiven Deckers durch Kopie die gestrippten Flächen abdeckt und dann andere Flächen strippt.

4.3.5.4 *Rastertechnik*

Mit Hilfe von Rastern lassen sich vollflächige oder linienhafte Elemente in einzelne Punkte oder Linien regelmäßiger oder unregelmäßiger Anordnung zerlegen. Die Rasterstruktur befindet sich auf einem geeigneten Trägermaterial in relativ großer Flächenausdehnung und wird für den Vorgang des Rasterns in den Strahlengang eingeschaltet. Durch diese Technik ist es möglich, in größerem Ausmaß Farbmischungen zu erzeugen, die Anzahl der Druckgänge zu reduzieren und Halbtöne darzustellen.

1. Rastermerkmale

Nach dem Trägermaterial unterscheidet man zwischen *Glasrastern* und *Filmrastern*. Glasraster (Normung nach DIN 16540) werden in Reproduktionskameras, Filmraster vorwiegend bei anderen Geräten eingesetzt. Nach ihrem Format lassen sich die Raster in quadratische oder rechteckige *Normalraster* und kreisrunde *Rundraster* gliedern; letztere findet man vor allem als drehbare Glasraster in der Kamera.

Für die gegenseitige Lage zwischen Raster und lichtempfindlicher Schicht gibt es die zwei Möglichkeiten der Distanz und des Kontaktes. *Distanzraster* (*Aufnahme-* oder *Projektionsraster*) befinden sich als runde Glasraster im Hinterkasten der Kamera wenige mm vor der Schicht. Im Gegensatz dazu haben die heute bevorzugten *Kontaktraster* unmittelbare Berührung mit der Schicht. Das trifft auch für die *Kopierraster* der Folien- und Druckplattenkopie zu.

Die Rasterelemente eines Distanzrasters sind scharf konturiert. Handelt es sich — wie üblich — um einen Kreuzraster, so fällt durch jedes kleine quadratische Rasterfenster Licht auf eine Schicht und erzeugt dort eine Schwärzung in Form eines gedeckten Kerns und eines um diesen angeordneten teilgeschwärzten Hofes. Diese Schwärzung hängt neben der Belichtungsdauer und der Schichtempfindlichkeit vor allem von der durch den Grauton der Vorlage bedingten Lichtmenge ab. Im Gegensatz zum Distanzraster ist der Kontaktraster ein Filmraster mit unscharfen Rasterelementen, die aus einem dichten Kern allmählich in den zeichnungsfreien Bereich übergehen. Die unscharfen Elemente bewirken einen Schwärzungsvorgang, der dem beim Distanzraster ähnelt. Beide Rasterarten eignen sich daher zur Aufrasterung von Halbtönen. Unter den Kontaktrastern gibt es neben den Graurastern auch sog. Magentaraster, bei denen noch Kontrasterhöhung bzw. -minderung mittels Magenta- bzw. Gelbfilter möglich sind.

Die Kopierraster, die ebenfalls im Kontakt verarbeitet werden, enthalten dagegen scharf konturierte Rasterelemente. Das bewirkt, daß sich die Schwärzung bei sachgemäßer Belichtung ausschließlich nach dem Tonwert des Kopierrasters selbst richtet.

Die *Rasterfeinheit (Rasterweite, Rastergröße)* wird beschrieben durch die Anzahl der Linien bzw. Punktreihen je cm. Dabei sind *Makroraster* grobe, als solche dem Auge deutlich erkennbare Punkt- oder Linienanordnungen (Übergang zur Schraffur). *Mikroraster* lassen dagegen einzelne Elemente nur wenig oder gar nicht mehr erkennen. Sie reichen in der Praxis vom groben Raster mit 20 Lin/cm bis zum extrem feinen Raster mit 120 Lin/cm. Je feiner ein Raster ist, desto höher muß beim Druck die Papierqualität sein. Raster mit mehr als 60 Lin/cm lassen sich mit bloßem Auge bei normalem Betrachtungsabstand nicht mehr auflösen; sie täuschen daher einen echten Flächenton vor.

Bei den *Rastermustern* unterscheidet man vor allem zwischen Kreuz-, Linien- und Punktrastern (Abb. 69). Der Kreuzraster eines Distanzrasters entsteht durch Zusammenkitten zweier zueinander senkrechter Linienraster, die aus

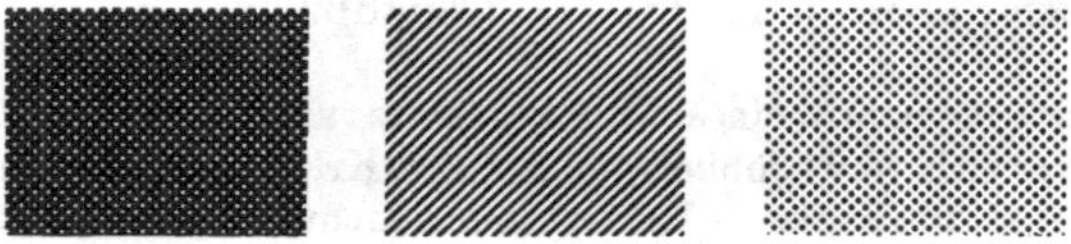

Abb. 69. Kreuz-, Linien- und Punktraster (16er Raster)

einer sehr präzisen Glasgravur in parallelen Geraden hervorgehen (Gravurraster). Ein Punktraster (mit quadratischen Punkten) ergibt sich als Negativ eines Kreuzrasters. Neben diesen Normalformen gibt es noch Strukturraster als deutlich wahrnehmbare, regelmäßige oder unregelmäßige Anordnung von Punkten und Linien (Abb. 70); man trifft sie meist bei

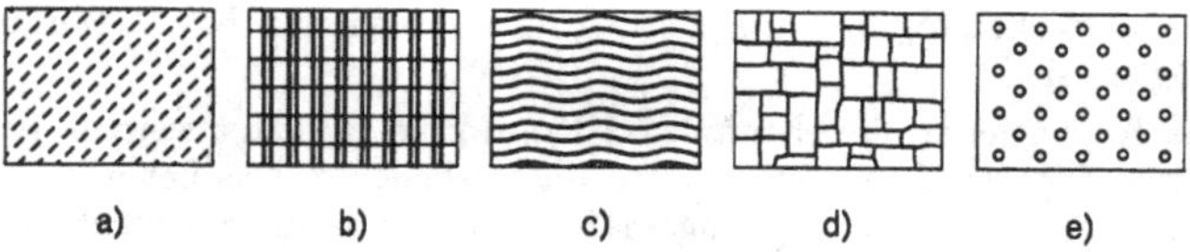

Abb. 70. Strukturraster. Erläuterungen siehe Text

qualitativen Flächendarstellungen in thematischen Karten (siehe auch Abb. 2). Sie lassen sich als Abwandlungen elementarer Rastermuster (*a*, *b*) oder als eigenständige Formen (*c*, *d*) erklären. Schließlich kann man von Signaturenrastern als technischer Realisation von Flächensignaturen sprechen (*e*).

Der *Rastertonwert* ist eine optische Größe, die von der densitometrisch gemessenen Dichte der Rasterelemente und der Gesamtfläche abhängt. Die etwa gleich große *Flächendeckung* ist dagegen eine geometrische Größe, die das prozentuale Verhältnis der Fläche der Rasterelemente zur Gesamtfläche angibt. Das Normblatt DIN 16600 beschreibt eine elfstufige lineare Reihe von 0 % bis 100 % für einen Raster von 5 Lin/cm (in Abb. 71 als Raster mit 7 Lin/cm dargestellt).

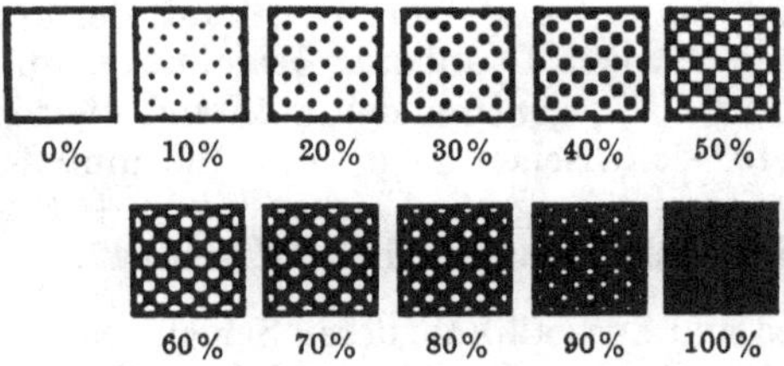

Abb. 71. Tonwertreihe nach DIN 16600

Obwohl sich bei dieser Reihe die Tonwerte um jeweils 10% ändern, wird das Tonwertverhältnis benachbarter Stufen nicht als konstant empfunden. Ein empfindungsgemäßes konstantes Verhältnis ergibt sich bei einer mehr progressiven Reihe entsprechend den psychophysischen Gesetzen; eine solche Reihe ist nahe 0 durch kleinere und im weiteren Verlauf durch größere prozentuale Änderungen gekennzeichnet, z. B. in der siebenstufigen Folge 0 — 6 — 21 — 42 — 68 — 89 — 100%. Eingehende Betrachtungen hierzu stammen von *R. Sellung* [413], *D. Morgenstern* [357] und *P. Füllbeck / H. Schmidt* [234]. Wie bereits an anderer Stelle ausgeführt, ergibt sich der Tonwert des Rasterergebnisses bei Distanzrastern und unscharfen Kontaktrastern aus dem Grauton der Vorlage einschl. Belichtungsintensität und -dauer, bei scharfen Kopierrastern dagegen aus dem Tonwert des Rasters allein.

Bei gleichem Tonwert sind die Rasterelemente umso kleiner, je feiner der Raster ist. Das bedeutet also, daß mit zunehmender Feinheit die Wiedergabe in den sehr niedrigen und den sehr hohen Tonwerten beschränkt ist, da die Darstellung sehr spitzer Punkte bzw. Lichter reproduktionstechnische Schwierigkeiten bereitet. So sind z. B. bei einem 80er Raster die quadratischen Punkte für 10% bzw. die Lichter für 90% Tonwert nur noch 0,04 mm breit.

Werden Rasterflächen in mehreren Farben gedruckt (z. B. bei Mischflächen, bei mehrfarbigen Schummerungen und bei allen Farbauszugsverfahren), so müssen die Raster der einzelnen Farbplatten in einer bestimmten *Winklung* zueinander stehen, damit beim Druck die Rasterelemente keine auffälligen, periodischen Muster (Moiré) bilden, sondern sich gleichmäßig auf dem Druckpapier verteilen. Diese Winklung, die durch entsprechendes Eindrehen des Rasters zu berücksichtigen ist, beträgt z. B. beim Druck mit der kurzen Skala für die drei Farben Cyanblau, Magentarot und Schwarz jeweils genau 60^0 gegeneinander, während die vierte Farbe Gelb mit 15^0 dazwischen gelgt wird. Sie muß bei Rastern gleicher Weite und für große Flächen bis zu ± 1' genau sein. Nähere Einzelheiten dazu enthält DIN 16547.

Rasterfilme sind Spezialfilme, deren Schicht bereits aus lichtempfindlichen Punkten besteht, so daß die Belichtung dieses Filmes unmittelbar nach der Vorlage stattfindet und ein besonderer Raster damit entbehrlich ist.

Eine zusammenfassende Darstellung der Rasterphotographie gibt *W. Rebner* [143]. Mit den Kopierrastern in der Landkartentechnik befaßt sich *G. Pöhlmann* [391]; ihre Normung regelt DIN 16601. Über die Verwendung spezieller Kontaktraster berichtet *H. G. Lay* [327]. Die Probleme von Winklung, Rasterweite und Tonwertkonstanz bei großformatigen Kopierrastern behandelt *H. Schmidt* [148]; er findet bei Kombination von Rastern unterschiedlicher Weite und für bestimmte Winklungen die Möglichkeit, die Winklungsgenauigkeit ohne Nachteile auf ± 1,5° herabzusetzen.

2. Anwendung der Rastertechnik

Bei diesen Anwendungen sind zwei Hauptfälle zu unterscheiden:

— Die zu rasternden Flächen der Vorlagen sind in ihren Farbmerkmalen (Ton, Helligkeit, Sättigung) konstant. Dann erzeugt man für jedes Rastermuster zunächst eine besondere Vorlage als sog. *Farbdecker*. Dabei kann es sich entweder um eine Positivmaske als Vollton der Rasterfläche oder um eine entsprechende Negativmaske wie in Abb. 68 handeln. Für den eigentlichen Rastervorgang kommen nur *Kopierraster* in Betracht, von derem Merkmal ausschließlich das Ergebnis abhängt (Fälle a bis c).

— Die zu rasternden Flächen sind in ihren Merkmalen variabel, also das, was man unter echten Halbtönen versteht. Da deren drucktechnische Wiedergabe nicht möglich ist, müssen sie so gerastert werden, daß die Halbtöne tonwertrichtig vorgetäuscht werden. Dieses als *Autotypie* bezeichnete Verfahren wurde 1881 durch den Kupferstecher *G. Meisenbach* erfunden. Die Vorlage ist photographisch unter Einschaltung eines autotypischen Rasters (Distanzraster oder unscharfer Kontaktraster) aufzunehmen. Das Ergebnis (die jeweilige Rasterpunktgröße) hängt hierbei vom lokalen Tonwert der Vorlage ab (Fälle d und e).

Die wichtigsten Anwendungen sind nachstehend aufgeführt.

a) *Abstufung einer Druckfarbe.* Durch Verwendung von Vollton, Kreuz-, Linien- und Punktraster lassen sich z. B. vier Tiefenstufen der Meere mit nur einer blauen Druckfarbe darstellen. Die verschiedenen Blautöne ergeben sich dabei durch Mischung des blauen Rasters mit dem Farbton des Papiers. Zu jeder Rasterstufe gehört ein besonderer Farbdecker.

b) *Farbmischungen* ergeben sich in größerer Zahl, wenn zum Fall a) weitere Druckfarben hinzutreten und die Flächen sich dabei auch überlappen. So entstehen z. B. schon aus 2 Farben, jeweils in Vollton und zwei verschiedenen Rastern dargestellt, 6 reine Farben und 9 Mischfarben, also insgesamt 15 Farben bei nur 2 Druckgängen!

c) Eine mechanische *Darstellung von Flächensignaturen* ist möglich, wenn relativ grobe Raster benutzt werden, z. B. für Gebäudeflächen, Grenzbänder, Verbreitungsflächen (mit Strukturrastern) und Flächendichtekarten.

d) Die *Zerlegung von Halbtönen* ergibt sich bei Schummerungen (Abb. 72) und bei Luftbildkarten (Abb. 49). Ferner ist es z. B. möglich, grüne Waldtöne, die der Schummerungsdarstellung überlagert sind, mit Hilfe der gerasterten Schummerungsplatte zu „modulieren", um in Kartenbild die plastische Wirkung der Schummerung nicht zu beeinträchtigen (modulierter Waldton). Bei der automatischen Schummerung lassen sich die Rasterpunkte auch nach einem Rechenprogramm erzeugen (5.3.2 Nr. 2).

e) Das *Farbauszugsverfahren* (4.3.4.2 Nr. 2) schließt auch die Rasterung von Halbtönen ein.

Abb. 72. Vergrößertes Rasterbild einer Schummerung

4.3.6 Reproduktionsphotographie

Vor Anwendung der Photographie benutzte man häufig *mechanische Pantographen (Storchschnabel)*, um Bilder zu übertragen und dabei zugleich ihren Maßstab zu verändern. Während solche Geräte heute kaum noch verwendet werden, sind sog. *optische Pantographen* noch im Gebrauch. Sie sind optische Umzeichengeräte, die es z. B. gestatten, die auf eine Mattscheibe projizierte Vorlage in einem anderen Maßstab ganz oder auszugsweise nachzuzeichnen.

4.3.6.1 *Phototechnik*

1. Allgemeines

Die Bildübertragung in der Phototechnik beruht auf einer Strahlung, die als *Auflicht* von der Vorlage reflektiert wird oder als *Durchlicht* durch die Vorlage hindurchgeht. In beiden Fällen wird die Strahlung durch die Darstellungen auf der Vorlage abgestuft, und das bewirkt eine entsprechende Differenzierung der von ihr getroffenen lichtempfindlichen Schicht. Nach der gegenseitigen Lage zwischen Vorlage und Schicht ist die Bildübertragung entweder durch *optische Projektion* oder im Wege der *Kontaktkopie* möglich; danach richtet sich auch vielfach die Entscheidung über das zu verwendende Photomaterial.

Die Empfindlichkeit der gebräuchlichen Photoemulsionen gestattet relativ kurze Belichtungszeiten, erfordert dafür aber andererseits ganz oder teilweise Dunkelraumbetrieb. Die spezielle kartentechnische Reproduktion ist durch folgende Merkmale gekennzeichnet:

— Es handelt sich meist um große Formate; das erfordert eine entsprechende instrumentelle und räumliche Ausstattung.
— Sowohl Negative wie Positive entstehen meist auf Film.
— Die Vorlagen sind überwiegend Strich-, Raster- oder Vollflächendarstellungen; die dafür in Betracht kommenden technischen Filme (Lithfilme, Strichfilme) zeichnen sich infolge ihrer extrem steilen Gradation durch eine hoffreie und damit randscharfe Schwärzung aus, die durch spezielle Entwickler erhalten bleibt.

Der übliche photographische Prozeß läßt zunächst ein seitenverkehrtes Negativ entstehen, von dem dann das seitenrichtige Positiv abgeleitet wird. Korrekturen werden überwiegend durch Abdecken im Negativ, seltener durch Rasur im Positiv vorgenommen.

Auf chemischem Wege ist auch eine *Umkehr* des Negativs zum Positiv möglich. Dazu wird das belichtete Material (also ein latentes Negativ) in einen Entwickler gegeben, der die belichtete Schicht (an den bildfreien Stellen) herauslöst. In einem zweiten Entwickler wird sodann unter Licht das restliche Halogensilber (an den Bildstellen) gschwärzt. Soll das Positiv seitenrichtig sein, ist die Aufnahme über einen Wechselspiegel oder durch den Schichtträger vorzunehmen.

Direktpositivfilme sind vorbelichtete Filme, also mit latenter Schwärzung. Durch Belichtung unter einer Positivvorlage mit gelber Strahlung oder Folie wird an den bildfreien Stellen diese Schwärzung abgebaut (Herschel-Effekt). Die Schwärzung verbleibt an den Bildstellen, so daß nach Entwicklung wieder ein Positiv entsteht. Die Filme sind meist von geringerer Lichtempfindlichkeit. Bei hochempfindlichen Filmen wird dagegen die Schwärzung durch kurzwelliges Licht abgebaut (Solarisationseffekt).

Bei den Bemühungen um Standardisierung des photographischen Vorgangs spielen die Erkenntnisse der *Sensitometrie*, die sich mit der Messung der Lichtwirkung auf Photoschichten befaßt, eine zunehmende Rolle. Als Teil der Sensitometrie bezieht sich die *Densitometrie* auf die Messung der Lichtabsorption (Schwärzungsmessung). Optische und elektrische *Densitometer* erlauben es, bei Vorlage und Ergebnis jederzeit den lokalen oder integralen Wert der optischen Dichte im Auflicht oder Durchlicht zu messen.

Die Sensitometrie bezeichnet bei Durchsichtsmessungen den Transmissionsgrad (Transparenz, Durchlässigkeit) als Quotienten aus durchgelassenem Lichtstrom Φ_t und auftreffendem Lichtstrom Φ_0:

$$T = \frac{\Phi_t}{\Phi_0}.$$

Entsprechend ergibt sich bei Aufsichtsmessungen der Remissionsgrad (Reflexionsvermögen) aus remittiertem Lichtstrom Φ_r und auftreffendem Lichtstrom Φ_0:

$$R = \frac{\Phi_r}{\Phi_0}.$$

Der Kehrwert 1/T bzw. 1/R entspricht dem Grade der photographischen Schwärzung und wird als Opazität O_p bezeichnet. T bzw. R können theoretisch jeden Wert zwischen 0 und 1 einnehmen; entsprechend ergeben sich für O_p Werte zwischen ∞ und 1.

Bei der Angabe von Opazitäten können demnach große Zahlenwerte auftreten. Es kommt hinzu, daß das menschliche Auge Abstufungen von Opazitäten, die in geometrischer Reihe vorgenommen sind, wie eine arithmetische Reihe — also logarithmisch — empfindet. Aus diesen Gründen verwendet man zur Angabe der Dichte (Schwärzung) den Zehnerlogarithmus der Opazität:

$$D = \lg O_p = \lg \frac{1}{T} \text{ bzw. } \lg \frac{1}{R}.$$

Diese Definition weist damit auch den Vorteil auf, daß beim Zusammentreffen mehrerer Vorlagen oder Filter die Dichtewerte einfach zu addieren sind, während die Werte der Opazitäten zu multiplizieren wären.

Hart arbeitende Strichfilme weisen ein $D = 4$ ($T = 1:10000$) und mehr, kontrastreiche Halbtonfilme ein $D_{max} = 3$ ($T_{max} = 1:1000$) auf. Die maximale Dichte von Schwarz-Weiß-Darstellungen auf Photopapier, von schwarzen Tuschezeichnungen und Druckergebnissen liegt bei etwa $D_{max} = 1{,}5$ ($R_{max} = 1:30$). Weiße Photo- und Druckpapiere besitzen selbst eine Dichte von etwa 0,1 ($R = 1:1{,}3$).

Da der Dichteumfang $D_{max} - D_{min}$ sowohl bei Vorlagen wie bei Photomaterialien verschieden ist, hat der photographische Prozeß gewissermaßen den Charakter einer Transformation der Dichtewerte, die sich unter gleichzeitiger Ermittlung der besten Belichtungs- und Entwicklungszeiten vorausberechnen läßt.

2. Spezielle Techniken

Aus der Fülle der auf dem Markt befindlichen Photomaterialien sind zahlreiche spezielle Verfahren entwickelt worden, von denen sich einige auch für die Kartentechnik eignen, weil sie entweder besonders einfach und wirtschaftlich sind oder weil sich mit ihrer Hilfe vorteilhafte Kartengestaltungen ergeben.

Durch *Bleichen* in einem Bleichfixierbad wird das Silberbild auf einen gelbbraunen Ton abgeschwächt. Spätere Eintragungen in schwarzer Tusche treten dadurch deutlicher hervor. Das Verfahren eignet sich auch zum Abschwächen von Halbtondarstellungen (z. B. Luftbildern).

Monochrom-Bilder entstehen durch farbstofferzeugende (chromogene) Entwickler. Aus der Vielzahl der möglichen Farbmischungen lassen sich z. B. mit Vorteil solche verwenden, die in der späteren Kopie fortfallen. In solchen Fällen eignet sich das Verfahren für Hilfsdarstellungen wie Kartennetze usw.

Nicht kopierende Bilder entstehen auch im Wege der *Photolyse*, doch ist darüber hinaus auch die Kombination mit einer normal entwickelten Darstellung möglich. Diese Darstellung entsteht vom Negativ durch normale Belichtung und Entwicklung (aber ohne Fixierung); bei der anschließenden Photolyse wird unter einem zweiten Negativ mit hochaktinischem Licht belichtet, wodurch sich ein reduziertes Silberbild in einem bestimmten Farbton (nach Wahl des Filmtyps) ohne Entwicklung, nur durch Fixieren ergibt. Damit ist die Kombination zweier Farben auf einem Film möglich.

Die *photographische Konturierung* geht von einem latent geschwärzten Direkt-Positivfilm aus (Abb. 73a), der unter positiver Vorlage und mit gelber Folie belichtet wird. An den bildfreien Stellen und — infolge Unterstrahlung durch längere Belichtung — in einer schmalen Zone am Rand der Bildstellen wird die latente Schwärzung abgebaut (b). Nach Entfernen nur der Gelbfolie wird mit weißem Licht belich-

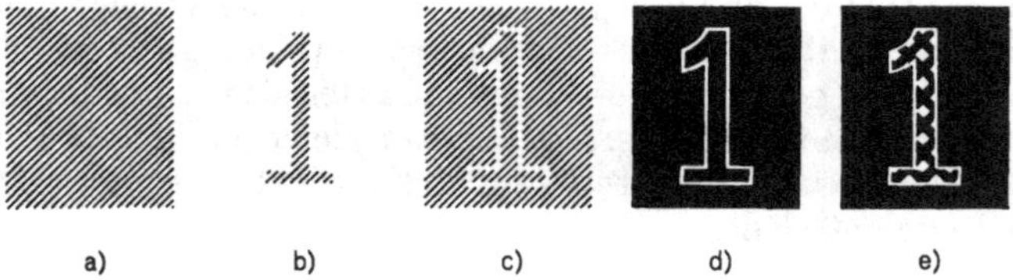

Abb. 73. Photographische Konturierung (Erläuterung siehe Text). Schraffierte Flächen bezeichnen die latente, Vollflächen die entwickelte und fixierte Schwärzung.

tet; der UV-Anteil baut dabei die Schwärzung an den bildfreien Stellen wieder auf (c). Nach Entwickeln und Fixieren liegt ein Negativ mit Konturierung der Bildelemente vor (d). Wird vor der ersten Belichtung noch unter einer Rasterfolie belichtet, so entsteht zum Schluß ein gerastertes Konturennegativ. Das Verfahren wird von *E. Spiess / M. Bühlmann* [145] beschrieben und eignet sich für die Kombination von Vollton- und Rasterdarstellung in einem Druckgang.

Auf *vorgerastertem Film*, dessen Schicht rasterartig aufgebaut ist, entsteht ein Rasterbild (z. B. von Halbtönen), ohne daß ein eigentlicher Raster in den Strahlengang eingeschaltet werden muß.

Dem *Vignettieren* (z. B. an Küstenlinien oder Staatsgrenzen) liegt folgendes Prinzip zugrunde: Auf dem zu belichtenden Film liegt ein Kontaktraster, dann folgt ein Positiv, eine Streufolie oder Mattglasscheibe und dann ein Negativ der Vorlage. Bei Belichtung unter diffusem Licht treten Unterstrahlungen auf, die an den Positivkanten am stärksten wirksam sind und mit zunehmendem Abstand davon abnehmen.

Wash-off-Filme sind Folien, bei denen durch eine spezielle Behandlung die Schicht an den bildfreien Stellen entfernt wird. Die Filme lassen sich daher wie Zeichenfolien bezeichnen; die photographisch entstandene Positivdarstellung ist leicht radierbar.

4.3.6.2 *Bildübertragung durch optische Projektion*

Sie ist das Prinzip der photographischen Kamera, bei der die Vorlage durch ein Objektiv auf die Photoschicht projiziert wird; dabei läßt sich das Bild geometrisch verändern. Da die Vorlage im Auflicht aufgenommen wird, braucht sie nicht transparent zu sein. Die bei kartentechnischen Arbeiten benutzen Reproduktionskameras sind Präzisionsgeräte von oft erheblichem Ausmaß (Abb. 74). Kamera und Origi-

Abb. 74. Reproduktionskamera Klimsch Super Autohorika 2000 in Brückenbauweise

nalhalter ruhen entweder auf einem gemeinsamen, gut gefederten Träger (Schwingstativ) oder sind in Brückenbauweise ausgeführt. Die Stative sind 3 bis 8 m lang; die Bildformate reichen von 50×50 cm² bis 120×150 cm². Die eigentliche *Kamera* besteht a) aus dem Hinterkasten mit Meßmattscheibe, Filmsaugplatte, Schaltpult und Durchleuchtungskasten und b) dem beweglichen Vorderkasten (Standarte) mit dem auswechselbaren Objektiv. Vorder- und Hinterkasten sind durch den lichtdichten Balgen miteinander verbunden.

Das Objektiv muß ein hohes Auflösungsvermögen und weitreichende Verzeichnungsfreiheit aufweisen.
Die Kamera besitzt Vorrichtungen zur automatischen Scharfeinstellung, Spiegelsysteme für Seitenvertauschung, Rückvergrößerungsmöglichkeiten usw. Der *Originalhalter* ist ein pneumatischer Rahmen, der die Vorlage (Maximalformat etwa 120 × 180 cm^2) aufnimmt und durch den erzeugten Unterdruck fest und damit eben gegen die Glasplatte preßt. Er ist für Entzerrungen kipp- und schwenkbar, oft auch seitlich verschiebbar. Die Beleuchtungseinrichtung (meist Xenonlampen) muß eine gleichmäßige Ausleuchtung der Vorlage gewährleisten.
Kleinere Kameras sind gewöhnlich *Einraumkameras*, größere Kameras dagegen oft *Zweiraumkameras*, bei denen sich der Hinterkasten in einem zweiten, abdunkelbaren Raum befindet. Eine solche Trennung zwischen Hell- und Dunkelraum beschleunigt und erleichert die Arbeiten, da z. B. im Hellraum bereits unmittelbar nach der Belichtung ein Wechsel der Vorlagen im Originalhalter möglich ist.
Neben dem Typ der Horizontalkamera (Abb. 74) gibt es auch noch die raumsparende Vertikalkamera mit meist abgeknicktem Strahlengang.

Mit einer Reproduktionskamera lassen sich unter anderem die folgenden Arbeiten durchführen:

a) *Maßstabsveränderung.* Diese ist bei Benutzung geeigneter Objektive etwa von 5facher Vergrößerung bis 12facher Verkleinerung möglich. Die exakte Solleinstellung wird auf dem Millimeternetz der Meßmattscheibe vorgenommen. Auf diesem Wege lassen sich auch Vorlagen auf ein verlorengegangenes Sollformat umbilden. Reicht in der Normalanordnung das Format für eine Vergrößerung nicht aus, so wird ein am Hinterkasten befestigtes transparentes Zwischenoriginal durchleuchtet und auf eine große, am Originalhalter angebrachte Saugwand projiziert, oder es wird die Vorlage im Originalhalter auf die in einigem Abstand hinter dem geöffneten Hinterkasten befindlichen Saugwand abgebildet.

b) *Kartographische Entzerrung.* Sie ist erforderlich, wenn das Sollformat einer Vorlage durch einfache Maßstabsveränderung allein nicht mehr wiederzugewinnen ist (z. B. wenn ein ursprüngliches quadratisches Format rechteckig oder trapezförmig geworden ist).

Solche Entzerrungen sind ihrer geometrischen Natur nach meist affine Umbildungen; diese lassen sich an einer zentralperspektiven Kamera nicht in einem Zuge, sondern nur in zwei Näherungsschritten vornehmen. Einen Beitrag hierzu liefert *R. Finsterwalder* [233].

c) *Umstellung auf transparenten Zeichenträger.* Originale auf Zeichenkarton, alte Karten, Schriften auf Barytpapier lassen sich photographisch auf Transparentmaterial umstellen und damit für die Folien- oder Druckplattenkopie (4.3.7) vorbereiten.

d) *Negativ-Positiv-Umwandlung.* Negative Vorlagen (z. B. die Ergebnisse einer Negativgravur) werden in Positive umgewandelt, evtl. in Verbindung mit Maßstabsänderungen usw.

e) *Seitenvertauschung.* In der Normalanordnung der Kamera entsteht aus einer positiven seitenrichtigen Vorlage ein seitenverkehrtes Negativ. Diese Seitenvertauschung wird auch als *Kontern* bezeichnet. Dagegen ergibt sich die Abbildung seitenrichtig, wenn zwischen Objektiv und Originalhalter ein aus Prismen oder Spiegeln bestehendes Umkehrsystem eingeschaltet wird. Reicht die Wiedergabegenauigkeit infolge der Fehler von Prismen oder Spiegeln bei großen Formaten nicht aus, so ist eine seitenrichtige Abbildung auch möglich, indem die Vorlage mit der Bildseite nach unten in den Originalhalter, also dem Objektiv abgewandt, eingelegt wird. Voraussetzung dafür ist jedoch, daß die Vorlage transparent, unmattiert und frei von einer Lichthofschutzschicht ist.

f) *Farbauszugsverfahren*: Herstellung der Farbplatten nach dem in 4.3.4.2 unter Nr. 2 geschilderten Verfahren.

g) *Veränderung von Strichbreiten.* Mit Hilfe eines Zusatzgerätes wie dem *Strichstärkenwandler Variomat* der Firma *Klimsch & Co.* lassen sich Strichbreiten additiv um bestimmte Beträge verändern. Eine vor das Objektiv geschaltete planparallele Platte wird um die Aufnahmeachse gedreht und dabei zugleich um einen bestimmten Winkel hin und her gekippt. Der von jedem Punkt der Vorlage ausgehende Lichtstrahl beschreibt dabei in der Abbildung eine kleine Kreisscheibe. Ist die Vorlage ein Negativ, werden dadurch ihre Striche verstärkt, ist sie ein Positiv, werden die Striche schmaler. Damit lassen sich in Verkleinerungen zu dünne bzw. in Vergrößerungen zu breite Striche vermeiden. Ferner kann man schmale Linien (z. B. in Höhenlinienbildern) ganz beseitigen (mechanische Generalisierung) und Schriften im Kartenbild mechanisch von der Situationsdarstellung absetzen (Schriftfreistellung).

h) *Rasteraufnahme.* Sie ist sowohl mit Distanz- wie auch mit Kontaktrastern möglich. In der Praxis führt man solche Arbeiten heute immer mehr an Kontaktkopiergeräten durch.

i) *Kontraststeigerung.* Kontrastschwache oder schmutzige Vorlagen sowie solche mit Strichen unterschiedlicher Schwärze und solche mit größeren Rasuren lassen sich durch Aufnahme mit ultrasteil arbeitenden Filmen in ihrer Qualität verbessern.

4.3.6.3 *Bildübertragung durch Kontaktkopie*

Hierbei besteht unmittelbare Berührung zwischen Vorlage und Photoschicht. Der Inhalt der Vorlage wird daher stets in Originalgröße übertragen. Da die Vorlage im Durchlicht aufgenommen wird, muß sie im Normalfall transparent sein.

Kontaktkopiergeräte sind meist kastenförmige Konstruktionen, durch die die Lichtquelle nach außen abgeschirmt wird (Abb. 75). Sie enthalten ferner eine Schaltuhr zur Belichtungsregelung und einen pneumatischen Rahmen (Format bis etwa 60×90 cm²), der Vorlage und Film auf-

Abb. 75.
Kontakt-Kopiergerät Vakuprint der Firma Klimsch

nimmt. Solche Geräte sind meist Mehrzweckgeräte, mit denen sich auch Folien- und Druckplattenkopien sowie Lichtpausen herstellen lassen. Neben den Lichtquellen für Streulicht enthalten sie daher auch noch mindestens eine Punktlichtlampe.

Im Wege der Kontaktkopie lassen sich Negativ-Positiv-Umwandlungen, Seitenvertauschungen, Zusammenkopien, Farbauszüge und Rasterungen durchführen. Die *photographische Zusammenkopie* belichtet nacheinander durch mehrere seitenrichtige negative Teiloriginale auf einen Film, der anschließend zum seitenverkehrten Positiv (als Vorlage der Druckplattenkopie) entwickelt wird. Dabei sind die Strichoriginale meist Negativgravuren, die Flächendecker gewöhnlich Strip-Masken. Bei Rasterarbeiten liegt der negative Rasterfilm im Kontakt mit der Schicht unter der Vorlage (Abb. 76). Das Verfahren, das von *D. Morgenstern* [356] beschrieben wird, erfordert ein sehr genaues Paßsystem aus Paßlöchern. Es ist als Alternative zum vergleichbaren Verfahren in der Folienkopie anzusehen.

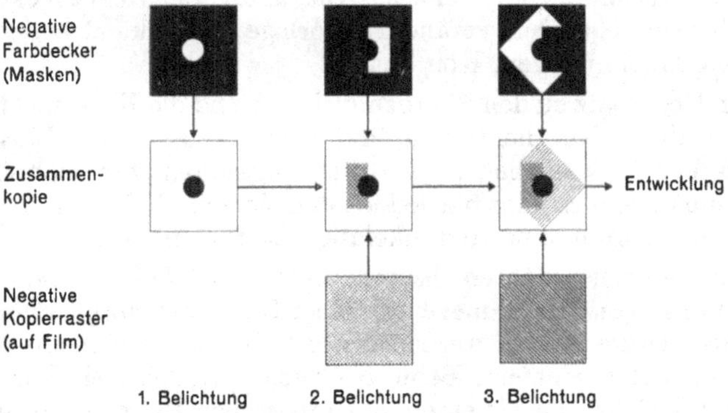

Abb. 76. Herstellung einer Farbplatte mit Flächen in Vollton, Kreuz- und Linienraster durch photographische Zusammenkopie (Bei den Ergebnissen der Belichtung handelt es sich zunächst um latente Schwärzungen)

In der Regel setzt das Kontaktkopierverfahren transparente Originale voraus, doch lassen sich im sog. *Reflexverfahren* auch nichttransparente Vorlagen verwenden. Dabei werden Spezialfilme benutzt, die — von der Lichtquelle gesehen — vor der Vorlage liegen. Das Licht fällt zunächst durch den Schichtträger und wird an der Vorlage reflektiert; die reflektierte Lichtmenge hängt von der Darstellung auf der Vorlage ab und beeinflußt entsprechend die Photoschicht. Das Verfahren eignet sich sowohl zur Herstellung von Negativen als auch zur unmittelbaren Gewinnung von Positiven (Direkt-Positiv-Verfahren).

Die Rasterung von Halbtönen im Kontaktverfahren gewinnt durch die Entwicklung geeigneter *Kontaktraster* (4.3.5.4) immer mehr an

Bedeutung. Sie ist methodisch leichter und erfordert weniger instrumentellen Aufwand als das Rastern mit der Reproduktionskamera, erreicht jedoch bei größeren Flächen nicht ganz die Gleichmäßigkeit im Tonwert wie der Glasraster.

4.3.7 Folien- und Druckplattenkopie

4.3.7.1 *Kopiertechnik*

Durch die Kopiertechnik ist es möglich, den Inhalt einer transparenten Vorlage auf eine Folie oder Druckplatte in Originalgröße zu übertragen. Dazu werden Folie bzw. Platte mit einer lichtempfindlichen Schicht (aus Chromaten oder Diazoverbindungen) versehen, die unter Lichteinfall härtet oder sich chemisch verändert. Vorlage und Schicht befinden sich dabei in engem Kontakt.

Im Gegensatz zu den Photoemulsionen sind die Kopierschichten wesentlich lichtunempfindlicher. Selbst beim Einsatz starker Lichtquellen sind Belichtungszeiten von mehreren Minuten üblich; das hat jedoch den Vorteil, daß der gesamte Kopierprozeß ohne Abdunkelung stattfinden kann.

Das Kopierverfahren beginnt mit dem *Beschichten*, das seltener von Hand, meist mit einer Schleuder vorgenommen wird. Druckplatten werden heute teilweise auch schon vorbeschichtet geliefert. Beim *Belichten* befinden sich Vorlage und Schichtträger in einem pneumatischen Rahmen (Format bis 130×200 cm^2); die Strahlung geht von einer punktförmigen Lichtquelle (Punktlichtlampe) aus, damit feine Linien und Punkte nicht unterstahlt werden (Abb. 77). Neben den bisher üblichen offenen Kohlebogenlampen sind heute meist geschlossene Lichtbogenstrahler als Xenonlampen, Metall-Halogenid-Lampen oder Quecksilberhochdrucklampen mit Leistungen bis über 10 kW im Gebrauch. Durch das *Entwickeln* mit Wasser oder Säuren werden die nicht gehärteten Schichtteile weggespült. Die weitere Bearbeitung durch *Einfärben* und *Entschichten* richtet sich im einzelnen danach, ob eine Negativ- oder Positivkopie stattfindet; in beiden Fällen entsteht jedoch meist ein zur Vorlage seitenvertauschtes Positiv.

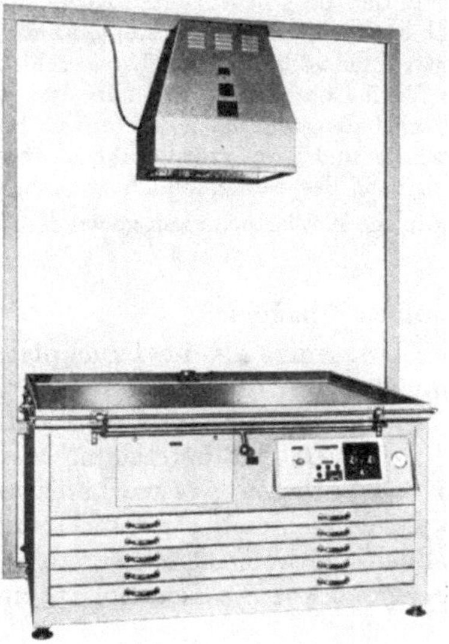

Abb. 77. Pneumatischer Kopierrahmen Horicop und Metall-Halogenid-Punktlicht-Kopierlampe der Firma Staub

Bei der *Negativkopie* wird die Schicht an den Bildteilen (den lichtdurchlässigen Stellen in der negativen Vorlage) gehärtet. Dem Auftragen von Kopierfarbe folgt eine Entwicklung, in der die nicht gehärtete Schicht (mit der Farbe darüber) verschwindet. Druckplatten werden noch zusätzlich an den freien Metallstellen geätzt und mit einer Schicht versehen (Gummierung), die eine Oxydation verhindert und beim Druck als Träger der Feuchtung dient.

Bei der *Positivkopie* bleibt die Schicht an den Bildteilen (unter den lichtundurchlässigen Stellen in der positiven Vorlage) ungehärtet und wird daher durch das Entwickeln entfernt. Auf diese Partien gelangt dann bei Folien eine folienanlösende Kopierfarbe (Filmfarbe), bei Metallplatten ein Kunstharzlack, der später die Druckfarbe trägt. Nunmehr wird die gehärtete Schicht mit einer Säure oder Lauge entfernt. Die weitere Bearbeitung der Metallplatten entspricht der bei der Negativkopie.

Während bei der in den USA bevorzugten Negativkopie die Kopierfarbe auf den gehärteten Schichtteilen steht, ist die in Europa vorherrschende Positivkopie völlig frei von Kopierschicht. Die Vor- und Nachteile beider Verfahren richten sich nach der Art der Vorlage, nach dem benutzten Paßsystem, nach den technischen Möglichkeiten bei Zwischenprozessen und Korrekturverfahren sowie bei der Druckplattenkopie auch nach der Auflagenhöhe des Druckes.

Eine Einführung in die Kopiertechniken geben *H. Eggen / H. Kraus* [11].

4.3.7.2 *Folienkopie (Filmkopie)*

Sie ist jüngeren Ursprungs als die Druckplattenkopie. Ihre Einführung fällt etwa mit dem Aufkommen der vollsynthetischen Folien (ab 1937) zusammen. Sie ermöglicht zahlreiche Zwischenprozesse der Originalherstellung wie z. B. das Zusammentragen von Vorlagen, das mechanische Rastern von Flächen, das Zeichnen nach Anhaltsdarstellungen usw., bis sich schließlich die endgültige Darstellung ergibt, die als sog. *Kopieroriginal* auf die Druckplatte zu kopieren ist.

Im einzelnen sind mit der Folienkopie folgende Arbeiten möglich:

1. *Zusammenkopie (Additionskopie, Sammelkopie)*. Hierbei sind die Vorlagen nacheinander paßgerecht einzukopieren, d. h. der Kopierprozeß wird ganz oder teilweise so oft wiederholt wie Vorlagen vorhanden sind. Ein Beispiel dafür ist die Zusammenkopie von Situation und Schrift zur Schwarzplatte des Druckes. Ein gleichzeitiges Kopieren durch Übereinanderlegen der Vorlagen ist nur in Ausnahmefällen und mit sehr dünnen Vorlagen möglich, da sonst der Einfluß der Unterstrahlung beim Belichten zu groß wird. Die unterschiedlichen Vorgänge bei Positivkopie und Negativkopie sind in 2. angesprochen.

2. *Rasterkopie*. Sie ist eine besondere Form der Zusammenkopie (Nr. 1). Die dabei zu benutzenden *Kopierraster* sind Filmraster, bei denen im Gegensatz zu anderen Kontaktrastern (4.3.5.4) die Rasterelemente scharf konturiert sind. Ihre Normung nach Muster, Feinheit und Tonwert ist in DIN 16601 näher geregelt.

Jede Rasterfläche wird in zwei Belichtungsabschnitten kopiert. Im ersten Abschnitt dient als Vorlage — Positivkopie vorausgesetzt — ein positiver *Farbdecker* (Vollton) der zu rasternden Fläche. Dieser verhindert die Schichthärtung im Bereich der Rasterfläche. Im zweiten Abschnitt wird anstelle des Farbdeckers ein Kopierraster aufgelegt. Unter diesem härten sich die von Rasterelementen nicht bedeckten Schichtteile. Nach Entwickeln, Einfärben usw. ist damit die Rasterfläche entstanden. Zum Kopieren mit einem weiteren Rastermuster für eine andere Rasterfläche ist ein gleicher Kopiergang (d. h. Neubeschichten, Belichten in zwei Abschnitten usw.) vorzunehmen (Abb. 78). Das Arbeiten mit negativen Vorlagen (z. B. Strip-Masken) und der Negativkopie entspricht weitgehend dem Ablauf bei der

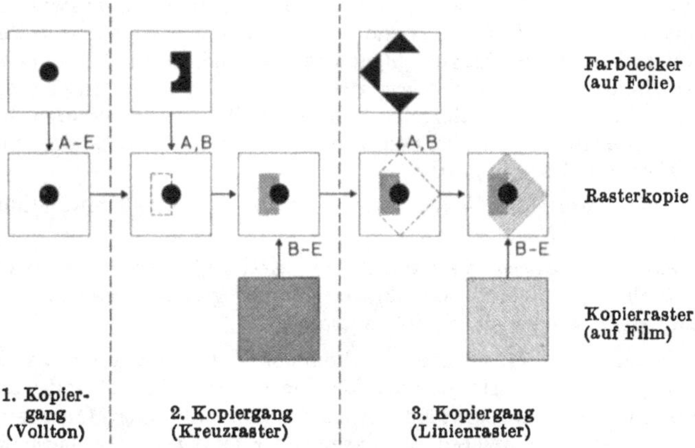

Abb. 78. Herstellung einer Farbplatte mit Flächen in Vollton, Kreuz- und Linienraster durch mehrfache positive Rasterkopie
A = Beschichten, B = Belichten, C = Entwickeln,
D = Einfärben, E = Entschichten
Die kurz gerissene Linie umschließt die nach B nicht gehärtete Schicht

photographischen Zusammenkopie (Abb. 76). Bei dem von *P. Füllbeck / H. Schmidt* [234] beschriebenen Verfahren werden unter verschiedenen negativen Strip-Masken verschiedene Rastertonwerte im Wege der Positivkopie nacheinander auf einer Folie gesammelt. Jede Folie ist die Farbfolie für eine der drei Normfarben. Weitere Farben ergeben sich aus der Kombination ihrer Normfarbenanteile beim Druck, z. B. Waldgrün aus 28% Gelb, 0% Magenta und 28% Cyan. Die Prozentangaben geben den Rastertonwert an.

3. *Mehrfarbenkopie (Prüfkopie).* Sie wird meist auf undurchsichtiger (opaker) Folie ausgeführt und ersetzt den sonst üblichen Andruck (4.4.1.1). Diese Kopie ist ebenfalls eine Sonderform der Zusammen-

kopie (Nr. 1), bei der lediglich für jeden Kopiergang die der Druckfarbe entsprechende Kopierfarbe verwendet wird (bei Negativkopie eine in der gewünschten Farbe getönte Kopierschicht).

4. *Anhaltskopie* auf Folie oder Gravurschicht. Sie dient der Herstellung von Farbplatten durch Zeichnung; Einzelheiten dazu sind in 4.3.4.2 Nr. 1 angegeben. Auch die Unterlage einer Filmmontage ist häufig eine Anhaltskopie.

5. *Auswaschkopie.* Sie ist eine besondere Form der Anhaltskopie auf Gravurschicht, bei der nach Belichtung und Entwicklung anstelle der Kopierfarbe ein Mittel verwendet wird, das in den entwickelten Bereichen auch die Gravurschicht entfernt und damit die Folie an allen Bildstellen freilegt *(chemische Gravur)*. Nach Entfernen der Kopierschicht an den bildfreien Stellen ist eine weitere Bearbeitung durch manuelle Gravur möglich. Das Verfahren eignet sich besonders für Kartenberichtigungsarbeiten.

6. *Umkehrkopie.* Durch sie ist eine Negativ-Positiv-Umwandlung möglich (siehe Negativkopie).

7. *Seitenvertauschung.* Sie kann im Einzelfalle günstiger sein als die durch Photographieren (4.3.6.2), da hier mit geringerem Geräteaufwand sofort wieder ein Positiv entsteht.

8. *Umkopieren.* Solche Arbeiten kommen dann vor, wenn Zweitoriginale, Sicherungsstücke oder für eine vorgesehene Arbeitsteilung weitere Kopien erwünscht sind. Auch das Ergebnis einer Montage ist in der Regel umzukopieren. Soll das neue Original wieder seitenrichtig sein, so ist noch eine *Zwischenkopie* einzuschalten, die heute mitunter auch schon als Folienlichtpause entsteht (4.4.2.3). Oft werden auch Photopositive umkopiert, da sie im Gegensatz zu Kopierpositiven noch eine kolloidale Schicht besitzen und sich daher zur weiteren Bearbeitung (z. B. Fortführung) wenig eignen.

9. *Trennkopie.* Durch Ausbelichten (Auskopie) kann man Teildarstellungen aus einer Vorlage entnehmen und so u. U. auch eine Farbtrennung erzielen. Der zu entnehmende Teil wird dazu auf einer besonderen, auf die Vorlage gelegten Blankfolie grob abgedeckt; es entsteht also eine positive Maske. Belichtet man nun zunächst unter der Vorlage und dann unter der positiven Maske, so entsteht eine Kopie ausschließlich von dem zu entnehmenden Teil. Eine weitere Kopie mit Nachbelichtung unter einem Negativ der Maske enthält dagegen alle übrigen Darstellungen. Damit ist die Trennung vollzogen.

10. *Stripkopie.* Sie entsteht mit Hilfe einer Spezialschicht und dient der mechanischen Herstellung von Farbdeckern (siehe 4.3.5.3).

4.3.7.3 *Druckplattenkopie*

Sie ist ganz überwiegend eine Kopie auf eine beschichtete Metallplatte. Meist kopiert man den Inhalt einer Farbplatte in einem Zuge von dem entsprechenden Kopieroriginal auf die Druckplatte; es lassen sich jedoch wie bei der Folienkopie auch Zusammenkopien und Rasterkopien vornehmen. Durch Mitkopieren von Prüfstreifen mit verschiedenen Rasterflächen usw. läßt sich die Qualität der Kopie, aber auch des späteren Druckes prüfen.

Da von der Platte im indirekten Flachdruck (Offset) gedruckt wird, spricht man auch von *Flachdruckkopie* oder *Offsetkopie*. Einzelheiten über die Beschaffenheit der Metallplatten enthält 4.4.1.4. Für geringe Auflagen in kleinen Formaten (Kleinoffset) wird heute auch schon auf Folien oder Papier als Druckträger kopiert; allgemein ist dabei das Bestreben zu erkennen, die Offsetkopie auch für den Bürobetrieb leicht und bequem zu gestalten.

Vorbeschichtete Druckplatten (mit Diazoschichten) gibt es sowohl für positive wie auch für negative Vorlagen. Im stets positiven Ergebnis bleibt jeweils die Schicht an den Zeichnungsstellen stehen, die restliche Schicht wird fortentwickelt. Die Farbe liegt demnach immer über den bleibenden Schichtteilen (wie bei der Negativkopie). Die vorbeschichteten Platten lassen sich längere Zeit lagern, während selbstbeschichtete Platten sofort zu verarbeiten sind.

4.4 Vervielfältigung der Karten

Als *Vervielfältigung* läßt sich allgemein jede Maßnahme auffassen, die dazu dient, von einem Original eine Anzahl von Ausfertigungen abzuleiten. Im engeren Sinne ist aber entsprechend der sprachlichen Herkunft dieses Begriffes oft nur die Herstellung *vieler* Exemplare, also einer größeren Anzahl, gemeint. Im Gegensatz dazu wird dann die Herstellung eines oder nur weniger Exemplare als *Kopieren* bezeichnet.

Das wichtigste mechanische Vervielfältigungsverfahren für Karten ist der *Druck*; man wendet ihn regelmäßig bei mehrfarbigen Karten an. Bei einfarbigen Karten hängt die Wahl des Verfahrens vorwiegend von der Auflagenhöhe ab. Für die Herstellung von nur wenigen Exemplaren, von Kartenausschnitten, Sicherungsstücken usw. kommen vor allem *reprographische Verfahren* in Betracht. Unter diesen herrscht das Lichtpausverfahren vor.

Reprographie ist ein in neuerer Zeit geprägter Sammelbegriff für eine Reihe von Verfahren der lichttechnischen Wiedergabe in bleibender Form. Dazu gehören u. a. die Techniken des Lichtpausens, des Photokopierens, der Mikroverfilmung, der Elektrophotographie und des Kleinoffsets (Offsetdruck bis zum Format DIN A 2). Begriffliche Erläuterungen dazu gibt DIN 19060.

4.4.1 Kartendruck

4.4.1.1 *Allgemeines zur Drucktechnik*

Während bei den anderen Vervielfältigungsverfahren die Bildübertragung durch *Strahlung* gegen eine lichtempfindliche Schicht zustandekommt, wird das Bild beim Druck durch eine *Substanz* — die Druckfarbe — übertragen. Dabei unterscheidet man nach der vertikalen Gliederung der drukkenden und der nicht druckenden Teile auf der Druckform zwischen Hochdruck, Tiefdruck, Flachdruck und Durchdruck.

Der Druck wird mit *Druckmaschinen (Pressen)* ausgeführt. Wie die Bezeichnung „Drucken" bzw. „Pressen" erkennen läßt, erfordert die Farbübertragung von der Druckform bzw. durch sie hindurch auf den Bedruckstoff (meist Papier) einen nicht geringen Kraftaufwand. Die *Druckform* liegt in der Maschine eben (Flachformdruck) oder ist auf einen Zylinder gespannt (Rotationsdruck); der Gegendruck wird in beiden Fällen meist durch einen Zylinder ausgeübt. Der Rotationsdruck ist das schnellere Verfahren; bei ihm wird das Papier aus einem Stapel Bögen einzeln abgenommen (Bogenrotation), oder es läuft als Rolle durch (Rollenrotation). Eine Übersicht über weitere Benennungen von Druckmaschinen ist in DIN 8730 zusammengestellt. Jedes Druckverfahren hat seine eigenen Maschinen, doch gibt es heute auch schon sog. Hybrid-Maschinen, die sich für zwei Druckverfahren eignen, wobei jeweils nur geringe Umstellungen erforderlich sind.

Die *Druckfarben* bestehen im wesentlichen aus Farbkörpern (Pigmenten) und Bindemitteln. Die *Farbkörper* sind pulverige anorganische oder organische Substanzen; am bekanntesten ist der Ruß, der durch Verbrennen von Gas oder Öl gewonnen und zur Herstellung der schwarzen Farbe (Druckerschwärze) dient. Zu den Bindemitteln gehören vor allem Harz- und Ölfirnisse. Die Farben sollen schnell auftrocknen, möglichst lichtecht, wasser-, radier- und scheuerfest sein. *Lasurfarben* sind durchsichtig und eignen sich zum Erzeugen von Mischfarben durch Übereinanderdrucken (subtraktive Farbmischung). *Deckfarben* ändern dagegen auch beim Aufdrucken über eine andere Farbe ihren Farbton nicht.

Die Zusammensetzung der Farben im einzelnen hängt von den Druckverfahren, -maschinen, -formen, -geschwindigkeiten usw. ab. Für den Mehrfarbendruck gibt es neben dem üblichen Sortiment die sog. Normfarben: Für den Hochdruck nach DIN 16508, für den Offsetdruck nach DIN 16509 oder die sog. Europa-Skala nach DIN 16538 bzw. 16539. Allgemeine Farbbegriffe werden in DIN 16515 erläutert. Zur Kontrolle der Farbwiedergabe werden oft am Rande des Papierbogens die gedruckten Farben in einer Farbskala zusammengestellt. Beim Kartendruck — vor allem bei Kartenwerken, die immer wieder neu gedruckt werden — ist besonders darauf zu achten, daß die einmal gewählten Farbtöne (z. B. Waldgrün, Gewässerblau) bei allen Drucken für lange Zeit konstant bleiben.

Sind die Druckformen hergestellt, so kommt es zunächst zum *Andruck*. Dieser dient einer letzten Durchsicht des Inhalts, der Prüfung der Passer sowie der endgültigen Entscheidung über die Wahl der Farben. Der Andruck findet auf besonderen, relativ langsam arbeitenden Andruckpressen (meist Flachformmaschinen) statt; in der Kartentechnik wird er heute vielfach durch die Prüfkopie (4.3.7.2) ersetzt, vor allem dann, wenn der Anteil der Flächenfarben noch gering ist. Erfüllt der Andruck die gestellten Anforderungen, so steht dem *Auflagedruck* (*Fortdruck*) nichts mehr im Wege.

Neben der Prüfkopie gibt es eine Reihe besonderer *Farbandruckverfahren* (Farbprüfverfahren, Proof-Prints). Es sind verschiedenartige Kopierverfahren, die bereits vor Herstellung der Druckformen eine Prüfung der Originale gestatten. Zum Teil sind sie auch zur Prüfung von Flächenfarben und Farbauszügen in Bezug auf Farbton und Helligkeit geeignet.

4.4.1.2 *Hochdruck*

Der Hochdruck ist das älteste der vier Druckverfahren. Bei ihm sind die druckenden Elemente erhaben (Abb. 79). Da in der Regel direkt gedruckt wird, ist das Druckbild seitenverkehrt.

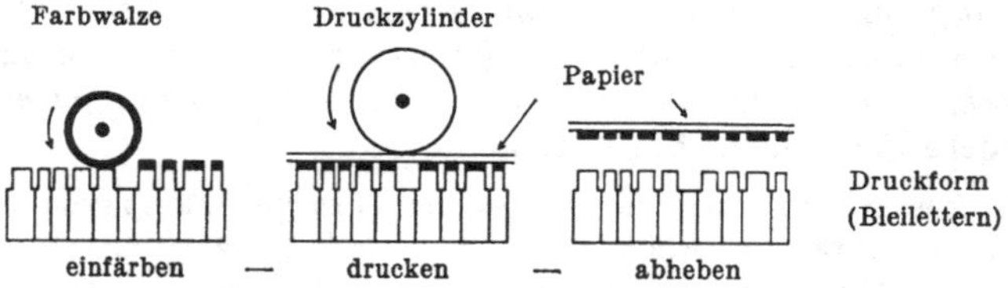

Abb. 79. Prinzip des Hochdrucks

Die ersten Druckformen waren *Holzschnitte*. Seine große Bedeutung gewann der Hochdruck mit der Erfindung der beweglichen Lettern durch *J. Gutenberg* (1445); seitdem ist der Textdruck für Bücher, Zeitungen, Vordrucke, Anzeigen usw. bis heute das wichtigste Anwendungsgebiet geblieben. Man spricht daher auch vielfach vom *Buchdruck*. Die wichtigsten Begriffe für den Hochdruck sind in DIN 16514 erläutert. Schrifttum: [34].

Die Druckform im Buchdruck besteht aus einzelnen Drucklettern, die sich zu etwa 65 % aus Blei, 25 % aus Antimon und 10 % aus Zinn zusammensetzen; man bezeichnet sie daher auch als *Bleisatz*.

Die Größe der seitenverkehrten Bleilettern (Kegelgröße) wurde bisher nach typographischen Punkten gemessen (1 Punkt $= p = 0{,}376$ mm); sie bestimmt den Schriftgrad. Das bisher nach DIN 16507 genormte typographische Maßsystem läuft mit dem Jahre 1977 aus; die

Schriftgröße ist dann nur noch im metrischen System zu bezeichnen. Die Fachsprache der Drucker hat zahlreiche Schriftgrade mit Eigennamen versehen, z. B. 8 p = Petit (= Schriftgrad dieses Absatzes), 9 p = Borgis (= Schriftgrad des nächsten Absatzes), 12 p = Cicero usw. Weitere Merkmale der Schrift ergeben sich durch Art, Breite, Stärke usw. (Bd. I, 4.3.7).

Im Kartendruck kommt der Hochdruck nur noch vereinzelt für die Herstellung der *Kartenschrift* in Betracht, da diese heute vorwiegend durch Zeichnung oder im Photosatz entsteht. Dabei erfordert der Schriftsatz eine große Vielfalt an Schriftarten und -graden. Aus den Lettern entsteht die Druckform im *Handsatz*; der nachfolgende Druck bleibt auf wenige Exemplare beschränkt und findet meist auf einer kleinen Tiegeldruckpresse (Gegendruck durch ebene Platte) statt. Die gedruckte Schrift wird photographiert oder — wenn Film bedruckt wurde — montiert.

Im gewerblichen Buch- und Zeitungsdruck ist der *Maschinensatz* üblich, wobei die gesetzten Lettern nur zum Guß einer Druckform dienen und dann wieder abgelegt werden. Neben dem Text aus Einzellettern kann man im Hochdruck auch Bilder nach Zinkplatten *(Klischees)* drucken. Diese entstehen durch Kopie der Vorlage auf die Platte und nachfolgendes Tiefätzen der zeichnungsfreien Stellen. Halbtonvorlagen sind vor der Kopie aufzurastern *(Autotypie)*.

Außer dem direkten Hochdruck gibt es seit einiger Zeit auch ein als *Trockenoffset, Hochoffset* oder *Letterset* bezeichnetes indirektes Verfahren, bei dem von einer seitenrichtigen Druckform auf einen Gummizylinder und von diesem auf das Papier gedruckt wird. Zu den *einfachen* Hochdruckverfahren der Bürotechnik zählt neben dem Gebrauch der Schreibmaschine das Typendruckverfahren mit Metall- oder Gummilettern sowie das Prägeplattenverfahren beim Druck von Adressen und Karteien.

4.4.1.3 *Tiefdruck*

Beim Tiefdruck sind die druckenden Elemente in einer Platte tiefgelegt (Abb. 80). Da es sich stets um einen Direktdruck handelt, ist das Druckbild auf der Druckform seitenverkehrt.

Das Tieflegen war zunächst ein *manueller* Prozeß: Seit der Mitte des 15. Jahrhunderts als Kupferstich, später auch als

Stahlstich und Steingravur. Da auch die *mechanische* Druckformherstellung heute noch relativ viel Aufwand erfordert, liegt die Hauptanwendung des Tiefdrucks zur Zeit dort, wo auf Papieren mittlerer Qualität sehr hohe Auflagen ein- oder mehrfarbig gedruckt werden (z. B. bei Illustrierten).

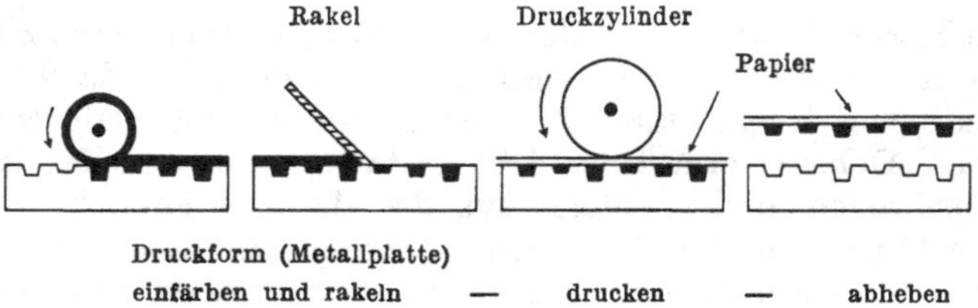

Abb. 80. Prinzip des Tiefdrucks
(Rakeltiefdruck mit gleichgroßen, aber verschieden tiefen Näpfen)

Für den Kartendruck hat der Kupfertiefdruck lange Zeit eine bedeutende Rolle gespielt (Einzelheiten siehe 4.2). Infolge der Möglichkeiten und Vorzüge des Flachdrucks ist er heute für die Kartenvervielfältigung unbedeutend geworden. DIN 16528 erläutert Begriffe des Tiefdrucks. Schrifttum: [34].

Beim modernen tiefenvariablen Tiefdruck wird die positive Vorlage (Strich oder Halbton) zusammen mit einem Tiefdruckraster (Kreuzraster mit 60—70 Lin/cm) auf ein Gelatinepapier (Pigmentpapier) kopiert und von diesem auf die Kupferplatte gequetscht. Die Gelatine ist entsprechend der durch das einzelne Rasterfester gefallenen Lichtmenge unterschiedlich gehärtet. Durch einen nachfolgenden Ätzvorgang ergeben sich damit an diesen Stellen auch unterschiedlich tiefe *Näpfe*, während die kopierten und durch Abdecken gegen das Ätzen geschützten Rasterlinien als sog. *Stege* erhaben stehenbleiben. Beim Druck nehmen die Näpfe entsprechend ihrer Tiefe unterschiedliche Farbmengen auf und erzeugen damit auch unterschiedliche Tonwerte. Die Druckfarbe ist verhältnismäßig dünnflüssig und wird nach dem Auftragen jedesmal von einem über die ganze Platte laufenden Stahlmesser, der Rakel, soweit abgestreift, daß die Stege farbfrei bleiben *(Rakeltiefdruck)*. Die Kupferplatte ist meist verchromt oder vernickelt und damit auch für hohe Auflagen geeignet.

Durch den Tiefdruckraster wird die gesamte Vorlage, also z. B. auch die Schrift, rasterartig zerlegt. Die Wiedergabe ergibt jedoch nicht so isolierte und verschieden große Rasterelemente wie beim Offsetdruck, sondern mehr zum Halbton tendierende Flächenstücke.

Neben der photomechanischen Arbeitsweise mit Pigmentpapier gibt es heute auch noch die *Elektrogravur*, bei der die Vorlage abgetastet und parallel dazu die Platte im flächen- und tiefenvariablen Raster graviert wird. Dabei sind Änderungen im Kontrast, in der Rasterweite usw. möglich.

4.4.1.4 *Flachdruck*

Beim Flachdruck liegen Druckbild und Leerfläche in der Ebene einer Druckplatte. Da demnach ein Relief nicht vorhanden ist, beruht die Trennung zwischen druckenden und nichtdruckenden Elementen auf einem anderen Prinzip, nämlich der Unvermischbarkeit von fetthaltiger Druckfarbe und Wasser. Während die druckenden Teile Wasser abstoßen, aber Farbe annehmen, verhält es sich an den Leerstellen gerade umgekehrt. Für einen solchen Vorgang ist daher neben dem Einfärben der Druckform stets auch eine *Feuchtung* erforderlich; diese ist das typische Merkmal des Flachdrucks (Abb. 81). Die wichtigsten Begriffe für den Flachdruck sind in DIN 16529 zusammengestellt. Schrifttum: [30, 34].

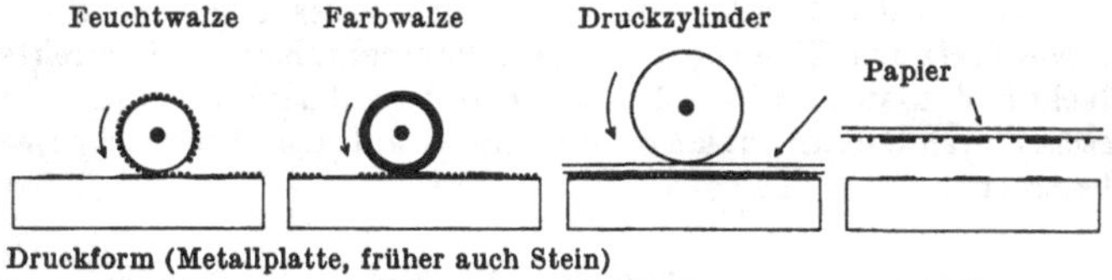

Abb. 81. Prinzip des direkten Flachdrucks

Die in den USA entwickelte, noch in den Anfängen steckende *Driography* ist ein Flachdruckverfahren ohne Feuchtung, bei dem die nichtdruckenden Flächen eine farbabstoßende Beschichtung aufweisen. Eine weitere Entwicklung ist der *rasterlose Offset*, bei dem vom Korn der Plattenoberfläche gedruckt wird. Dieses wird entsprechend der vorangegangenen Belichtung mehr oder weniger von einer verbleibenden Schicht bedeckt.

Die Bildübertragung im Flachdruck ist im direkten und im indirekten Wege möglich.

1. Direkter Flachdruck

Beim direkten Flachdruck wird das seitenverkehrte Druckbild unmittelbar von der Druckform auf das Papier übertragen. Das erste Verfahren dieser Art war der am Anfang des 19. Jahrhunderts entwickelte *Steindruck*, der bis in die Mitte des 20. Jahrhunderts auch im Kartendruck eine bedeutende Rolle gespielt hat (Einzelheiten siehe 4.2). Seit dem Ende des 19. Jahrhunderts benutzte man als Druckform auch *Metallplatten* aus Zink oder Aluminium. Alle diese direkten Verfahren haben im Vergleich zum indirekten Flachdruck inzwischen ihre Bedeutung verloren.

Als direkter Flachdruck gilt auch der *Lichtdruck*, der heute noch in der mehrfarbigen Wiedergabe künstlerischer Darstellungen wegen seiner Originaltreue als unübertroffen gilt. Druckplatte ist dabei eine Spiegelglasplatte, auf der sich eine Chromgelatineschicht befindet, die unter der negativen Vorlage belichtet und an den Lichtstellen gehärtet ist. Die druckenden Elemente bestehen hierbei nicht aus einem regelmäßigen Raster, sondern aus einem feinen sog. Runzelkorn. Das Verfahren gestattet nur eine geringe Auflagenhöhe.

Auch das in der Bürotechnik heute noch vielfach übliche *Spirit-Carbon-Verfahren* (Umdruckverfahren, Hektographie) ist ein direkter Flachdruck. Dabei wird von der Rückseite des mit der Schreibmaschine beschrifteten Umdruckblattes die Farbe auf das Umdruckpapier übertragen.

2. Indirekter Flachdruck (Offsetdruck)

Bei diesem Verfahren wird das seitenrichtige Druckbild zunächst auf einen mit Gummituch bespannten Zylinder übertragen und dann von diesem auf das Papier gedruckt (Abb. 82). Dieser Vorgang des „Absetzens“ kommt auch in der heute üblichen, aus dem Englischen stammenden Bezeichnung als *Offsetdruck* zum Ausdruck. 1905 wurde die erste Offsetmaschine in Betrieb genommen.

Im Vergleich zum direkten Flachdruck ermöglicht der Offsetdruck höhere Auflagen bei größerer Stundenleistung und mit einem sehr geringen, nahezu problemlosen Feuchtungsaufwand. Die Anpassungsfähigkeit des Gummituches sichert ferner eine gute Wiedergabequalität auch beim

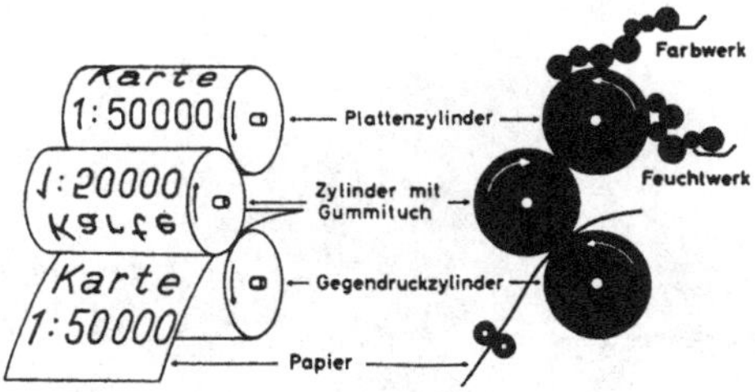

Abb. 82. Offsetdruck (Schema)

Bedrucken von Papieren minderer Güte. Diese Vorteile haben dem Offsetdruck viele Anwendungsgebiete erschlossen; neben dem klassischen Mehrfarbendruck in mittleren und großen Formaten bei Auflagen zwischen rund 1000 und 50000 Stück ist die Offsettechnik heute auch schon in den Bereich des Buchdrucks und des Zeitungsdrucks eingedrungen.

Im Bereich des Kartendrucks ist der Offsetdruck das bei weitem dominierende Verfahren. Entscheidend dafür sind neben den oben genannten Vorzügen auch die Vorteile und Möglichkeiten, die sich bei der Herstellung der Druckform durch die Folien- und Druckplattenkopie (4.3.7) ergeben.

Für Andruck und geringe Auflagehöhen werden noch vielfach Offsetflachpressen eingesetzt. Vorherrschend ist jedoch der Einsatz von Offsetrotationspressen (Abb. 83). Das Kernstück jeder Offsetpresse besteht aus Farbwerk, Feuchtwerk und Druckwerk.

a) *Farbwerk.* Die Druckfarbe befindet sich in einem Farbkasten und wird von dort in einer genau regelbaren Abgabe auf Zwischenwalzen

(Reibzylinder) übertragen. Diese führen neben der Rotation auch begrenzte Hin- und Herbewegungen in Achsrichtung aus und bewirken damit eine einwandfreie Farbverteilung. Schließlich gelangt die Farbe auf 3 bis 4 Auftragswalzen aus Gummi oder Kunststoff, die mit der Druckplatte in Berührung stehen. Für das beim Farbwechsel nötige Walzenwaschen steht eine besondere Waschvorrichtung zur Verfügung.

Abb. 83. Einfarben-Offsetpresse (für Bogenrotation) Roland-Ultra der Firma Faber & Schleicher

b) *Feuchtwerk.* Es besteht aus einem Wasserkasten, aus dem das Wasser auf Übertragungs- oder Verreibwalzen tritt und von diesen dann an die mit Frottee oder Plüsch überzogenen Wischwalzen (Feuchtwalzen) abgegeben wird. Das Feuchtwasser soll neutral bis schwach sauer sein. Durch alkoholische Zusätze verringert sich die Oberflächenspannung des Wassers. Damit ist ein dünnerer Feuchtfilm möglich, der Wasserbedarf geht zurück, und die Druckpapiere werden weniger beeinflußt.

c) *Druckwerk.* Bei den *Flachpressen* befinden sich Druckform und Gegendruckplatte (mit einem Bogen Papier darauf) in ebener Lage nebeneinander. Der Gummizylinder läuft über die Druckform und gibt anschließend die dort aufgenommene Farbe an das Papier ab.

Beim Rückweg wird er angehoben, berührt also die Platten nicht. Dafür rollen nun die Feuchtwalzen und die Farbwalzen über die Druckform und bereiten sie damit für den nächsten Druck vor. Bei den *Rotationspressen* besteht das Druckwerk aus drei Zylindern, nämlich 1. dem Platten- oder Formzylinder, auf den die Druckplatte gespannt ist, 2. dem Gummizylinder und 3. dem Druckzylinder (Gegendruckzylinder), der das durchlaufende Papier gegen den Gummizylinder drückt. Die Zylinder rotieren nicht durch Oberflächenreibung, sondern durch Zahnradantrieb; damit lassen sich durch Veränderung und Plattenunterlage auch die Druckbildlängen verändern und somit u. U. Passerschwierigkeiten verringern.

Beim Kartendruck herrscht der *Bogenrotationsdruck* vor. Die Bögen sind als Einlegestapel geordnet und werden einzeln von Gummisaugern abgehoben und zum Anlegetisch geführt, wo sie schuppenförmig angeordnet liegen und dann Stück für Stück an die Anlegemarken (vordere und seitliche Anschläge) geführt werden. Das Papier liegt dabei so, daß seine Laufrichtung (4.3.1) senkrecht zur Transportrichtung steht.

Die richtige Weiterführung zwischen Gummi- und Druckzylinder hindurch wird durch das sog. *Einrichten* sichergestellt. Dieser Prozeß, mit dem jeder Druckgang beginnt, sorgt dafür, daß das Druckbild richtig innerhalb des Papiers liegt und daß beim Mehrfarbendruck die einzelnen Farbdarstellungen mit Hilfe des Paßsystems in richtige Beziehung zueinander gelangen. Die bedruckten Bögen werden auf einem Auslegestapel wieder geordnet.

Die *Offsetdruckplatten* waren früher meist Zinkplatten; heute bevorzugt man wegen der besseren Druckqualität und der geringeren Feuchtung die feingekörnten oder oberflächen-oxydierten *Aluminiumplatten.* Die Körnung ist erforderlich, um die Feuchtigkeit auf der Platte beim Druck zu halten. Während früher zum Aufrauhen der Platten vor der Kopie in den Druckereien spezielle Körnmaschinen eingesetzt werden mußten, kann man heute beschichtete oder unbeschichtete Platten auch kopierfertig erwerben. Bei hohen Auflagen benutzt man auch Mehrmetallplatten. So besteht die *Bimetallplatte* aus einer elektrolytisch verchromten oder verstahlten Kupferplatte, aus der bei der Plattenkopie das Kupfer an den Bildstellen durch Ätzung freigelegt wird. Kupfer ist für Fett, Chrom für Wasser optimal empfänglich. Bei der *Trimetallplatte* bilden Chrom und Kupfer jeweils eine dünne Schicht auf einer dicken Zink- oder Aluminiumplatte. Auch die Mehrmetallplatten gibt es bereits in vorbeschichteter Form.

Für den Mehrfarbendruck spielt die richtige *Papierbehandlung* eine große Rolle. Wenn keine künstliche Klimatisierung der Druckräume und des Papierlagers besteht, sollte das zu bedruckende Papier mindestens einige Tage vor dem Druck im Drucksaal ausgehängt werden, um es dem Raumklima anzupassen. Läßt man das Papier vorweg in einem sog. Streckgang durch die Maschine laufen, so vermeidet man die Schwierigkeiten, die sonst infolge der mechanischen Deformation während des ersten Druckganges auftreten können. Das Verfahren verliert heute jedoch an Bedeutung. Da bei jedem Farbgang das Einrichten und die Farbgebung sich erst allmählich vervollkommnen und bis dahin eine Anzahl unbrauchbarer Drucke anfällt (Makulatur), erfordert jeder Mehrfarbendruck die Abschätzung der tatsächlich benötigten Papiermenge. Die Anzahl der ausgeführten Drucke läßt sich an einem Zählwerk ablesen.

Das Format der im Kartendruck verwendeten Offsetmaschinen reicht etwa von 60×85 cm² bis 110×160 cm². Die mögliche *Stundenleistung* liegt bei Flachpressen zwischen 200 und 500, bei Bogenrotationspressen zwischen 5000 und 10000 Drucken und bei Rollenrotationspressen zwischen 250 und 300 m/min. Tatsächlich liegen im Kartendruck diese Stundenleistungen jedoch meist niedriger, um die hohen Passergenauigkeiten besser einhalten zu können.

Für den Mehrfarbendruck hoher Auflagen ist der Einsatz von *Zweifarbenmaschinen*, evtl. sogar von *Vierfarbenmaschinen* wirtschaftlich. Der Tatsache, daß damit die Anzahl der Durchläufe vermindert wird, steht allerdings eine wesentlich höhere Einrichtezeit gegenüber. Während diese bei einer Einfarbenmaschine etwa bis zu 2 Stunden beträgt, kann sie bei einer Zweifarbenmaschine bereits 6 bis 8 Stunden erreichen. Der an solchen Maschinen stattfindende Naß-in-Naß-Druck erfordert besondere Druckfarben.

Nach dem Druck werden die Bögen stapelweise in einer Schneidmaschine geschnitten und nach Bedarf mit einer Falzmaschine gefalzt.

4.4.1.5 *Durchdruck*

Bei diesem Verfahren hat die Druckform die Funktion einer Schablone. Durch die offenen Stellen, die den Bildstellen entsprechen, gelangt die Druckfarbe auf das darunter liegende Papier (Abb. 84). Die bekannteste Durchdruckmethode ist der im 19. Jahrhundert aufgekommene *Siebdruck*; seine künstlerische Variante wird auch als *Serigraphie* bezeichnet. Die Druckform ist ein sehr feinmaschiges Sieb aus Metall-, Seide- oder Kunststoffäden (50 bis 120 Fäden/cm). Eine Reihe von Begriffen für den Siebdruck ist in DIN 16610 zusammengestellt. Schrifttum: [12].

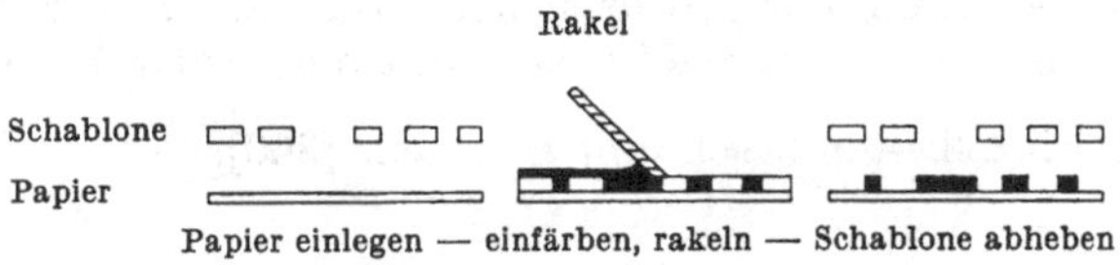

Abb. 84. Prinzip des Durchdrucks

Das Sieb ist auf einem Rahmen aus Holz oder Metall befestigt. Nach Auftragen einer Kopierschicht auf das Sieb und Belichten unter einer positiven Vorlage ist die Schicht an den bildfreien Stellen gehärtet, während sie sich an den Bildstellen entfernen läßt und damit die Siebmaschen dort freilegt. Dieser Vorgang ähnelt dem ersten Teil des Positivverfahrens in der Folienkopie (4.3.7.1). Neben dem Kopierverfahren gibt es auch ein indirektes Übertragungsverfahren mittels Pigmentpapier. Das Ergebnis ist eine seitenverkehrte Schablone, die mit dem Rahmen so in das Siebdruckgerät eingelegt wird, daß das Sieb mit seiner Schichtseite nach unten zeigt. Nach Einlegen des Papiers schließt man über diesem den Siebrahmen, so daß Papier und Sieb in unmittelbarem Kontakt liegen. Die zähflüssige Farbe wird streifenförmig in das Sieb eingegossen und mit einer Rakel durch die offenen Siebmaschen gepreßt. Die Rakelführung wird von Hand, bei größeren und teureren Geräten auch automatisch vorgenommen. Da die relativ dick aufgetragene Farbe nur langsam trocknet, ist ein Stapeln des bedruckten Papiers nur mit Zwischenlagen oder bogenweise auf besonderen Ablegevorrichtungen möglich.

Das Verfahren eignet sich gut für den Druck größerer Formate mit ausgedehnten Flächenfarben in niedrigen Auflagen auf Papier, Pappe, Holz, Metall und Kunststoff. Es wird daher z. B. viel im Plakatdruck angewandt. Auch nichtebene Gegenstände wie Dosen, Buchrücken usw. lassen sich bedrukken.

Für einen Einsatz in der Kartenvervielfältigung ist zu beachten, daß feine Striche durch die Siebmaschen rasterartig aufgelöst werden. Mit dem Siebdruck lassen sich daher nur dann brauchbare Qualitäten erzielen, wenn die Strichelemente nicht zu fein sind bzw. wenn ein sehr feinmaschiges Sieb benutzt wird. Andererseits erweist sich gerade der Siebdruck bei der Vervielfältigung mehrfarbiger großmaßstäbiger Karten in geringer Auflagehöhe als besonders wirtschaftlich.

Weiter Einzelheiten beschreibt *H. Mühle* [360].

Ein weiteres Durchdruckverfahren ist der in der Bürotechnik angewandte *Schablonendruck*. Die Druckform (meist im Format DIN A 4) entsteht z. B. in der Schreibmaschine durch Anschlag mit der ohne Farbband verwendeten Type, die eine Schutzschicht auf der Schablone verdrängt und ein Seidenpapier freilegt. Durch dieses tritt später die Farbe aus dem Innern des Druckzylinders des Vervielfältigungsgerätes und überträgt sich auf das Papier. Die Druckform für Bildvorlagen erhält man durch Photoabtastung der Vorlage bei entsprechender Kopplung mit einem elektronischen Einbrennen in die Schablone. Das Verfahren ist nach der Auflagenhöhe leistungsfähiger als das Spirit-Carbon-Verfahren (4.4.1.4. Nr. 1).

4.4.2 Lichtpause

Das Lichtpausverfahren ist — von den Rückvergrößerungen in der Mikroverfilmung abgesehen — ein positives *Kontaktverfahren* mit Durchlicht. Die Vorlage muß daher ein transparentes Positiv sein. Das Bild wird in Originalgröße übertragen. Im Vergleich zu den photographischen Emulsionen ist die Empfindlichkeit der Lichtpausschichten wesentlich geringer, jedoch höher als die der Chromatschichten in der Folien- und Druckplattenkopie. Ein Dunkelraumbetrieb ist nicht erforderlich, doch sind direktes Sonnenlicht und grelles Kunstlicht zu vermeiden. Schrifttum: [15].

In der Kartentechnik ist das Lichtpausen die wirtschaftlichste Methode, wenn von einem transparenten Kartenoriginal eine einzige Kopie oder nur wenige Exemplare herzustellen sind. Dieser Fall tritt bei Karten großer Maßstäbe bis etwa 1 : 5000 häufig auf.

4.4.2.1 *Grundlagen des Lichtpausverfahrens*

Als Vorläufer des heutigen Verfahrens ist das ab 1840 bekannte *Blaupausverfahren* anzusehen, bei dem die Schicht aus lichtempfindlichen Eisensalzen bestand. Dabei ergaben sich Negative, die nach dem Belichten noch zu wässern und zu trocknen waren.

1923 hielt das heute übliche *Diazoverfahren* mit Trockenentwicklung seinen Einzug in die Praxis. Es beruht auf der Fähigkeit von Diazoverbindungen, sich mit Aminen und Phenolen zu Azofarbstoffen zu kuppeln. Die Ausgangsstoffe sind in der Lichtpausschicht enthalten; ihre Kupplung wird zunächst jedoch noch chemisch gebremst. Bei Belichtung mit ultraviolettem Licht zerfallen die Diazoverbindungen, bleiben also nur unter der Zeichnung erhalten. In der nachfolgenden Entwicklung mit Ammoniakdämpfen wird nun an diesen Stellen die chemische Bremse gelöst und die Kupplung der Komponenten zum Azofarbstoff beschleunigt. Aus dem Entwicklungsgerät tritt ein praktisch trockenes Positiv.

Die Lichtpausschichten arbeiten — von Halbtonlichtpausen abgesehen — sehr kontrastreich. Daher lassen sich auch Strichdarstellungen von oft ungenügender Deckung (z. B. Graphitzeichnungen) noch in ausreichender Qualität wiedergeben. Auch einwandfrei entwickelte Lichtpausen sollte man nicht für längere Zeit dem direkten Sonnenlicht aussetzen, da sie sonst allmählich ausbleichen. Kleinere Korrekturen lassen sich mit flüssigen Korrekturmitteln oder durch Radieren, größere durch Maskieren bei der Belichtung vornehmen.

4.4.2.2 *Lichtpausgeräte*

Die Eignung der verschiedenen Lichtpausgeräte richtet sich im Einzelfalle nach ihrer Verarbeitungsgeschwindigkeit, nach dem Format und der Wärmeempfindlichkeit der Vorlage sowie nach dem Qualitätsanspruch an das Ergebnis. Kleine Geräte sind meist nur Belichtungsgeräte und erfordern daher ein zusätzliches Entwicklungsgerät; große Maschinen sind dagegen Kombinationsgeräte mit Belichtungs- und Entwicklerteil.

Das einfachste Gerät ist ein *Lichtpausrahmen,* in dem das Pausgut (Vorlage und Lichtpausmaterial) unter einer Klarfolie eingespannt und gegen die Lichtquelle (auch Sonnenlicht) gehalten wird.

Flach-Lichtpausgeräte sind Kästen mit Leuchtstofflampen im Boden oder im Deckel und mit einer Glasplatte als Anlegefläche. Sie besitzen häufig auch eine Schaltuhr und eine pneumatische Andruckvorrichtung und sind bei Verwendung schwächerer Glühlampen oder Filterfolien auch für die Reflexkopie (4.3.6.3) und die Photokopie (4.4.3) geeignet.

In *Lichtpausmaschinen* (Abb. 85) befindet sich ein Glaszylinder mit einer Quecksilberhochdrucklampe darin. Das Pausgut wird an einem

Abb. 85. Lichtpausautomat Metem 725 R PLI der Firma Meteor-Siegen

Arbeitspult eingelegt, läuft über den rotierenden Zylinder an der Lampe vorbei und tritt dann wieder aus der Maschine heraus. Nach Trennung der Teile von Hand wird die belichtete Lichtpause in den Entwickler eingeführt. *Lichtpausautomaten* trennen das Pausgut selbständig und nehmen auch die Entwicklung ohne weiteren Eingriff vor. Die Arbeitsgeschwindigkeit der Geräte hängt von der Empfindlichkeit der Schicht, der Helligkeit der Lichtquelle und der Transparenz der Vorlage ab. Sie kann Beträge bis zu 20 m/min erreichen. Die größte Arbeitsbreite liegt etwa bei 160 cm.

Punktlichtpausgeräte werden benutzt, wenn die Vorlagen aus Kunststoff keiner Erwärmung ausgesetzt werden dürfen oder wenn im ebenen Kontakt „Schicht auf Schicht“ mit einer praktisch punktförmigen Lichtquelle höchste Wiedergabequalität und längentreue Bildübertragung erzielt werden soll. Hierfür eignen sich am besten die in der Folienkopie benutzten Kopierrahmen und Lichtquellen (Abb. 77).

Einfache *Entwicklungsgeräte* sind schmale hohe Kästen mit einer Schale Ammoniakwasser auf dem Boden. Die belichteten Materialien werden senkrecht eingelegt. In *Entwicklungsmaschinen* werden die Lichtpausen durch Walzen eingeführt, kommen an den Ammoniakdämpfen vorbei und treten dann wieder aus. Solche Maschinen sowie die Entwicklerteile von Lichtpausmaschinen erfordern stets einen besonderen Entlüftungsanschluß.

4.4.2.3 *Lichtpausmaterial und seine Anwendung*

Träger der Diazoschichten sind Papiere, Kunststoff- und Metallfolien sowie Gewebe. Die gelb gefärbten Schichten werden in flüssiger Form auf den Träger gestrichen. Sie verlieren an den belichteten Stellen ihren Farbton. Die unbelichteten Stellen färben sich nach der Entwicklung rot, blau, schwarz oder sepiabraun.

Rote Lichtpausen besitzen den größten Belichtungsspielraum, blaue die höchste Lichtempfindlichkeit im Vergleich zu den anderen Lichtpausschichten. In der Kartentechnik werden am meisten schwarze Lichtpausen benutzt, da sie am kontrastreichsten sind. Sepiabraune, meist transparente Lichtpausen kommen für Zwischenoriginale in Betracht, von denen weitere Lichtpausen abgeleitet werden sollen; sie erfordern eine längere Belichtung.

1. Lichtpauspapiere

Sie reichen vom einfachen Lichtpauspapier (55 g/m^2) für Übersichten, Tabellen usw. bis zum kartonstarken Lichtpauspapier (210 g/m^2) für Kartierungsunterlagen, Zusammenfügungen usw. Das Papier wird in Blättern bis zum Format DIN A 0 und in Rollen bis zu 50 m Länge und 150 cm Breite geliefert. Ferner gibt es noch die auf Aluminium- oder Polyesterfolie kaschierten Lichtpauspapiere, die für alle Arbeiten vorteilhaft sind, bei denen die Unterlage möglichst maßbeständig sein soll. Transparente Lichtpauspapiere ermöglichen Zwischenoriginale, die vor der weiteren Vervielfältigung mit zusätzlichen Eintragungen versehen werden können; sie sind jedoch nicht maßbeständig und nur bedingt strapazierbar. Seit einiger Zeit gibt es auch Lichtpausschichten auf synthetischem Papier (4.3.1).

Neben dem normalen Pausverfahren lassen sich mit Lichtpauspapieren auch die folgenden besonderen Paustechniken anwenden:

1. Einsatz von *Deckfolien*, die eine Kombination mehrerer Darstellungen ermöglichen (z. B. Grundriß mit Höhen oder mit Besitzangaben). Beste Ergebnisse entstehen dabei mit sehr dünnen Folien im Punktlichtgerät. 2. *Grautonpausen* entstehen durch Nachbelichten; sie eignen sich für Planungsunterlagen. 3. Bei *Zweitonpausen* mit zwei Deckfolien wird unter einer Folie allein nachbelichtet; es ergibt sich eine schwarze und eine graue Darstellung. 4. *Rasterpausen*, die durch Nachbelichten unter einer Rasterfolie entstehen, täuschen einen Grauton vor. 5. Mit *gerasterten* positiven Vorlagen (z. B. Luftbild) lassen sich mit einfachem Lichtpauspapier Pseudo-Halbtöne erzeugen.

Spezielle Lichtpauspapiere sind 1. das *Kontrastpapier* (mit Glanzeffekt-Lackschicht), das auch von kontrastschwachen Vorlagen noch gute Ergebnisse liefert; 2. das *Halbtonpapier* (z. B. zur Vervielfältigung transparenter Luftbildkarten); 3. das *Zweifarbenpapier*, das für zwei Spektralbereiche sensibilisiert ist: Nach Belichten unter der ersten Vorlage (z. B. Höhendarstellung) mit einem Gelbfilter findet die weitere Belichtung unter der zweiten Vorlage (z. B. Grundriß) und einem Rotfilter statt. Nach der Entwicklung liegt eine zweifarbige Darstellung in Rot und Blau vor.

2. Lichtpausfolien

Kunststoffolien mit Lichtpausschicht werden in zunehmendem Maße für die Herstellung von Zweit- oder Zwischenoriginalen benutzt. Als Schichtträger dient meist die Polyesterfolie, die sich wegen ihres relativ hohen Schmelzpunktes gut für den Lichtpausprozeß eignet.

Zweitoriginale finden z. B. in der Katasterpraxis als sog. Gebrauchskarten bei der laufenden Fortführung Verwendung. Die Urkarte wird dagegen nur periodisch fortgeführt und dient dann als Vorlage einer neuen Gebrauchskarte. Die Darstellung auf der Gebrauchskarte ist seitenverkehrt; auf der mattierten Rückseite läßt sich gut seitenrichtig zeichnen. Weitere Ausfertigungen auf Lichtpauspapier entstehen seitenrichtig durch Kontakt „Schicht auf Schicht".

Zwischenoriginale mit *mattierter* Rückseite ermöglichen zusätzliche Eintragungen (z. B. von Planungen), bevor weitere Vervielfältigungen stattfinden. Sind dabei die Lichtpausstriche blau und die Eintragungen schwarz, so lassen sich davon Zweitonlichtpausen ableiten. *Glasklare* Folien eignen sich in zahlreichen Fällen als vollwertiger, aber einfacherer Ersatz von Verfahren der Folienkopie (4.3.7.2), in blauer Farbe auch als Anhalts- oder Montagekopie. *Selbstklebende* Lichtpausfolien lassen sich in andere Transparente einmontieren und erleichtern die Darstellung wiederkehrender Angaben (z. B. Signaturen, Schriften, Randangaben).

3. *Diazoschichten auf Metall* finden in der Druckplattenkopie (4.3.7.3) Verwendung.

4. *Gewebe* als Schichtträger bestehen meist aus Baumwolle und sind sehr strapazierfähig.

4.4.3 Photokopie und Thermokopie

In der Bürotechnik gibt es eine Reihe von Kontaktverfahren, mit denen nichttransparente Vorlagen, für die das Lichtpausverfahren ausscheidet, bis etwa zum Format DIN A 3 kopiert werden können. Die Schichten bestehen aus lichtempfindlichen Silbersalzen oder aus Substanzen, die auf Wärmestrahlen reagieren; bei einigen Methoden werden auch Farbstoffe übertragen. Schichtträger sind Papiere, Filme oder Metallfolien (Offsetfolien). Die Verfahren sind bereits stark durch die Elektrophotographie (4.4.5) verdrängt worden.

In der Kartentechnik kommen solche Verfahren im allgemeinen nur dann zum Zuge, wenn von Kartendrucken Ausschnitte zum vorübergehenden Gebrauch für skizzenhafte Eintragungen, Arbeitsplanungen usw. benötigt werden. Daneben können sie das Zusammentragen von Quellenmaterial (Texte, Tabellen usw.) erleichtern. Werden dabei mehrere Kopien gewünscht, so kann es u. U. vorteilhaft sein, zunächst eine Kopie auf Film zu fertigen und die weiteren Kopien dann im Lichtpausverfahren herzustellen.

4.4.4 Mikrofilm

Die Mikroverfilmung dient der Dokumentation und Sicherung von Veröffentlichungen, Akten, Karteien, Listen, Zeichnungen usw. Ihr besonderer Vorzug ist die erhebliche Raumersparnis in der Archivierung.

Der Mikrofilm für technische Unterlagen bis zum Format DIN A 0 ist ein 35 mm breiter und 30 m langer unperforierter Dokumentenfilm von hohem Auflösungsvermögen (200 Linien/mm und mehr im Labortest). Das Einzelbildformat beträgt dabei 32×45 mm². Daneben gibt es *Filmlochkarten* (Lochkarten mit einmontiertem Mikrobild), *Jackets* (in Streifen zerschnittener Film in Hüllen) und 105 mm — *Mikrofiches* (Filmkarten, auf denen die Mikrobilder flächenhaft angeordnet sind). Die *Aufnahmegeräte* reichen von solchen, die nach dem Prinzip der Reproduktionskamera arbeiten (Schrittkameras oder Filmlochkartenkameras für große Vorlagen), bis zu automatisierten Durchlaufgeräten, in denen sich Vorlagen und Film (auch in Breiten von 16 und 8 mm) in aufeinander abgestimmten Bewegungen befinden. In *Lesegeräten* wird der Film seitenrichtig und vergrößert auf eine Mattscheibe projiziert. *Dupliziergeräte* ermöglichen die Anfertigung von Positiven bzw. Zweitnegativen im Kontakt, *Rückvergrößerungsgeräte* die Herstellung von Kopien in der Größe der Vorlage oder in einem anderen Maßstab. Solche Kopierarbeiten sind photographisch, elektrophotographisch oder im Lichtpausverfahren möglich. Es gibt auch Geräte, mit denen sich sowohl lesen als auch rückvergrößern läßt. Schrifttum: [81].

In der Kartentechnik eignet sich der Mikrofilm zur Erfassung von Grundlagen- und Quellenmaterial wie Koordinatenverzeichnissen, Messungsprotokollen, Namenszusammenstellungen, Statistiken usw. Seine Anwendung bei Karten kann im Einzelfalle dann eingeschränkt sein, wenn die bei großformatigen Vorlagen auftretenden starken Verkleinerungen bzw. Rückvergrößerungen nicht mehr ganz die erforderliche geometrisch exakte Lage der Darstellungen gewährleisten. Daher wird auch in manchen Fällen ein 70 mm breiter Film benutzt.

4.4.5 Elektrophotographie

Das Verfahren beruht darauf, daß Photohalbleiter (z. B. Selen) ihre elektrische Leitfähigkeit unter Lichteinfluß verändern. Wird auf einen vorher elektrostatisch aufgeladenen Halbleiter ein Positivbild projiziert, so entsteht dort ein latentes, d. h. nicht sichtbares Ladungsbild, da an den belichteten (bildfreien) Stellen die Ladung abgeflossen ist. Das Ladungsbild läßt sich jedoch durch elektrostatische Anziehung von Farbstoffen sichtbar machen.

Beim *Transfer-Verfahren (Xerographie)* wird die Vorlage auf eine mit Selen beschichtete Metalltrommel projiziert, die vorher elektrostatisch aufgeladen wurde. Ein anschließend aufgestreutes Pulver bleibt auf der Selenschicht nur an den Zeichnungsstellen haften und macht damit das Bild seitenverkehrt sichtbar. Die Farbteilchen dieses Pulverbildes lassen sich auf ein aufgelegtes Papier übertragen, wenn dieses zuvor mit der entgegengesetzten elektrostatischen Ladung versehen wurde. Durch kurzes Erhitzen verbindet sich schließlich das Pulverbild fest mit dem Papier. Für die nächste Kopie ist erneut Pulver auf die Selentrommel zu streuen, deren Ladung für mehrere hundert solcher Vorgänge ausreicht. Das Verfahren gestattet die Verwendung fast aller Papiersorten und ermöglicht auch beidseitige Kopien; man kann daher auch z. B. Ergänzungen in vorhandene Darstellungen einkopieren.

Beim *Direkt-Verfahren (Electrofax)* wird das Bild über einen Spiegel seitenrichtig auf ein mit Zinkoxyd als Halbleiter präpariertes Papier projiziert, das vorher aufgeladen wurde. In einer Flüssigkeitsentwicklung werden dann die in der Flüssigkeit (Toner) befindlichen Farbpartikel vom Ladungsbild angezogen und mit Bindemittel festgehalten. Das Papier ist beim Verlassen des Gerätes bereits wieder trocken.

Die Elektrophotographie, seit etwa 1950 in der Praxis, ist heute in der Bürotechnik das bedeutendste Verfahren der Kopie nach nichttransparenten Vorlagen bis etwa zum Format DIN A 3. Die Geräte arbeiten mit optischer Übertragung des Bildes im Auflicht; dabei können in einigen Fällen die Vorlagen verkleinert wiedergegeben werden. Die Vorlagen müssen ausreichenden Kontrast aufweisen; Halbtonbilder sind wenig geeignet. Das Verfahren hat sich vor allem wegen seiner leichten Handhabung, Schnelligkeit und Preiswürdigkeit durchgesetzt. Über Stand und Entwicklung berichtet *W. Leibbrand* [332].

Für die Kartentechnik gewinnen die folgenden Anwendungen an Bedeutung:

1. *Mehrfarbenkopie.* Nach dem sog. Remak-Verfahren läßt sich z. B. die Prüfkopie (4.3.7.2) auch elektrophotographisch herstellen. Ein mit Zinkoxyd präpariertes und aufgeladenes Papier wird im Kontakt mit einer transparenten positiven Vorlage belichtet. Das latente Ladungsbild wird durch eine Farbentwicklerlösung sichtbar gemacht; die Methode entspricht also dem Direkt-Verfahren. Anschließend kann das Papier erneut aufgeladen, unter einer zweiten Vorlage belichtet und mit einem anderen Farbton sichtbar gemacht werden usw. Die Ergebnisse zeichnen sich durch ein sehr hohes Auflösungsvermögen aus. Die Bearbeitungsdauer für eine Vierfarbenkopie wird mit etwa 30 Minuten angegeben; das Verfahren könnte daher auch für Kleinstauflagen mehrfarbiger Karten Bedeutung erlangen.

2. *Druckplattenkopie.* Mit Hilfe des Elfasol-Verfahrens der Firma Kalle ist es z. B. möglich, eine nichttransparente Vorlage auf eine Offsetdruckplatte zu kopieren.

3. *Elektrostatischer Flachdruck.* Strenggenommen ist die Elektrophotographie ein Vervielfältigungsverfahren, bei dem die Bildübertragung sowohl auf Strahlung wie auf Substanzübertragung beruht. Bei großen Formaten und höheren Auflagen spricht man daher auch von einem speziellen Flachdruckverfahren. Wird dabei das Transfer-Verfahren angewandt, so ist die Druckform nach jeder Bildabnahme nachzupudern, was der Einfärbung im Druck entspricht; andererseits läßt sich durch Projektion einer neuen Vorlage rasch eine neue Druckform erstellen. Das Direkt-Verfahren ist in den USA bereits zur Herstellung fünffarbiger Karten benutzt worden; dabei wird die erste Farbplatte von einem 70 mm-Mikrofilm auf eine Rolle aufgeladenes

Zinkoxydpapier projiziert und anschließend im Flüssigkeitstoner durch die jeweils erforderliche Farbe sichtbar gemacht. Das Papierband durchläuft danach eine neue Aufladung und ist dann fertig für die Projektion der 2. Farbplatte usw.

4. *Elektrostatischer Siebdruck.* Der Bedruckstoff liegt zwischen elektrisch leitenden Siebfäden und einer Gegenelektrode, die beide an eine Gleichstromquelle angeschlossen sind. Auf das Sieb aufgetragene Puderfarben werden von der Gegenelektrode angezogen und wandern durch die Sieböffnungen auf den aufgeladenen Bedruckstoff.

5. Automation in der Kartographie

In immer stärkerem Maße dringen die Verfahren der automatischen Datenverarbeitung auch in die Kartographie ein. Neben der Bewältigung von Teilaufgaben strebt man in der Originalherstellung auf lange Sicht vor allem Automationssysteme an, die einen lückenlosen Fluß der Daten von ihrer Erfassung bis zum endgültigen Kartenoriginal gewährleisten.

In der Praxis gibt es solche Systeme bisher nur in sehr einfachen Fällen, z. B. bei Zeilendruckerkarten oder leicht zu gewinnenden Farbplatten thematischer Karten. Unter den übrigen Fällen ist man der Lösung bereits sehr nahe bei der Herstellung von Flurkarten und topographischen Grundkarten, wenn als Erfassungsverfahren die Photogrammetrie oder die Registriertachymetrie eingesetzt werden. Die größten Schwierigkeiten gibt es bei thematischen Karten komplexen Inhalts sowie bei topographischen Folgekarten wegen der auftretenden Generalisierungsvorgänge.

Die kartographische Datenverarbeitung ist dadurch gekennzeichnet, daß die Ausgangsdaten teils digital (Maßzahlen topographischer Vermessungen, Mengenwerte thematischer Art), teils analog (Karten, Luftbilder) sind. Die letzteren sind durch eine spezielle Analog-Digital-Wandlung für die weitere digitale Datenverarbeitung aufzubereiten. Am Schluß der Datenverarbeitungskette werden die Ergebnisse meist einer Digital-Analog-Wandlung unterzogen (graphische Datenausgabe am Zeichenautomaten bzw. Bildschirm).

Die automatische Datenverarbeitung unterscheidet zwischen den Programmiersystemen, Programmen, Routinen usw. als dem geistigen Teil (*software*) und den Geräten. Schaltungen usw. als dem materiellen Teil (*hardware*) der Datenverarbeitung. Dementsprechend werden nachfolgend die kartographischen Daten und ihre Verarbeitung, sodann die in der Kartographie eingesetzten Geräte behandelt. Ein Überblick über die wichtigsten Anwendungen schließt das Kapitel.

Der anschwellenden Literatur auf diesem Gebiet versuchen einige Bibliographien Herr zu werden. Die von *K.-H. Meine* [64] besorgte Zusammenstellung erfaßt das Schrifttum bis etwa 1969. Eine Bibliographie mit besonderem Bezug zur thematischen Kartographie erschien 1973 von *E. Arnberger / P. Söllner* [52]. Den gleichen Bezug weisen die 1974 herausgekommenen Untersuchungen von *K. Oest / P. Knobloch* [65] auf, wobei zum Teil auch Kurzreferate gegeben werden. Einen interessanten Überblick über Stand und Entwicklung liefern die Ergebnisse der wissenschaftlichen Arbeitssitzungen der Kommission III der Internationalen Kartographischen Vereinigung, z. B. 1973 in Budapest [95] (Besprechung in den Kartographischen Nachrichten 1974, S. 239—241) und 1975 in Enschede.

Zur allgemeinen Terminologie der automatischen Datenverarbeitung wird auf DIN 44300 und 66001 sowie auf einschlägige Handwörterbücher [63, 67] verwiesen.

5.1 Grundzüge kartographischer Datenverarbeitung

Im allgemeinen wird die Software unterteilt in

— *Grundsoftware*, die für den Betrieb der Rechenanlage, für Ein- und Ausgabe usw. erforderlich ist, und

— *Anwendungssoftware*, die der Lösung des Sachproblems in Form von Programmsystemen, Unterprogrammen usw. dient.

Diese Zweiteilung entspricht weitgehend der Zuständigkeit von Gerätehersteller bzw. Benutzer für die Erstellung der Programme.

Die nachfolgenden Ausführungen beziehen sich vorwiegend auf die Anwendungssoftware; sie betrachten dazu die einzelnen Abschnitte des Datenflusses und stellen die dabei auftretenden Programme in ihren sachlichen Zusammenhang. Die einzelnen Abschnitte lassen sich bezeichnen als Datenerfassung, Datenaufbereitung, Datenverarbeitung (im engeren Sinne), Datenausgabe sowie in Verbindung mit der Datenfortführung die Datenspeicherung.

5.1.1 Datenerfassung

Nach der Herkunft der Daten kann man gliedern in

— Daten, die ganz oder überwiegend nur für Zwecke der kartographischen Darstellung erfaßt werden, z. B. Daten der Topographie, aber auch der Fachthematik wie Wetterdaten, geologische Grenzlinien, Fundorte, Leitungen usw., und

— Daten, die bereits für andere Zwecke erfaßt wurden und daher konventionellen Nachweisen, in Zukunft auch Datenbänken entnommen werden können, z. B. Daten der amtlichen Gemeindeverzeichnisse, Statistiken, Grundstücksdatenbank, Wahlergebnisse.

Von der Herkunft der Daten hängt sehr stark die Art ihrer Erfassung ab. Diese hat den Zweck, die Daten so darzustellen, daß sie zur Eingabe in die Rechenanlage geeignet sind. Für den Erfassungsvorgang selbst bestehen folgende Möglichkeiten:

1. Erfassung auf Eingabedatenträgern

Die Daten werden auf Lochkarten, Lochstreifen oder Magnetbändern dargestellt zur Eingabe in Datenendstationen (Terminals) oder in die Datenverarbeitungsanlage.

Die herkömmliche Vorlage ist hierbei der nicht maschinenlesbare *Klarschriftbeleg* (z. B. Vermessungsriß, statistische Tabelle). Dieser wird unmittelbar von Fachleuten ausgewertet, oder es wird noch ein besonderer Ablochbeleg (Vordruck) für eine Hilfskraft aufgestellt. *Markierungsbelege* (z. B. aus Verkehrszählungen) werden in einem Spezialgerät (Belegleser) optisch gelesen; die Daten gelangen auf Magnetband oder sofort in einen Speicher. *Graphische Darstellungen*

(z. B. Luftbild, Echogramm) werden digitalisiert; dabei entsteht ein Lochstreifen oder ein Magnetband. *Registrierungen* (off line, z. B. am elektronischen Tachymeter oder Stereokartiergerät) lassen unmittelbar einen Datenträger (meist Lochstreifen) entstehen.

2. Direktdatenerfassung (On-line-Datenerfassung)
Die entstandenen Daten gelangen sogleich in den Rechner, ohne daß es der Aufstellung von Datenträgern bedarf.

Im Vordergrund steht hierbei die *manuelle Dateneingabe* über die Tastatur des Fernschreibers oder ähnlicher Geräte. Eine zunehmende Rolle spielt die *Eingabe am Sichtgerät (Bildschirm)*, vor allem bei graphischen Daten. Die automatische *Eingabe über Meßgeräte* ist vor allem in der industriellen Prozeßsteuerung von Bedeutung.

5.1.2 Datenaufbereitung

Sie hat den Zweck, die Originaldaten (Rohdaten) so aufzuarbeiten, daß sich bereinigte und geprüfte Daten ergeben, die auch in formaler Hinsicht unmittelbar zur weiteren Datenverarbeitung geeignet sind. Durch zwischenzeitliche Datenausgabe (z. B. am Zeilendrucker) läßt sich der Prozeß veranschaulichen und die Entscheidung über mögliche manuelle Eingriffe erleichtern.

Bei Vermessungsergebnissen spielt die Aufbereitung der Meßdaten eine wichtige Rolle. Dabei kommt es zu Mittelbildungen, zahlreichen Korrekturen und Fehlerberechnungen. Das Programm zur Datenprüfung umfaßt z. B. die Vollständigkeit, Reihenfolge, Numerierung und Kennung der Daten sowie den Vergleich mit Fehlergrenzen. Zur Aufbereitung kann man auch Wechsel im Datenträger sowie die Wahl anderer Codierungen und Datenformate zählen.

5.1.3 Datenverarbeitung

Der Zweck dieser Datenverarbeitung im engeren Sinne besteht in der Gewinnung von Daten, die unmittelbar zur — meist graphischen — Ausgabe geeignet sind. Dabei läßt sich zwischen allgemeinen und kartographischen Programmen unterscheiden.

1. Allgemeine Programme

Hierzu gehören alle Programme der *Datentransformation*, die besonders für Vermessungsergebnisse eine Rolle spielen, wie z. B. die Berechnung rechtwinkliger aus polaren Koordinaten und die in beiden Richtungen mögliche Transformation zwischen Koordinaten des Erfassungsgerätes und Gauß-Krüger-Koordinaten, zwischen letzteren und geographischen Koordinaten usw.

Im Hinblick auf die großen Datenmengen und die beschränkten Speicherkapazitäten sind die Verfahren der *Datenreduktion* (*Datenverdichtung*, *Datenkomprimierung*) von erheblicher Bedeutung. Sie werden hauptsächlich bei gekrümmt verlaufenden Linien (Höhenlinien, Gewässer) angewandt. Sind solche Linien aus einer manuellen Digitalisierung entstanden, so schlängelt sich die Ist-Linie im Rahmen graphischer Ungenauigkeiten um die Soll-Linie herum. Hierbei erfüllt die Reduktion zugleich noch die Funktion einer *Glättung*.

Die Reduktion beruht auf mathematischen Ansätzen mit Fourier- und Potenzreihen sowie auch Tschebyscheff-Approximationen (Beispiele hierzu von *H.-J. Gottschalk* [237] und *R. Tost* [424]). Sind hiernach die mindestens erforderlichen Punkte gerechnet, so werden sie abgespeichert und später dem Zeichenautomaten zugeführt, der mit Hilfe seines Steuerrechners die Linieninterpolation errechnet. Das Maß der Datenreduktion liegt bei 2:1 und höher. Ein Glättungsbeispiel für die Straßengeometrie gibt *K. Kansy* [296].

2. Kartographische Programme

Durch *Ordnungsprogramme* werden die Daten nach bestimmten Kriterien geordnet. So ist eine Trennung nach Kartenblättern erforderlich, damit eine Linienzeichnung beim Erreichen der Kartenfeldbegrenzung abgebrochen werden kann; die dazu bestehenden Programme beruhen meist auf Schnittberechnungen. Mit Schlüsselzahlen ist eine weitere Gliederung nach Farbplatten, Objektarten und bestimmten Zeichenwerkzeugen möglich.

Geometrische Programme bewirken Maßstabsänderungen, Entzerrungen (z. B. Affintransformationen zur Kompensation des Papierschrumpfes) und Seitenvertauschungen (zum Vermeiden bestimmter kartentechnischer Zwischenprozesse).

Einen breiten Raum nehmen die *Gestaltungsprogramme* ein. Unter ihnen bezieht sich eine erste Gruppe auf das graphische Erscheinungsbild des einzelnen Gestaltungsmittels. So läßt sich unabhängig von einer Maßstabsänderung (und damit als Vorteil gegenüber der Reproduktionsphotographie) die Strichbreite von Darstellungen ändern, möglicherweise sogar für einzelne Objektgruppen verschieden. Verhältnismäßig leicht sind regelmäßige Strichunterbrechungen zur Erzeugung linearer Signaturen zu verwirklichen, während Unterbrechungen im Bereich von Objektüberschneidungen (Wegekreuzungen, Straße über Gewässer usw.) mehr Aufwand erfordern (Abb. 86; Schnittberechnungen ähnlich wie bei den

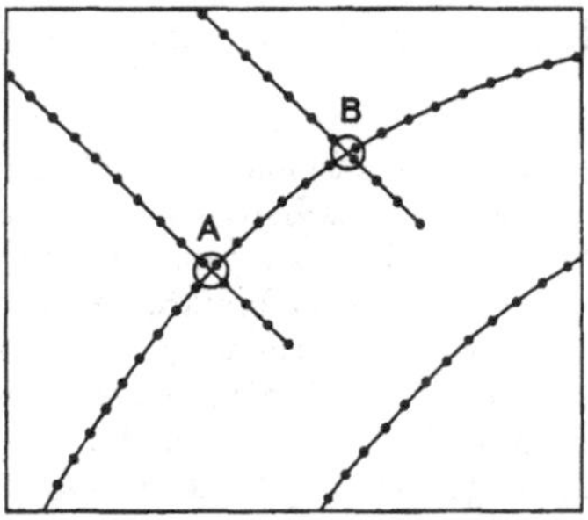

Abb. 86. Wegeöffnung durch Schnittberechnung *A* und *B* aus den digitalisierten Punkten und Fortfall von drei Wegeabschnitten bei *A* und *B*

Linien an der Grenze des Kartenfeldes). Ein praktisches Beispiel beschreiben *H. Junius/K. Plücker* [295]. Die Darstellung von Signaturen, die keine einfache geometrische Form besitzen, kann sehr aufwendige Programme zur Steuerung der Zeichenwerkzeuge zur Folge haben; dagegen ist bei der Lichtzeichnung nur eine Auswahl aus dem Zeichenvorrat auf der Projektionsschablone erforderlich.

Die zweite Gruppe der Gestaltungsprogramme bezieht sich auf die Gestaltung des graphischen Gesamtbildes und damit in erster Linie auf den großen Komplex der Generalisierung. Dabei kommen im Bereich der *begrifflichen* Generalisierung durch den Übergang von niederen zu höheren Einheiten vor allem Auswahlprogramme zum Zuge, bei denen Grenzen, Höhenlinien usw. fortfallen. Die *geometrische* Generalisierung mit ihren Vergrößerungen, Verdrängungen, Vereinfachungen und Zusammenfassungen ist eines der schwierigsten Gebiete kartographischer Software und daher auch ein Hauptproblem gegenwärtiger Forschung (Bd. I, 4.4.3.2).

5.1.4 Datenausgabe

Für den Bereich der Kartographie steht die graphische Datenausgabe im Vordergrund; daneben ist nach Bedarf auch eine numerische Datenausgabe möglich.

Zum Zwecke der *graphischen* Datenausgabe sind die Ergebnisse der Datenverarbeitung einer Digital-Analog-Wandlung zu unterziehen. Das geschieht zur Herstellung konventioneller Karten mit Hilfe eines Zeichenautomaten (5.2.2.1 und Abb. 89). Daneben lassen sich mit den alphanumerischen Zeichen eines Zeilendruckers (5.2.2.3) Karten in Gestalt grober Flächendichtekarten u. ä. erzeugen. Eine graphische Darstellung von Karten und Kartenausschnitten ist für eine begrenzte Zeit auch am Bildschirm (5.2.2.2) möglich.

Numerische Ausgaben sind Zahlenprotokolle in Form von Klartextausdrucken der Eingabedaten, von Zwischenresultaten oder der Endergebnisse. Sie entstehen meist auf Endlospapier am Zeilendrucker, vorübergehend auch am Bildschirm.

5.1.5 Datenspeicherung

Die — besonders bei Kartenwerken — erwünschte Speicherung von Daten erfordert weitgehende Überlegungen zur Datenorganisation. Während bei lediglich einmaliger Verwendung der Daten die bestmögliche Anpassung an die gerade vorhandene Technologie ausreicht, ist bei weiterer Verwendung der Aufbau einer *Datei* (z. B. für das Schriftgut) erforderlich. Dies ist eine Sammlung der Daten, die auf externen Speichern nach bestimmten Regeln vorgenommen wird. Zu diesen Regeln gehört z. B. die Art des Zugriffs zu den Daten, bei der man nach seriellem (sequentiellem) Zugriff (z. B. Magnetband) und wahlfreiem (direktem) Zugriff (z. B. bei Magnetplatte) unterscheiden kann. Ferner sind Regeln für die Datenänderung, die Benutzungsberechtigung usw. aufzustellen. Darüberhinaus lassen sich mehrere Dateien nach übergeordneten Gesichtspunkten zu einer *Datenbank* zusammenfassen, aus der sich auch beliebige Datenkombinationen herauslesen lassen (z. B. geometrische Daten bestimmter Objektgruppen für den topographischen Kartengrund einer thematischen Karte).

5.1.6 Datenfortführung

In kartographischer Hinsicht lassen sich die Eingriffe in den Datenbestand einer Datei oder Datenbank wie folgt gliedern:

— Durch *Hinzufügen* werden Daten innerhalb des Bestandes nach den geltenden Hierarchien eingeordnet (z. B. Umgehungsstraße), oder am Schluß des Bestandes neu angehängt (z. B. aus einer Eingemeindung).

— Das *Löschen* ergibt sich bei Fortfall von Daten, z. B. einer Grenze infolge Gebietsverschmelzung.

— Das *Ändern* ist eine Kombination von Löschen und Hinzufügen; damit lassen sich auch Änderungen in Qualität und Quantität vornehmen (z. B. in Nutzungsart bzw. Einwohnerzahl).

— Das *Korrigieren* ergibt sich als Folge der Datenprüfung.

In technischer Hinsicht werden die neuen Daten besonders eingegeben und zusammen mit den unverändert bleibenden Daten eines Magnetbandes in der richtigen gegenseitigen Zuordnung auf ein neues Band übertragen.

Im Hinblick auf die erreichbare Arbeitsgeschwindigkeit kann es bei Kartenfortführungen größeren Umfangs in Zukunft vorteilhafter sein, die Farbplatte einer Karte völlig neu zu zeichnen, anstatt nach Rasur eine Ergänzungszeichnung vorzunehmen oder einzukopieren.

5.1.7 Beispiel eines Datenflusses

Abb. 87 zeigt das Beispiel eines Datenflusses, bei dem nach einer Zwischenausgabe der korrigierten Digitalisierungsergebnisse (Editing) die kleineren Programme am Rechner des Gerätesystems, die größeren Programme im Wege der Datenfernverarbeitung an einem Großrechner abgewickelt werden, bis es schließlich zur automatischen Zeichnung kommt. Das zugehörige Gerätesystem zeigt Abb. 91 (*Johannsen* [292]).

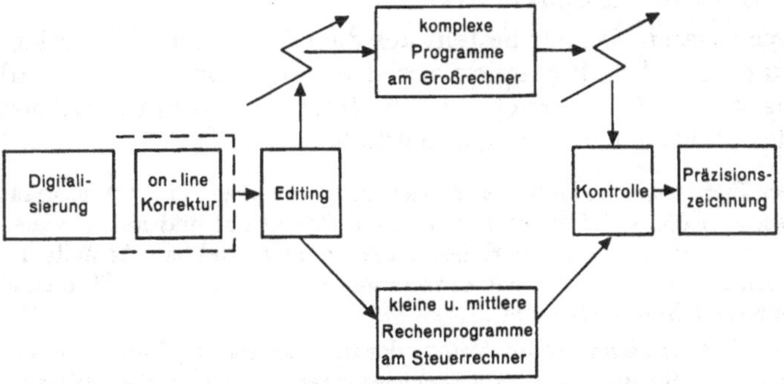

Abb. 87. Beispiel eines Datenflusses von der Digitalisierung bis zur Zeichnung

5.2 Geräte zur kartographischen Automationstechnik

Diese Hardware läßt sich nach der Art der kartographischen Datenverarbeitung in zwei Gruppen gliedern:

— Geräte zur Erfassung graphischer Daten (Analog-Digital-Umwandler) in Form der Digitalisierungsgeräte und

— Geräte zur Ausgabe graphischer Daten (Digital-Analog-Umwandler) in Form der Zeichenautomaten, Sichtgeräte, Zeilendrucker und Mikrofilmplotter.

Dazu treten nach Bedarf die in der automatischen Datenverarbeitung üblichen Peripheriegeräte (Fernschreibmaschinen, Lochstreifenstanzer und -leser usw.).

5.2.1 Geräte zur Erfassung graphischer Daten

Solche Geräte werden als *Digitalisierungsgeräte*, *Digitizer* oder Koordinatenerfassungsgeräte bezeichnet. Sie erfassen graphische Objekte punktweise im Koordinatensystem einer Arbeitsfläche mit Hilfe einer Meßmarke, deren Position registriert wird. Bei den Koordinatensystemen handelt es sich in der Regel um rechtwinklige, seltener um polare Koordinaten.

1. Aufbau und Funktionsweise

Das Erfassungsgerät besteht aus dem Tisch, der Meßvorrichtung und den Registriervorrichtungen (Abb. 88). Es wird meist in einem ausreichend staubfreien Raum mit möglichst gleichbleibendem Klima aufgestellt.

Der *Tisch* trägt die Digitalisierungsvorlage. Er weist ein Plattenformat zwischen $0{,}5 \times 0{,}5\ m^2$ und etwa $1{,}5 \times 2{,}0\ m^2$ auf und ist bei vielen Konstruktionen in seiner Höhe und Neigung verstellbar. Anstelle des Tisches wird im Falle des streifenweisen Abtastens eine Trommel benutzt (Trommelscanner).

Die *Meßvorrichtung* arbeitet entweder in koordinatengebundener oder in freier Führung. Die *koordinatengebundene* (mechanische) Führung entspricht einer Umkehrung des Prinzips des Koordinatographen. Sie ist rechtwinklig oder polar möglich und läßt sich manuell, halbautomatisch (Fernbedienung durch Punkteinstellung über Bildschirm) oder vollautomatisch (mit photoelektrischer Abtastvorrichtung) durchführen.

Die *freie* Führung beruht bei einigen Geräten auf einem induktiv-mechanischen Prinzip, bei dem die Meßvorrichtung (cursor) ein Magnetfeld erzeugt, dem ein unter dem Tisch befindliches rechtwinkliges Schlittensystem so lange nachläuft, solange eine Positionsdifferenz zwischen diesen registriert wird (Servo-Detektor-Nachlauf-

System). Andere Geräte arbeiten nach rein induktivem Prinzip. Ein feines, gitterförmiges Drahtgewebe im Tisch wirkt als Sensorfeld, das die Lage des ein Magnetfeld erzeugenden Meßwerkzeugs induktiv registriert (elektronisches Raster- oder Grid-Prinzip, Abb. 88).

Abb. 88. Digitizer Aristogrid System-100
mit Sichtgerät, Tisch, Fernschreibmaschine, Rechner und Ausgabeelektronik

Bei den *Registriervorrichtungen* kann es sich um Fernschreibmaschinen, Lochstreifenstanzer, Magnetbandeinheiten oder Sichtgeräte handeln. Über ein Interface läßt sich das Gerät auch an einen Computer anschließen. Eine spezielle Tastatur ermöglicht zusätzliche Eingaben neben den entstehenden Digitalisierungsdaten.

2. Möglichkeiten des Digitalisierens

Grundsätzlich ist jede Digitalisierung eine punktweise Auflösung. Dennoch kann man nach der Aufeinanderfolge der Punkte unterscheiden zwischen punkt-, linien- und streifenweiser Digitalisierung. Ein Knopfdruck löst die Registrierung auf Lochstreifen, bei rascher Punktfolge besser auf Magnetband aus. Mit den zusätzlichen Eingaben werden die Objekte gekennzeichnet.

Die *punktweise* Digitalisierung entspricht der isolierten Erfassung eines Punktes als Mittelpunkt eines lokalen Objekts, als Knickpunkt einer geraden Grenze, als Schwerpunkt einer Fläche, eines Diagramms usw.

Die *linienweise* Digitalisierung betrachtet jede Linie als dichte Folge von Punkten. Der Linienverfolgungsmodus (line following) beruht auf automatischen Punktregistrierungen, denen entweder ein konstantes Zeitintervall oder ein konstantes Wegeintervall zugrunde liegt.

Das konstante Zeitintervall (time mode) ist innerhalb bestimmter Grenzen (z. B. 0,02—1 s) frei wählbar. Für das konstante Wegeintervall (distance mode) bieten viele Geräte die Möglichkeiten $\Delta x =$ const. und $\Delta x + \Delta y =$ const. an; diese Konstanten sind z. B. frei wählbar zwischen 0,03 und 9,99 mm.

Die *streifenweise* Digitalisierung beruht auf dem automatischen Abtasten in parallelen Streifen. Für diesen rasterartigen Streifenverfolgungsmodus (scanner) eignet sich konstruktiv am besten eine rotierende Trommel mit aufgespannter Vorlage.

Der Abtastvorgang am Trommelscanner ermöglicht neben der einfachen Hell-Dunkel-Registrierung auch noch die Wahrnehmung unterschiedlicher Farben und Graustufen. Das Verfahren ist zwar die schnellste Digitalisierungsmethode, erfordert aber einen hohen Software-Aufwand, da z. B. beim Abtasten von Strichkarten nachträglich die Daten nach den linearen Elementen zu ordnen sind.

Eine Kontrolle der Digitalisierung auf Vollständigkeit und Genauigkeit ergibt sich durch eine evtl. mitgeführte Gravur, aus der Anzeige an einem Bildschirm oder aus dem Vorlauf der Ergebnisse auf einem schnellen Plotter.

Die sog. *Menü-Technik* geht von einer gefelderten Vorlage aus, die dort auf dem Tisch liegt, wo sich keine Digitalisierungsvorlage befindet. Das Digitalisieren eines einzigen Punktes eines Feldes entspricht einem bestimmten Makrobefehl (z. B. zum Maßstab, zur Signaturenwahl oder zur Art des Zeichenwerkzeugs).

3. Kenngrößen des Digitalisierens

Während die *Wiederholungs-Genauigkeit* ohne den nicht gerätebedingten visuellen Einstellfehler in ihrem mittleren Fehler etwa bei ± 0,05 mm liegt, ergibt sich für die *absolute Genauigkeit* ein Wert von rund ± 0,1 mm, in dem auch systematische Anteile enthalten sind. Neben diesen Angaben spielen noch eine Rolle die *Auflösung* (Resolution) als kleinstes meßbares Element (z. B. 0,025 mm im Sensorfeld) und die *Ausgabe*, mit der die letzte Einheit der Registrierung (meist 0,01 mm) gemeint ist.

5.2.2 Geräte zur Ausgabe graphischer Daten

5.2.2.1 *Zeichenautomaten*

Zeichenautomaten sind die für die Kartographie bedeutendsten Geräte der graphischen Datenausgabe. Sie beruhen auf dem Prinzip der numerischen Steuerung graphischer Darstellungen von Punkten, Linien und Rasterelementen im Koordinatensystem der Zeichenebene.

1. Aufbau und Funktionsweise

Es haben sich zwei Gruppen von Geräten entwickelt:

— Die *numerisch gesteuerten Zeichenmaschinen* (im engeren Sinne) sind aus den mechanischen Rechtwinkel-Koordinatographen hervorgegangen, wobei vorübergehend eine Zwischenstufe in Gestalt des Kartierautomaten bestand, der automatisch einzelne Punkte kartierte. Die Steuerungstechnik stammt weitgehend aus dem Bereich der numerisch gesteuerten Werkzeugmaschinen. Die Geräte sind zu einem großen Teil Präzisionsmaschinen.

— Die *Plotter* (im engeren Sinne) haben sich aus den schreibenden Registriergeräten (z. B. Barograph, Echograph) entwickelt. Der Zeichnungsträger liegt dabei meist auf einer Trommel, deren Rotation die x-Bewegung ergibt, während das parallel zur Rotationsachse bewegte Zeichenwerkzeug die y-Bewegung darstellt. Geräte dieser Art sind vorwiegend für einfachere graphische Darstellungen mit geringeren Ansprüchen an geometrische und graphische

Exaktheit, aber höherer Zeichengeschwindigkeit, konzipiert (z. B. Perspektiven, Profile, Diagramme).

Im angelsächsischen Sprachgebrauch werden beide Gruppen als Plotter bezeichnet. Dementsprechend kann man unterscheiden zwischen *Tischplottern* (flat-bed plotter) und *Trommelplottern* (drum plotter). Auch unter den Tischplottern gibt es bereits Geräte mit relativ hohen Zeichengeschwindigkeiten (sog. schnelle Plotter).

Die numerisch gesteuerten Zeichenmaschinen arbeiten vorwiegend nach elektromechanischem Prinzip, einzelne auch nach elektromagnetischem oder elektronischem Prinzip. Sie bestehen meist aus Tisch, Stellsystem, Meßsystem, Zeichenwerkzeugen und Steuereinheit (Abb. 89). Die Aufstellung in klimatisierten Räumen ist anzustreben (über bauliche Gestaltung siehe *G. Pauletzki* [383]). Die *Tische*

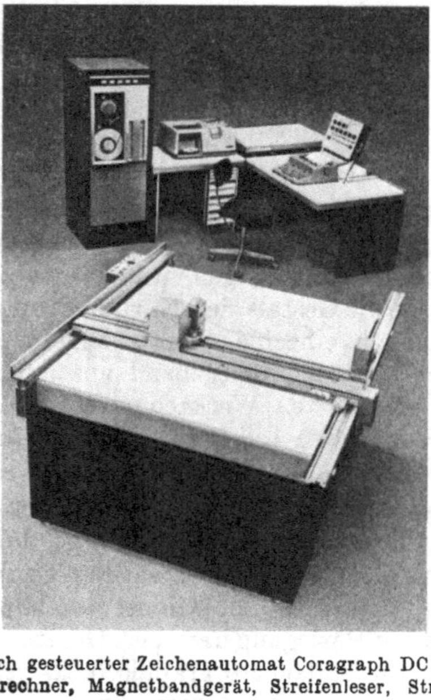

Abb. 89. **Numerisch gesteuerter Zeichenautomat Coragraph DC2 der Firma Contraves mit Steuerrechner, Magnetbandgerät, Streifenleser, Streifenstanzer und Kartenleser**

besitzen Platten in den Formaten 0,5 × 0,5 m² bis etwa 3 × 10 (!) m². Sie sind in der Regel horizontal, vereinzelt schräg oder vertikal. Meist handelt es sich um Leuchttische, die eine Glasplatte mit Bohrungen zum Ansaugen des Zeichenträgers besitzen. Daneben gibt es geschliffene Granitplatten. Wegen der diffizilen Zeichentechnik muß die Tischoberfläche einen hohen Grad von Ebenheit aufweisen.

Das *Stellsystem* besorgt den Antrieb der x- und y-Wagen (Schlitten). Dieser Antrieb ist mit Schrittmotoren oder drehzahlgeregelten Gleichstrommotoren über Spindeln oder Zahnstangen möglich. Die technisch darstellbaren Geschwindigkeiten liegen etwa zwischen 10 mm/s und 300 mm/s; die praktische Grenze für Präzisionszeichnungen liegt bei rund 40 mm/s.

Schrittmotoren werden durch elektrische Impulse angetrieben. Jedem Impuls entspricht eine konstante Winkeldrehung des Motors und damit eine konstante Koordinatendifferenz (Inkrement), die bis etwa 0,025 mm klein sein kann. Durch Kombination der Koordinatenschritte und Halbierung des Schrittes lassen sich bestimmte Richtungen direkt abfahren, die übrigen durch polygonale Annäherung an die Soll-Richtung (Inkrementalsteuerung). Es gibt auch Schrittmotoren mit variabler Geschwindigkeit, so daß jede beliebige Richtung darstellbar wird. Bei *drehzahlgeregelten Gleichstrommotoren* kann durch Vorgabe der Drehzahlen für x und y jede beliebige Richtungsgerade direkt gezeichnet werden. Diese Stetigbahnsteuerung ist genauer, aber auch aufwendiger.

Das *Meßsystem* ermittelt die Ist-Position des Werkzeugs bei der Inkrementalsteuerung aus der Zählung der Winkelschritte. Bei der Stetigbahnsteuerung wird mit Codelinealen (Glasmaßstäbe mit feiner Teilung und optisch-elektrischer Ablesung) oder Winkelcodierern (Ritzel mit Zahnstange) gemessen. Die gemessene Ist-Position geht an die Steuereinheit.

Zeichenwerkzeuge sind in einfachen Fällen Graphitminen, eingesetzte Tuschefüller, Minen für Schreibpasten, Faserstifte und runde Gravurnadeln. Sie weisen keinerlei Richtungscharakteristik auf. Bei den Präzisionsgeräten sind dagegen die übrigen Werkzeuge wie meißelförmige Gravierer,

Folienschneider und Lichtzeichner mit einer Richtungscharakteristik versehen.

Die Richtungscharakteristik bewirkt, daß bei Kurvenstücken das Werkzeug ständig so nachgeführt wird, daß seine Richtung stets mit der Kurventangente übereinstimmt (Tangentialsteuerung, Abb. 90). Neben dieser Funktion ist für das automatische Zeichnen noch das Heben, Senken und Wechseln der Werkzeuge zu programmieren. Der Folienschneider trennt die auf der Folie befindliche Schicht längs der geschnittenen Kontur auf, so daß Flächenstücke wie beim Strip-Mask-Verfahren (4.3.5.3) abgezogen werden können. Der Lichtzeichner arbeitet mit einem faseroptischen Lichtleiter und einer Projektionsschablone (für Signaturen, Zahlen und Schriften sowie kleiner quadratischer Öffnung für Linienelemente) über einer Photoschicht im Dunkelraumbetrieb. Näheres hierzu bei *G. Pauletzki* [382] und *M. Bühlmann* [212].

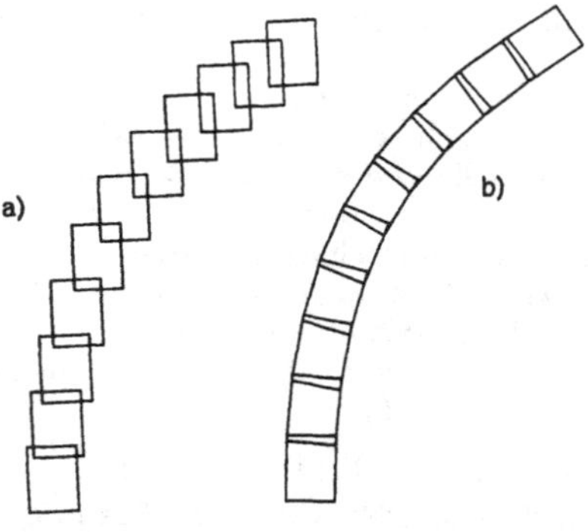

Abb. 90. Kurvendarstellung durch Projektion einzelner rechteckiger Flächenelemente a) ohne und b) mit Richtungscharakteristik (Tangentialsteuerung)

Die *Steuereinheit* ist die zentrale Befehlsstelle des Zeichenautomaten. Sie verarbeitet

- die Eingabedaten zu den Befehlen an das Stellsystem,
- die Regeldifferenzen Δx und Δy bei Gleichstrommotoren und gibt entsprechende Stellbefehle, und
- sie gibt die Befehle an die Zeichenwerkzeuge.

Während diese Einheit zunächst aus fest verdrahteten Programmen bestand, hat sie sich bei vielen Anlagen inzwischen zu einem frei programmierbaren Prozeßrechner entwickelt, der über die angegebenen Aufgaben hinaus noch Interpolationen usw. selbständig durchführen kann.

Nach *elektromagnetischem* Prinzip arbeitet z. B. die Magnetfeldsteuerung von Xynetics, bei der sich eine Magneteinheit (forcer) auf einem Luftkissen über oder unter einer ferromagnetischen Metallfläche mittels Erregerstrom bewegt. Auf dem *elektronischen* Prinzip beruhen die Mikrofilmplotter (siehe 5.2.2.4).

2. Möglichkeiten des automatischen Zeichenbetriebes

Im *On-line-Betrieb* ist der Zeichenautomat an eine Anlage der automatischen Datenverarbeitung angeschlossen, die die Eingabedaten bis zu den Befehlen an das Stellsystem verarbeitet und damit die Funktion der Steuereinheit übernimmt. Vorteilhaft ist dabei, daß für die Zeichenanlage kein besonderer Datenträger zu erstellen ist und der Zeichenautomat ohne größere Steuereinheit auskommt. Sehr nachteilig ist dagegen die erhebliche Zeitbelastung der Recheneinheit, da diese sich der Geschwindigkeit des Zeichenautomaten anpassen muß. Dieser Nachteil wird etwas reduziert, wenn zur Steuerung eine Datenendstation (Terminal) eingesetzt wird.

Für den *Off-line-Betrieb* erstellt der Rechner den der Zeichenanlage einzugebenden Datenträger. Dem Vorteil, daß damit der Rechner entlastet wird, steht der Nachteil gegenüber, daß relativ große Datenmengen anfallen, die vom Zeichenautomaten selbst zu verarbeiten sind. Dem trägt jedoch die gegenwärtige Entwicklung der Steuereinheiten zu leistungsfähigen und eigenständigen kleinen Computern Rechnung.

Die Leistungsfähigkeit der Steuereinheiten erweist sich vor allem bei den *Interpolationsprogrammen*. Die Linearinterpolation zwischen zwei Punkten wird bei Gleichstrommotoren aus dem Geschwindigkeitsverhältnis in x und y ermittelt, das dem Verhältnis der Koordinatendifferenzen gleich sein muß: $v_y/v_x = \Delta y/\Delta x$. Bei Schrittmotoren ist anstelle des Geschwindigkeitsverhältnisses des Verhältnis ganzzahliger

Impulse zu setzen, das damit nur eine genäherte Darstellung im Einzelfalle ermöglicht. Bei Kreisinterpolationen sind z. B. Anfang, Ende, Mittelpunkt und Drehsinn des Kreises anzugeben. Polynominterpolationen gehen je nach mathematischem Ansatz über drei oder mehr Stützpunkte, wobei der stetige Übergang zwischen benachbarten Polynomen über eine gemeinsame Tangente sichergestellt sein kann.

3. Genauigkeiten der automatischen Zeichnung

Wie bei den Digitalisierungsgeräten kann man unterscheiden zwischen der *Wiederholungs-Genauigkeit*, die sich aus der Streuung bei gleichem Ausgangswert ergibt, und der *absoluten Genauigkeit*, die aus dem Vergleich mit Sollwerten hervorgeht. Die Forderung der Kartographie in bezug auf die absolute Genauigkeit liegt bei einem Grenzwert von $\pm$ 0,1 mm. Ein wichtiges Kriterium dabei ist die *dynamische Genauigkeit* als die absolute Genauigkeit in Abhängigkeit von der Zeichengeschwindigkeit. Schließlich ist die *mechanische Genauigkeit* als Teil der absoluten Genauigkeit ein Ausdruck für die Genauigkeit der Zeichenwerkzeuge, Zahnstangen usw.

4. Trommelplotter hoher Genauigkeit

Der nach dem Prinzip des streifenweisen Abfahrens (scanner) arbeitende Rasterplotter der Prakla-Seismos GmbH.-Hannover (siehe *G. Meinicke* [351]) belichtet die auf eine Trommel gespannte Photoschicht mittels Kathodenstrahl. Dabei entstehen Rasterpunkte in einer Auflösung bis zu 0,05 mm, wobei zusätzlich durch Belichtung bis zu 16 Graustufen darstellbar sind. Eine Fläche von 1×1 m^2 läßt sich in etwa 5 Minuten fertigstellen. Neben dieser hohen Geschwindigkeit ist das Verfahren besonders vorteilhaft für die unmittelbare Herstellung von Farbplatten. Das Gerät soll umgekehrt auch zum Digitalisieren eingesetzt werden können.

5.2.2.2 *Sichtgeräte*

Bildschirmgeräte (Display units) werden allgemein zur alphanumerischen Datenausgabe benutzt; in der Kartographie dienen sie dagegen vorwiegend zur graphischen Kontrolle und Manipulation. Dazu wird der Kathodenstrahl vom Programm so geführt, daß sich die Strichzeichnung aus lauter kleinen Vektoren zusammensetzt. Durch bestimmte Eingriffsmöglichkeiten kann das Bild verändert werden; das Arbeiten mit einem solchen interaktiven Bildschirm entspricht damit einem Dialogbetrieb.

Bei einfacheren Geräten bleibt das Bild längere Zeit auf der Schicht stehen. Löschungen sind nur total möglich; Änderungen werden über Tastatur oder Datenträger eingegeben. Leistungsfähigere Geräte arbeiten mit einer elektronischen Bildwiederholungseinrichtung von z. B. 30 Hz. Für Fehlerkorrekturen, Ergänzungen, Generalisierungen usw. ist partielles Löschen und Generieren mit Hilfe eines Lichtgriffels oder einer Rollkugel mit Positionsanzeige und Befehlsangabe über die Tastatur oder ein besonderes Menü möglich. Eine Kopiervorrichtung kann das Bild festhalten (Hardcopy).

5.2.2.3 *Zeilendrucker*

In der automatischen Datenverarbeitung werden Zeilendrucker allgemein zur alphanumerischen Datenausgabe benutzt. In der Kartographie dienen sie daneben auf sehr spezielle Weise der Darstellung von Flächen, die sich rasterförmig aus den einzelnen Zeichen aufbauen (Zeilendrucker- oder Computerkarten, Abb. 41). Man spricht in diesem Zusammenhang auch von *Computerkartographie* (siehe auch 5.3.3.3).

Die Darstellungsweise wird hauptsächlich dort angewandt, wo es auf einen bestimmten Wert der Flächenhelligkeit ankommt (1.3.7.3). Jedem Zeichen entspricht ein bestimmter Helligkeitswert, wobei die freien Zwischenräume mit in Rechnung zu stellen sind. Stärkere Dunkelwerte sind daher nur durch Übereinanderdrucken von Zeichen zu erzeugen. Bezugsflächengrenzen ergeben sich durch Aussparungen im Druck, Farbplatten durch Trennen der Druckgänge. Durch konstruktive Eingriffe in den Zeilendrucker lassen sich die Abstände von Zeichen und Zeilen verändern oder auch neue Zeichen einführen.

Als Zeilendrucker eigenen sich hierfür besonders die sog. *Schnelldrucker*, die mit Druckketten oder Typentrommeln jeweils eine ganze Zeile nahezu gleichzeitig entstehen lassen (Paralleldrucker). Damit lassen sich etwa 400 bis 2000 Zeilen/Minute drucken.

5.2.2.4 *Mikrofilmplotter*

Bei den Geräten dieser Art wird eine graphische Darstellung nacheinander aus einzelnen Lichtpunkten an einem Bildschirm erzeugt und mit einer verschlußlosen Kamera auf Mikrofilm aufgenommen. Die inkrementelle, also schrittweise Positionierung des Lichtpunktes ergibt sich aus der entsprechenden Ablenkung des erzeugenden Elektronenstrahls in einem Bildraster von z. B. je 16384 Schritten in x und y. Da die Lichtpunkte sich gegenseitig etwas überdecken, entsteht in der photographischen Schwärzung ein durchgehender Linienzug.

Schnelle Geräte arbeiten mit einer Folge von 500000 Schritten/s, wobei die Blitzdauer des einzelnen Punktes noch aus einer größeren Anzahl von Belichtungsstufen wählbar ist. Für die Aufnahme kann 35 mm- bzw. 16 mm-Mikrofilm oder 105 mm-Mikrofiche verwendet werden. Entsprechend der Feinheit des Bildrasters sind bei Rückvergrößerungen auf etwa DIN A 3 die Striche rund 0,1 mm breit. Der Vorteil der Geräte liegt im Vergleich zu anderen Plottern in der außergewöhnlichen hohen Zeichengeschwindigkeit; der Nachteil ergibt sich aus dem Zwang zur photographischen Verarbeitung und Rückvergrößerung.

Mit eingebautem Zeichengenerator läßt sich das Gerät auch wie ein extrem schneller Zeilendrucker verwenden: Mit rund 15000 Zeilen / Minute (je Zeile 136 Zeichen) ist es etwa 10mal so schnell wie ein Schnelldrucker. Spezielle COM-Drucker (= Computer Output Microfilm) leisten sogar 40000 Zeilen/Minute.

5.2.3 Beispiel eines Gerätesystems

Abb. 91 zeigt ein Gerätesystem, das in dieser Form durch eine Sachbeihilfe der Deutschen Forschungsgemeinschaft beschafft werden konnte und das sich ab Herbst 1975 betriebbereit beim Institut für Angewandte Geodäsie in Frankfurt am Main befindet. Mit ihm soll die Forschung über den Einsatz von Automationstechniken in der Kartographie nachhaltig gefördert werden.

Die erkennbare zentrale Stellung des Rechners ist dadurch bedingt, daß dieser sowohl beim Digitalisieren (interaktiv oder quasi off-line) als auch beim Editing (Ausgabe über

Wechselplatte, Bildschirm oder Zeilendrucker), beim Zeichnen und bei der Datenfernverarbeitung in Funktion ist. Dabei sollen diese Arbeitsabschnitte nicht nur sequentiell, sondern auch gleichzeitig im Wege des Multiprogramming ablaufen können. Abb. 87 stellt den zugehörigen Datenfluß dar.

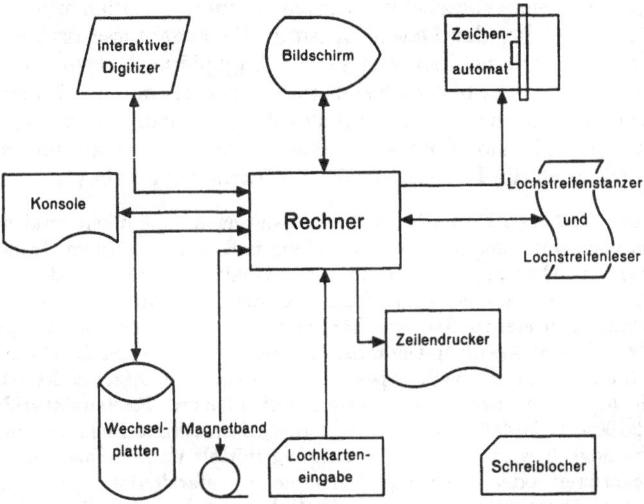

Abb. 91. Beispiel eines Gerätesystems für die Automation in der Kartographie

5.3 Anwendung der Automation in der Kartographie

Die nachfolgenden Ausführungen sind als kurzgefaßte, zusammenhängende Darstellung der Anwendungsbereiche der Automation gedacht. Dies schließt nicht aus, daß in den anderen Kapiteln der Bände I und II bei einzelnen Sachgegenständen nähere Erläuterungen zu speziellen Automationsanwendungen gegeben werden. Einige allgemeine Überlegungen zum Einsatz der Automation in der Kartographie stellt *D. Grothenn* [240] an. Die Beiträge der Photogrammetrie dazu beschreibt *G. Krauß* [321].

5.3.1 Herstellung topographischer Grundkarten

In diesem Bereich ergibt sich eine optimale Datenverarbeitung, wenn die Daten aus numerischer Photogrammetrie, Registrier-Tachymetrie oder aus einem Verbund mit der Grundstücksdatenbank des Liegenschaftskatasters stammen, also unmittelbar auf einem Datenträger entstehen und damit sogleich verarbeitet werden können. In allen übrigen Fällen sind bei der Datenerfassung die Ergebnisse örtlicher Messungen abzulochen oder es sind Lagepläne, Entwurfskartierungen, Orthophotos usw. zu digitalisieren. Im Endzustand müßte dann das topographische Grundkartenwerk vorliegen als ein *digitales Geländemodell*, wobei zu diesem Modell auch die Regeln zu seiner Verarbeitung gehören.

In der amtlichen Praxis ist dieser Zustand noch lange nicht erreicht. Sicherlich wäre eine digitale Darstellung z. B. der Deutschen Grundkarte 1:5000 in mancher Hinsicht eine ideale Ausgangssituation für vielfältige Kartenbenutzungen und für die Bearbeitung der Folgekarten, doch stehen dem zur Zeit noch der erhebliche Erfassungsaufwand (einschließlich Digitalisieren aller vorhandenen Grundkarten!) und die Probleme der Speicherung entgegen. So beschränkt man sich heute bei der Digitalisierung auf kleinere Kartenmaßstäbe (1:25000, 1:50000), während die digitale Darstellung in 1:5000 nur dort möglich wird, wo eine Vermessung mittels numerischer Photogrammetrie oder Registrier-Tachymetrie stattfindet. Mit der späteren Entwicklung der Grundstücksdatenbank werden dagegen in größerem Umfang Teilmengen von Daten zur Verfügung stehen, so daß dann eine numerische topographische Ergänzung für eine digitale Karte 1:5000 praktikabel sein könnte.

Geeignete Automationssysteme für topographische Grundkarten liegen bereits vor. So stellt *C. van den Hout* [275] eine digitale Grundrißkartierung nach Luftbildern vor. *B. Stache* [162] beschreibt ein automatisches System der Registriertachymetrie zur Herstellung topographischer Grundkarten. Ein Beispiel digitaler Erfassung und Verarbeitung topographischer Daten mit Einschluß der Photogrammetrie beschreibt *F. S. Kröll* [325].

1. Situationsdarstellung

Die Strichzeichnung für die Objektabgrenzung ergibt sich ohne zusätzliche Angaben am einfachsten, wenn bereits beim Messungsvorgang die Objektpunkte in der Reihenfolge erfaßt werden, in der die graphische Verbindung vorzunehmen ist. Diese Zeichnungsreihenfolge ist bei photogrammetrischen Messungen durchaus einzuhalten, in der terrestrischen Messung ist sie dagegen kaum realisierbar. Man wird hierbei in den meisten Fällen die Reihenfolge nach den örtlichen Gegebenheiten wählen, muß dann aber zusätzlich die Zeichnungsfolge als Folge von Punktnummern angeben. Nur in einfachen Fällen läßt sich die Messung nach der Zeichnungsfolge einrichten; eine Objektkennzahl sorgt dann dafür, daß die Zeichnung beim Übergang von einem Objekt zum anderen unterbrochen wird.

Linienunterbrechungen treten allgemein bei Wegeöffnungen auf und wenn die Linie die Grenze des Kartenfeldes erreicht. Beide Fälle sind leicht programmierbar. Einen höheren Programmierungsaufwand erfordern dagegen Unterbrechungen für die Plazierung von Schriften einschließlich der Schriftfreistellung.

Die einfachste Wiedergabe topographischer Linien besteht in der geraden Verbindung zwischen gemessenen Punkten, was einer polygonalen Struktur entspricht. Eine zutreffendere Darstellung ergibt sich jedoch meist, wenn über mehr als zwei Punkte ein Polynom gelegt wird und benachbarte Polynome durch gemeinsame Tangenten verbunden sind. Solche Polynome sind jedoch nur dann brauchbar, wenn sich im Bereich stärkerer Linienkrümmung die gemessenen Punkte häufen.

2. Höhendarstellung

Das Ziel der Datenverarbeitung ist die Entwicklung eines Höhenlinienbildes. Dies ist bis auf Glättungen usw. bereits gegeben, wenn digitalisierte Höhenlinien (aus Luftbildmessungen oder geeigneten Unterlagen) ungeneralisiert wiedergegeben werden. In der Mehrzahl der Fälle sind jedoch die Höhenlinien erst aus einer Menge von Höhenpunkten zu entwickeln. Diese Entwicklung beruht auf der Anwendung von Interpolationsverfahren und der zeichnerischen Verbindung von interpolierten Punkten gleichen runden Höhenwerts.

Das klassische Interpolationsverfahren ist die *Dreiecksbildung* aus den meist unregelmäßig verteilten Geländepunkten und die *lineare*

Interpolation längs der Dreiecksseiten (vgl. 6.2.5 und Bd. I, 2.6.3.2). Die Dreiecksflächen sollen sich dabei wie ein Polyeder der Geländeoberfläche bestmöglich anpassen. In den Anfängen der Automationstechnik wurden die Dreiecke noch nach topographischen Gesichtspunkten manuell gebildet und als Zusatzdaten eingegeben. Später entwickelte sich die automatische Dreiecksbildung nach Programmen, bei denen zu zwei Ausgangspunkten der dritte Punkt mit bestimmten geometrischen Bedingungen über Form und Größe des Dreiecks gesucht wird. *G. Brunken* [93] hat hierzu ein Verfahren entwickelt, das nach den Beschreibungen von *B. Stache* [162] später modifiziert worden ist.

Ein anderes Interpolationsverfahren geht von einem kleinen Quadratgitter aus, für dessen Punkte zunächst im Verfahren der *Prädiktion* die Höhenwerte bestimmt werden, was etwa einer flächenhaften Interpolation entspricht. Vorher ist die Geländeoberfläche durch eine Trendfunktion in Form eines Polynoms angenähert worden, so daß nur die Höhendifferenzen zwischen Geländefläche und Annäherungsfläche dem Prädiktionsverfahren unterzogen werden. Hierbei ergibt sich die Höhe des einzelnen Gitterpunktes aus einem Ansatz mit allen gemessenen Geländehöhen und den Kovarianzen aller Stützpunkte untereinander. Die Kovarianzfunktion wird empirisch gefunden. Sind alle Gitterpunkthöhen bestimmt, so werden längs der Gitterlinien die Höhenlinienpunkte interpoliert und polygonal oder durch ein Polynom miteinander verbunden. Nähere Einzelheiten über dieses *Stuttgarter Höhenlinienprogramm* finden sich bei *E. Assmus* und *K. Kraus* [203] sowie bei *W. Stanger* [417]. In einem anderen Verfahren werden die Gitterpunkthöhen als gewogene Mittel der jeweiligen Nachbarpunkte gebildet. Wenn die Gittermaschen dabei extrem klein gemacht werden, entspricht die geradlinige Verbindung entsprechender Interpolationspunkte bereits weitgehend der Höhenlinie.

Auch *K. R. Koch* [300] geht von einem Polynom aus, dessen Koeffizienten jedoch von Neupunkt zu Neupunkt wechseln, und zwar durch einen Gewichtsansatz für die benachbarten Stützpunkte in Abhängigkeit von der jeweiligen Entfernung zum Neupunkt. Damit entstehen sog. gleitende Flächen, unter denen sich in der praktischen Anwendung vor allem die gleitenden Schrägebenen bewährt haben.

Alle Verfahren erfordern einen hohen Rechen- und Speicheraufwand. Entscheidend für ihre Güte ist eine ausreichende Punktdichte im Bereich von Gefällknicken und stärkeren Linienkrümmungen (z. B. Mulden), damit keine unzutreffenden Interpolationen und Polynome entstehen.

5.3.2 Herstellung topographischer Folgekarten

Die hierfür zu erfassenden Daten stammen

— entweder aus der digitalen Datenverarbeitung bei der Herstellung der Grundkarte oder einer Folgekarte größeren Maßstabs — das entspricht einem vollständigen Datenfluß durch die Maßstabsfolge —

— oder aus der erstmaligen Digitalisierung der Karte im nächstgrößeren Maßstab, eines besonderen Kartenentwurfes oder einer anderen Vorlage (z. B. Orthophoto). Das hat den Charakter einer speziell auf die Herstellung dieser Folgekarte bezogenen Datenerfassung.

Die nachfolgende Datenverarbeitung hat zunächst die Aufgabe, die große Menge der anfallenden Daten zu bewältigen. Da rund 90% aller Daten Liniendaten sind, liegt der Gedanke nahe, diese vor der weiteren Verarbeitung noch durch entsprechende mathematische Ansätze zu reduzieren und bei Bedarf auch noch zu glätten. Bereits diese Arbeiten erfordern eine leistungsfähige Rechenanlage mit einer großen Speicherkapazität.

F. Christ / H. Uhrig [214] untersuchen die Inhaltsdichte der Topographischen Karte 1:50000 und kommen dabei unter bestimmten Annahmen zu einem Speicherbedarf von 350—450 Magnetbändern für das ganze Kartenwerk. Den Hauptanteil stellen dabei die linienförmigen Objekte (vor allem Höhenlinien und Gewässer) mit über 90%. Etwa 12 Bänder werden für Namen, 12 für Gebäude und 4 für sonstige Punktobjekte benötigt. Für die 46 Blätter der Topographischen Übersichtskarte 1:200000 ergeben sich je nach Digitalisierungsdichte der Linien mindestens 40, höchstens 120 Bänder.

Das zentrale Problem der Datenverarbeitung ist jedoch die Vornahme aller der Datenmanipulationen, die sich aus dem Zwang zur Generalisierung ergeben. Da automatische Generalisierungsvorgänge bisher erst in Ansätzen und Versuchen (siehe z. B. H.-J. Gottschalk [236]) vorhanden sind, wird beim Einsatz der Automation zur Zeit noch ein anderer Weg eingeschlagen: Die eigentliche Generalisierung findet im herkömmlichen manuellen Verfahren auf einer Vorlage größeren Maßstabs statt; diese wird sodann digitalisiert und im Endmaßstab automatisch gezeichnet.

1. Situationsdarstellung

Bei den Versuchen, den Generalisierungsentwurf zunächst manuell auf einer Karte größeren Maßstabs entstehen zu lassen, werden die Entwurfsarbeiten teilweise durch die Verwendung von Schablonen erleichtert. Mit deren Hilfe werden die Zeichenvorschriften der Folgekarte durch Darstellung von Straßenbreiten, Mindestgrößen und -abständen, lokalen Signaturen usw. berücksichtigt. In anderen Fällen werden nur die Achsen von Straßen, Eisenbahnen usw. digitalisiert, während ein späteres Programm die Achsabstände für die Zeichnung anzusetzen hat.

So erstellt z. B. *R. Harbeck* [264] den Generalisierungsentwurf für 1:25000 auf der Grundlage der Deutschen Grundkarte 1:5000. Die bei der automatischen Zeichnung entstehenden Linienüberschneidungen (z. B. bei Straßeneinmündungen) werden manuell radiert. *H.-S. Haase / G. Mittelstraß* [244] digitalisieren ebenfalls eine Bearbeitung in 1:5000, leiten daraus aber sowohl eine Stadtkarte 1:10000 als auch die Topographische Karte 1:25000 ab. Nach ihrer Erfahrung ist der Digitalisierungsvorgang gegenüber den konventionellen Verfahren überhaupt erst dann wirtschaftlich, wenn mindestens zwei verschiedene Kartenwerke von einem Digitalisierungsergebnis abgeleitet werden.

Auf längere Sicht werden demgegenüber jedoch die Verfahren im Vorteil sein, die auch die Generalisierungsvorgänge selbst automatisch verarbeiten. Die Ansätze, die hierzu bisher unternommen wurden, gehen entweder von nicht zu komplizierten Verhältnissen aus oder lassen den zur Zeit gültigen Zeichenschlüssel der Folgekarte unberücksichtigt. Man hofft, auf diesem Wege etwa 90% der Objekte generalisieren zu können, wobei interaktive Prozesse mit Darstellung von Zwischenergebnissen am Bildschirm eine zunehmende Rolle spielen werden.

Im Hinblick auf die Software werden die Generalisierungsvorgänge des geometrischen Vereinfachens und des geometrisch-begrifflichen Auswählens und Klassifizierens am leichtesten zu handhaben sein. Eisenbahnen, schmale Wasserläufe, Hochspannungsleitungen, Grenzlinien u. ä. bieten daher kaum Probleme. Auch der Vorgang des Vergrößerns ist relativ problemlos, solange er nicht seitliche Verdrängungen zur Folge hat. Schwieriger sind schon Zusammenfassungen. Den für die Praxis wichtigen, aber bereits sehr komplexen Fall der Gebäudegeneralisierung, auf den bereits in Bd. I (4.4.3.2 und 5.3.1.1) hingewiesen wurde, behandeln *W. Staufenbiel* [418] und *A. Berger* [205]. *H.-J. Gottschalk* [239] leitet aus einer digitalisierten Topographischen Karte 1:50000 einen Kartenausschnitt 1:200000 einschließlich Höhenlinien, jedoch ohne Schrift, durch vollständige automatische Generalisierung in einem einfacheren Zeichenschlüssel als dem der Topographischen Übersichtskarte 1:200000 ab.

Gegenüber diesen Schwierigkeiten lassen sich die rein kartentechnischen Belange bereits günstig verwirklichen. Die Trennung nach Farbplatten ergibt sich hierbei aus der Objektschlüsselzahl, mit denen die digitalen Daten versehen sind. Für das Zeichnen von Farbflächen und Farbdeckern gibt es die Methode des „cut'n strip", bei der anstelle der üblichen Zeichnung auf einer Schneidfolie geschnitten und dann die Schicht abgezogen wird. Wenn bei Rasterplottern die quadratischen Punkte so groß sind wie ein ganzes Flächenelement, so entsteht gleichfalls eine Farbfläche. Mit Rasterplottern, die verschiedene Grautöne erzeugen können, lassen sich in einem Arbeitsgang unterschiedliche Grauflächen darstellen und dann in einem Kopiergang rastern. Noch einfacher ist es, wenn der Plotter direkt die endgültigen Rasterpunkte erzeugt.

2. Höhendarstellung

Das entscheidende Problem ist hier die automatische Generalisierung der Höhenlinien. Diese hat zudem den Formcharakter zu bewahren, wozu auch die Erhaltung der Beziehung zu den Nachbarhöhenlinien gehört. Das primitivste Verfahren, die Punkte längst der Linie nach einem Schema ausfallen zu lassen, ist nur bedingt anwendbar. Aber auch die Eignung anderer Methoden wie z. B. Glättungsfunktionen ist noch sorgfältig zu erproben. Man muß beim gegenwärtigen Stand der Entwicklung wohl davon ausgehen, daß kein Verfahren allen Formtypen gleichzeitig gerecht werden kann; hierzu bieten sich korrigierende Eingriffe am interaktiven Bildschirm an.

Eine relativ einfache Methode ist das von *H.-J. Gottschalk* [236] mit Erfolg eingesetzte Verfahren der gleitenden Mittelbildung. Für die Koordinaten eines generalisierten Punktes ergibt sich

$$x_K = \frac{\Sigma x_i p_i}{\Sigma p_i} \text{ und } y_K = \frac{\Sigma y_i p_i}{\Sigma p_i} .$$

Dabei sind die Punktgewichte p_i und der Umfang des Bereichs der Punkte, die zur Mittelbildung herangezogen werden, empirisch zu ermitteln.

Neben dieser Verarbeitung von Höhenliniendaten gibt es auch bereits Verfahren zur automatischen Geländeschummerung. Bei dieser *analytischen Schummerung* wird die Oberfläche in kleine rasterartige Flächenelemente zerlegt. Für jedes Element lassen sich aus den Daten die Flächenneigung und deren Azimut berechnen. Durch Vorgabe von Einfallswinkel und Azimut einer gedachten Lichtquelle wird dann für jedes Element der durch die Beleuchtung bedingte Grauton bestimmt und in eine graphische Form umgesetzt.

P. Yoéli [448] führt Berechnungen für ein Feld von Rasterquadraten mit verschiedenen Lichtrichtungen, Einfallswinkeln und Geländeüberhöhungen durch, wobei innerhalb des Gesamtbereiches auch unterschiedliche Belichtungsverhältnisse gewählt werden können. Da ein geeignetes Gerät zur Darstellung der Grautöne fehlt, simuliert er das Ergebnis mit aufgeklebten Blättchen im jeweiligen Grauton. *K. Brassel* [92, 210] erzeugt die Grautöne mit Hilfe eines umgebauten Zeilendruckers. Das ursprünglich rechteckige Rasterfeld wird quadratisch und als Zeichen dienen runde Rasterpunkte unterschiedlicher Größe. Das Druckergebnis entspricht damit nach angemessener Verkleinerung etwa einer autotypischen Rasterung. Eine Aufteilung nach einzelnen Farbplatten ist möglich.

3. Kartennetz

Soweit die Folgekarten auf *geodätischen* Abbildungen beruhen, bereitet die Darstellung des quadratischen Kartennetzes keine wesentlichen Schwierigkeiten. In den Fällen *kartographischer* Abbildung mit geographischen Koordinaten ist der häufig gekrümmte Verlauf der zu zeichnenden Netzlinien aus den Abbildungsgleichungen zu entwickeln; hierzu liegen für die meisten Abbildungen bereits geeignete Programme vor. Zusätzliche Transformationen sind erforderlich, wenn dem digitalen Kartenentwurf eine andere Netzabbildung zugrunde liegt als der Folgekarte.

4. Kartenschrift

Die Verarbeitung von Schriftdaten hat einen technischen und einen organisatorischen Aspekt:

— Die in technischer Hinsicht erforderlichen Angaben erfassen alle Schriftmerkmale sowie die zur Positionierung benötigten geometrischen Daten.
— Für einen raschen Zugriff, eine sachgemäße Verwaltung, spätere Ergänzung usw. ist eine systematische Sammlung des Namengutes in Form einer Datei zweckmäßig. Das trifft vor allem bei der mehrfachen und vielseitigen Verwendung der Namen im Rahmen von Kartenwerken und Atlanten zu.

Um ein hohes Maß von Verwendbarkeit einer solchen Datei auch auf verschiedenen Rechenanlagen zu gewährleisten, ist es erforderlich, daß das an verschiedenen Stellen gesammelte Namengut einheitlich für die Datenverarbeitung formatiert ist. Daher sind die Bemühungen um ein *Standarddatenformat* besonders intensiv. Die notwendige Systemanalyse beschreibt *D. Stobik* [419]. Über die Anwendung von Lochkarten für Atlasregister und andere Zwecke berichtet *A. Hanle* [263].

Die Generalisierung der Schriftdaten bezieht sich auf die Auswahl der Namen, die Änderung der Schriftmerkmale und die Neuplazierung. Hierzu steuern die Schlüsselzahlen die entsprechenden Unterprogramme.

5.3.3 Herstellung thematischer Karten

Im Bereich der thematischen Kartographie faßt die Automation verständlicherweise vorwiegend dort Fuß, wo Generalisierungsprobleme nicht auftreten oder einfacher Art sind und wo ein verhältnismäßig einfacher topographischer Kartengrund vorliegt. Aus diesem Bereich stammen die nachfolgenden Beispiele.

5.3.3.1 *Wetterkarten*

Die Karten mit den Stationsdaten entstehen als Tuschezeichnung an kleinen Tisch- oder Trommelplottern mit den vollständigen Schrift- und Zeichenangaben nach dem internationalen Wetterschlüssel (Abb. 24). Die daraus abgeleitete automatische Zeichnung der anderen Karten ergibt sich entweder aus der Digitalisierung manuell entworfener Isolinien oder nach einem Interpolationsprogramm. Der Kartengrund ist vorgedruckt.

Die so entstandenen *Originalwetterkarten* werden anschließend durch Funk übertragen. Dabei findet auf der Senderseite eine elektrooptische Abtastung mit einer Auflösung von 38 Linien/cm statt; damit ist ein Mindestwert für Strichbreiten sowie Größen von Schriften und Signaturen gesetzt. Die *Faksimilekarten* entstehen auf der Empfängerseite durch Synchronlauf in Zeilenablauf und Blattvorschub. Ein umlaufendes endloses Kunststoffband nimmt bei Impulsen Tinte auf, gibt diese an das Blatt ab und wird danach gelöscht. Nach dem gleichen Prinzip arbeiten die Telekopierer, mit denen sich Unterlagen über das Fernsprechnetz übertragen lassen.

5.3.3.2 *Bezugsflächen als topographischer Kartengrund*

Solche Flächen treten immer dann auf, wenn flächenbezogene Quantitäten (Kartogramme, Kartodiagramme) darzustellen sind. Einzelheiten zur Wahl der Bezugsfläche und der damit verbundenen Probleme werden in 1.3.7.3 beschrieben. In der Regel lassen sich administrative oder geographische Bezugsflächen anderen Karten entnehmen; die Umringslinien werden dazu digitalisiert und ohne bzw. mit Generalisierung im Maßstab des vorgesehenen Kartengrundes gezeichnet. Bei geometrischen Bezugsflächen in Gestalt von Koordinatengittern ist die Datenerfassung besonders einfach; hier genügt die Eingabe der Koordinatenwerte der Netzlinien.

H.-J. Gottschalk [238] beschreibt eine Bezugsflächen-Digitalisierung, die eine bequeme Fortführung der Daten bei Gebietsveränderungen (z. B. Eingemeindungen) und einen einfachen Übergang zu höheren Einheiten gestattet. Dazu wird nach Abb. 92 die Digitalisierung nach einzelnen *Kanten* vorgenommen, wobei jede Kante die Angaben zu allen Flächen erhält, an deren Begrenzung sie beteiligt ist, z. B. für die Kante AB die Angaben der Flächen 1, 2 und 4. Bemerkenswert hierzu ist, daß diese Angaben für den Vorspann der Digitali-

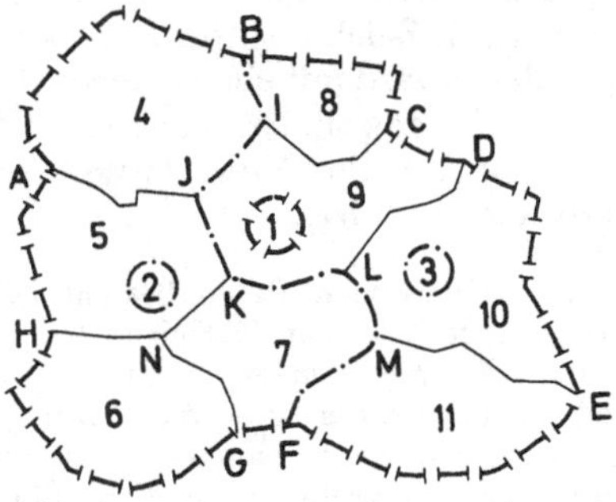

Abb. 92. Kennzeichnung digitalisierter Umringslinien von Bezugsflächen (nach Gottschalk)

sierung (Header) automatisch durch ein Suchprogramm mit Hilfe eines Zentralpunktes für jede Fläche erstellt werden. Über die Generalisierung solcher Flächen berichtet *G. Mittelstraß* [355].

Bezugsflächen in einer Zeilendruckerkarte (5.2.2.3) werden dadurch sichtbar gemacht, daß vor der Datenverarbeitung in einem besonderen Festlegungsblatt die Grenzlinien hinsichtlich Zeile und Spalte fixiert werden und damit im Druckergebnis durch den Fortfall der alphanumerischen Zeichen an diesen Stellen erkennbar sind (Abb. 41).

5.3.3.3 *Karten auf der Grundlage von Bezugsflächen*

Nach den Ausführungen in 1.3.7 werden absolute Quantitäten durch Signaturen und Diagramme, relative Quantitäten durch Tonwerte wiedergegeben. Bei *Absolutdarstellungen* kommt es nun für die Gestaltung und Wirkung des Zeichens sehr darauf an, den richtigen Größenmaßstab der Signatur zu wählen. Hierzu bietet die Automation einen besonderen Vorteil, weil mit ihrer Hilfe unter Variation nach der Größe so lange Darstellungen am Bildschirm oder mit Hilfe eines schnellen Plotters durchgespielt werden können, bis im

Sinne von Abb. 16 das Optimum erreicht ist. Diese Optimierung läßt sich bei geometrischen Figuren auch auf die Variation nach der Form ausdehnen. Bei *Relativdarstellungen* wird entweder für jeden Tonwert der Farbdecker für die spätere Rasterkopie am Tisch-Zeichenautomaten oder am Rasterplotter erzeugt, oder es wird mit einem geeigneten Rasterplotter der Tonwert direkt gewonnen. Auch hierbei sind Variationen, z. B. in bezug auf die Tonwertveränderung zwischen benachbarten Stufen, denkbar.

Die Erfassung der thematischen Daten besteht heute noch weitgehend im Ablochen statistischer Tabellen, Protokolle usw.; in Zukunft dürfte dagegen immer mehr ein Zugriff auf Dateien und Datenbänke möglich sein. In die Datenverarbeitung kann auch die Bildung der Wertgruppen aufgenommen werden; für eine sachgemäße Entscheidung hierzu kann es vorteilhaft sein, die Einzelwerte vorweg in Form eines Histogramms aufzulisten.

Bei geometrischen Bezugsflächen lassen sich die Zahlenwerte als Höhen über den Netzpunkten oder -flächen auftragen. Daraus lassen sich perspektive netzartige Oberflächen automatisch zeichnen, die die Zahlenverhältnisse gut veranschaulichen, mitunter aber auch Verdeckungen aufweisen.

Einen Sonderfall bildet die Anwendung des Zeilendruckers (5.2.2.3), die besonders für die Wiedergabe statistischer Werte inzwischen weltweite Verbreitung gefunden hat (siehe auch Abb. 41).

Die bekannteste Methode ist das 1964 in den USA entwickelte und inzwischen in zahlreichen Versionen vorhandene SYMAP-Verfahren (von „Synagraphic Mapping Program"), worüber *W.-D. Rase / T. K. Peucker* [392] berichten. Das 1966 in Großbritannien entstandene LINMAP (Line Printer Mapping) unterscheidet sich von SYMAP in Erfassung und Verarbeitung der Daten, jedoch kaum im Ergebnis. Das gilt auch für das 1967 in der Schweiz entstandene und später in Kanada erweiterte GEOMAP-System, das die Grundlage für den *Computer-Atlas der Schweiz* bildet. COLMAP (Colour Mapping) ist eine Version, bei der die einzelne Farbplatte (der kurzen Skala) nicht am Zeilendrucker, sondern an einer Setzmaschine auf Film entsteht. Jedes Zeichen ist ein kleines Quadrat, das mit benachbarten Quadraten eine Vollfläche erzeugt.

Erfordert das darzustellende Gebiet mehr Zeichen, als vom Drucker je Zeile darstellbar, so sind mehrere Bahnen nebeneinander — und bei großer Zeilenzahl auch untereinander — vorzusehen. Die Bahnen sind dann nach dem Druck zusammenzufügen. Wegen der groben Rasterstruktur kann vielfach eine photographische Verkleinerung vorteilhaft sein. Ist Mehrfarbendruck vorgesehen, sind so viele Druckgänge am Schnelldrucker erforderlich, wie später Druckfarben verwendet werden sollen. Die Ergebnisse des Zeilendruckers werden photographiert und dann auf Offsetdruckplatten kopiert.

5.3.3.4 *Arealkarten und Verbreitungskarten*

Solche Karten stellen flächenhafte Diskreta (1.3.2) mit ihren Qualitäten dar (z. B. geologische Karten, Bodenkarten, Vegetationskarten, Konfessionskarten, politische Karten). Ihr graphisches Gefüge entspricht dem der Bezugsflächenkarten (5.3.3.2), so daß in vielen Fällen in bezug auf Datenerfassung und Datenverarbeitung das dort Gesagte auch hier gilt. Nicht immer lassen sich jedoch die geometrischen Daten vorhandenen Karten entnehmen, sondern sie befinden sich auf ersten Entwürfen, Luftbildern usw. und müssen darum nach der Digitalisierung evtl. noch einer Transformation unterzogen werden. Kennzahlen geben die Objektqualitäten an. Die Datenausgabe besteht in der Linienzeichnung, evtl. noch in der besonderen Darstellung der Farbflächen, wenn diese nicht aus der Linienzeichnung durch Strip-Mask hervorgehen.

Im Gegensatz zu den Bezugsflächen als Kartengrund bilden die Areal- und Verbreitungsdarstellungen jedoch die eigentliche thematische Aussage. Ob der dazu gehörige topographische Kartengrund ebenfalls einer automatischen Bearbeitung unterzogen wird, hängt vom Einzelfall ab. So können großmaßstäbige geologische Karten und Bodenkarten bereits auf vorhandene topographische Karten zurückgreifen und diese rein kartentechnisch weiterverarbeiten; dagegen ist für den einfacheren topographischen Kartengrund einer kleinmaßstäbigen Konfessionskarte die Digitalisierung des Entwurfes ohne weiteres denkbar.

5.3.3.5 *Flurkarten (Katasterkarten)*

Die Datenerfassung besteht im Ablochen von Vermessungsrissen, dem Lesen von Markierungsbelegen oder der Registrierung mit elektronischen Tachymetern oder photogrammetrischen Auswertegeräten. In der Datenverarbeitung ist das Zeichenprogramm verhältnismäßig problemlos, weil es sich ganz überwiegend um die gradlinige Verbindung von Punkten (Flurstücksgrenzen, Gebäudeumrisse usw.) handelt. Die Zeichenbefehle „Von Punkt Nr. zu Punkt Nr." werden gesondert eingegeben, wobei Schlüsselzahlen die Strichbreite, Punktsignatur usw. angeben. Für den Zeichnungsvorgang wird sehr oft die Positivgravur eingesetzt. Flächensignaturen und Schrift werden wegen der schwierigen Software meist nicht automatisch gezeichnet, sondern im Original nachträglich durch Schablonen manuell erzeugt oder montiert bzw. abgerieben.

Die Flurkartenherstellung ist eines der ersten Gebiete der Kartographie, auf dem die Automation mit Erfolg angewandt wurde. Dabei ergibt sich als besonderer Vorteil, daß neben der automatischen Zeichnung auch noch Flächen und Strecken berechnet werden und daß ein Koordinatenverzeichnis entsteht. Bei größeren Fortführungen kann es günstiger sein, anstelle der Kartenberichtigungsarbeiten eine völlige Neuzeichnung des Blattes vorzunehmen, besonders wenn die Schrift auf einer besonderen Folie steht.

5.3.3.6 *Leitungskarten*

Liegt ein Meßprotokoll oder gar eine Datei über ein Leitungsnetz (Gas, Wasser, Elt, Telefon usw.) vor, so läßt sich nach den digitalen Daten eine Deckfolie im vorgesehenen Zeichenschlüssel automatisch zeichnen. Diese Deckfolie wird dann in Verbindung mit einer geeigneten Kartenunterlage (Flurkarte, topographische Karte) benutzt.

5.3.3.7 *Pseudo-Kontinua*

Die Darstellung statistischer Sachverhalte durch Pseudo-Isolinien (1.3.5) ist eine im anglo-amerikanischen Sprachraum beliebte Methode. Die Linien werden meist aus Punktverteilungen oder kleinförmigen Flächendichtekarten konstruiert und dann digitalisiert. In der Zeilendruckerkartographie gibt es auch Interpolationsprogramme über bestimmte Ausgangspunkte, so daß mit bestimmten Tonwerten ein Pseudo-Kontinuum darstellbar ist (Isarithmenkarte beim GEOMAP-System, siehe 5.3.3.3).

6. Kartenauswertung

6.1 Begriffliches, Zwecke und Arten der Kartenauswertung

Der Umgang mit Karten wird allgemein als *Kartengebrauch* oder *Kartenbenutzung* bezeichnet. Sieht man dabei von den Tätigkeiten ab, die z. B. in der Vornahme weiterer Eintragungen, im Zusammenfügen oder Zerschneiden von Karten, d. h. in einer Fortsetzung der Kartengestaltung bestehen, so ist Kartengebrauch vorwiegend gleichbedeutend mit *Kartenauswertung*, d. h. mit der Entnahme von Informationen aus der Karte. Eine solche Entnahme reicht von der einfachen Identifizierung eines Objekts bis zur umfangreichen Flächenberechnung. Wenn dabei der Kürze wegen nur von der Auswertung der *Karte* die Rede ist, so gilt dies jedoch sinngemäß auch für alle *kartenverwandten Darstellungen* (3), soweit sie sich dazu eignen.

Im Sinne der Zeichentheorie (Semiotik, siehe Bd. I, 4.2.1.3) stellt die Kartenauswertung die *pragmatische* Dimension des Kartenzeichens dar. Das syntaktisch einwandfrei wahrgenommene und semantisch richtig erkannte Zeichen nimmt Einfluß auf die Verhaltensweise des wahrnehmenden Subjekts. Jedes wahrgenommene Zeichen fordert gewissermaßen zu einer Handlung auf (z. B. Wandern auf dem erkannten Wege, Planen im Anhalt an erkannte Gebäude), auch wenn diese Handlung zunächst nur in der Änderung des räumlichen Bewußtseins oder in einer Bestätigung des vorhandenen Wissens besteht.

Karten sind sekundäre graphische Modelle der Wirklichkeit, soweit diese auf Raumbeziehungen basiert (Bd. I, 1.4.3.1). Der Benutzer bildet sich daraus sein tertiäres Modell der Umwelt. Diese Modellbildung und weitere daraus resultierende Aktivitäten entsprechen der pragmatischen Dimension.

Die *Zwecke* der Kartenauswertung sind sehr verschieden; eine Übersicht gibt Abb. 93. In den meisten Fällen gilt dabei die Karte als *Darstellungsmittel*, d. h. es werden be-

Aufgabe der Karte		Bereich	Zweck der Kartenauswertung
Darstellungsmittel	Anschauungs- und Lehrmittel	Bildung	Vermittlung von Wissen (Erläuterung, Beschreibung)
	Arbeitsmittel	Orientierung	Zurechtfinden am Objekt oder häuslich
		Verwaltung	Bestandsanalyse Organisations- und Entscheidungshilfe
		Planung	Entwicklung der Zielvorstellung Darstellung der Realisierung
		Kartographie	Unterlage für andere Karten
			Ausgangsstufe zur Verbesserung der Gestaltung
Forschungsmittel		Wissenschaft	Bestandsanalyse Bestätigung von Hypothesen
			Gewinnung neuer Erkenntnisse mit Hilfe der Darstellungsart (heuristisch)

Abb. 93. Zwecke der Kartenauswertung

kannte räumliche Bezüge (Gegenstände oder Sachverhalte) in einer spezifisch graphischen Weise wiedergegeben, um damit *anderen* Personen ein geeignetes Informations- oder Arbeitsmittel zur Verfügung zu stellen. Die Karte kann jedoch auch ein *Forschungsmittel* sein, wenn durch Analyse und Variation der thematischen Verknüpfungen mit der kartographischen Wiedergabe wie mit einem heuristischen Prinzip verfahren wird und es dadurch gelingt, *selbst* zu neuen wissenschaftlichen Erkenntnissen zu gelangen.

In einer Welt voller Ereignisse und bisher nie gekannter Mobilität spielt die Karte als Mittel zur raschen Unterrichtung eine zunehmende Rolle. *A. Koláčný* [302] hat festgestellt, daß etwa 10—15% der täglichen Informationen, die durch Presse, Rundfunk und Fernsehen vermittelt werden, geographischer Natur sind. Diese werden weitgehend erst verständlich, wenn man räumliche Bezüge auf Karten nachvollzieht oder einmal nachvollzogen und dann behalten hat. Viele Menschen dürften ihr gegenwartsnahes, auf raumbezogene Ereignisse gerichtetes Wissen ganz oder überwiegend den sog. *aktuellen Karten* in Zeitungen und Fernsehen entnehmen. Daher sollte den Fragen einer sinnvollen Gestaltung auch solcher Karten innerhalb der Kartographie eine bedeutende Rolle zukommen.

Über die *Arten* der Kartenauswertung gibt Abb. 94 einen Überblick, wobei auch gegenseitige Abhängigkeiten zum Ausdruck gebracht werden. Im allgemeinen kann man unterscheiden zwischen den qualitativen und teilweise auch quantitativen Vorgängen des *Kartenlesens* (6.2) und den geometrischen Prozeduren des *Kartenmessens* (*Kartometrie*, 6.3).

Im Prinzip ist jede Art der Kartenauswertung eine Methode der Informationsverarbeitung, die aus den *primären* Karteninformationen (Geometrie, Qualität/Quantität, zeitliches Verhalten des Objekts) *sekundäre* Informationen bildet (z. B. Entfernung, Landschaftstyp, Reisezeit).

Die Verknüpfung von Zwecken und Arten der Kartenauswertung in einer Matrix (Abb. 95) läßt erkennen, welche Arten vorwiegend bei den verschiedenen Zwecken auftreten. Bestimmte Auswertezwecke beschränken sich demnach in der Regel auch auf bestimmte Auswertearten.

Allgemeine Fragen der Kartennutzung behandelt *F. Töpfer* [423]. Mit Fragen der Karteninterpretation unter vorwiegend geographischem Aspekt befaßt sich *F. Fezer* [14]. Untersuchungen zu kartometrischen Messungen führt *H. Kishimoto* [115] durch. Auf die zunehmende Bedeutung der thematischen Kartometrie weist *W. Witt* [447] hin.

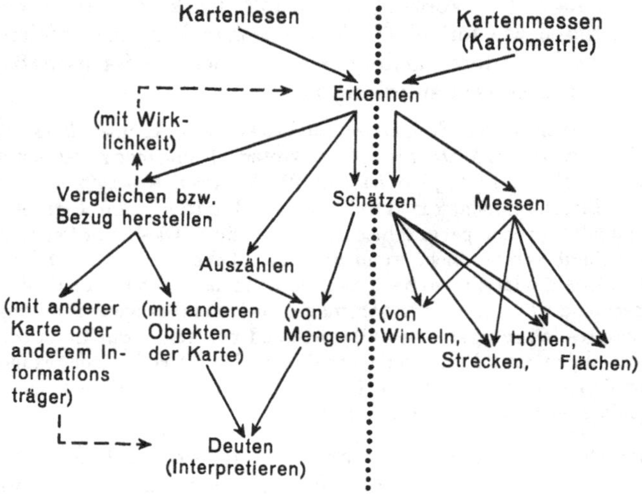

Abb. 94. Arten der Kartenauswertung

Zweck \ Art	Kartenlesen					Kartenmessen	
	Erkennen	Vergleichen	Deuten	Auszählen (von Mengen)	Schätzen	Schätzen	Messen
Bildung	•		•	•	•	•	
Orientierung	•	•				•	•
Verwaltung	•		•	•		•	
Planung	•		•	•			•
Kartographie	•	•					•
Wissenschaft	•	•	•	•			•

• = in der Praxis hauptsächlich vorkommende Fälle der Zuordnung

Abb. 95. Zuordnung von Zwecken und Arten der Kartenauswertung

Für die Heranbildung zur Kartenauswertung spielen Schulunterricht und schulkartographische Produkte eine wesentliche Rolle. In neueren Schulatlanten wird dabei die wachsende Bedeutung der thematischen Karte deutlich. Neben den Wandkarten und Atlanten werden im Unterricht *stumme* Karten bzw. *Umrißkarten* zur Erarbeitung geographischer Kenntnisse benutzt. Diese erscheinen in Form gedruckter Arbeitsblätter, in gestempelter Form oder als abwaschbare Folien. Zum Vorführen und Üben gibt es Arbeitstransparente als Grund- und Deckfolien sowie Magnetwände und Magnetsignaturen, die vor allem zur Wiedergabe wirtschaftsgeographischer Sachverhalte geeignet sind. Zur Lage der Schulkartographie äußert sich *F. Aurada* [204]. Eine einschlägige Bibliographie bis 1970 gibt *W. Sperling* [66].

Neben der eigentlichen Auswertung gibt es noch die *Kartenkritik*, die sich mit der Karte als kartographischem Erzeugnis befaßt, und zwar hinsichtlich der Quellen, der Objekte der Darstellung, der Darstellungsweise, der kartentechnischen Vorgänge und der ästhetischen Wirkung.

6.2 Kartenlesen

Das Kartenlesen — auch als *Karteninterpretation* im weiteren Sinne bezeichnet — besteht im 1. Erkennen, 2. Auszählen, 3. Schätzen, 4. Vergleichen oder 5. Deuten von Einzelheiten des Karteninhalts. Diese einzelnen Tätigkeiten sind in der Praxis des Kartenlesens meist eng miteinander verbunden. Sie sind vorwiegend qualitativer, teilweise aber auch quantitativer Natur.

Bei *topographischen Karten* soll das Lesen *der Karte allein* zu einer zutreffenden Vorstellung vom Gelände und damit auch zu einer richtigen Geländebeurteilung führen; dies setzt allerdings voraus, daß der Benutzer über Geländekenntnisse verfügt, die ihm solche Vorstellungen ermöglichen. Das Kartenlesen *im Gelände* dient neben der Schulung derartiger Vorstellungen vor allem der Orientierung. *Thematische Karten* werden gewöhnlich für sich, d. h. ohne Vergleich mit dem Objekt, gelesen.

1. Das *Erkennen*, d. h. Identifizieren eines Objektes nach Lage und Art (Qualität), ist die erste und stets notwendige Phase jeder Kartenauswertung. Die dabei aus den graphi-

schen Strukturen sich ergebenden Gestalttendenzen führen zur Gestaltwahrnehmung. Schnelligkeit und Zuverlässigkeit des Erkennens hängen sowohl von der Dichte und Lesbarkeit des Karteninhalts wie auch vom Kartenverständnis des Benutzers ab.

So können einander ähnliche Darstellungen (z. B. zahlreiche Einzelhäuser, dichtes Wege- oder Grabennetz) oder nicht vollständig dargestellte Objekte (z. B. Verwaltungsgrenzen) das Erkennen erschweren und leichter Irrtümer erzeugen; eine Dorfkirche ist dagegen meist schnell erkannt. Vielfach ist das Erkennen erst aus dem räumlichen Zusammenhang benachbarter Objekte möglich, seltener durch das Objekt allein: Zum Erkennen eines unter vielen Gebäuden bedarf es der Identifizierung mit Hilfe der Umgebung; eine typische Flußschleife ist dagegen bereits an ihrer Form selbst zu erkennen. Das Erkennen typischer Oberflächenformen aus Höhenlinien oder anderen Darstellungsmitteln erfordert Formkenntnisse und Anschauungsvermögen; es leitet bereits zum Deuten über.

2. Das *Auszählen* ist im Gegensatz zum Erkennen und Deuten ein quantitativer Prozeß. Mit ihm wird für einen bestimmten Bereich die Anzahl von Objekten gleicher Qualität ermittelt (z. B. Gebäude in einem Ort, Orte in einem Kreis, Bahnhöfe, Fabriken, Fundorte, Wetterstationen usw.). Das Ergebnis ist aber nur dann einwandfrei bzw. kennzeichnend, wenn die Objekte in der Karte vollständig enthalten sind, also nicht bereits durch eine Auswahlgeneralisierung reduziert wurden.

In thematischen Karten erstreckt sich das Auszählen auch auf Darstellungen durch Punkte, Signaturen, Kartodiagramme usw., wenn für einen größeren Bereich eine Gesamtmenge (z. B. Bevölkerung, Produktion) ermittelt werden soll. Im weiteren Sinne kann man zum Auszählen auch das Ermitteln einer Fahrstrecke aus Entfernungsangaben (z. B. in Straßenkarten) rechnen, wobei statt der oft langwierigen Längenmessung (6.3.3) lediglich eine Summierung der abgelesenen Teilstrecken vorzunehmen ist.

3. Das *Schätzen* ist entweder eine vereinfachte Form des Auszählens (überschlägliche Ermittlung der Objektzahl) oder eine Vorstufe des Kartenmessens (Schätzung von Strekken, Flächen, aber auch von Größensignaturen, Kartodiagrammen usw.).

4. Das *Vergleichen* soll hier nur in seiner qualitativen bzw. quantitativen Seite behandelt werden, da Vergleiche geometrischer Größen (Strecken, Flächen usw.) unter die Kartometrie (6.3) fallen. Man kann unterscheiden nach Vergleichen a) zwischen Karte und Wirklichkeit, b) zwischen zwei Karten (Kartensynopse), c) zwischen Karte und anderem Informationsträger (Text, Tabelle) und d) zwischen Objekten innerhalb einer Karte.

a) Der Vergleich zwischen Karte und Gelände ist ein fortgesetztes Verfahren des bereits beschriebenen Erkennens (Nr. 1). Er dient der Geländeorientierung, aber auch dem besseren Verständnis für die Möglichkeiten und Grenzen der Kartengestaltung. Das Zurechtfinden im Gelände wird erleichtert, wenn die Karte richtig orientiert ist (6.3.4). b) In ähnlicher Weise liefert der Vergleich verschiedener Karten desselben Gebietes und Inhalts Material zur Beurteilung kartographischer Darstellungsmöglichkeiten einschließlich der äußeren Gestaltung. Werden Karten desselben Gebietes, aber verschiedener Themen miteinander verglichen, so sind die Karten Forschungsinstrumente, die zu neuen Erkenntnissen über Abhängigkeiten, Korrelationen usw. von Gegenständen und Sachverhalten verhelfen können. c) Beim Vergleich zwischen Karte und anderem Informationsträger verdeutlicht die Karte die räumlichen Beziehungen, während z. B. ein Text weitere Beschreibungen des Objekts enthält oder eine Tabelle genaueres Zahlenmaterial liefert. d) Der Vergleich zwischen verschiedenen Objekten geht schließlich über zum Deuten (Nr. 5) unter gleichzeitiger Wertung nach bestimmten Gesichtspunkten (z. B. Bedeutungsunterschiede bei Orten, Straßen, Gewässern). Auch das Vergleichen thematischer Größendarstellungen (z. B. gestufte Signaturen, Flächenkartogramme) gehört hierher.

5. Das *Deuten* — die Interpretation im engeren Sinne — geht als Ergebnis einer relativ hohen Denkleistung einen wesentlichen Schritt weiter. Es versucht, aus der kartographischen Darstellung auch Aussagen zu gewinnen über die Eigenart der räumlichen Beziehungen, ihre Entwicklungen, Funktionen und Strukturen. Neben dem notwendigen Erkennen kann es sich dazu auch des Auszählens, Schätzens und Vergleichens sowie kartometrischer Methoden bedienen. Der zunächst analytische Vorgang geht meist in eine synthe-

tische Prozedur über. So gelangt man zur *Vorstellung*, an die sich häufig eine *Beurteilung* (*Bewertung*) nach bestimmten Gesichtspunkten anschließt (z. B. Geländeeignung für bauliche Maßnahmen, mögliche Änderung des Verlaufs von Verwaltungsgrenzen).

Ein Beispiel für das Deuten sind die landeskundlichen Beschreibungen zu topographischen Karten. So erschienen ab 1963 bei der Bundesforschungsanstalt für Landeskunde und Raumordnung geographisch-landeskundliche Erläuterungen zu einigen Blättern der Topographischen Karte 1:50000. Auch die Topographischen Atlanten (2.4) enthalten landeskundliche Beschreibungen. Häufig werden die Deutungen unter einem bestimmten, fachwissenschaftlich eng begrenzten Thema vorgenommen. So können z. B. Geograph und Historiker aus der gegenseitigen Stellung der Gebäude, aus Bebauungsdichte und Straßennetz wesentliche Erkenntnisse zur Siedlungsgeschichte gewinnen. Die Höhenlage von Quellen und die Dichte des Gewässernetzes geben dem Geologen Aufschluß über Lage und Eigenschaft von Gesteinsschichten. Kartographische Darstellungen in thematischen Karten können als gelungen gelten, wenn sie die Deutungen weitgehend erleichtern (z. B. Klimakarten, die die Relation zwischen Niederschlag und Geländerrelief deutlich aufzeigen).

6.3 Kartenmessen (Kartometrie)

Kartometrie bedeutet Messen oder Übertragen geometrischer Größen auf Karten und kartenverwandten Darstellungen. Sie setzt voraus, daß die betroffenen Objekte einwandfrei identifiziert sind (6.2 Nr. 1) und die möglichen Fehlerquellen (6.3.1) ausreichend berücksichtigt werden.

6.3.1 Fehlerquellen der Kartometrie

1. *Verzerrungen des Kartennetzentwurfes.* Diese machen sich um so mehr bemerkbar, je kleiner der Maßstab der Karte und je ausgedehnter die Messung ist.

Kein Netzentwurf ist völlig längentreu. Flächentreue Entwürfe weisen teilweise starke Winkelverzerrungen auf; umgekehrt können bei konformen Abbildungen die Flächen stark verzerrt sein. Rechnerische Korrekturen an den ermittelten Größen werden aber gewöhnlich nur bei der Messung in Karten kleinerer Maßstäbe (etwa ab 1:1 Mill.) nach Bedarf angebracht. Einzelheiten siehe Bd. I, 3.

2. *Geometrische Genauigkeit des Karteninhalts*. Diese hängt ab a) von der geodätischen Grundlage, b) von der Genauigkeit der Einzelerfassung (topographische Vermessung oder thematische Aufnahme), c) vom Ausmaß der Generalisierung und den daraus resultierenden Lagemerkmalen und schließlich d) von den kartentechnischen Vorgängen von der Kartierung bis zum Mehrfarbendruck. Einzelheiten und Zahlenwerte siehe auch Bd. I, 4.4, 5.3.1.6, 5.3.2.9.

Im allgemeinen sollten Grundrißangaben im Rahmen der Zeichengenauigkeit von etwa $\pm$ 0,15 mm geometrisch richtig sein. Diese Bedingung ist jedoch unter dem Einfluß der Generalisierung nicht mehr völlig einzuhalten. Am stärksten wirken sich die unvermeidbaren Verdrängungen aus. Bei linearen Objekten wie Wegen und Gewässern bleibt, wenn sie verbreitert, aber nicht verdrängt sind, wenigstens die richtige Lage der Mittellinie erhalten. Bei lokalen Objekten wird die Lage gewöhnlich durch die Mitte oder den Fußpunkt der Signatur gekennzeichnet.

3. *Einfluß des Papierverzuges*. Schwankungen der Luftfeuchtigkeit rufen Längenänderungen des Papiers hervor (4.3.1).

Man erhält die tatsächliche mittlere Maßstabszahl einer Karte aus einer bekannten Naturstrecke s und der gemessenen Kartenstrecke s' zu $m = s/s'$ (Bd. I, 1.5). Als bekannte Strecken eignen sich dazu auch die aus dem Kartennetz ableitbaren Sollstrecken. Solche Berechnungen sind aber entbehrlich, wenn man sich bei der Messung von Kartenstrecken der häufig auf der Karte mitgedruckten Maßstabsskala bedient, deren Teilung die Maßänderung des Papiers mitmacht.

6.3.2 Koordinatenmessung auf Karten

In Karten großer und mittlerer Maßstäbe werden in der Regel geodätische Koordinaten, in Karten kleiner Maßstäbe meist geographische Koordinaten gemessen oder übertragen. Solche Koordinaten legen Punkte im Grundriß in *absoluter* Weise fest.

Mit einfachen Hilfsmitteln wie Anlegemaßstab, Zirkel usw. geht man so vor, wie in den Abb. 96 und 97 dargestellt. Dabei ist Voraussetzung, daß wenigstens die den Punkt P umgebende Netzmasche vollständig ausgezogen ist. Das ist mitunter durch Auszeichnen der Netzlinien (vgl. Bd. I, Abb. 131 b) noch nachzuholen.

Da in *geodätischen* Koordinatensystemen die Gitterlinien parallel verlaufen und das metrische System zugrunde liegt, kann man zwischen den Netzlinien die Koordinatenabschnitte unmittelbar mit dem Maßstab ablesen. Dabei empfiehlt es sich, auch jeweils den Rest bzw. die ganze Strecke zu messen, um evtl. den Einfluß des Papierverzuges zu tilgen. Hat man z. B. in Abb. 96 im Rechtswert statt der dort angegebenen Zahlen die Intervalle 0,75 und 0,29 km abgelesen, so liegt eine tatsächliche Maschenweite von 1,04 km vor; um wieder auf den Sollwert 1,00 km zu kommen, muß man demnach die Abschnitte anteilmäßig auf 0,72 bzw. 0,28 km reduzieren.

Geographische Netzlinien bilden gewöhnlich kein quadratisches Gitter. Die durch den Punkt P führenden Hilfslinien der Koordinatenermittlung (Abb. 97) haben sich daher dem Verlauf der Netzlinien entsprechend anzupassen. Für die Ablesung der Grade und Minuten eignet sich am besten die meist im Kartenrahmen befindliche Skala.

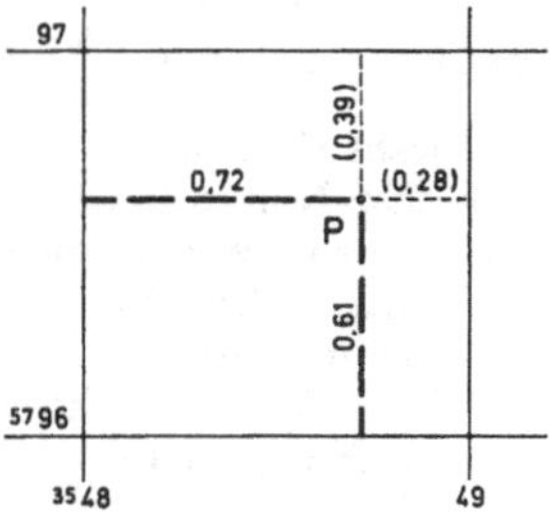

Abb. 96. Bestimmung der geodätischen Koordinaten eines Punktes P:

Rechts: 3548,72 km
Hoch: 5796,61 km

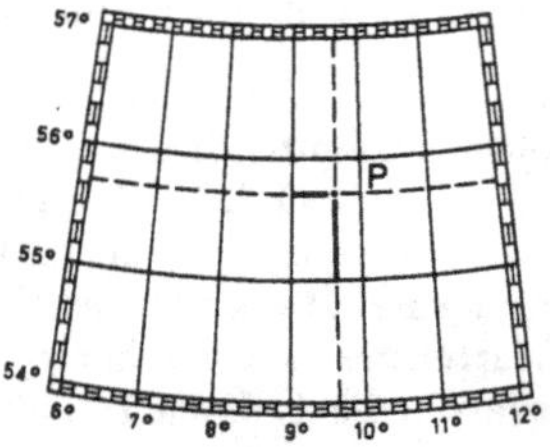

Abb. 97. Bestimmung der geographischen Koordinaten eines Punktes P:

östl. Länge: 9° 38′
nördl. Breite: 55° 42′

Die beschriebene Methode kommt vor allem dann in Betracht, wenn es sich um die Bestimmung *weniger* Punkte handelt. Mitunter werden aber vor allem geodätische Koordinaten in *größerer* Anzahl benötigt. Dann sind andere Verfahren besser geeignet:

1. Verwendung eines transparenten engmaschigen Quadratnetzes (*Millimeterpapier, Quadratglastafel*). Dieses wird auf die Netzmasche eingepaßt und ermöglicht dann das Abzählen der Teilung sowie das Abschätzen innerhalb des den Punkt enthaltenden kleinen Feldes. Man erhält die Koordinatenabschnitte durch Multiplikation der abgelesenen Werte mit der Kartenmaßstabszahl m, oder man zählt die Teilung sogleich in Einheiten des Kartenmaßstabes.
2. Verwendung eines *Planzeigers (Kartenzeiger, Koordinatenmesser)*, den z. B. der Rand amtlicher topographischer Karten enthält, und zwar mit einer dem jeweiligen Maßstab entsprechenden Teilung. Das Verfahren ist in Bd. I, 3.7.3 dargestellt.
3. Verwendung eines *Koordinatographen* (4.3.2), wenn es sich um eine sehr umfangreiche Messung handelt. Dabei wird die sonst benutzte Markiervorrichtung des Gerätes gegen eine Einstellvorrichtung (Mikroskop mit Meßmarke) ausgetauscht. Nach optischer Einstellung des Punktes werden die Koordinaten auf Teilungen abgelesen, die meist den Kartenmaßstab schon berücksichtigen. Bei diesen Messungen empfiehlt es sich, auch die Gitterpunkte zu erfassen, um den Einfluß des Papierverzuges ausschalten zu können. Ist eine automatische Weiterverarbeitung der Koordinaten vorgesehen, so empfiehlt sich der Einsatz eines entsprechenden Koordinatenerfassungsgerätes (Digitizer, 5.2.1).

Ein Beispiel der *Übertragung* von Koordinaten ist die Eintragung eines modernen Koordinatennetzes in eine alte Karte anhand identischer Punkte. Das so entstehende *Verzerrungsgitter*, wie es z. B. von *E. Imhof* [290] für einige ältere Karten dargestellt wird, liefert eine klare Anschauung über das Ausmaß der geometrischen Lagefehler.

6.3.3 Längenmessung auf Karten

Solche Längenangaben sind *relative* Festlegungen zwischen Punkten im Grundriß.

1. *Geradlinige Verbindungen*

Man erhält die *Horizontal-* oder *Grundrißentfernung* zwischen zwei Punkten auf *einer* Karte am einfachsten mit Hilfe eines

Anlegemaßstabes. Liegen die Punkte auf *zwei* verschiedenen Kartenblättern, so ordnet man entweder die beiden Blätter in der richtigen gegenseitigen Lage an und greift dann die Entfernung ab, oder man entnimmt für die mit A und B bezeichneten Punkte die geodätischen Koordinaten (6.3.2) und rechnet die Entfernung s zu

$$s = \sqrt{(x_A - x_B)^2 + (y_A - y_B)^2}\,.$$

Streng genommen ergibt die Formel eine Strecke im Koordinatennetz und auf das Meeresniveau bezogen. Der Unterschied gegen die horizontale Naturstrecke ist jedoch im Hinblick auf den Kartenmaßstab meist vernachlässigbar klein.

In bestimmten Fällen ist auch die räumliche Entfernung *(Schrägentfernung)* s_r zwischen zwei Punkten von Interesse. Man erhält sie aus s und dem Höhenunterschied $h = H_A - H_B$ zu

$$s_r = \sqrt{s^2 + h^2}\,.$$

Bequemer ist jedoch die in den meisten Fällen ausreichende Näherungsformel

$$s_r \approx s + \frac{h^2}{2s}\,.$$

Sie setzt voraus, daß h wesentlich kleiner ist als s, was gewöhnlich der Fall ist.

In *kleinmaßstäbigen* Karten ist neben den Längenverzerrungen des Netzentwurfes noch zu berücksichtigen, daß die kürzeste Verbindungslinie zweier Punkte auf der Kugeloberfläche, die *Orthodrome*, auf den Karten in der Regel nicht geradlinig verläuft (siehe Bd. I, 3.1.5, Abb. 61, 63—66, 70—72). Bei größeren Entfernungen ist daher ein mit dem Anlegemaßstab abgelesener Wert zu ungenau; man bestimmt dann besser die geographischen Koordinaten (Breite φ und Länge λ) der Punkte A und B (6.2.3) und rechnet die Entfernung nach den Formeln

$$\cos\delta = \sin\varphi_A \cdot \sin\varphi_B + \cos\varphi_A \cdot \cos\varphi_B \cdot \cos(\lambda_A - \lambda_B),$$
$$s = R \cdot \operatorname{arc}\delta \text{ (vgl. Bd. I, 3.2.6).}$$

Dabei ist R der mittlere Erdradius (Bd. I, 3.1.2).

Zu den geradlinigen Längenmessungen kann man auch das Bestimmen von Länge, Breite, Durchmesser usw. von Signaturen, Kartodiagrammen u. a. bei thematischen Darstellungen rechnen.

2. *Gekrümmt oder geknickt verlaufende Verbindungen*

Solche Fälle treten z. B. auf, wenn die Straßenentfernung zwischen zwei Punkten, die Länge eines Flußlaufes, einer Küstenlinie oder einer Staatsgrenze zu ermitteln ist. Dabei wird die Verbindung entweder in besser meßbare Teilstücke zerlegt oder mittels Meßrädern kontinuierlich abgefahren.

Bei *Teilstreckenmessungen* verfährt man meist nach dem Verfahren der *wachsenden Zirkelöffnung*. Man nimmt das erste gerade Stück der Verbindung in den Zirkel, dreht diesen um den ersten Knickpunkt in die Verlängerung des nächsten geraden Stücks ein und erweitert die Zirkelöffnung um den Betrag dieses zweiten Intervalls, dann dreht man um den zweiten Knickpunkt usw., bis man zum Schluß die Gesamtlänge in der Zirkelöffnung hat, die man dann an einem Maßstab abliest. Das Verfahren ist in Abb. 98 dargestellt.

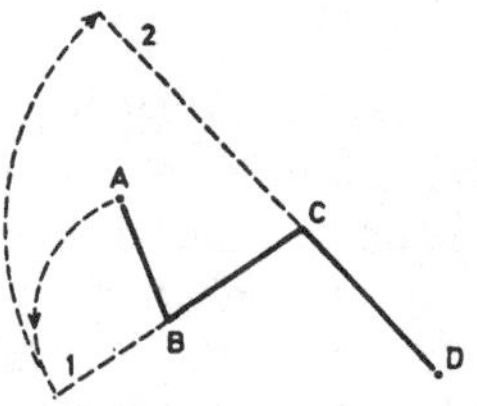

Abb. 98. Längenmessung auf der Strecke ABCD mit wachsender Zirkelöffnung: Mit AB um B drehen, ergibt 1 in Verlängerung CB, Öffnung bis C erweitern, mit C1 um C drehen, ergibt 2 in Verlängerung DC, Öffnung bis D erweitern = ABCD

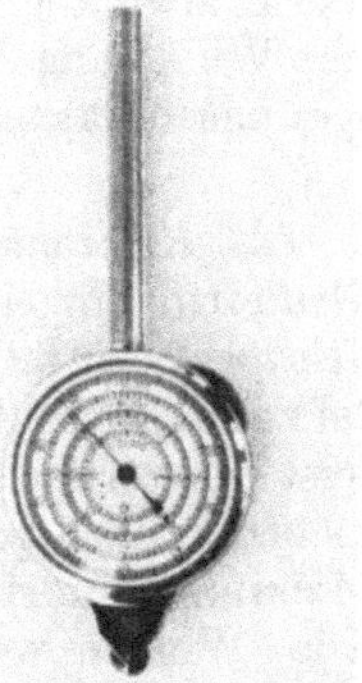

Abb. 99. Kurvenmesser

Zum *kontinuierlichen* Abfahren einer Länge gibt es *Kurvenmesser*, deren kleines Meßrädchen von Hand entlang der zu messenden Länge geführt wird. Die Umdrehungen des Rades übertragen sich auf einen Zeiger, der die unmittelbare Ablesung der Naturstrecke für die wichtigsten Kartenmaßstäbe mit Hilfe zahlreicher Skalen gestattet (Abb. 99).

Bei der Messung in *kleinmaßstäbigen* Karten ist zu berücksichtigen, daß infolge der vereinfachenden Wirkung der Generalisierung die Längen stets kürzer als der Natur entsprechend ausfallen. Das gilt in besonders hohem Maße für in der Natur stark gewundene Flüsse wie auch für zerklüftete Küstenlinien. So zitiert z. B. *N. M. Wolkow* [167] aus den Ermittlungen von *A. Penck* für einen Küstenabschnitt in Istrien die folgenden Längen:

223,81 km in 1: 75000	157,6 km in 1: 1500000
190,6 km in 1:300000	132 km in 1: 3700000
199,5 km in 1:750000	105 km in 1:15000000

3. Der Einfluß des *Papierverzuges* wird nach 6.3.1 berücksichtigt.

6.3.4 Winkelmessung auf Karten

Auf Karten lassen sich Horizontalwinkel unmittelbar und Vertikalwinkel mittelbar bestimmen bzw. übertragen. Solche Winkelangaben haben teils *absoluten*, teils *relativen* Festlegungscharakter.

1. Als *Horizontalwinkel* gilt der von zwei Richtungen im Grundriß eingeschlossene Winkel. Man bezeichnet ihn als *Richtungswinkel*, wenn eine Richtung (Nullrichtung) parallel zur x-Achse (Gitternord) eines geodätischen Koordinatensystems verläuft, als *geographisches Azimut*, wenn die Nullrichtung nach geographisch Nord zeigt, und als *magnetisches Azimut*, wenn sie nach magnetisch Nord weist (Bd. I, 3.7.3). Die Winkel werden rechtsläufig, d. h. im Uhrzeigersinn gezählt. Über Winkelteilungen siehe Bd. I, 2.2.3.

Zur Winkelmessung dienen Vollkreis- oder Halbkreiswinkelmesser *(Transporteure)*, die heute meist aus Plexiglas bestehen. Soll wie in Abb. 100 der Richtungswinkel von A nach B gemessen werden, so zeichnet man von A die Richtungen zum Gitternord und nach B, legt dann den Transporteur mit dem Zentrum auf A und dreht ihn so, daß der Wert Null auf der Nullrichtung liegt. An der Strecke AB wird sodann der Winkelwert abgelesen. Halbkreiswinkelmesser besitzen oft eine gegenläufige Winkelskala und eignen sich daher besonders zum *Absetzen* eines Winkels. Wie in Abb. 101 dreht man z. B. den Winkelwert des Azimuts an der vorher eingetragenen Nullrichtung ein und zeichnet dann die Richtung nach B entlang der Kante des Winkelmessers.

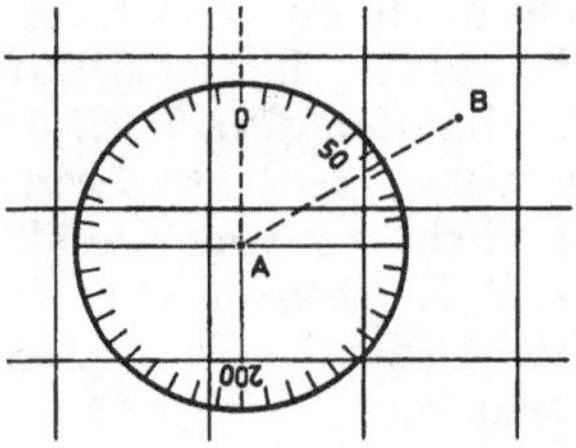

Abb. 100. Bestimmung eines Richtungswinkels mittels Vollkreiswinkelmesser: $t_A^B = 66$ gon

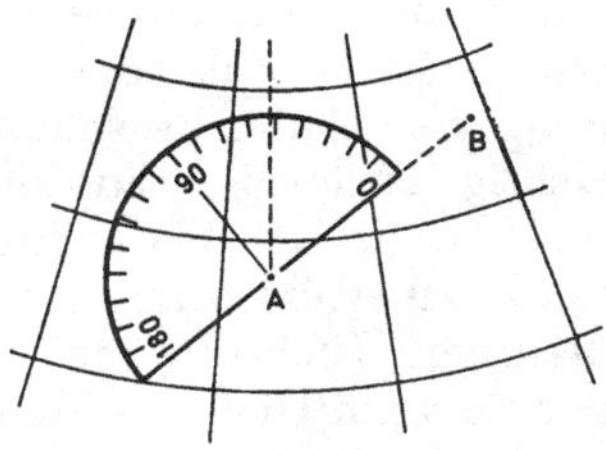

Abb. 101. Absetzen eines geographischen Azimuts (Kurswinkel) mittels gegenläufig geteiltem Halbkreiswinkelmesser: $\alpha = 52°$

Läßt der Papierverzug bzw. der Netzentwurf eine größere Winkelverzerrung beim Messen mit Winkelmessern befürchten, so ist es besser, die Koordinaten abzugreifen (6.3.2) und aus diesen den Winkel zu rechnen. Dieses Verfahren ist ferner immer angebracht, wenn die beiden Punkte A und B auf verschiedenen Karten liegen. Bei geodätischen Koordinaten x_A, y_A, x_B, y_B ergibt sich dann der Richtungswinkel t von A nach B aus der Beziehung

$$\tan t = \frac{y_B - y_A}{x_B - x_A}.$$

Liegen für die Punkte A und B geographische Koordinaten $\varphi_A, \lambda_A, \varphi_B, \lambda_B$ vor, so folgt für das Azimut α, wenn die Erdfigur als Kugel angenommen wird,

$$\cot \alpha = \frac{\cos \varphi_A \tan \varphi_B - \sin \varphi_A \cos (\lambda_B - \lambda_A)}{\sin (\lambda_B - \lambda_A)}.$$

Die bekannteste Anwendung der Winkelmessung auf Karten ist die in der Schiff- und Luftfahrt bei der Navigation übliche Messung oder Übertragung eines *Kurswinkels* (meist eines Azimuts). Die Linie konstanten Azimuts heißt *Loxodrome.* Sie bildet sich in den Kartennetzen der Mercatorprojektion als Gerade ab (Bd. I, 3.1.5 und 3.3.3).

Zur Winkelmessung auf Karten kann man auch die *Kartenorientierung* rechnen. Man legt z. B. einen Kompaß mit seiner Kante an eine Netzlinie und dreht die Karte mit dem Kompaß solange, bis die Magnetnadel unter Berücksichtigung von Nadelabweichung bzw. Deklination (Bd. I, 3.7.3) richtig einspielt. Ein anderes Verfahren besteht darin, daß eine in der Karte identifizierte Richtung vom Standpunkt zu einem markanten Punkt (z. B. Kirchturm) mit der örtlichen Richtung zu diesem Punkt durch Eindrehen der Karte in Übereinstimmung gebracht wird.

2. Der *Vertikalwinkel* gibt die in einer Vertikalebene gemessene Neigung einer Geraden gegen eine Horizontalebene *(Höhenwinkel)* bzw. gegen die Lotrichtung *(Zenitwinkel)* an. Da die Karte eine ebene Darstellung ist, lassen sich solche Winkel nur mittelbar aus Höhenunterschied h und Horizontalentfernung s zwischen zwei Punkten bestimmen:

$$\text{Höhenwinkel: } \tan \alpha = \frac{h}{s}, \qquad \text{Zenitwinkel: } \cot z = \frac{h}{s},$$

$$\alpha + z = 100 \text{ gon.}$$

In der Praxis interessiert vor allem der *Böschungswinkel* als Maß für die Geländeneigung. In diesem Falle entspricht in den angegebenen Formeln h dem Höhenunterschied benachbarter Höhenlinien und s ihrem gegenseitigen Horizontalabstand. Bequemer ist aber die Benutzung des auf dem Rande mancher Karten befindlichen *Neigungsmaßstabs (Böschungsdiagramm,* Abb. 102*)*. Dieser Maßstab stellt den Grundrißabstand benachbarter Höhenlinien in Abhängigkeit von der Geländeneigung dar. Man geht daher mit dem in der Karte abgegriffenen Abstand s' in das Diagramm dort ein, wo die dem Höhenunterschied h entsprechende Linie einen Abstand gegen die Grundlinie aufweist, der gerade dem Wert s' entspricht. An dieser Stelle liest man dann den Böschungswinkel ab. Weitere Skalen gestatten es, die Geländeneigung auch in Prozenten oder im Verhältnis $1:x$ zu ermitteln.

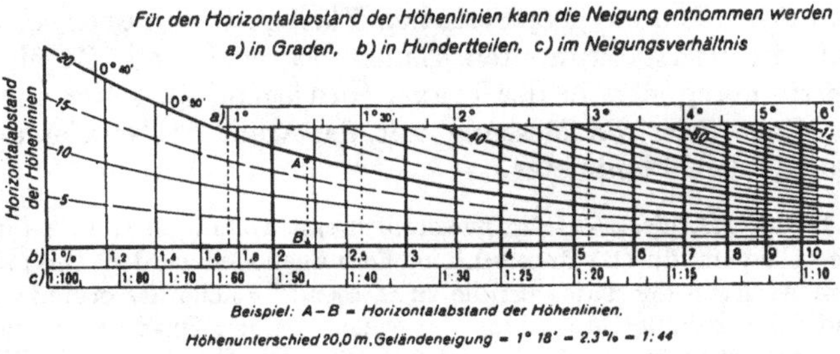

Abb. 102. Ausschnitt aus einem Neigungsmaßstab der Topographischen Karte 1:100000

6.3.5 Flächenmessung auf Karten

Sie dient der Ermittlung der Flächeninhalte von Grundstücken, politischen Bezirken (Gemeinden, Kreise, Staaten), Bodennutzungen (Acker, Grünland, Wald), Einzugsgebieten von Gewässern, Höhenschichten, geologischen Formationen usw. Will man dabei den Papierverzug berücksichtigen, mißt man zusätzlich Flächen aus dem Kartennetz aus, für die sich der Sollwert leicht berechnen läßt. Bei der Messung auf kleinmaßstäbigen, nicht flächentreuen Karten ist evtl. eine weitere Korrektur infolge der Flächenverzerrung anzubringen.

Ist die zu messende Fläche durch gerade Linien begrenzt oder läßt sie sich durch solche ausreichend genau annähern, so kann man sie in eine Anzahl von Dreiecken zerlegen, deren Einzelflächen man nach der Formel $F = 1/2 \cdot g \cdot h$ (g = Grundlinie, h = Höhe) berechnet und dann zur Gesamtfläche summiert. Sind für die Eckpunkte einer solchen Figur die Koordinatenwerte bekannt, so ist auch eine Flächenberechnung nach der sog. *Gaußschen Dreiecksformel* möglich:

$$F = \frac{1}{2} \sum x_i \cdot (y_{i+1} - y_{i-1}) = \frac{1}{2} \sum y_i \cdot (x_{i-1} - x_{i+1}).$$

Hierbei durchläuft i alle Punktnummern von 1 bis zur letzten Punktnummer n.

Häufiger als diese geometrischen Flächen treten aber solche auf, die von gekrümmten Linien begrenzt sind. Zu ihrer Bestimmung sind in der Praxis vorwiegend zwei Verfahren im Gebrauch: die Messung mit der Quadratglastafel und die mit dem Planimeter.

1. Die *Quadratglastafel* trägt gewöhnlich eine Teilung in *mm*², bei der die vollen cm² durch stärkere Linien hervorgehoben werden. Um nach dem Auflegen der Tafel auf die zu messende Fläche das ermüdende und fehleranfällige Auszählen der vielen kleinen Quadrate zu vermeiden, geht man wie folgt vor (Abb. 103): Die Figur wird mit Hilfe der Tafel in Zonen bestimmter Breite (z. B. 1 cm) geteilt; innerhalb jeder Zone wird sodann ein flächenerhaltender Grenzausgleich so vorgenommen, daß einfache geometrische Figuren (Trapeze, Rechtecke) entstehen, die sich leicht auszählen lassen (Abb. 104). Die aus allen Zonen ermittelte Gesamtzahl der mm² ist dann noch mit dem Flächenwert zu multiplizieren, der 1 mm² auf der Karte in der Natur entspricht.

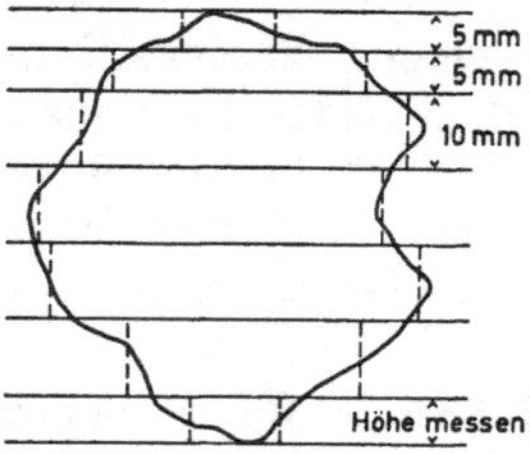

Abb. 103.
Zonenweises Umwandeln einer Fläche in Rechtecke zur einfacheren Messung mit der Quadratglastafel

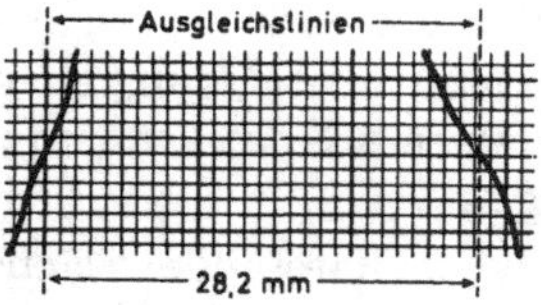

Abb. 104.
Auszählen einer Zone der Quadratglastafel:
$F = 28{,}2 \cdot 10 = 282$ mm²

2. Das *Planimeter* ist ein Gerät, mit dessen Hilfe der Inhalt einer Fläche durch Abfahren ihrer Umringslinie ermittelt wird. Die Abfahrbewegungen übertragen sich auf eine Meßrolle, deren Umdrehung proportional der Fläche ist.

Das vorwiegend benutzte *Polarplanimeter* besteht in einer schematisch gedachten Ausführung (Abb. 105) aus einem Pol *P*, der außerhalb der zu messenden Fläche auf der Karte durch Gewicht und Nadel festgelegt wird und um den sich der Polarm p dreht. Dieser ist durch ein Gelenk G mit dem Fahrarm f verbunden, der an einem Ende den Fahrstift (die Fahrlupe) F und am anderen Ende die Rolle R trägt. Im Gelenk G lassen sich p und f gegeneinander drehen; ferner kann f in G verschoben und damit die Länge GF verändert werden.

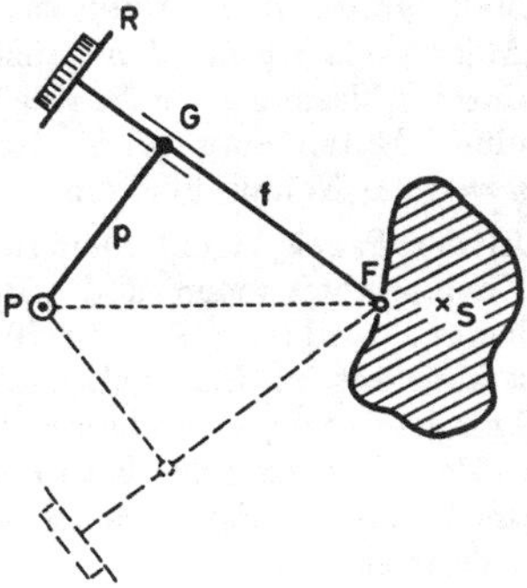

Abb. 105.
Prinzip des Polarplanimeters. Gerissene Darstellung = zweite Lage zur Kompensation der Rollenschiefe

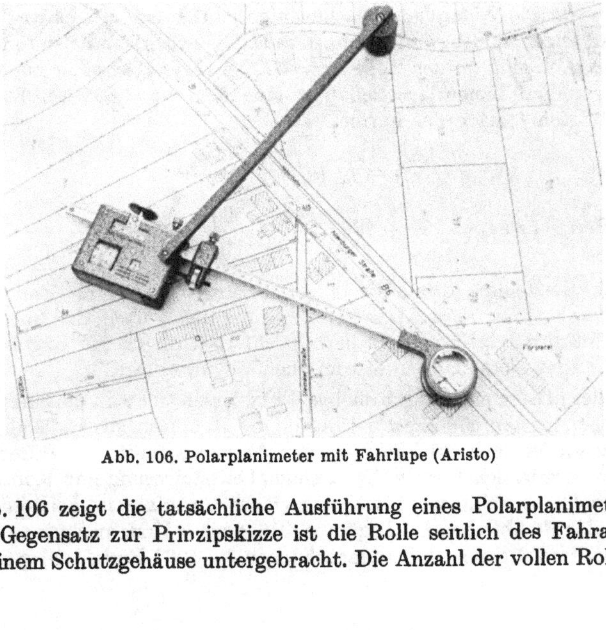

Abb. 106. Polarplanimeter mit Fahrlupe (Aristo)

Abb. 106 zeigt die tatsächliche Ausführung eines Polarplanimeters. Im Gegensatz zur Prinzipskizze ist die Rolle seitlich des Fahrarms in einem Schutzgehäuse untergebracht. Die Anzahl der vollen Rollenumdrehungen wird auf einer besonderen Zählscheibe abgelesen. Die Skala auf dem Fahrarm ist gewöhnlich eine Halbmillimeterteilung.

Auf eine Ableitung der Flächenformel muß hier verzichtet werden. Man erhält, wenn der Pol außerhalb der Fläche liegt, den Flächeninhalt zu $F = k \cdot n$, wobei $k = f \cdot u$ eine Konstante ist, die durch Fahrarmlänge f und Rollenumfang u bestimmt wird, während n ein Maß für die Abwicklung ist, die an der Rolle abgelesen wird. Die Ableseskala ist für den ganzen Rollenumfang in 100 Teile geteilt; durch Ablesung eines *Nonius* läßt sich jedes Teilstück noch in 10 Noniuseinheiten aufgliedern. Eine Rollenumdrehung ergibt demnach $n = 1000$ Noniuseinheiten.

In der Praxis strebt man für den Wert k, den Flächenwert einer Noniuseinheit, einen runden Betrag an, damit die Rechnung $F = k \cdot n$ bequem wird (z. B. $k = 10, 20, 50$ oder $100\ m^2$). Da der Rollenumfang u konstant ist, läßt sich $k = f \cdot u$ nur durch eine Veränderung der Fahrarmlänge f beeinflussen. Das dazu wirksamste Verfahren besteht in der Messung einer bekannten Kartenfläche (z. B. eines Netzquadrates des geodätischen Koordinatengitters) und Berechnung der Fahrarmlänge.

Beispiel: Die Netzquadratfläche entspricht $10000\ m^2$. Es wird $k = 20\ m^2$ angenommen, und demnach müßte bei richtiger Fahrarmlänge f_0 die Ablesung an der Rolle $n_0 = 500$ betragen. Bei einer zunächst eingestellten Länge $f_1 = 280$ liest man aber $n_1 = 505$ ab. Daraus ergibt sich f_0 nach der Formel

$$f_0 = f_1 + f_1 \cdot \frac{n_1 - n_0}{n_0}$$

im Beispiel zu $f_0 = 280 + 280 \cdot \dfrac{505 - 500}{500} = 282{,}8$.

Nach Einstellung dieses Betrages ist zur Kontrolle die Sollfläche nochmals zu umfahren. Das Verfahren hat den Vorteil, daß auch der Einfluß des Papierverzuges berücksichtigt wird, da die Kartensollfläche (das Netzquadrat) diesem ebenfalls unterliegt.

Mit der gewonnenen Fahrarmeinstellung lassen sich nun die einzelnen Flächen messen. Man liest bei Beginn des Abfahrens die Rolle ab und dann wieder nach Rückkehr auf den Ausgangspunkt. Der Differenzbetrag ergibt den Wert n. Zur Genauigkeitssteigerung und Kontrolle empfiehlt es sich, jede Fläche mehrfach zu umfahren. *Beispiel* mit $k = 20\ m^2$: Ablesung bei Beginn = 316, nach 5 Umfahrungen = 627. Dabei sind 3 ganze Rollenumdrehungen (je 1000 Einheiten) gezählt worden. Es ist also $n = 1/5 \cdot (3000 + 627 - 316) = 3311/5 = 662{,}2$. $F = k \cdot n = 20 \cdot 662{,}2 = 13244\ \mathrm{m}^2$.

Beim Gebrauch des Polarplanimeters sind ferner folgende Regeln zu beachten: 1. k so wählen, daß der Fahrarm möglichst lang ist. 2. Planimeter so aufbauen, daß der Pol etwa in verlängerter Meßrollenebene liegt, wenn der Fahrstift im Schwerpunkt S der Fläche ruht. 3. Ungünstig geformte Flächen nach Bedarf in Teilflächen zerlegen und einzeln ausmessen. 4. Alle Linien — auch lange Geraden — mit der freien Hand abfahren; das Benutzen eines Lineals führt zu erheblichen systematischen Fehlern. 5. Um den Einfluß der Rollenschiefe auszuschalten, führt man alle Messungen in zwei Rollenlagen durch: die zweite Lage ist die Symmetrielage zur ersten Lage (Abb. 105). Diese Möglichkeit bieten alle neueren Planimeter *(Kompensationsplanimeter)*.

Neben den konventionellen Planimetern mit der Ablesung an der Rolle mit Hilfe des Nonius gibt es seit einiger Zeit auch Planimeter mit elektronisch bewirkter digitaler Anzeige der Rollenabwicklung.

Zum Einsatz automatischer Techniken der Flächenmessung eignen sich die in 5.2.1 beschriebenen Digitalisierungsgeräte (Digitizer). Die Meßmarke wird dazu entlang der Flächengrenze geführt, und aus den registrierten Koordinaten der in eine Punktfolge aufgelösten Grenzlinie wird mit einem Computer die Fläche nach der weiter vorn angegebenen Gaußschen Dreiecksformel berechnet.

Auf der Grundlage einer Flächenberechnung zwischen Höhenlinien lassen sich auch Rauminhalte unterhalb der Erdoberfläche ermitteln. Wegen weiterer Einzelheiten hierzu wird auf die einschlägige Literatur, z. B. [23, 24] verwiesen.

6.3.6 Höhenermittlung aus Karten

Exakte Höhenermittlungen sind nur aus Höhenliniendarstellungen in Karten großer und mittlerer Maßstäbe möglich. Dabei ergibt sich eine *absolute* Höhenangabe durch Zählung von der allgemeinen Bezugsfläche (z. B. Normal-Null) aus, während ein *relativer* Höhenwert als Differenz zweier Absoluthöhen entsteht (Höhenunterschied).

Die absolute Höhe eines Punktes ermittelt man in der Regel durch lineare Interpolation zwischen benachbarten Höhenlinien (Punkt A in Abb. 107), in einfachen Fällen kommt man auch mit einer Schätzung aus (Punkt B in Abb. 109). Im Bereich ausgezeichneter Geländepunkte (Bergspitzen, Sattel- und Muldenpunkte) und starker Gefällwechsel entspricht eine lineare Interpolation nicht immer den örtlichen Verhältnissen; hier sind ebenfalls nur Abschätzungen möglich (Punkte C bis F in Abb. 109).

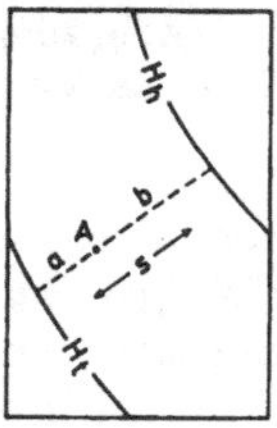

Abb. 107. Rechnerische Höheninterpolation (siehe Text)

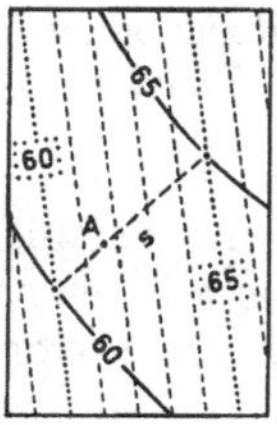

Abb. 108. Graphische Höheninterpolation: $H_A = 61{,}6$ m

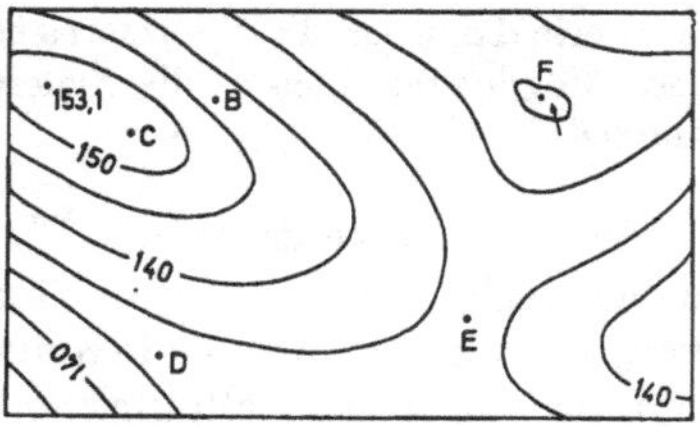

Abb. 109. Abschätzen einer Punkthöhe: $H_B = 143$ m Unsichere Höhenbestimmung bei den Punkten C, D, E, F

Die lineare Interpolation läßt sich rechnerisch oder graphisch durchführen. Die *rechnerische* Interpolation ergibt sich wie folgt: Es sei s der Horizontalabstand benachbarter Höhenlinien im Bereich des Punktes A (Abb. 107), a der Horizontalabstand des Punktes A von der tiefer gelegenen Höhenlinie mit der Höhe H_t, b der entsprechende Abstand von der höheren Linie mit der Höhe H_h. Dann ist

$$H_A = H_t + \frac{a}{s} \cdot (H_h - H_t) \text{ bzw. } H_A = H_h - \frac{b}{s} \cdot (H_h - H_t).$$

Die *graphische* Interpolation bedient sich einer geeigneten, auf einem Transparent (z. B. Millimeterpapier) gezeichneten Parallelenschar, die auf die Strecke s so eingedreht wird, daß die Endpunkte der Strecke, d. h. die Punkte auf den beiden Höhenlinien mit ihren Höhenwerten den auf der Parallelenschar festgelegten Höhenwerten entsprechen (Abb. 108). Dann liest man die Höhe des Punktes A aus der Parallelenschar ab.

Die beschriebenen Interpolationsverfahren sind umgekehrt auch zur Einschaltung von Höhenlinien nach gemessenen Höhenpunkten geeignet (Bd. I, 2.6.3.2).

Ist s der Horizontalabstand zwischen zwei Punkten mit den bekannten Höhen H_A und H_B, so kommt es darauf an, den Durchstoßpunkt einer Höhenlinie mit der Höhe H_L durch die Verbindungslinie der beiden Punkte zu finden. Für den Horizontalabstand c dieses Durchstoßpunktes vom Punkt A sowie für den entsprechenden Abstand d von B ergibt sich dann

$$c = (H_L - H_A)\frac{s}{H_B - H_A} \text{ und } d = (H_B - H_L)\frac{s}{H_B - H_A}$$
$$\text{mit } c + d = s.$$

Neben der Entnahme einzelner Höhenwerte ist in der kartometrischen Praxis noch die Entnahme von *Profilen* aus Karten von Bedeutung. Dabei wird die vertikale Profilebene in der Karte durch eine Gerade markiert. Trägt man an den Schnittpunkten dieser Geraden mit den einzelnen Höhenlinien die jeweiligen Höhenwerte rechtwinklig zur Geraden ab und verbindet die Endpunkte miteinander, so entspricht das einem Umklappen des Profils in die Kartenebene (Abb. 110). Über Anwendung, Benennung und Überhöhung von Profilen siehe 3.1.5.

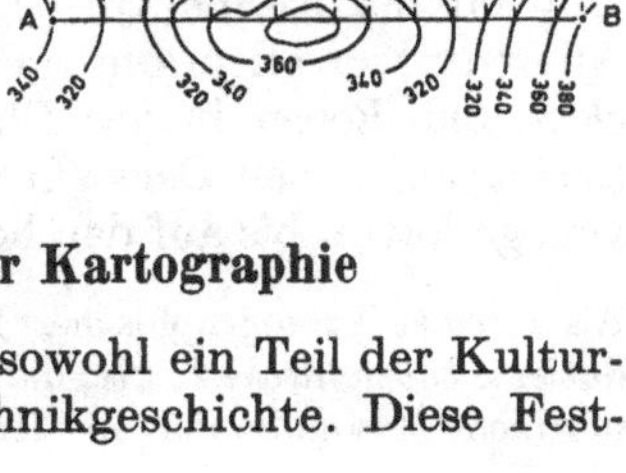

Abb. 110.
Geländeprofil aus Höhenlinien:
Kartenmaßstab 1:50000,
Höhenmaßstab 1:10000
(5fache Überhöhung)

7. Überblick zur Geschichte der Kartographie

Geschichte der Kartographie ist sowohl ein Teil der Kulturgeschichte wie ein Teil der Technikgeschichte. Diese Feststellung erscheint deshalb angebracht, weil es kartenhistorische Werke gibt, die dem kulturgeschichtlichen Aspekt einen mehr oder weniger deutlichen Vorrang, insbesondere bei ästhetischer Betrachtungsweise, geben und dagegen die mehr technische Seite der Informationsdarstellung und -vermittlung in den Hintergrund treten lassen. Die Folge davon ist, daß solche Werke ihre Betrachtungen spätestens mit dem auslaufenden 18. Jahrhundert abschließen, weil nach ihrer Meinung die Karten von da ab vorwiegend pragmatisch konzipierte technische Produkte seien. Dem läßt sich nach *F. Dessauer* [96] entgegenhalten, daß auch der heutige technische Gebrauchsgegenstand ein doppeltes Gesicht hat: das eine schaut auf den sachlichen Zweck, das andere auf den Menschen, bei dem es eine ästhetische Empfindung erzeugt. Dies dürfte zweifellos auch für Karten gelten. In vergleichbar kritischer Weise äußert sich *W. Scharfe* [145] zum heutigen und künftigen Konzept der Kartographiegeschichte.

Einzelne geschichtliche Angaben finden sich auch in anderen Abschnitten dieses Buches, z. B. bei den Globen (3.3) und der Entwicklung der Kartentechnik (4.2).

Historische Darstellungen mit vielen Kartenbeispielen und Literaturangaben bringen *Bagrow/Skelton* [2] und *Grosjean/Kinauer* [17]. Die etwa jährlich erscheinende Zeitschrift „Imago Mundi“ widmet sich der Geschichte der Kartographie. Von *W. Bonacker* [84] ist ein Verzeichnis der Kartenmacher aller Länder und Zeiten. Eine Bibliographie zur historischen Kartographie stammt von *G. Franz* [57].

7.1 Die Kartographie im Altertum

Obwohl historische Quellen erkennen lassen, daß sich im Altertum vor allem die *Babylonier*, *Ägypter*, *Chinesen*, *Griechen* und *Römer* in der Blütezeit ihrer Kulturen auch mit kartographischen Darstellungen befaßt haben, sind nur ganz wenige davon bis auf den heutigen Tag überliefert.

Als ältestes kartographisches Dokument gilt eine auf 3800 v. Zw. datierte *babylonische* Karte, die auf einem geritzten Tonplättchen das nördliche Mesopotamien mit dem Euphrat, einigen Orten und den das

Land begrenzenden Gebirgen (in schematischen Aufrißbildern) wiedergibt. Eine bedeutende kartographische Urkunde der *Ägypter* ist die auf Papyrus gezeichnete nubische Goldminenkarte (1300 v. Zw.), die ein Versuch ist, die Berge durch umgeklappte Profile beiderseits der Wege in die Kartenebene wiederzugeben. (Abb. 111).

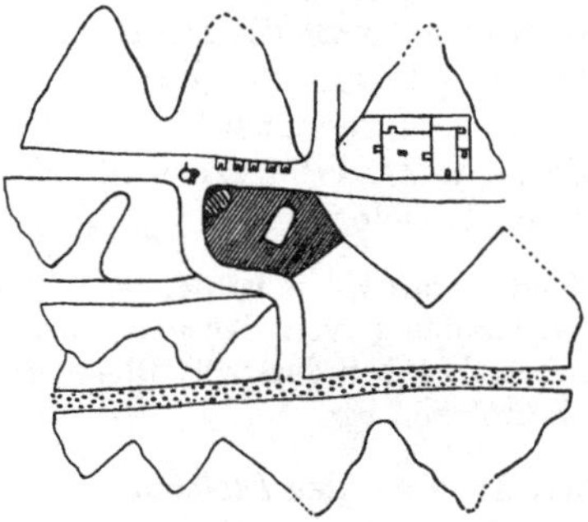

Abb. 111. Nubische Goldminenkarte

Die Entwicklung bis zu solchen Karten ist sicherlich von Darstellungen ausgegangen, wie sie auch später noch bei *Naturvölkern* in anderen Bereichen angetroffen wurden. Dazu gehören neben manchen Felszeichnungen vor allem die Ritzungen in Steine oder Baumrinden sowie Zeichnungen auf gegerbte Häute. Bemerkenswert und ohne Gegenstück sind die etwa auf das 16. Jahrhundert n. Zw. datierten Seekarten der Einwohner der Marshall-Inseln im Pazifischen Ozean: Es handelt sich um linienhafte Verknüpfungen von Blattrippen der Kokospalme, deren Knotenpunkte die Inseln durch Muscheln anzeigen. Über die Kartographie bei den Naturvölkern berichtet *W. Dröber* [98].

Für die *Griechen* war die Kartographie weitgehend gleichbedeutend mit der Frage nach der Gestalt der Erde. Die ersten Erdkarten, über die berichtet wird, stellen die Erde als eine rings von Meeren umflossene Scheibe dar. Die Auffassungen von der Kugelgestalt der Erde breiteten sich aus mit den Lehren der *Pythagoräer* (etwa 500 v. Zw.) und durch den Beweis des *Aristoteles* (etwa 350 v. Zw.), wonach der stets kreisförmige Erdschatten bei Mondfinsternissen nur von einer Kugel stammen könne.

Als Folge davon kam es zur Entwicklung von Kartennetzen. *Dikäarchos* (350—290 v. Zw.) stellte zunächst nur eine West-Ost-Orientierungslinie dar, während *Eratosthenes* (276—195 v. Zw.), der als erster auch die Größe der Erde bestimmte (Bd. I, 2.3.1), bereits ein Netz von Parallelscharen verwandte. *Hipparch* (190 — 125 v. Zw.) teilte den Äquator in 360^0 und entwarf die stereographische und die orthographische Projektion. *Marinus von Tyros* (um 100 n. Zw.) entwickelte das rechtwinklige Netz der mittabstandstreuen Zylinderentwürfe (Plattkarten), *Ptolemäus* (87—150 n Zw.) den ersten Kegelentwurf.

Eine Vorstufe der Karte ist der im Altertum benutzte *Periplus*, der eine Beschreibung von Küsten, Inseln, Ländern mit nautisch-technischen Angaben darstellt. Dieser geht später in die mittelalterlichen Portolane über.

Von den Arbeiten des *Ptolemäus* in Alexandria ging der nachhaltigste Einfluß aus. Seine „Geographie", eine Anleitung zur Kartenanfertigung mit einem Verzeichnis von Orten, Ländern usw., wirkte bis ins 15. Jahrhundert. Die Originalmanuskripte gingen zwar beim Brand der alexandrinischen Bibliothek 391 n. Zw. verloren; später aufgefundene Manuskripte und Karten wurden aber als Kopien seiner Arbeit gedeutet. Unter diesen befindet sich auch die bekannte Weltkarte.

Unter den *Römern* machte die Kartographie keine Fortschritte. Ihre Karten galten nicht geographischen Erkenntnissen wie bei den Griechen, sondern Darstellungen ihres Besitzes und der Verkehrsverbindungen in ihrem Reich. Die sehr unmaßstäblichen *Itinerarien* dienten als Wegekarten für militärische Zwecke, später wohl auch zur Wiedergabe von Handelswegen und -plätzen.

Die bekannte „Tabula Peutingeriana", die der Augsburger Humanist, Kaufmann und Stadtschreiber *K. Peutinger* (1465—1547) als Sammler erwarb, soll eine im 13. Jahrhundert gefertigte Kopie von Unterlagen sein, die aus römischen Straßenkarten abgeleitet und vermutlich bis zum 6. Jahrhundert laufend ergänzt wurden. Die Tafel besteht aus 12 Blättern, die aneinandergelegt rund 7 m lang sind. Die Darstellung ist in Ost-West-Richtung gedehnt, in Nord-Süd-Richtung stark verkürzt und daher völlig unmaßstäblich. Einzelheiten beschreibt *K. Miller* [130].

7.2 Die Kartographie im Mittelalter

Während die islamischen Kulturen das geographische Wissen der Griechen übernahmen und weiter entwickelten, verharrte die Kartographie des europäischen Mittelalters zunächst ganz in den religiösen Vorstellungen ihrer Zeit. Die *Mönchs-* oder *Klosterkarten* sind als Erdkarten nicht allein Darstellungen realer geographischer Gegenstände, sondern dienen auch der Illustration biblischen Geschehens. Die Erde erscheint als kreisförmige Scheibe (*Radkarte*) mit obenliegender Ostrichtung und einer meist T-förmigen Gliederung: Asien liegt oberhalb des T-Balkens, Europa links unten, Afrika rechts unten.

Eines der bekanntesten Beispiele ist die um 1235 entstandene *Ebstorfer Weltkarte* (Kloster Ebstorf bei Uelzen), die im 2. Weltkrieg zerstört, inzwischen aber neu gezeichnet wurde. Die kreisrunde Karte hat einen Durchmesser von 3,5 m und setzt sich aus 30 Pergamentblättern zusammen. In der Mitte liegt Jerusalem. Neben der Wiedergabe von Städten, Flüssen, Bergen und Meeren enthält die Karte auch die Lage des Paradieses, zahlreiche mythologische und biblische Figuren sowie Kopf, Hände und Füße des gekreuzigten Christus.

Über die bei solchen Karten übliche Gebirgsdarstellung in Form der sog. Maulwurfshügelmanier siehe Bd. I, Abb. 118.

Etwa um 1300 kamen in Italien und Katalonien die ersten *Seekarten* auf. Sie entwickelten sich aus den schon im Altertum gebräuchlichen Segelanweisungen über die später als Portolane bezeichneten Navigationsbeschreibungen zu den sog. *Portolankarten*. Diese meist auf Tierfellen gezeichneten Karten enthalten neben den Ländern, Inseln, Häfen usw. auch ein Netz von Windstrahlen (Rumben), das irrtümlich auch zu der Bezeichnung als Kompaßkarten geführt hat.

Erst im späten Mittelalter löste der zunehmende geographische Informationsstand die kirchliche Kartographie aus ihren starken religiösen Bindungen und führte zu Fortschritten in der Herstellung von Erdkarten. Bemerkenswerte Zeugnisse dieser Art sind die ovale Genuesische Weltkarte (unbekannter Verfasser, 1457) und die kreisförmige (2 m Durchmesser) „mappa mundi“ (1459) des Camaldulensermönches *Fra Mauro.*

7.3 Die Kartographie im Zeitalter der Entdeckungen

Zwei bedeutende Ereignisse beeinflußten die Entwicklung der Kartographie im 15. und 16. Jahrhundert: Die geographischen Entdeckungen und das Aufkommen der Druckverfahren. Die Entdeckungen brachten eine Fülle neuer Kenntnisse, steigerten aber auch andererseits den Bedarf an Karten. Die Vervielfältigung nach Holzschnitten oder Kupferstichen ersetzte das teure und fehlerhafte manuelle Kopieren und verhalf den Karten damit zu einer wachsenden Verbreitung.

Ein großer Anstoß zu geographischen Arbeiten ging auch von der „Geographie“ des *Ptolemäus* aus, deren Kopien durch Flüchtlinge aus dem von den Türken bedrohten Byzanz rasch bekannt wurden. Aus der Übersetzung in das Lateinische (ab 1409) entstanden zahlreiche weitere Handschriften und Kartenkopien, denen später auch neue Karten hinzugefügt wurden. 1477 erschien die erste gedruckte Ausgabe als Atlas in Bologna. Schließlich verlor aber die „Geographie“ an Bedeutung, als mit der in vielen Ausgaben herausgekommenen „Cosmographia“ des *Sebastian Münster* (1488—1552) immer mehr neue und bessere Karten entstanden.

Die Anwendung der Druckverfahren beeinflußte auch die Originalherstellung nachhaltig. Formschneider und Graveure fanden ein großes Betätigungsfeld, und die Druckformen stellten erhebliche Wertobjekte dar. Von historischem Interesse sind heute vor allem die *Erstlings-* oder *Wiegendrucke* von Karten *(Inkunabeln)*.

Das umfangreiche Sammeln und Verarbeiten geographischer Informationen führte zu einem gewaltigen Aufschwung der Kartographie. Es bildeten sich kartographische Zentren, zunächst in Italien, Spanien und Portugal, dann in Deutschland und später auch in den Niederlanden. Dabei galt das Hauptinteresse den Erd- und Seekarten; daneben entstanden aber auch die ersten Erdgloben und größere Regionalkarten. Die Forderung nach einer geometrisch richtigen Darstellung, die vor allem von der Seefahrt erhoben wurde, führte zur ersten intensiven Anwendung von Kartennetzen und zur Entwicklung weiterer Kartennetzentwürfe.

Bedeutende italienische Kartographen dieser Zeit waren u. a. *Fra Mauro* († 1460, siehe auch 7.2), *Paolo Toscanelli* (1397—1482), der in einer verlorengegangenen Karte den Seeweg nach Indien in westlicher Richtung beschreibt, ferner auch *Leonardo da Vinci* (1452 bis 1519), der auch Karten kleinerer Gebiete herstellte. Der spanische Kartograph *Juan de la Cosa* († 1509), der mit Kolumbus und Vespucci nach Amerika segelte, fertigte 1500 eine Weltkarte, die als erste den amerikanischen Kontinent enthält.

In Deutschland schuf *Martin Behaim* (1459—1507) den ersten Erdglobus („Erdapfel" 1492) sowie eine Seekarte für Magelhaes. Von *Erhard Etzlaub* (1460—1532) stammt die Romweg-Karte für Pilger mit einer Wegeteilung in Meilenintervalle, ferner der erste Versuch einer Weltkarte in Mercatorprojektion auf einem Kompaßdeckel. *Martin Waldseemüller* gen. *Ilacomilus* (1470—1518) brachte die erste Weltkarte heraus, auf der sich der Name „Amerika" befindet, ferner eine See- und eine Europakarte; von ihm stammt auch eine Ausgabe der Ptolemäus-Geographie sowie ein Globus. Weitere Globen sind aus der Hand von *Johannes Schöner* (1477—1547).

Einen kartographischen Höhepunkt stellen die Werke des in Duisburg tätig gewesenen *Gerhard Kremer* gen. *Mercator* (1512—1594) dar. Nach zahlreichen Regionalkarten und Globen kam 1569 die berühmte, für die Seefahrt bestimmte Weltkarte in der nach ihm benannten Projektion heraus, die bis auf den heutigen Tag das Kartennetz der meisten Seekarten bestimmt. Seine drei Söhne setzten seine Arbeiten, vor allem am begonnenen Atlas, fort.

In den Niederlanden schuf *Abraham Ortelius* (1527—1596) eine achtblättrige Weltkarte, einzelne Gebietskarten sowie die in vielen Ausgaben erschienene Kartensammlung „Theatrum orbis terrarum". Weitere Weltkarten stammen von *Jodocus Hondius* (1563—1611), der neben *Gemma Frisius* (1508—1555) auch Globen herstellte.

Kennzeichnend für viele Karten dieser Zeit und bis etwa in das 18. Jahrhundert hinein ist die als *Kartusche* bezeichnete, oft sehr ausgeprägte Titel- und Randgestaltung, die sich nicht nur auf textliche Erläuterungen und wortreiche Widmungen beschränkt, sondern daneben auch Wappen, mythologische Gestalten und allegorische Darstellungen enthält.

In Seekarten findet man vielfach die sog. *Vertoonungen*, das sind Ansichtsbilder der Küste von See her, die dem Seemann die Sichtnavigation erleichtern sollen.

7.4 Von der Regionalkartographie zur topographischen Landesaufnahme

So wie die Entwicklung von Geographie und Verkehr den Bedarf an Erd- und Seekarten weiter ansteigen ließ, so ließ sie auch das Interesse an Regionalkarten wachsen. Die dazu erforderlichen topographischen Arbeiten waren allerdings noch weit entfernt von den Techniken der späteren Landesaufnahmen. Die ersten Darstellungen beruhten auf groben geographischen Orientierungen, Auswertungen von Reisezeiten und skizzenartigen Einschneideverfahren. Später verwendete man auch Kompaß, Meßschnur und Schrittmaß; eine übergeordnete Festpunktbestimmung — von spärlichen astronomischen Ortsbestimmungen abgesehen — gab es noch nicht. Die Messungen führten meist an den Wegen entlang und erfaßten das Gelände links und rechts mehr oder weniger skizzenhaft. Die kartographische Wiedergabe erstreckte sich auf die wichtigsten Gewässer und Siedlungen, letztere vielfach in individuellen Aufrißbildern, ferner auf die Geländedarstellung in Form der üblichen Seitenansicht mit oft stark künstlerisch-bildhafter Bearbeitung. Die Namen erschienen in Fraktur-, später immer mehr in Antiquaschrift. Die Vervielfältigung beruhte zunächst auf dem Hochdruck nach Holzschnitten, später auf dem Tiefdruck nach Kupferstichen.

Erste Beispiele dieser Art waren die Karte der Schweiz (1497) von *Konrad Türst* (1450—1503) und die Karte von Toscana (1503) von *Leonardo da Vinci*. Unter späteren Werken sind vor allem die 24 Blätter der „Bayerischen Landtafeln“ (1568) von *Philipp Apian* (1531 bis 1589, siehe Bd. I, Abb. 119) und die „Preußischen Landtafeln“ (1584) des *Kaspar Hennenberger* (1529—1600) bekannt.

Die weitere Entwicklung der topographischen Kartographie ist gekennzeichnet durch die Verbesserung der topographischen Aufnahmemethoden und durch den allmählichen Übergang von der noch sehr bildhaften zur mehr abstrakt-geometrischen Darstellungsweise (*E. Imhof* [290]). Dabei werden die topographischen Arbeiten — zunächst allerdings nur sehr langsam — durch zwei Neuerungen entscheidend beeinflußt: Die erste Dreiecksmessung (Triangulation) von 1617 des Niederländers *Willibrord Snellius* und die Erfindung des Meßtisches (Bd. I, 2.6.3) (vermutlich durch *Johannes Prätorius* oder durch die sog. *Züricher Schule* um 1600).

Erste, wenn auch nur graphische Anwendungen der Triangulation finden sich bei den 56 Blättern 1:32000 der kartographisch hervorragenden Karte des Kantons Zürich von *Hans Konrad Gyger* (1599 bis 1674) und den 13 (heute nur im Entwurf vorhandenen) Blättern 1:140000 der „Württembergischen Landtafeln" von *Wilhelm Schickhart* (1592—1635). Letzterer benutzte auch bereits die Meßtischmethode.

Durch die genauere Einzelvermessung war es auch möglich, die topographischen Gegenstände mehr und mehr nach ihrer exakten Grundrißprojektion darzustellen. So wurde z. B. die vogelschauartige Siedlungsdarstellung, deren Höhepunkt die „Topographien" (ab 1640) von *Matthäus Merian* (Vater und Sohn) bildeten, durch den geometrisch-nüchternen Straßengrundriß abgelöst; für kleinere Objekte kamen die ersten Kartenzeichen (Signaturen) auf.

Bei der Bestimmung von Wassertiefen an der Mündung schiffbarer Flüsse ergaben sich erste Anwendungen von Isolinien aus der Lotung gegen die Wasseroberfläche und die damit verbundene Lagemessung. Die erste Karte mit Tiefenlinien (Isobathen) wird dem Feldmesser *P. Bruinss* zugeschrieben (7-Fuß-Tiefenlinie des Sparneflusses in Haarlem 1584). Der Rotterdamer Landmesser *P. Ancelin* schuf 1697 eine Karte der Maas einschließlich des alten Hafens mit Tiefenlinien von 5 zu 5 Fuß (Abb. 112).

Die allgemeine Anwendung der Triangulation in der Landesvermessung setzte ein, nachdem die Franzosen sich dieses Verfahrens in ihren zahlreichen Erdmessungen (Gradmessungen) zwischen 1669 und 1741 mit Erfolg bedient hatten

(Bd. I, 2.3.2). *César François Cassini* (1714—1784), in dritter Generation an diesen Arbeiten beteiligt, überzog ab 1750 Frankreich mit einem Netz aus über 2000 Dreiecken und leitete auf dieser Grundlage die Herstellung des Kartenwerkes 1 : 86400 ein, das 1815 unter seinem Sohn *Jean Dominique Cassini* vollendet wurde.

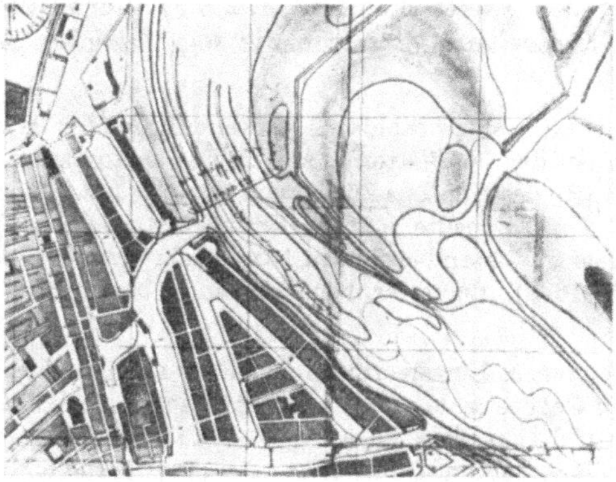

Abb. 112. P. Ancelin, Tiefenlinienkarte der Maas in Rotterdam, 1697; Originalmaßstab 1:2500

Die Cassinische Karte stellte das Gelände in einer Schraffenmanier dar; ihr Kartennetz stammte aus einer mittabstandstreuen zylindrischen Abbildung in transversaler Lage. Sie war der Auftakt zur systematischen und exakten topographischen Landesaufnahme in zahlreichen Staaten. Diese Entwicklung wurde noch dadurch beschleunigt, daß vor allem militärische Zwecke ein geschlossenes topographisches Kartenwerk mit geeigneter Geländewiedergabe erforderten.

Welche Entwicklung die Kartographie in Deutschland im 18. Jahrhundert nahm, zeigt am Beispiel Brandenburgs *W. Scharfe* [144].

Zu Beginn des 19. Jahrhunderts war die Herstellung topographischer Karten mittlerer Maßstäbe wie folgt gekennzeichnet: 1. Die Arbeiten lagen in den Händen staatlicher, vielfach militärischer Institutionen. 2. Es entstanden einheitliche Triangulationsnetze. 3. Die topographische Aufnahme war das Ergebnis einer Vermessung, gewöhnlich der Meßtischmethode. 4. Das Geländerelief wurde grundrißartig durch Schraffen dargestellt.

Über die historische Entwicklung der Geländedarstellung siehe (Bd. I, 5.3.2). In die amtlichen topographischen Kartenwerke ging ab 1799 zunächst die Böschungsschraffenmanier von *Johann Georg Lehmann* (1765—1811) ein. Die dazu erforderlichen örtlichen Arbeiten bestanden im Aufsuchen von Formlinien und im Ermitteln von Böschungswinkeln.

Eine Höhenliniendarstellung mit absoluten Höhenzahlen war noch nicht zu verwirklichen, da es an geeigneten Instrumenten und Grundlagen fehlte; auch wurden die Höhenlinien noch als zu unanschaulich empfunden. Die für Schraffendarstellungen und einzelne Punktangaben benötigten Höhenunterschiede wurden meist barometrisch oder trigonometrisch gemessen. Erst in der Mitte des 19. Jahrhunderts kamen Tachymeter und Nivelliergeräte in Gebrauch, und es wurden Nivellementsnetze mit eindeutig definierter Höhenbezugsfläche gemessen. Im Anschluß daran fanden neue topographische Aufnahmen statt, die nunmehr durch die Höhenliniendarstellung und deren Genauigskeitgrad auch die zivilen Belange des Ingenieurbaus, der wissenschaftlichen Forschung und der Planung berücksichtigten.

In *Preußen*, wo die Landesaufnahme seit 1816 in der Hand des Generalstabs lag, entstanden bis 1846 Meßtischaufnahmen 1:25000 mit einer Geländewiedergabe durch Schraffen. Die Ergebnisse dienten ausschließlich der Herstellung des Kartenwerks 1:100000 (Generalstabskarte). Erst die Neuaufnahmen 1:25000 ab 1875 mit Höhenliniendarstellung und Bezug auf Normal-Null führten zu einem eigenständigen Kartenwerk 1:25000 (Meßtischblatt), das vor allem den zunehmenden zivilen Bedarf befriedigen sollte. Unabhängig von dieser Landesaufnahme vollzog sich der Aufbau des nur für Steuerzwecke bestimmten Katasterkartenwerks (1.7.2.2) auf der Grundlage eigener, regional begrenzter Triangulationssysteme [113].

In *Bayern* begann nach der Gründung des Topographischen Büros 1801 eine systematische Landesvermessung, bei der auf einheitlicher Netzgrundlage Flurkarten 1:5000 (in geringem Umfang auch 1:2500) durch Meßtischaufnahme entstanden. Bereits ab 1817 dienten Verkleinerungen dieser Flurkarten als Ausgangsmaterial für den Grundriß der sog. Positionsblätter 1:25000, während die Geländedarstellung durch Schraffen unmittelbar im Maßstab der Positionsblätter gewonnen wurde. Ab 1840 fanden jedoch Höhenaufnahmen nur noch unmittelbar auf dem Grundriß der Flurkarte 1:5000 statt. Die daraus abgeleiteten Positionsblätter 1:25000 waren aber nicht zur Veröffentlichung bestimmt, sondern dienten der Herstellung des Topographischen Atlasses 1:50000, dessen Blätter 1867 geschlossen vorlagen. Ab 1872 wurden auch die Positionsblätter veröffentlicht, wobei später der Zeichenschlüssel mehrmals wechselte. 1866 entstanden die ersten Höhenlinienaufnahmen 1:5000, die wegen der unterschiedlichen Ausgangspunkte und Meßmethoden jedoch mehr Formlinien als exakte Höhenlinien erzeugten. Das änderte sich ab 1896 mit dem Bezug auf Normal-Null und ab 1920 infolge höherer Punktdichte, besserer Instrumente und einer speziellen Meßmethode (Bayerisches Verfahren, Bd. I, 2.6.3.5). Von 1910 an wurden diese Vermessungsergebnisse auch als selbständiges Kartenwerk „Höhenflurkarte 1:5000" im Zweifarbendruck veröffentlicht [82].

Die in *Württemberg* 1818 eingerichtete staatliche Landesvermessung stellte zunächst Flurkarten 1:2500 her, bildete dann aus Verkleinerungen dieser Karten Aufnahmeblätter 1:25000, die durch eine einfache Höhenmessung mit Lehmannschen Böschungsschraffen versehen wurden, und leitete daraus die 55 Blätter des Topographischen Atlasses 1:50000 ab, die zwischen 1826 und 1851 erschienen. Die systematische Landeshöhenaufnahme für die Topographische Karte 1:25000 begann 1890, und zwar auf der Grundlage der Flurkarte 1:2500, in die das Ergebnis der tachymetrischen Vermessungen (Württembergisches Verfahren, Bd. I, 2.6.3.4) kartiert wurde. Diese Darstellung diente als sog. Topographische Flurkarte zunächst in erster Linie der Herstellung der Karte 1:25000, erst allmählich entwickelte sich daraus auch als selbständiges Kartenwerk die Höhenflurkarte 1:2500, die ab 1914 im Zweifarbendruck erschien [120].

Weitere Einzelheiten zu regionalen kartengeschichtlichen Entwicklungen enthalten auch die in den einzelnen Bundesländern erschienenen Topographischen Atlanten (2.4).

Über die gegenwärtigen amtlichen topographischen Kartenwerke in der Bundesrepublik Deutschland siehe Bd. I, 5.6.2.

In *Österreich* fand unter militärischer Leitung 1763—1787 die erste Landesaufnahme statt, der auf der Basis einer Triangulation die zweite Aufnahme 1806—1869 folgte. Die dabei entstandenen Aufnahmeblätter 1:28000 dienten der Herausgabe der Spezialkarte 1:144000 mit Böschungsschraffen. 1839 wurde das Militärgeographische Institut gegründet. Die später einsetzende dritte Landesaufnahme führte über Aufnahmeblätter 1:25000 mit Höhenlinien zur Spezialkarte 1:75000 mit Schraffen [94]. Über die heutigen Kartenwerke siehe Bd. I, 5.6.4.1.

In der *Schweiz* gab das 1838 gegründete „Eidgenössische Topographische Büro" 1844—1864 das erste amtliche eidgenössische Kartenwerk 1:100000 (Dufourkarte) auf der Grundlage vorhandener und verbesserter kantonaler Karten 1:25000 bzw. 1:50000 heraus. Das Gelände war dabei durch Schattenschraffen wiedergegeben (Bd. I, Abb. 121). Ab 1870 erschienen die Blätter des „Topographischen Atlas der Schweiz" (Siegfriedkarte) in 1:25000 (bzw. 1:50000 für den alpinen Bereich) mit Höhenliniendarstellung [20]. Über die weitere Entwicklung siehe Bd. I, 5.6.4.2.

7.5 Die Entwicklung der Atlaskartographie

Als erste atlasähnliche Kartensammlungen gelten die Zusammenstellungen in den verschiedenen, ab Mitte des 15. Jahrhunderts erschienenen Ausgaben der Geographie des *Ptolemäus*. Freilich besaßen diese Sammlungen noch nicht die Einheitlichkeit in Form und Inhalt, die heute ein wesentliches Merkmal eines Atlasses ist, zumal alte und neue Karten zusammentrafen. Über Einzelheiten der geschichtlichen Entwicklung berichtet *W. Horn* [274].

Einheitlichkeit nach Format und Druck zeigte dagegen schon das Kartenmaterial im „Theatrum orbis terrarum" (1570) des *Ortelius* (7.3), im „Speculum orbis terrarum" (1578) des *Gerard de Jode* (1515—1591) und im „Seespiegel" (1584) des *Lucas Jansz Waghenaer* († 1593).

Ein bedeutender Fortschritt, nämlich das Bemühen um Einheitlichkeit auch im Inhalt, zeigte sich in dem 1595 erstmalig vollständig erschienenen Atlas *Gerhard Mercators* (7.3). Dieses Werk, zunächst nur als Illustration zu einer Beschreibung der Entstehung und Beschaffenheit der Welt bestimmt, weist durch seinen Titel „Atlas sive cosmographicae meditationes de fabrica mundi et fabricati figura" zum ersten Male die Bezeichnung „Atlas" auf. Der Textteil geriet bald in Vergessenheit, der Atlas aber wurde ein großer Erfolg und bestimmte maßgebend den weiteren Weg der Atlaskartographie.

Durch die Verbreitung dieses Werkes von Mercator wurde auch der neue Name „Atlas" bekannt, doch setzte er sich zunächst nur sehr zögernd durch und ist eigentlich erst seit 200 Jahren ein allgemeingültiger Begriff. Es ist nicht sicher, ob Mercator hierbei die Gestalt des Himmelsträgers Atlas mit dem ihm nach der Mythologie zugedachten Wissen um Himmel und Erde im Sinne hatte.

Im 17. Jahrhundert waren vor allem die Niederländer in der Atlaskartographie führend. *Jodocus Hondius* (1563—1611) erwarb Mercators Platten und gab weitere Ausgaben heraus. Am umfangreichsten aber war die Produktion von *Willem Blaeu* (1571—1638) und seinem Sohne *Johan* (1596—1673); unter ihren zahlreichen Atlanten ist vor allem die 12bändige „*Geographia Blaviana*" bemerkenswert. Inhaltlich zeigen diese Werke allerdings keine Fortschritte gegenüber den Arbeiten Mercators. Von solchen Atlaswerken gibt es heute zahlreiche Nachdrucke.

Weitere bedeutende Atlanten entstanden im 17. und 18. Jahrhundert in Frankreich u. a. durch *Nicolas Sanson d'Abbéville* (1600—1667), seine Söhne und Enkel sowie durch *Guilleaume de l'Isle* (1675—1726), in Deutschland vor allem durch *Johann Baptist Homann* (1663—1724) und seine Erben (bis 1813) in Nürnberg und durch *Matthäus Seutter* (1678—1757) in Augsburg. Eine besondere Stellung nimmt der 1749 erschienene Preußische Seeatlas, eine Sammlung von 12 Seekarten 1:20 Mill., ein.

Wenn auch der Inhalt dieser Atlanten durch genauere Ortsbestimmungen und neuere Regionalkarten nach und nach verbessert werden konnte, so blieben doch noch spürbare Mängel. Diese lagen darin begründet, daß neuestes Quellenmaterial oft aus politischen oder wirtschaftlichen Gründen geheimgehalten wurde und daß man aus kommerziellen Gründen mitunter die Herstellung und Fortführung neuer

Originale zurückstellte und dafür lieber die billigere Kopie älterer Vorlagen vornahm.

Im 19. Jahrhundert beginnt die Entwicklung der modernen Atlaskartographie: Der Besitz teurer und großer Atlanten ist nicht mehr das Privileg einiger Begüterter; die zunehmende Bedeutung der Geographie in Unterricht und Allgemeinbildung schafft die Grundlage für eine weite Verbreitung von Schul- und Handatlanten. Durch die Ergebnisse der topographischen Landesaufnahmen werden die Karten inhaltlich durchgreifend verbessert, und die Anwendung des Steindrucks ermöglicht hohe und zugleich preiswerte Auflagen.

Diese günstigen Umstände führen zur Entwicklung einiger neuer und namhafter privatkartographischer Anstalten wie Perthes in Gotha, Ravenstein in Frankfurt am Main und Wagner-Debes in Leipzig, die sich intensiv mit der Herstellung von Atlanten befassen. Ein weit über die Grenzen Deutschlands bekanntgewordenes Atlaswerk ist das von *Adolf Stieler* (1775—1836), das 1823 erstmalig vorlag und bis in das 20. Jahrhundert hinein in laufend verbesserten Auflagen (Hundertjahrausgabe 1925 durch *Hermann Haack*) erschien.

Während in den ersten Jahrhunderten der Atlaskartographie nur solche Werke entstanden, deren Karten ihrem Wesen nach topographisch (allgemein-geographisch) sind, traten vom 19. Jahrhundert an die ersten Atlanten mit thematischen Darstellungen auf. Um die Wende zum 20. Jahrhundert kam es schließlich zur Herausgabe der ersten Nationalatlanten.

Im Anfang dieser Entwicklung stand 1848 der durch *Alexander von Humboldt* angeregte „Physikalische Atlas“ von *Heinrich Berghaus* (1797—1884) als Weltatlas mit Themen aus dem Naturbereich. Das Werk diente auch als Vorlage für den von *Alexander Keith Johnston* (1804—1871) in Edinburgh 1848 herausgegebenen Atlas. In der zweiten Hälfte des 19. Jahrhunderts erschienen die ersten Fachatlanten (z. B. über Klima, Landwirtschaft, Bevölkerung, Geschichte).

1899 begann mit dem Atlas von Finnland die Reihe der Nationalatlanten. Es folgten weitere Werke dieser Art, doch setzte die große Welle in der Herstellung von Nationalatlanten erst nach 1950 ein.

Literaturverzeichnis

Übersicht über Fachzeitschriften siehe Band I, S. 34.

1. Hand- und Lehrbücher

[1] *Arnberger, E.:* Handbuch der thematischen Kartographie. Wien 1966.

[2] *Bagrow, L., und R. Skelton:* Meister der Kartographie. Berlin 1973.

[3] *Bertin, J.:* Graphische Semiologie (übersetzt nach der 2. französ. Auflage). Berlin 1974.

[4] *Biederbick, K.:* Kunststoffe. 3. Aufl. Würzburg 1974.

[5] *Bihr — Veil — Marzahn:* Die Bauleitpläne. 2. Aufl. Stuttgart 1973.

[6] *Bundesforschungsanstalt für Landeskunde und Raumordnung (Hrsg.):* Handbuch der naturräumlichen Gliederung Deutschlands. Bonn-Bad Godesberg 1953—1962.

[7] *Bundesverband Druck e. V. (Hrsg.):* Lehrbuch der Druckindustrie, Band 2: Reproduktionsfotografie. 2. Aufl. Frankfurt am Main 1973.

[8] *Cuenin, R.:* Cartographie générale / 2 Bände/. Paris 1972/73.

[9] *Demek, J. (Hrsg.):* Handbuch der geomorphologischen Detailkartierung (Übers. a. d. Engl.). Kiel 1974.

[10] *Eckert, M.:* Die Kartenwissenschaft. Band I und II. Berlin und Leipzig 1921 u. 1925.

[11] *Eggen, H., und H. Kraus:* Einführung in die Kopiertechniken. 4. Aufl. Hannover 1971.

[12] *Ehlers, K. F.:* Siebdruck. München 1972.

[13] *Falke, H.:* Ausdeutung und Anfertigung einer geologischen Karte. Berlin 1975.

[14] *Fezer, F.:* Karteninterpretation (Das geographische Seminar). Braunschweig 1974.

[15] *Frank, O.:* Die Lichtpaustechnik. Stuttgart 1959.

[16] *Frebold, G.:* Profil und Blockbild. Braunschweig 1951.

[17] *Grosjean, G., und R. Kinauer:* Kartenkunst und Kartentechnik vom Altertum bis zum Barock. Bern/Stuttgart 1970.

[18] *Haack, W.:* Darstellende Geometrie. Band III. Sammlung Göschen Nr. 144. Berlin 1969.

[19] *Imhof, E.:* Thematische Kartographie. Berlin-New York 1972.

[20] *Imhof, E.:* Gelände und Karte. 3. Aufl. Erlenbach-Zürich 1968.
[21] *Jordan — Eggert — Kneißl:* Handbuch der Vermessungskunde, Band Ia: Geländeformen, Reproduktion, topographische Karten und Kartenabbildungen. Stuttgart 1957.
[22] *Keates, J. S.:* Cartographic design and production. London 1973.
[23] *Nimmann, H.:* Flächen- und Erdmassenberechnungen. Berlin-Hamburg 1970.
[24] *Osterloh, H.:* Erdmassenberechnung. 2. Aufl. Wiesbaden 1974.
[25] *Preobraženskij, A. I.:* Ökonomische Kartographie (aus dem Russischen). Gotha 1956.
[26] *Robinson, A. H., und R. D. Sale:* Elements of Cartography. 2. Aufl. New York 1969.
[27] *Salistschew, K. A.:* Einführung in die Kartographie (aus dem Russischen) / 2 Bände/. Gotha 1967.
[28] *Schneider, S.:* Luftbild und Luftbildinterpretation. Band XI des Lehrbuchs der Allgemeinen Geographie. Berlin-New York 1974.
[29] *Schulte — Löhr — Vosen:* Markscheidekunde. 4. Aufl. Berlin 1969.
[30] *Walenski, W.:* Handbuch des Offsetdruckes. München 1973.
[31] *Wilhelmy, H.:* Kartographie in Stichworten. 2. Aufl. Kiel 1972.
[32] *Willkomm, H.:* Grundlagen der Reproduktionstechnik. Frankfurt a. M. 1973.
[33] *Witt, W.:* Thematische Kartographie. 2. Aufl. Hannover 1970.
[34] *Zürcher, G., und A. Leutert:* Buchdruck, Offsetdruck, Tiefdruck. 9. Aufl. Aarau 1973.

2. Fachwörterbücher, Bibliographien, Nachschlagewerke

[50] *Akademie für Raumforschung und Landesplanung (Hrsg.):* Handwörterbuch der Raumforschung und Raumordnung. 2. Aufl. Hannover 1970.
[51] *Alexander, G. L.:* Guide to Atlases. An international listing of atlases published since 1950. Metuchen, N. J. 1971.
[52] *Arnberger, E., und P. Söllner:* Jüngere Literatur zur Automation in der thematischen Kartographie. Lehrkanzel für Geographie und Kartographie der Universität Wien. Band 4. Wien 1973.
[53] *Arnberger, E.:* Literatur zur Methode der kartographischen Darstellung des Bevölkerungswesens. Wien 1973.
[54] *Bonacker, W.:* Das Schrifttum zur Globenkunde. Leiden 1960.

[55] *Bonacker, W.:* Bibliographie der Straßenkarte. Aus dem Nachlaß herausgegeben von W. Kinauer. Bonn-Bad Godesberg 1973.

[56] *Born, E.:* Lexikon für die graphische Industrie. 2. Aufl. Frankfurt am Main 1972.

[57] *Franz, G.:* Historische Kartographie. Forschung und Bibliographie. Band 29 der Veröffentlichungen der Akademie für Raumforschung und Landesplanung. Hannover 1962.

[58] *Henning, I. (Bearb.):* Bibliographie hydrologischer Karten von Deutschland. Bad Godesberg 1969.

[59] *Institut für Angewandte Geodäsie (Hrsg.):* Fachwörterbuch — Benennungen und Definitionen im deutschen Vermessungswesen. Heft 8 — Kartographie, Kartenvervielfältigungen. Frankfurt am Main 1971.

[60] *Institut für grafische Technik, Leipzig (Bearb.):* Lexikon der graphischen Technik. 3. Aufl. München und Berlin 1970.

[61] *Internationale Kartographische Vereinigung (Hrsg.):* Mehrsprachiges Wörterbuch kartographischer Fachbegriffe. Wiesbaden 1973.

[62] *Kosack, H.-P.:* Bibliographie von Landnutzungskarten Deutschlands und seiner Teile. Bad Godesberg 1968.

[63] *Löbel, G., P. Müller und H. Schmid:* Lexikon der Datenverarbeitung. 5. Aufl. München 1973.

[64] *Meine, K.-H.:* Bibliographie zur Automation in der Kartographie. Institut für Kartographie und Topographie der Universität Bonn. Bonn 1969.

[65] *Oest, K., und P. Knobloch:* Untersuchungen zu Arbeiten aus der Thematischen Kartographie mit Hilfe der EDV. Veröffentlichungen der Akademie für Raumforschung und Landesplanung, Abhandlungen Band 72. Hannover 1974.

[66] *Sperling, W.:* Literatur (über Schulkartographie). Der Erdkundeunterricht 1970. H. 11, S. 92—101.

[67] *Schneider, C.:* Datenverarbeitungs-Lexikon. Wiesbaden 1970.

[68] *Streumann, Ch.:* Gliederung nach Wirtschaftsräumen und funktionalen Bereichen — Deutschsprachige Schriften und Karten. Berichte zur deutschen Landeskunde. Sonderheft 10. Bad Godesberg 1968.

[69] *The Library of Congress, Geography and Map Division:* The Bibliography of Cartography, 5 Bände. Boston 1973.

[70] *Tuexen, R., und R. Straub:* Bibliographie der Vegetationskarten. Excerpta botanica 1966, S. 116—177.

[71] *Winch, K. L.:* International Maps and Atlases in Print. London 1974.

3. Monographien, Dissertationen, Sammelwerke, Festschriften, Berichte

[80] *Arnberger, E.:* Die Kartographie im Alpenverein. München-Innsbruck 1970.

[81] *Ausschuß für wirtschaftliche Verwaltung in Wirtschaft und öffentlicher Hand e. V. (Hrsg.):* Der Mikrofilm. Organisation, Technik und Wirtschaftlichkeit der Verfilmung von technischen Unterlagen. Köln 1974.

[82] *Bayerisches Landesvermessungsamt (Hrsg.):* Das bayerische Landesvermessungswerk; Heft 9. München 1964.

[83] *Becke, J.:* Stand und Entwicklung bei Kunststoffolien für die Kartographie. In: Kartographische Originalherstellung, Ergebnisse des 8. Arbeitskurses Niederdollendorf 1970. S. 29—45. Bielefeld 1973.

[84] *Bonacker, W.:* Kartenmacher aller Länder und Zeiten. Stuttgart 1966.

[85] *Bormann, W.:* Die Privatkartographie in der Bundesrepublik Deutschland. In: Deutsche Kartographie der Gegenwart, S. 105 bis 118. Bielefeld 1970.

[86] *Bormann, W.:* Gestaltung und Entwurf geographischer Karten. In: Kartengestaltung und Kartenentwurf. Ergebnisse des 4. Arbeitskurses Niederdollendorf 1962. Mannheim 1962.

[87] *Bosse, H. (Hrsg.):* Kartengestaltung und Kartenentwurf. Ergebnisse des 4. Arbeitskurses Niederdollendorf 1962. Mannheim 1962.

[88] *Bosse, H. (Hrsg.):* Schichtgravur. Ergebnisse des 5. Arbeitskurses Niederdollendorf 1964. Mannheim 1965.

[89] *Bosse, H. [Hrsg.]:* Thematische Kartographie. Ergebnisse des 7. Arbeitskurses Niederdollendorf 1968. Mannheim 1970.

[90] *Bosse, H. (Hrsg.):* Deutsche Kartographie der Gegenwart. Bielefeld 1970.

[91] *Bosse, H. (Hrsg.):* Kartographische Originalherstellung. Ergebnisse des 8. Arbeitskurses Niederdollendorf 1970. Bielefeld 1973.

[92] *Brassel, K.:* Modelle und Versuche zur automatischen Schräglichtschattierung. Diss. Zürich 1973.

[93] *Brunken, G.:* Automatische Zeichnung von Höhenlinienplänen. Deutsche Geodätische Kommission, Reihe C, Heft 173. München 1972.

[94] *Bundesamt für Eich- und Vermessungswesen (Hrsg.):* Die amtliche Kartographie Österreichs. Wien 1970.

[95] *Csáti, E. (Hrsg.):* Automation the new trend in Cartography. Budapest 1974.

[96] *Dessauer, F.:* Streit um die Technik. Freiburg 1959.

[97] *Deutscher Städtetag (Hrsg.):* Darstellungsbeispiele für Bebauungspläne. Köln 1967.

[98] *Dröber, W.:* Kartographie bei den Naturvölkern. 1903. Nachdruck Amsterdam 1964.

[99] *Fauser, A.:* Die Welt in Händen. Stuttgart 1967.

[100] *Ficker, K.:* Betrachtungen über die Generalisierung von Prospektkarten. In: Arbeitskurs Niederdollendorf 1966, S. 205 bis 218. Mannheim 1967.

[101] *Fink, M. H.:* Vergleichende Übersicht der für Höhlenpläne vorgeschlagenen und verwendeten Signaturen. In: Dritter Internationaler Kongreß für Speläologie, Band 5, S. 127—146. Wien 1966.

[110] *Freitag, U.:* Verkehrskarten. Diss. Gießen 1966.

[111] *Habel, R.:* Ihr Atlas — Entstehung und Inhalt. Leipzig 1968.

[112] *Heller, E.:* Organisation und kartographische Aufgaben des deutschen MilGeoDienstes. In: Deutsche Kartographie der Gegenwart, S. 75—80. Bielefeld 1970.

[113] *Jordan, W., und K. Steppes:* Das deutsche Vermessungswesen. Stuttgart 1882.

[114] *Kerting, H.-U., und R. Wander:* Die Forstkarten in der Bundesrepublik Deutschland, erläutert an Beispielen der Landesforstverwaltungen Niedersachsen und Baden-Württemberg. In: Deutsche Kartographie der Gegenwart, S. 59—64. Bielefeld 1970.

[115] *Kishimoto, H.:* Cartometric Measurements. Diss. Zürich 1968.

[116] *Klein, J.:* Methoden raumbildlicher Darstellungen und ihr Verhältnis zur Karte. Deutsche Geodätische Kommission, Reihe C, Heft 43, Frankfurt a. M. 1961.

[117] *Kretschmer, I.:* Die thematische Karte als wissenschaftliche Aussageform der Volkskunde. Diss. Wien 1963. Zugleich Band 153 der Forschungen zur Deutschen Landeskunde. Bad Godesberg 1965.

[118] *Kriegel, O., und M. Böhm:* Das öffentliche Vermessungs- und Landkartenwesen in der Bundesrepublik Deutschland. Hamburg 1961.

[119] *Kriegel, O.:* Katasterkunde in Einzeldarstellungen, Heft 8, Teil A: Kartenmäßige Darstellung der Liegenschaften (Flurkartenwerk). Karlsruhe 1975.

[120] *Landesvermessungsamt Baden-Württemberg (Hrsg.):* 150 Jahre Württembergische Landesvermessung. Stuttgart 1968.

[121] *Langer, E.:* Kartographische Geländedarstellung. In: Arbeitskurs Niederdollendorf 1970, S. 145—185. Bielefeld 1973.

[122] *Lock, C. B. M.:* Modern Maps and Atlases. London 1969.

[123] *Lorke, B.:* Die kartographischen Arbeiten der verschiedenen Verkehrszweige in der Bundesrepublik Deutschland. In: Deutsche Kartographie der Gegenwart, S. 95—104. Bielefeld 1970.

[124] *Mehnert, W.:* Kleine Papierkunde. Hannover 1970.

[125] *Meine, K.-H., und E. Reents:* Die neuzeitlichen Luftfahrtkarten und ihre Anwendungsgebiete. Frankfurt a. M. 1957.

[126] *Meine, K.-H.:* Zur geologischen Kartographie in der Bundesrepublik Deutschland. Festschrift für Georg Jensch, Abhandlungen des 1. Geographischen Instituts der Freien Universität Berlin, Band 20, S. 189—247. Berlin 1974.

[127] *Meine, K.-H.:* Darstellung verkehrsgeographischer Sachverhalte — Ein Beitrag zur thematischen Verkehrsgeographie. Band 136 der Forschungen zur deutschen Landeskunde. Bad Godesberg 1967.

[128] *Meynen, E.:* Das kartographische Schaffen der Bundesforschungsanstalt für Landeskunde und Raumordnung. In: Deutsche Kartographie der Gegenwart. S. 81—82. Bielefeld 1970.

[129] *Meynen, E.:* Zur Standardisierung kartographischer Fachwörter. Festschrift für Georg Jensch, Abhandlungen des 1. Geographischen Instituts der Freien Universität Berlin, Band 20, S. 249—263. Berlin 1974.

[130] *Miller, K.:* Die Peutingersche Tafel. Neudruck Stuttgart 1962.

[131] *Mucke, H.:* Anaglyphen — Raumzeichnungen. Leipzig 1970.

[140] *Muris, O., und G. Saarmann:* Der Globus im Wandel der Zeiten. Berlin 1961.

[141] *Neugebauer, G.:* Entwurf einer Geomorphologischen Übersichtskarte des westlichen Mitteleuropas 1:1000000. Deutsche Geodätische Kommission, Reihe C, Heft 148. Frankfurt a. M. 1970.

[142] *Pillewizer, W.:* Die kartographischen Strukturformen und die Methoden der graphischen Gestaltung thematischer Karten. Festschrift für Georg Jensch, Abhandlungen des 1. Geographischen Instituts der Freien Universität Berlin, Band 20, S. 343 bis 361. Berlin 1974.

[143] *Rebner, W.:* Die Rasterphotographie. Frankfurt a. M. 1967.

[144] *Scharfe, W.:* Abriß der Kartographie Brandenburgs 1771 bis 1821. Band 35 der Veröffentlichungen der Historischen Kommission zu Berlin. Berlin-New York 1972.

[145] *Scharfe, W.:* Geschichte der Kartographie — heute ? Festschrift für Georg Jensch, Abhandlungen des 1. Geographischen Instituts der Freien Universität Berlin, Band 20, S. 382—398. Berlin 1974.

[146] *Schiede, H.:* Kritische Gedanken zur Kartographie der Straßenkarte. In: Kartengeschichte und Kartenbearbeitung, S. 163 bis 168. Bad Godesberg 1968.

[147] *Schimmelfennig v. d. Oye, W., und W. Leibbrand:* Die Flurbereinigung - Karten der Flurbereinigung. In: Deutsche Kartographie der Gegenwart, S. 51—58. Bielefeld 1970.

[148] *Schmidt, Ha.:* Ein Beitrag zur mehrfarbigen Rasterreproduktion unter besonderer Berücksichtigung großformatiger Kopierraster und einer optimalen Kombination zwischen Rasterwinklung und Rasterweiten. Diss. Bonn 1975.

[149] *Schmithüsen J.:* Der wissenschaftliche Inhalt von Vegetationskarten verschiedener Maßstäbe. Bericht über das Internationale Symposium für Vegetationskartierung 1959, S. 321—329. Weinheim 1963.

[150] *Schulz, G.:* Die Atlaskartographie in Vergangenheit und Gegenwart und die darauf aufbauende Entwicklung eines neuen Erdatlas. Berliner Geographische Abhandlungen, Heft 20. Berlin 1974.

[151] *Schweißthal, R.:* Grundlagen, Bearbeitung und Herstellung großmaßstäbiger Luftbildkarten. Wiss. Arbeiten d. Lehrstühle für Geodäsie, Photogrammetrie und Kartographie d. TU Hannover, Nr. 34. Hannover 1967.

[152] *Simoneit, M.:* Fotosatz und Computertechnik. Elmshorn 1974.

[160] *Soltau, G.:* Möglichkeiten zur kartographischen Darstellung des Schwerefeldes. Deutsche Geodätische Kommission, Reihe B, Heft 179. Frankfurt a. M. 1970.

[161] *Spiess, E., und M. Bühlmann:* Zur Aufrasterung von Strichvorlagen. Kartographisches Institut der ETH Zürich. Zürich 1971.

[162] *Stache, B.:* Ein Beitrag zur Automation der Herstellung großmaßstäbiger topographischer Karten durch elektronische Tachymetrie. Wiss. Arbeiten d. Lehrst. f. Geodäsie, Photogrammetrie und Kartographie d. TU Hannover, Nr. 58. 1974.

[163] *Walther, H. W., und P. Hoppe:* Die kartographischen Aufgaben und Arbeiten der Geologischen Landesämter und der Bundesanstalt für Bodenforschung. In: Deutsche Kartographie der Gegenwart, S. 83—94. Bielefeld 1970.

[164] *Witt, W.:* Thematische Kartographie, Raumforschung und Landesplanung. In: Deutsche Kartographie der Gegenwart, S. 43—50. Bielefeld 1970.

[165] *Witt, W.:* Bevölkerungskartographie. Veröffentlichungen der Akademie für Raumforschung und Landesplanung, Abhandlungen Band 63. Hannover 1971.

[166] *Witt, W.:* Thematisch-Kartographische Landesaufnahme und Automation. Festschrift für Georg Jensch, Abhandlungen des 1. Geographischen Instituts der Freien Universität Berlin, Band 20, S. 399—423. Berlin 1974.

[167] *Wolkow, N. M.:* Kartometrie und Geographie. Kartographische Studien — Haack-Festschrift, S. 163—177. Gotha 1957.

[168] *Zach, W.-D.:* Zur Begriffsproblematik der „synthetischen Karte“. Festschrift für Georg Jensch, Abhandlungen des 1. Geographischen Instituts der Freien Universität Berlin, Band 20, S. 425—437. Berlin 1974.

4. Aufsätze in Fachzeitschriften und Schriftenreihen

[200] *Albertz, J., und G. Schultz:* Zeichnen von Stereobildern durch optische Projektion. Bildmessung und Luftbildwesen 29 (1961) S. 12—15.

[201] *Arnberger, E.:* Problems of an International Standardization of a Means of Communication through Cartographic Symbols. Internationales Jahrbuch für Kartographie XIV (1974), S. 19 bis 35.

[202] *Arnberger, E.:* Die kartographische Darstellung von Typen der Bevölkerungsveränderung, In: Untersuchungen zur thematischen Kartographie (2. Teil), S. 1—22, Hannover 1971.

[203] *Assmus, E., und K. Kraus:* Die Interpolation nach kleinsten Quadraten. Deutsche Geodätische Kommission, Reihe A, Heft 76, München 1974.

[204] *Aurada, F.:* Zur Lage der Schulkartographie am Beginn der Sechzigerjahre. In: Grundsatzfragen der Kartographie, S. 29 bis 48, Österreichische Geographische Gesellschaft, Wien 1970.

[205] *Berger, A.:* Ein Generalisierungsmodell zur Siedlungsdarstellung von Häuserreihen in topographischen Karten. Nachrichten aus dem Karten- und Vermessungswesen, Reihe I, Heft 65, S. 7 bis 17, Frankfurt a. M. 1974.

[206] *Boesch, H. H.:* The World Land Use Survey. Internationales Jahrbuch für Kartographie VIII (1968) S. 136—143.

[207] *Borcherdt, Ch.:* Geographie und Kartographie. Kartographische Nachrichten 17 (1967) S. 202—209.

[208] *Bormann, W.:* Erdatlanten. Allgemeine Vermessungs-Nachrichten 79 (1972) S. 133—146.

[209] *Brandenburg, G.:* Beitrag der Außenstelle Berlin des Instituts für Angewandte Geodäsie zur Herstellung der Topographischen Übersichtskarte 1:200000. Kartographische Nachrichten 20 (1970) S. 48—58.

[210] *Brassel, K.:* Ein- und mehrfarbige Printerdarstellungen. Kartographische Nachrichten 23 (1973) S. 177—183.

[211] *Brunner, K.:* Die kartographische Darstellung von Schwankungen der bayerischen Gletscher. Kartographische Nachrichten 24 (1974) S. 215—219.

[212] *Bühlmann, M.:* Über die Darstellungsmöglichkeiten und die theoretischen geometrischen Belichtungsverhältnisse der kartographischen Lichtzeichentechnik. Nachrichten aus dem Karten- und Vermessungswesen, Reihe I, Heft 65, S. 19—52, Frankfurt a. M. 1974.

[213] *Carlberg, B.:* Der Weltseuchenatlas in kartographischer Betrachtung. Kartographische Nachrichten 5 (1955) S. 6—12 (Heft 2).

[214] *Christ, F., und H. Uhrig:* Untersuchungen zur Inhaltsdichte der Topographischen Karte 1:50000. Nachrichten aus dem Karten- und Vermessungswesen, Reihe I, Heft 52, S. 7—28, Frankfurt a. M. 1971.

[230] *Dumitrescu, V.:* Kosmographische Perspektiv-Projektionen. Allgemeine Vermessungs-Nachrichten 81 (1974) S. 142—151.

[231] *Ermel, H.:* Der deutsche Beitrag zur Neuherstellung der General Bathymetric Chart of the Oceans (Gebco). Kartographische Nachrichten 17 (1967) S. 79—86.

[232] *Ferschke, H.:* Militärperspektive — Kavalierperspektive. Allgemeine Vermessungs-Nachrichten 60 (1953) S. 295—301.

[233] *Finsterwalder, Rüd.:* Ein Beitrag zur kartographischen Entzerrung. Zeitschrift für Vermessungswesen 86 (1961) S. 61—64.

[234] *Füllbeck, P., und He. Schmidt:* Karten im Dreifarben-Rasterdruck. Kartographische Nachrichten 24 (1974) S. 129—135.

[235] *Gellert, F.:* Das System der komplexgeomorphologischen Karten. Petermanns Geographische Mitteilungen 112 (1968), Heft 3, S. 185—190.

[236] *Gottschalk, H.-J.:* Versuche zur Definition des Informationsgehaltes gekrümmter kartographischer Linienelemente und zur Generalisierung. Deutsche Geodätische Kommission, Reihe B, Heft 189, Frankfurt a. M. 1971.

[237] *Gottschalk, H.-J.:* Versuche zur Glättung und Komprimierung der Daten digitalisierter Linienelemente. Nachrichten aus dem Karten- und Vermessungswesen, Reihe I, Heft 50, S. 5—13, Frankfurt a. M. 1971.

[238] *Gottschalk, H.-J.:* Eine einfache Methode der Zuordnung von Flächenkennzeichen und Flächenbegrenzungslinien bei der Digitalisierung. Nachrichten aus dem Karten- und Vermessungswesen, Reihe I, Heft 58, S. 27—30, Frankfurt a. M. 1972.

[239] *Gottschalk, H.-J.:* Automatische Generalisierung von Siedlungen, Verkehrswegen, Höhenlinien, Wasserläufen und Vegetationsgrenzen für eine kleinmaßstäbige topographische Karte. Zeitschrift für Vermessungswesen 99 (1974) S. 338—342.

[240] *Grothenn, D.:* Überlegungen zum EDV-unterstützten Arbeiten in der Kartographie. Kartographische Nachrichten 24 (1974) S. 173—179.

[241] *Grothenn, D.:* Zur Gestaltung von Richtwertübersichtskarten. Zeitschrift für Vermessungswesen 93 (1968) S. 269—276.

[242] *Gulley, J. L. M., und K. A. Sinnhuber:* Isokartographie. Kartographische Nachrichten 11 (1961) S. 89—99.

[243] *Haase, G.:* Der Inhalt mittelmaßstäbiger Bodenkarten und seine Darstellungsmöglichkeiten. Petermanns Geographische Mitteilungen 115 (1971) Heft 3, S. 225—235.

[244] *Haase, H.-S., und G. Mittelstraß:* Gleichzeitige teilautomatische Ableitung von Stadtkarte und Topographischer Karte 1:25000. Allgemeine Vermessungs-Nachrichten 80 (1973) S. 281—293.

[245] *Haeupler, H.:* Die Kartierung der Flora Mitteleuropas. Ein kurzer Überblick über Ziele, Methoden und Organisation. Decheniana 122 (1970) S. 323—336.

[260] *Haibach, O.:* Zur jüngsten Entwicklung des bergmännischen Karten-, Riß- und Planwesens. Zeitschrift für Vermessungswesen 92 (1967) S. 17—25.

[261] *Hake, G.:* Topographische Karten als Quellen thematischer Karten. In: Untersuchungen zur thematischen Kartographie (2. Teil) S. 23—36, Hannover 1971.

[262] *Hampel, G.:* Orthoprojektion und Grundkartenwerk unter besonderer Berücksichtigung der Höhendarstellung. Bildmessung und Luftbildwesen 35 (1967) S. 61—69.

[263] *Hanle, A.:* Die Lochkarte und ihre Anwendung im geographisch-kartographischen Arbeitsbereich. Kartographische Nachrichten 21 (1971) S. 58—62.

[264] *Harbeck, R.:* Über einen Versuch zur automatischen Zeichnung der Topographischen Karte 1:25000. Nachrichten aus dem Karten- und Vermessungswesen, Reihe I, Heft 55, S. 11—26, Frankfurt a. M. 1972.

[265] *Harbour, J.:* Geologic Mapping of the Moon. Allgemeine Vermessungs-Nachrichten 76 (1969) S. 211—219.

[266] *Herzfeld, G.:* Auf dem Wege zur Grundstücksdatenbank. Zeitschrift für Vermessungswesen 98 (1973) S. 536—544.

[267] *Hess, P.:* Einführung in die Wetterkarte. Geographisches Taschenbuch 1970/72, S. 357—364, Wiesbaden 1972.

[268] *Heupel, A.:* Neue Wege bei der Herstellung deutscher Seekarten. Deutsche Hydrographische Zeitschrift, Ergänzungsheft, Reihe A Nr. 7, 1965.

[269] *Hirt, F.-H., u. a.:* Die Karte als Planungsinstrument. Schriftenreihe Siedlungsverband Ruhrkohlenbezirk, Heft 36, Essen 1970.

[270] *Hofmann, W.:* Automation in der Photogrammetrie — Vorteile und Gefahren. Zeitschrift für Vermessungswesen 93 (1968) S. 502—507.

[271] *Hölzel, F.:* Perspektivische Karten. Internationales Jahrbuch für Kartographie III (1963) S. 100—118.

[272] *Hollstein, W.:* Bodenkarten und ihre besonderen Darstellungsprobleme. Kartographische Nachrichten 13 (1963) S. 106—110.

[273] *Horn, W.:* Die Geschichte der Isarithmenkarten. Petermanns Geographische Mitteilungen 103 (1959) S. 225—232.

[274] *Horn, W.:* Zur Geschichte der Atlanten. Kartographische Nachrichten 11 (1961) S. 1—8.

[275] *van den Hout, C.:* Digitale Grundrißkartierung in großen Maßstäben. Bildmessung und Luftbildwesen 38 (1970) S. 85—90.

[290] *Imhof, E.:* Beiträge zur Geschichte der topographischen Kartographie. Internationales Jahrbuch für Kartographie IV (1964) S. 129—152.

[291] *Jensch, G.:* Thematische Globen. In: Grundsatzfragen der Kartographie, S. 140—149. Österreichische Geographische Gesellschaft, Wien 1970.

[292] *Johannsen, T.:* Software — Konzeption für eine kartographische Automationsanlage. Nachrichten aus dem Karten- und Vermessungswesen, Reihe I, Heft 65, S. 89—101, Frankfurt a. M. 1974.

[293] *Jonasson, F., und L. Ottoson:* The Economic Map of Sweden—A Land Use Map with an Aerial Photo Background. Bildmessung und Luftbildwesen 42 (1974) S. 81—86.

[294] *Jusatz, H. J.:* Die Darstellung von Krankheiten und Seuchen im Kartenbild. Geographisches Taschenbuch 1962/63, S. 322 bis 333.

[295] *Junius, H., und K. Plücker:* Automatische Zeichnung des Straßennetzes, erläutert am Beispiel „Stadtplanwerk Ruhrgebiet“. Nachrichten aus dem Karten- und Vermessungswesen, Reihe I, Heft 65, S. 103—113, Frankfurt a. M. 1974.

[296] *Kansy, K.:* Erfassung der Geometrie von Straßen. Nachrichten aus dem Karten- und Vermessungswesen, Reihe I, Heft 65, S. 115—122, Frankfurt a. M. 1974.

[297] *Karrenberg, H.:* Die Internationale Hydrogeologische Karte von Europa. Deutsche Forschungsgemeinschaft, Mitteilungen 4/72, S. 56—60.

[298] *Katzenberger, L.:* Ein neuzeitliches Verfahren bei der Nachführung topographischer Karten. Kartographische Nachrichten 23 (1973) S. 96—98.

[299] *Kishimoto, H.:* Ein Beitrag zur Klassenbildung in statistischer Kartographie unter besonderer Berücksichtigung der maschinellen Herstellung von Choroplethenkarten. Kartographische Nachrichten 22 (1972) S. 224—239.

[300] *Koch, K. R.:* Digitales Geländemodell und automatische Höhenlinienzeichnung. Zeitschrift für Vermessungswesen 98 (1973) S. 346—352.

[301] *König, A.:* Der Berner Leitungskataster. Zeitschrift für Vermessungswesen 100 (1975) S. 30—35.

[302] *Koláčný, A.:* The Importance of Cartographic Information for the Comprehending of Messages Spread by the Mass Communication Media. Internationales Jahrbuch für Kartographie XI (1971) S. 216—223.

[303] *Krallert, W.:* Methodische Probleme der Völker- und Sprachenkarten. Internationales Jahrbuch für Kartographie I (1961) S. 99—120.

[304] *Kranz, F.:* Die Gestaltung der ICAO-Luftfahrtkarten für die Sichtnavigation in der Bundesrepublik Deutschland. Allgemeine Vermessungs-Nachrichten 75 (1968) S. 46—55.

[320] *Krauss, G.:* Die Herstellung von Luftbildkarten. Allgemeine Vermessungs-Nachrichten 77 (1970) S. 209—216.

[321] *Krauss, G.:* Beiträge der Photogrammetrie zur schrittweisen Automation in der Kartographie. Kartographische Nachrichten 24 (1974) S. 180—187.

[322] *Kretschmer, I.:* Methoden und Signaturen bei der Herstellung historischer Karten. In: Veröffentlichungen des Verbandes Österreichischer Geschichtsvereine 17 (1968) S. 162—170.

[323] *Kretschmer, I.:* Zur Wahl der Netzentwürfe in der thematischen Kartographie. In: Grundsatzfragen der Kartographie, S. 150 bis 169, Österreichische Geographische Gesellschaft, Wien 1970.

[324] *Kretschmer, I.:* Die Redaktion von Fachatlanten. Internationales Jahrbuch für Kartographie XII (1972) S. 45—62.

[325] *Kröll, F. S.:* Digitale Erfassung topographischer Daten und deren automatische Verarbeitung. Bildmessung und Luftbildwesen 42 (1974) S. 87—93.

[326] *Kroner, G.:* Kartographische Grundlagen der Raumordnung. Informationsbriefe für Raumordnung R. 1.6.1., Mainz 1965.

[327] *Lay, H. G.:* Halbtonwiedergabe unter Verwendung von speziellen Kontaktrastern als Gestaltungselement für den Landkartendruck. Nachrichten aus dem Karten- und Vermessungswesen, Reihe I, Heft 40, S. 33—50, Frankfurt a. M. 1969.

[328] *Lay, H. G.:* Der Lichtsatz in der Landkartenherstellung unter besonderer Berücksichtigung des „diatype"-Gerätes. Nachrichten aus dem Karten- und Vermessungswesen, Reihe I, Heft 40, S. 5—32, Frankfurt a. M. 1969.

[329] *Lehmann, E.:* Zur Problematik der Nationalatlanten. Petermanns Geographische Mitteilungen 103 (1959) S. 300—310.

[330] *Lehmann, E.:* Die Heimatkunde als Aufgabe der Kartographie. Geographische Berichte 20/21 (1961) S. 252—267.

[331] *Leibbrand, W.:* Entwicklung, Stand und Aussichten der Kartentechnik. Kartographische Nachrichten 22 (1972) S. 62—72.

[332] *Leibbrand, W.:* Elektrographische Verfahren. Kartographische Nachrichten 24 (1974) S. 146—151.

[333] *Leser, H.:* Inhalt und Form als Problem groß- und kleinmaßstäbiger geomorphologischer Karten. Kartographische Nachrichten 22 (1972) S. 156—165.

[334] *Louis, H.:* Die thematische Karte und ihre Beziehungsgrundlage. Petermanns Geographische Mitteilungen 104 (1960) S. 54 bis 62.

[350] *Meine, K.-H.:* Kartographische Aspekte der Weltraumforschung und ihre Bibliographie. Allgemeine Vermessungs-Nachrichten 74 (1967) S. 154—167.

[351] *Meinicke, G.:* Entwicklung eines Rasterplotters von der PRAKLA-SEISMOS GMBH. Nachrichten aus dem Karten- und Vermessungswesen, Reihe I, Heft 61, S. 51—63, Frankfurt a. M. 1973.

[352] *Mensching, H.:* Das Afrika-Kartenwerk 1:1000000 der Deutschen Forschungsgemeinschaft. Kartographische Nachrichten 19 (1969) S. 17—23.

[353] *Meynen, E.:* Einheit von Inhalt und Form der thematischen Karte. Geographisches Taschenbuch 1958/59, S. 534—540.

[354] *Meynen, E.:* Die kartographischen Strukturformen und Grundtypen der thematischen Karte. Geographisches Taschenbuch 1970/1972, S. 305—318, Wiesbaden 1972.

[355] *Mittelstraß, G.:* Generalisieren von Gemeindegrenzen in thematischen Karten. Allgemeine Vermessungs-Nachrichten 81 (1974) S. 223—225.

[356] *Morgenstern, D.:* Die photographische Zusammenkopie als Alternative zur Folienkopie. Kartographische Nachrichten 22 (1972) S. 138—143.

[357] *Morgenstern, D.:* Zur optimalen Auswahl einer physiologisch gleichabständigen Tonwertskala für die Kartographie. Kartographische Nachrichten 24 (1974) S. 45—53.

[358] *Mühle, H.:* Über die Möglichkeit der Herstellung von Landkarten im 3D-Verfahren mit Stereoeffekt bei freiäugiger Betrachtung. Nachrichten aus dem Karten- und Vermessungswesen, Reihe I, Heft 40, S. 53—69, Frankfurt a. M. 1969.

[359] *Mühle, H.:* Die Vakuumverformung von Kunststoff-Folien zu Kartenreliefs. Nachrichten aus dem Karten- und Vermessungswesen. Reihe I, Heft 34, S. 25—45, Frankfurt a. M. 1967.

[360] *Mühle H.:* Anwendungsmöglichkeiten des Siebdrucks für die Landkartenherstellung. Nachrichten aus dem Karten- und Vermessungswesen, Reihe I, Heft 43, S. 5—70, Frankfurt a. M. 1969

[361] *Oest, K.:* Thematische Karten der Agrarstrukturplanung. In: Untersuchungen zur thematischen Kartographie (1. Teil) S. 107—128, Hannover 1969.

[362] *Otremba, E.:* Gedanken zur kartographischen Synthese. Internationales Jahrbuch für Kartographie VIII (1971) S. 90—112.

[363] *Otremba, E.:* Probleme der kartographischen Darstellung industriegeographischer Sachverhalte im Wandel der Maßstäbe. In: Untersuchungen zur thematischen Kartographie (2. Teil) S. 103—114, Hannover 1971.

[380] *Pape, E.:* Die Deutsche Grundkarte 1:5000 als Luftbildkarte. Bildmessung und Luftbildwesen 39 (1971), S. 194—198.

[381] *Pape, H.:* Kleinmaßstäbliche Luftbildkarten. Kartographische Nachrichten 21 (1971) S. 41—50.

[382] *Pauletzki, G.:* Erfahrungen und Versuche mit der verbesserten AEG-Anlage mit Lichtzeichenkopf. Nachrichten aus dem Karten- und Vermessungswesen, Reihe I, Heft 56, S. 23—47, Frankfurt a. M. 1972.

[383] *Pauletzki, G.:* Bauliche Gestaltung von Zentren für automatisches Zeichnen. Nachrichten aus dem Karten- und Vermessungswesen, Reihe I, Heft 66, S. 33—48, Frankfurt a. M. 1974.

[384] *Pereira, R.:* Entwicklung eines Signatursystems für die Planungskartographie, insbesondere im Bereich der Raumordnung und Landesplanung. Kartographische Nachrichten 21 (1971) S. 133—148.

[385] *Petersen, M.:* Wasserwirtschaftliche Rahmenplanung aus der Sicht der thematischen Kartographie. In: Untersuchungen zur thematischen Kartographie (1. Teil) S. 129—147, Hannover 1969.

[386] *Pillewizer, W.:* Ein System der thematischen Karten. Petermanns Geographische Mitteilungen 108 (1964) S. 231—238 und 309—317.

[387] *Pillewizer, W.:* Gestaltungsprobleme thematischer Aufnahmekarten. Vermessungstechnik 15 (1967) S. 348—353.

[388] *Plapper, W.:* Die Herstellung von Schulatlanten. Der Erdkundeunterricht 1970, S. 51—54.

[389] *Plapper, W.:* Probleme der Genesedarstellung. In: Untersuchungen zur thematischen Kartographie (1. Teil) S. 43—52 Hannover 1969.

[390] *Podschadli, E.:* 2. Baugrundkarte Hannover. Kartographische Nachrichten 21 (1971) S. 94—98.

[391] *Pöhlmann, G.:* Kopierraster in der Landkartentechnik. Kartographische Nachrichten 15 (1965) S. 9—15.

[392] *Rase, W.-D., und T. K. Peucker:* Erfahrungen mit einem Computer-Programm zur Herstellung thematischer Karten. Kartographische Nachrichten 21 (1971) S. 50—57.

[393] *Rase, W.-D.:* Kartographische Darstellung dynamischer Vorgänge in computergenerierten Filmen. Kartographische Nachrichten 24 (1974) S. 210—215.

[394] *Ratajski, L.:* The Methodical Basis of the Standardization of Signs on Economic Maps. Internationales Jahrbuch für Kartographie XI (1971) S. 137—159.

[395] *Salistschew, K. A.:* Nationalatlanten. Vorschläge zur ihrer Vervollkommnung. Petermanns Geographische Mitteilungen 104 (1960) S. 77—88.

[410] *Schamp, H.:* Ein Jahrhundert amtliche geologische Karten. Sonderheft 4 der Berichte zur deutschen Landeskunde, Bad Godesberg 1961.

[411] *Schmidt-Falkenberg, H.:* Topographische Karte 1:25000 (Luftbildkarte). Bildmessung und Luftbildwesen 42 (1974) S. 74—80.

[412] *Schweißthal, R.:* Methoden der thematischen Kartographie. Kartographische Nachrichten 17 (1967) S. 6—17.

[413] *Sellung, R.:* Untersuchung der Rasterstufen. Kartographische Nachrichten 23 (1973) S. 236—242.

[414] *Spiess, E.:* Wirksame Basiskarten für thematische Karten. Internationales Jahrbuch für Kartographie XI (1971) S. 224 bis 238.

[415] *Stams, W.:* Zur Gestaltung von Ortsdurchfahrtsplänen auf Straßenkarten und in Straßenatlanten. Kartographische Nachrichten 15 (1965) S. 179—186.

[416] *Stams, W.:* Die Stadtkarte von Dresden; Inhalt und Gestaltung komplexer thematischer Stadtkarten. Petermanns Geographische Mitteilungen 111 (1967) S. 61—75.

[417] *Stanger, W.:* Das Stuttgarter Höhenlinienprogramm — Beschreibung und Ergebnisse. Sammlung Wichmann, Neue Folge — Band 5, S. 255—284, Karlsruhe 1973.

[418] *Staufenbiel, W.:* Zur Automation der Siedlungsgeneralisierung unter besonderer Berücksichtigung der Formenvereinfachung. Nachrichten aus dem Karten- und Vermessungswesen, Reihe I, Heft 65, S. 145—156, Frankfurt a. M. 1974.

[419] *Stobik, D.:* Bericht über die von der GMD erstellte Systemanalyse über ein Informationssystem zur Erfassung von geographischen Namen in amtlichen Landkarten der Bundesrepublik Deutschland. Nachrichten aus dem Karten- und Vermessungswesen, Reihe I, Heft 57, S. 5—45, Frankfurt a. M. 1973.

[420] *Stollt, O.:* Die Geländedarstellung im Vogelschaubild. Kartographische Nachrichten 8 (1958) S. 123—129.

[421] *Stumpp, A.:* Das Baugrundkartenwerk in Stuttgart. Allgemeine Vermessungs-Nachrichten 75 (1968) S. 505—509.

[422] *Thieme, K.:* Gedanken zur Namenschreibung in Karten und Atlanten. Kartographische Nachrichten 18 (1968) S. 52—61.

[423] *Töpfer, F.:* Die Kartennutzung. Vermessungstechnik 20 (1973) S. 376—379 und 435—437.

[424] *Tost, R.:* Mathematische Methoden zur Datenreduktion digitalisierter Linien. Nachrichten aus dem Karten- und Vermessungswesen, Reihe I, Heft 56, S. 49—61, Frankfurt a. M. 1972.

[425] *Trachsler, H.:* Orthophotos als Grundlage für Landnutzungsaufnahmen mit Hilfe von Stichprobenerhebungen und Computer. Kartographische Nachrichten 22 (1972) S. 149—156.

[441] *Wenzel, A.:* Vorschläge zur kartographischen Darstellung der Industrie in großen, mittleren und kleinen Maßstäben. Erdkunde XXV (1971) S. 1—12.

[442] *Weygandt, H.:* Zur Präparation exotischer Nomenklaturen in der Atlaskartographie. Kartographische Nachrichten 11 (1961) S. 156—177.

[443] *William-Olsson, W.:* Die Bevölkerungsweltkarte 1:1000000. Geographisches Taschenbuch 1962/63, S. 320—322.

[444] *Witt, W.:* Planungskartographie. In: Untersuchungen zur thematischen Kartographie (1. Teil) S. 77—106, Hannover 1969.

[445] *Witt, W.:* Planzeichen in der Raumordnung. Informationsbriefe für Raumordnung R. 1.6.2., Wiesbaden 1969.

[446] *Witt, W.:* Ein thematischer Atlas der Bundesrepublik Deutschland. Kartographische Nachrichten 11 (1971) S. 25—27.

[447] *Witt, W.:* Thematische Kartometrie ? Schweizerisches Fachblatt für Vermessung, Photogrammetrie, Kulturtechnik 73 (1975) S. 59—62.

[448] *Yoéli, P.:* Die Richtung des Lichtes bei analytischer Schattierung. Kartographische Nachrichten 17 (1967) S. 37—44.

[449] *Zander, G.:* Die Bodenkarte 1:5000 auf der Grundlage der Bodenschätzung in Niedersachsen. Neues Archiv für Niedersachsen 1965 S. 95—101.

Namen- und Sachverzeichnis

Anlage 1

Ausschnitt aus einer Vegetationskarte Südamerikas 1:25 000 000

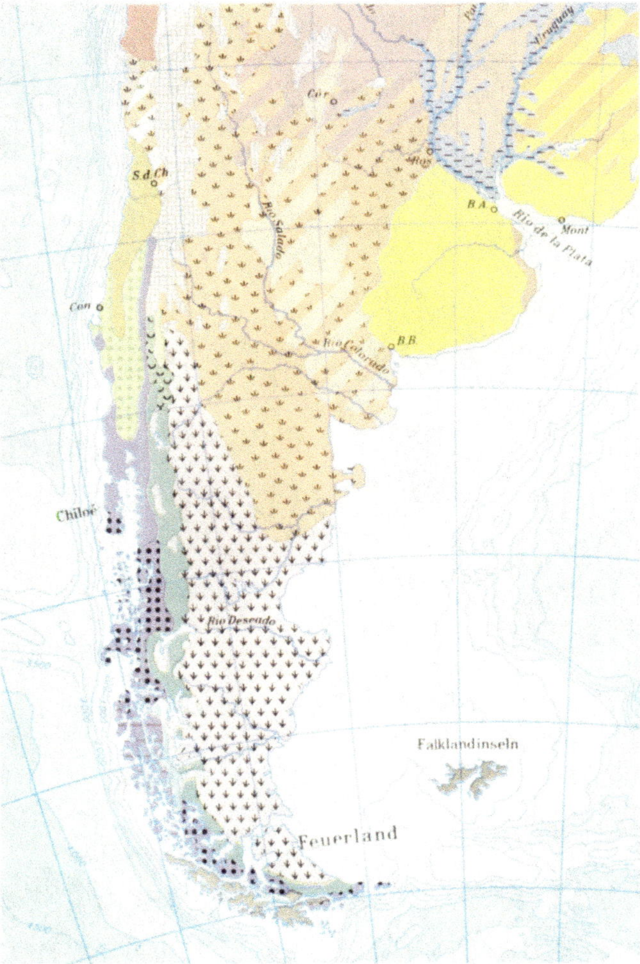

Herstellung: Geographisch-Kartographisches Institut Meyer

Druck: Lehrstuhl für Topographie und Kartographie, Technische Universität Hannover

Ausschnitt aus „Diercke Weltatlas"

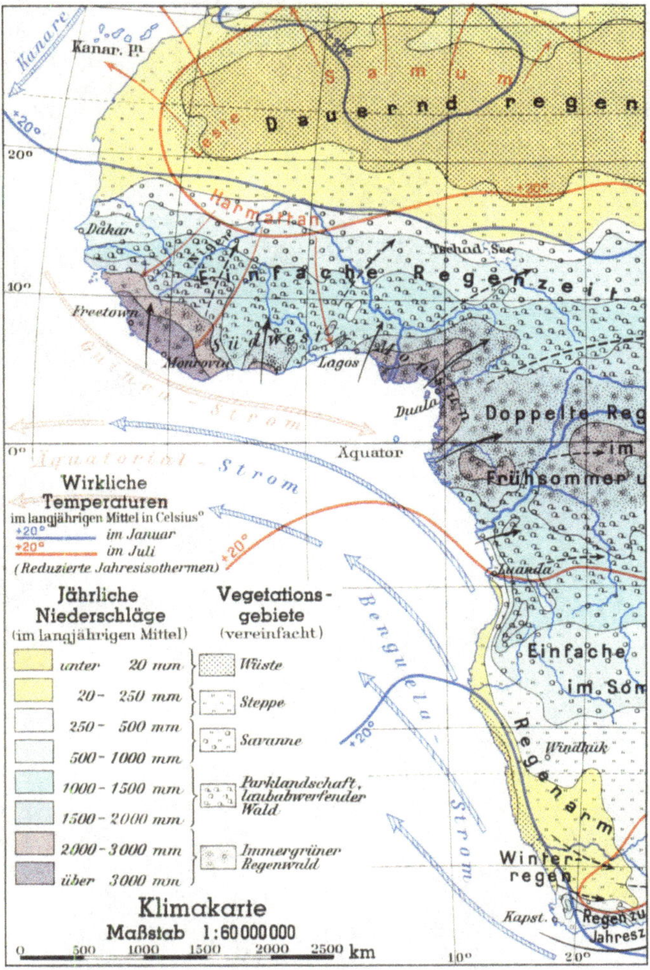

Kartographie und Druck:
Georg Westermann, Braunschweig

Anlage 3

Ausschnitt aus
„Westermanns Großer Atlas zur Weltgeschichte"

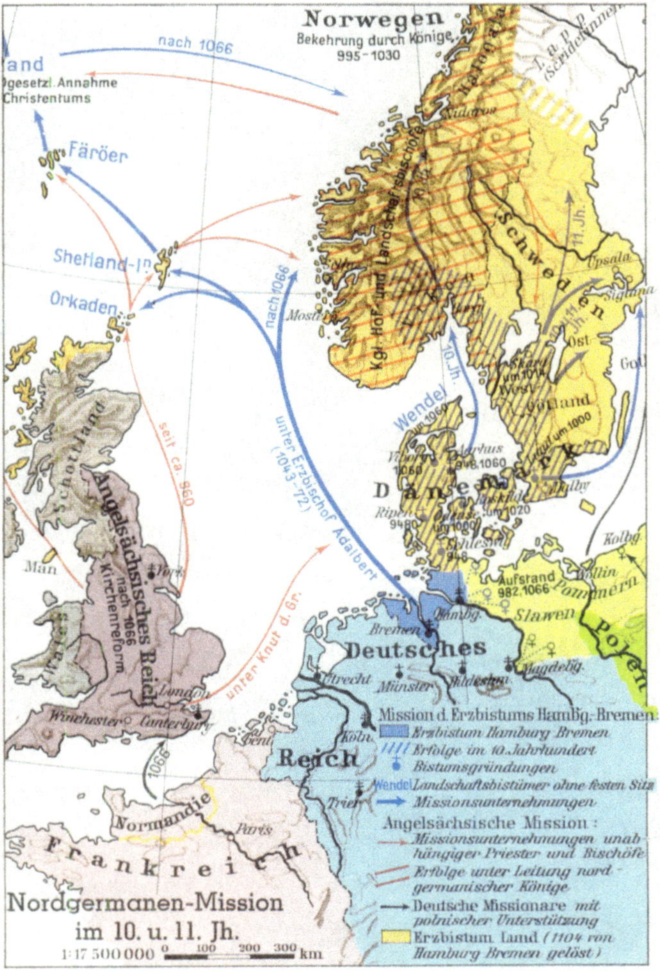

Kartographie und Druck:
Georg Westermann, Braunschweig

Anlage 4

Bevölkerungsentwicklung in der Bundesrepublik Deutschland 1950-1961

Ausschnitt aus dem Atlas
„Die Bundesrepublik Deutschland in Karten"

Herausgeber: Statistisches Bundesamt, Institut für Landeskunde, Institut für Raumordnung

Druck: Lehrstuhl für Topographie und Kartographie, Technische Universität Hannover

Anlage 5

Ausschnitt aus „Westermann Schulatlas“

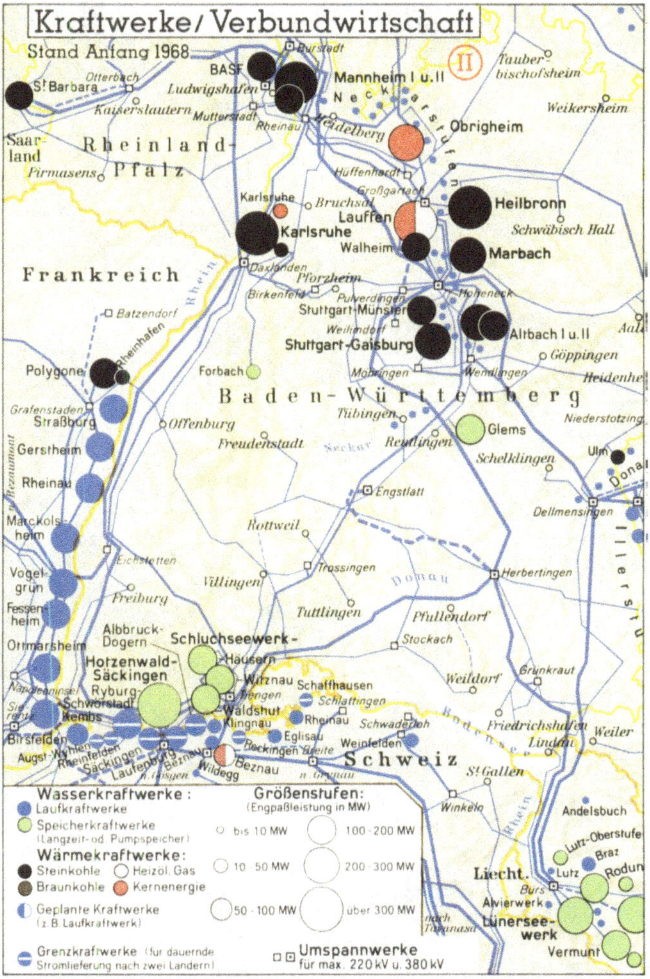

Kartographie und Druck:
Georg Westermann, Braunschweig

Anlage 6

Ausschnitt aus der deutschen Seekarte Nr. 49
"Mündungen der Jade, Weser und Elbe" 1 : 100 000

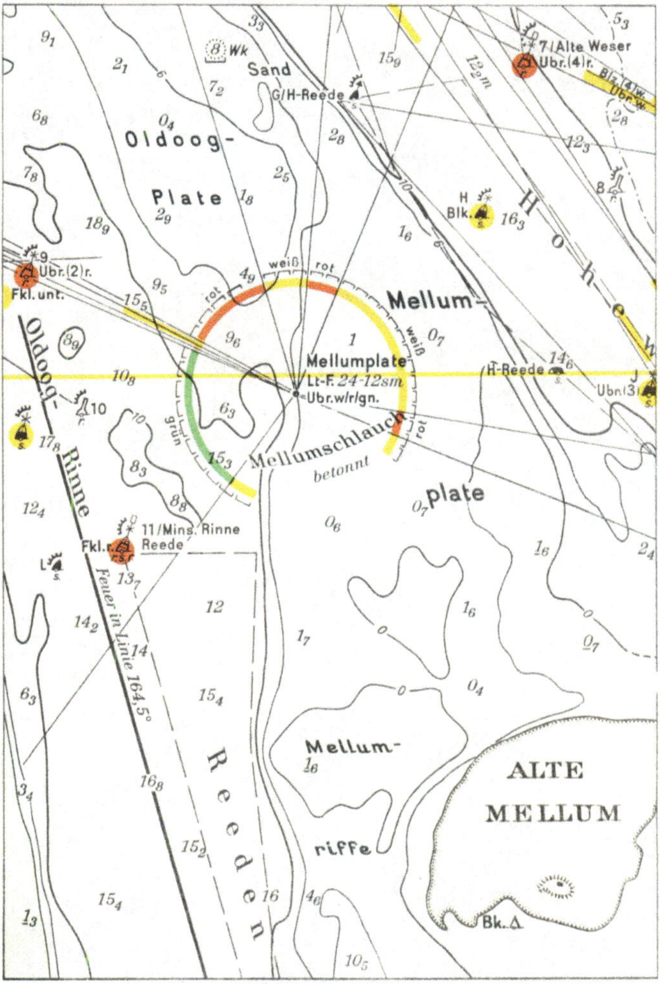

Mit Genehmigung des Deutschen Hydrographischen Instituts Hamburg
Druck: Deutsches Hydrographisches Institut Hamburg

Ausschnitt aus der Luftfahrtkarte Anlage 7

Aeronautical Chart ICAO 1:500000, Blatt Hannover (NO 51/6)

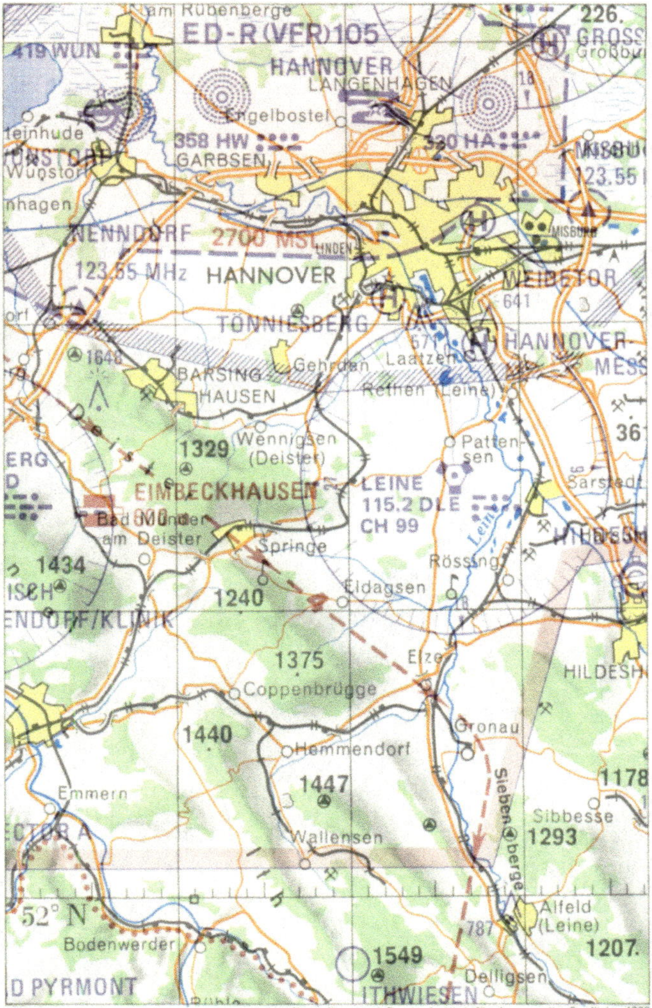

Herstellung und Druck: Institut für Angewandte Geodäsie, 1975

Herausgeber: Bundesanstalt für Flugsicherung

Anlage 8

Ausschnitt aus der Bevölkerungskarte
der Stadt Hannover, 1:5000 (1 Punkt ≙ 10 Personen)

Mit Genehmigung des Stadtvermessungsamtes Hannover
Druck: Lehrstuhl für Topographie und Kartographie, Technische Universität Hannover

Ausschnitt aus der Arbeitskarte
Öffentliche Wasserversorgung 1:200000,
Blatt CC 7918 Stuttgart-Süd.

Anlage 9

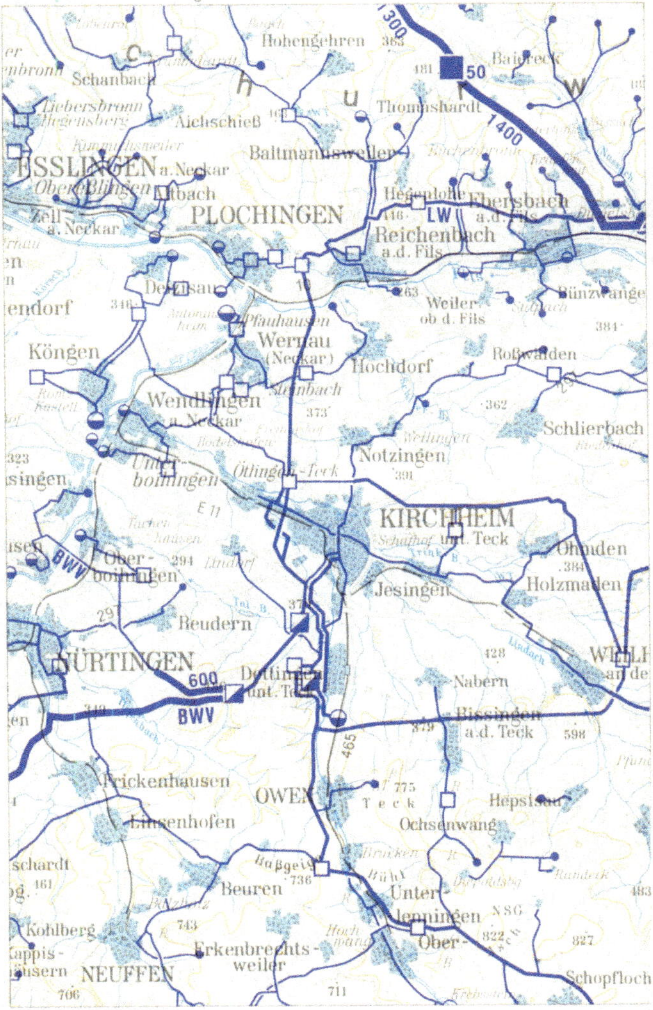

Herstellung und Druck: Institut für Angewandte Geodäsie, 1975

Ausschnitt aus einem Bebauungsplan 1:1000

Anlage 10

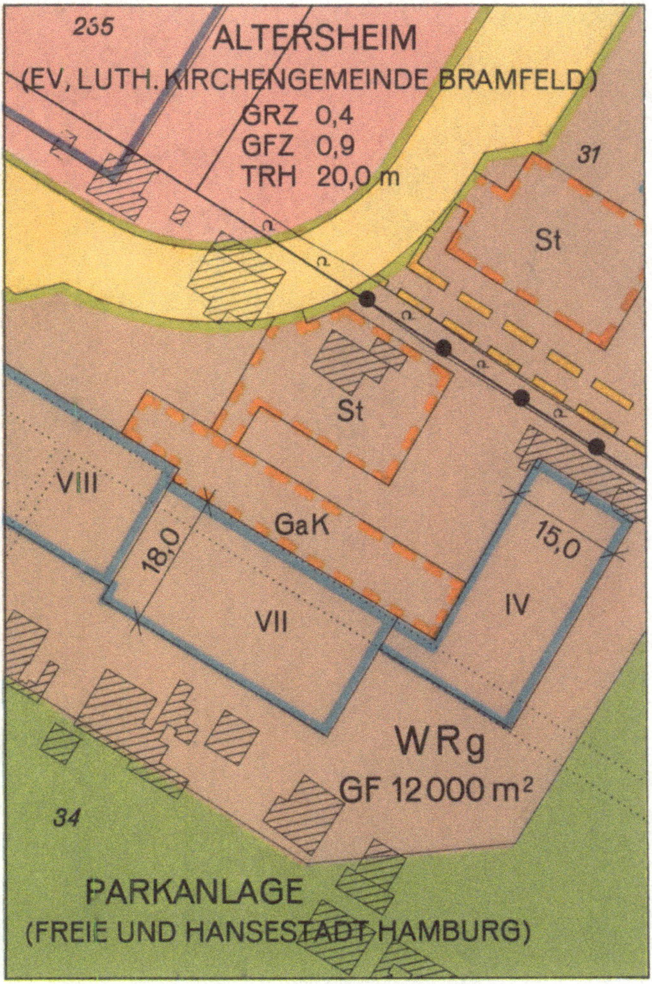

Herstellung und Druck:
Freie und Hansestadt Hamburg - Baubehörde - Vermessungsamt

FSC
www.fsc.org
MIX
Papier | Fördert gute Waldnutzung
FSC® C083411

Kolibri 360 GmbH
Ferdinand-Jühlke-Straße 7
99095 Erfurt, Deutschland
produktsicherheit@kolibri360.de